F. Müller

Leben und Offenbarungen der heiligen Mechtildis

und der Schwester Mechtildis von Magdeburg: Jungfrauen aus dem Orden des heiligen

Benediktus

F. Müller

Leben und Offenbarungen der heiligen Mechtildis
und der Schwester Mechtildis von Magdeburg: Jungfrauen aus dem Orden des heiligen Benediktus

ISBN/EAN: 9783743426849

Hergestellt in Europa, USA, Kanada, Australien, Japan

F. Müller

Leben und Offenbarungen der heiligen Mechtildis

Leben und Offenbarungen

der

heiligen Mechtildis

und der

Schwester Mechtildis

(von Magdeburg),

Jungfrauen aus dem Orden des heiligen Benediktus.

Herausgegeben

nach den neuesten lateinischen Ausgaben

von

J. Müller,

Stadtpfarrer in Waldenburg (Diözese Rottenburg).

Erster Band.

Mit einem Stahlstiche.

Regensburg.

Druck und Verlag von Georg Joseph Manz.

1880.

Der heiligen Mechtildis,

Jungfrau aus dem Orden des heiligen Benediktus,

Buch besonderer Gnade.

Aus dem Lateinischen

nach der Ausgabe der Benediktiner von Solesmes

von .

J. Müller,

Stadtpfarrer in Walbenburg (Diözese Rottenburg).

— • ✦ •• —

Einleitung.

Es sind gerade dreiundzwanzig Jahre, daß unter der im Verlage von G. J. Manz in Regensburg erschienenen Sammlung katholischer Schriften aus den Jahrhunderten des Glaubens, „Reliquien des Mittelalters" betitelt, als dritter Band dieser Sammlung von dem nunmehr verstorbenen Dr. Reischl „das Buch der geistlichen Gnaden, Aufzeichnungen aus dem beschaulichen Leben der gottseligen Jungfrau Mechtildis von Helfeda" veröffentlicht wurde. Im Jahre 1869 gab P. Gall Morel die „Offenbarungen der Schwester Mechtild von Magdeburg, oder das fließende Licht der Gottheit, aus der einzigen Einsiedler=Handschrift des XIII. Jahrhunderts" als weitern Band dieser Sammlung heraus. Seitdem haben die mystischen Schriften aus jenen Zeiten in frommen und gelehrten Kreisen immer größere Aufmerksamkeit erregt und sind der Gegenstand eifrigen Nachforschens und Prüfens geworden. Wie unsere Zeit nach langer Selbstüberschätzung ihre Blicke auf das bislang gering geschätzte Mittelalter zurückwendet mit dem demüthigen Geständniß, daß sie auf fast allen Gebieten der Kunst und des Kunstgewerbes vielfach weit hinter den großen Meistern und Meisterwerken jener Zeit zurückgeblieben sei und bescheiden bei ihnen in die Schule zu gehen habe; wie die kostbaren Perlen der Baukunst, Malerei, Skulptur und Kunstindustrie von damals heute mehr und mehr in ihrem Werthe erkannt, geschätzt, studirt und als Quelle neuer

Schöpfungen benützt werden, so lenken auch Perlen noch edlerer Art, die Erzeugnisse der heiligen Wissenschaft und insbesondere die frommen Geheimnisse des beschaulichen Lebens, wie sie uns in den Offenbarungen gottbegnadeter Seelen enthüllt werden, immer mehr die Aufmerksamkeit, und zwar nicht bloß der theologischen Welt, auf sich. Und auch diese Hebung lange versenkt gebliebener geistiger Schätze des Mittelalters hatte zunächst die Wirkung, jener Zeit auch in dieser Hinsicht zu ihrem guten, aber verkannten Rechte, zu ihren wohlverdienten, aber allzu lange vorenthaltenen Ehren zu ver=helfen. Bis in die jüngste Zeit wurde das Mittelalter von gewisser Seite als eine Periode geschildert, in welcher die heilige Schrift fast gänzlich unbekannt, „das Wort Gottes schimpflich vergraben und das Verdienst unseres Seligmachers Jesus Christus durch schnöde Werk=heiligkeit, Heiligendienst und Menschensatzung jämmerlich verdunkelt oder verleugnet" gewesen sei.*) Die großen Gestalten einer heiligen Brigitta, Hildegardis, Gertrudis der Großen, der beiden Mech=tilden u. a., deren Werke erst wieder gleichsam neu entdeckt worden sind, tauchen aus dem Dunkel der Vergangenheit immer lichtvoller auf und „stehen den gelehrten Theologen von hüben und drüben zur Rechenschaft, als wie wahr oder falsch jene harten Anklagen gegen ihr Zeitalter und dessen kirchliches Bewußtsein sich erweisen."**)

An der Ehrenrettung des kirchlichen Mittelalters betheiligen sich auch die gelehrten Mönche der Benediktiner=Abtei Solesmes in Frankreich. Mit unermüdlichem Eifer durchforschten sie die großen Bibliotheken Deutschlands, Belgiens, der Schweiz, Oesterreichs, Italiens und Frankreichs nach den handschriftlichen und gedruckten Ausgaben der Werke der heiligen Gertrud der Großen und der beiden Mechtilden. Das Resultat ihrer Forschungen war eine mög=lichst genaue und vollständige Ausgabe zuerst der Schrift der heiligen Gertrud „Gesandter der göttlichen Liebe", dann der Schriften der beiden Mechtilden: „Das Buch besonderer***) Gnade"

---

*) Vgl. Reischl, das Buch der geistlichen Gnaden, Vorw. S. XVI.
**) Ebend. S. XVII.
***) „Liber specialis gratiae" lesen die beiden ältesten Codd., der Wolfenbüttler und derjenige der kaiserlichen Bibliothek in Wien, während andere handschriftliche und gedruckte Ausgaben den Titel: „Liber spiritualis gratiae", Buch der geistlichen Gnade, führen.

von der heiligen Mechtild von Helfeda, und „Das fließende Licht
der Gottheit" von deren Ordensmitschwester Mechtild, genannt
von Magdeburg. Die oben genannte Verlagshandlung entschloß sich
nun, eine neue deutsche Ausgabe der beiden letzten Schriften auf
Grund der Ausgaben der PP. von Solesmes zu veranstalten.

Die erste dieser beiden Schriften liegt nun hier vor. Zum
bessern Verständniß derselben geben wir die nothwendigen Aufschlüsse
über die Persönlichkeit und das Buch der heiligen Mechtildis nach
den einleitenden Worten der Ausgabe von Solesmes und der Ein=
gangs genannten von Dr. Reischl.

I. Mechtildis von Helfeda.

Mechtildis entstammte dem Geschlechte der Freiherrn von
Hackeborn, zugleich Erbgrafen von Helfeda, einem der edelsten des
obersächsischen Landes. Blutsverwandt mit den Herzogen von
Braunschweig und den Grafen von Mansfeld rühmte sich die
Familie der Barone von Hackeborn auch der Verschwägerung mit
den Hohenstaufen. Mechtildis wurde im Jahre 1241 geboren,
wie wir aus einer spätern Angabe unter Ziffer III ersehen werden.
In ihrem siebenten Jahre nahm ihre Mutter sie mit sich in das
Kloster, in welchem sich ihre um sieben Jahre ältere Schwester
Gertrud befand. Bei diesem Besuche bat die kleine Mechtildis augen=
scheinlich aus göttlichem Antriebe die Schwestern inständigst um die
Gunst, bei den Bräuten des Herrn bleiben zu dürfen, was ihr
auch gewährt wurde. Das Kloster befand sich damals zu Rodarbs=
dorf*) in der Nähe des Schlosses der Freiherrn von Hackeborn.
Zehn Jahre später, 1258, folgte sie ihrer mit neunzehn Jahren
zur Aebtissin gewählten Schwester Gertrud zu dem neuen Wohnsitze,
den sie mit noch andern Gertruden und Mechtilden verherrlichen
sollte. Es war dies Helfeda (Helftä, sächsisch Helpede),**) ganz

*) Rodarbsdorf im Bisthum Halberstadt kam, im westphälischen Frieden
sekularisirt, an Churbrandenburg.

**) Das Kloster, welches zur Zeit der heiligen Mechtildis und Gertrudis
der Benediktiner=Kongregation von Cluny einverleibt war, wurde 1349 in
einer Fehde der Grafen von Mansfeld von den Braunschweigern zerstört. Die
Conventualinen siedelten in die Stadt Eisleben über. Zu der Reformations=
zeit ging die Stiftung an die Probstei Seeburg, die Grafschaft Helfeda zuerst
an Churhessen, später an Churbrandenburg über.

nahe bei Eisleben in Sachsen, welches die Freiherrn Albert und Ludwig von Hackeborn, die Brüder der Aebtissin Gertrud und der heiligen Mechtildis, der Kongregation abgetreten hatten. In Folge der von Generation zu Generation wiederholten Schenkungen Seitens der Freiherrn von Hackeborn, welche stets Albert und Ludwig hießen, wie Seitens der Familie des ersten Stifters Burchard von Mansfeld, befand sich die neue Niederlassung bald in günstigen Verhältnissen. Was aber ihren Glanz und Ruhm noch mehr erhöhte, war das Verdienst der Bräute, welche der Herr aus den ebenso durch irdische Macht wie durch Glaubensstärke ausgezeichneten Familien jener Gaue auszuwählen sich würdigte.

Mechtildis zeichnete sich frühzeitig durch ihre Demuth, ihren Eifer und vor allem durch ihre Liebenswürdigkeit aus, durch welche sich Alle zu ihr hingezogen fühlten. Kräftigst unterstützte sie ihre Schwester, die Aebtissin Gertrud, in ihrem Bestreben, die Nonnen ebenso sehr in den göttlichen Wissenschaften zu unterrichten, wie ihren Eifer zur Uebung der heldenmüthigsten und zartesten Tugenden zu entflammen. Sie leitete die Schulen, besonders die Gesangsschule. Wegen der Schönheit ihrer Stimme und des Ausdrucks erleuchteter Frömmigkeit, welchen sie den Melodien des feierlichen Gebets, des ganz besonderen Werkes der Söhne des heiligen Benedikt, einzuhauchen wußte, wurde sie für das Amt einer Sangmeisterin des Klosters bestimmt, worin sie, wie es scheint, von der heiligen Gertrud selbst unterstützt wurde, welche wir ihre Stelle bei den Gesängen nach dem Hinscheiden der Aebtissin Gertrud*) einnehmen sehen, als Mechtildis durch Krankheit verhindert war, ihre Schwester in diesem feierlichen Augenblicke zu unterstützen. Mehr als einmal ward ihr für ihren Gesang mehr als Menschenlob, nämlich das

---

*) Es sind zu unterscheiden: Mechtildis, geboren 1241, gestorben 1298, von welcher vorliegendes Buch „besonderer Gnade" herrührt; deren Ordensmitschwester Mechtildis, gestorben 1293, von welcher wir die Schrift: „Das fließende Licht der Gottheit" besitzen; die Aebtissin Gertrud, leibliche Schwester der ersteren Mechtildis und Gertrud die Große, Verfasserin des Buches: „Gesandter der göttlichen Liebe"; ihre Heimath und Abstammung ist unbekannt; geboren wurde sie im Jahre 1256 und ihr Tod erfolgte gegen das Jahr 1302. (Vgl. der heiligen Gertrud b. Gr. Gesandter d. g. L., Herder, Freiburg.) — Anm. d. Uebers.

Lob ihres göttlichen Bräutigams zu Theil, welchem allein sie jenes weihen wollte.

Zu diesen Verdiensten, durch welche sie schon in den Augen ihrer Mitschwestern eine besondere Bedeutung erlangte und ihr Ruf sich über die Grenzen des Klosters verbreitete, traten noch außerordentliche Gnadenerweisungen hinzu, aus deren Erinnerungen der Inhalt des Buches besteht, das ihren Namen trägt und seines ganz eigenthümlichen Wesens und Kernes wegen das Buch besonderer Gnade genannt wurde. Selbst in der klösterlichen Familie des heiligen Benedikt zu Helfeda konnte man nicht erfahren, zu welcher Zeit ihres Lebens Mechtildis die ersten Zeichen der göttlichen Gunsterweisungen empfing. Nicht nur ihre Demuth, sondern auch der Schleier des Geheimnisses, womit der Herr meistens solche innerlichsten Gnadenerweisungen zu verhüllen liebt, bewirkten, daß Mechtildis diese Geheimnisse der göttlichen Liebe erst in ihrem fünfzigsten Lebensjahre zu erkennen gab. Der Ruf ihrer Heiligkeit und hohen Einsicht war weit verbreitet, so daß sie gar vielfältig von Personen um Rath angegangen wurde, die in Seelenangelegenheiten ein geistiges Heilmittel, Licht und Trost bei ihr suchten. (Vgl. viertes Buch.) Gelehrte Theologen aus dem Orden des heiligen Dominikus schätzten sich glücklich, sie zu hören, und selbst Gertrud sehen wir zu Anfang ihres übernatürlichen Lebens sich an Mechtildis wenden, um von ihr die Versicherung zu erhalten, daß die außerordentlichen Gnadenerweisungen, deren Gegenstand sie (Gertrud) war, wirklich von Gott herrührten (Ges. d. g. L. I, 16). Als aber ihren Offenbarungen der offizielle Charakter, den ihnen die hohe Stellung ihrer Schwester, der Aebtissin Gertrud, verliehen hätte, durch deren Tod gewissermaßen benommen war, und Mechtildis selbst durch Krankheit dem thätigen Leben, welchem sie sich bis dahin im Kloster geweiht hatte, entzogen wurde, da öffnete Gott ihren Mund, und jetzt erst offenbarte sie nicht nur den Bewohnern des Klosters, sondern auch Weltleuten, was Gott bisher in der Verborgenheit ihres Herzens gewirkt hatte (2. B. 26. K.).

Es sind dieselben Wahrheiten, wie in Gertrudens Offenbarungen welche sich uns aus den Visionen der heiligen Mechtildis erschließen. Das Geheimniß der Menschwerdung Gottes nimmt darin den ersten Platz ein, oder vielmehr stellt sich darin in allen seinen Offenbarungen dar und zieht sich durch das Ganze hindurch Der Gottmensch erscheint darin nicht nur als Erlöser, sondern auch als Mittler zwischen Gott und dem Menschen. Und was ist der Grund, was ist die mächtigste Ursache, welche ihn zur Vermittlung bestimmte und die letzten und höchsten Folgen derselben herbeiführen wird? Es ist die Liebe! Ja, die barmherzige Liebe, welche Gott selbst ist (1. Joh. 4, 8.).

Sie hat sich des Sohnes Gottes gleichsam bemächtigt und ihn herabgezogen in den Schoß der Jungfrau, der Tochter Adams; herabgezogen auf die rauhen Pfade der Armuth und des Leidens bis zum Kreuze auf Kalvaria, um ihn wieder hinaufzuführen in den Himmel zur Rechten des Vaters und ihm dorthin zu folgen, von wo seine Gottheit unablässig sich herniederläßt zu den Kindern des Staubes.

Auch hier ist es das göttliche Herz, das als der Hauptsitz der Liebe und aller ihrer Thätigkeit erscheint. Mechtilbis ist in diesen Schilderungen vielleicht noch bilderreicher als Gertrud, was von dem allgemeinen Charakter ihrer Visionen herrührt, die sich fast immer unter einer sinnenfälligeren Form, als bei der heiligen Gertrud, darstellen. Was gibt es z. B. Köstlicheres und göttlich Liebenswürdigeres, als wenn der Herr sein göttliches Herz Mech= tilbis als Pfand übergibt, das er bei ihrem letzten Athemzuge von ihr zurückverlangt (Gesandter d. g. L., V, 4.; Buch bes. G. 1, 20; 2, 19; 3, 37; 7, 11), und die Allen gegebene Verheißung: „Alle, die aus meinem Herzen getrunken haben, deren Herzen werde ich selbst trinken" (4, 1).

Der am meisten hervortretende Zug an Mechtilbis ist aber das göttliche Lob. Es geziemte sich in der That, daß diejenige, welche während ihres ganzen Lebens die würdige Saugmeisterin des Klosters war und die der Herr bei ihrem Einzug in den Himmel als seine vielgeliebte Philomele begrüßte (7, 11), zur Prophetin des göttlichen Lobes erhoben wurde. Der feierliche, öffentliche Lob= gesang, der sich aus einem Chor von Ordensfrauen erhebt, welche Gott in seiner eigenen Sprache, mit den Worten der seinen Pro= pheten inspirirten Psalmen mit den Lesungen, welche seine Kirche hören läßt, lobpreisen, wird von Mechtilbis mit Liebe und Be= geisterung erfaßt und wiederholt; auch sie wird beim Singen des=

selben von der Wirksamkeit des heiligen Geistes ergriffen. Aber nicht zufrieden damit, daß sie sich selbst dem feierlichen Lobe Desjenigen allein weiht, Dem sie angehört, bis sie darüber stirbt, flößt Mechtildis den Eifer für dasselbe auch ihren Mitschwestern ein und verbreitet die Uebung desselben durch ihre Offenbarungen und Schriften unter den Gläubigen, die alle eingeladen werden, sich zu vereinigen zum harmonischen Ausdruck des dem Gotte der Größe und höchsten Barmherzigkeit gebührenden Lobes. Kaum war Mechtildis von dieser Erde geschieden, als ihr Buch unter dem Titel: Lob der Herrin Mechtildis in andere Gegenden verbreitet wurde. Auch die Stadt Florenz empfing es, ohne Zweifel durch die Vermittlung der Prediger-Brüder, und bis zu den Tagen der Revolution hörte man ihre Bewohner jeden Abend vor den Bildern der Heiligen die Lobgesänge wiederholen, welche sie von der Benediktinerin von Helfeda empfangen hatten.

II. Mechtildis und Dante.

Dieser an dem Werke der heiligen Mechtildis so ausgeprägt hervortretende Grundzug des göttlichen Lobes, welches dadurch weiterhin verbreitet wurde, war für ihren Ruhm von noch weiterer großer Bedeutung. Von jeher beschäftigte man sich viel mit einer gewissen Persönlichkeit, welche Dante in seiner göttlichen Komödie (Gesang vom Fegfeuer) unter dem Namen Matilde einführt. Wie alle andern vom Dichter aufgeführten Personen konnte auch diese kein bloßes Gebilde seiner Phantasie sein. Lange Zeit und bis auf die Gegenwart herab hatte der Glanz des Namens der großen Gräfin Matilde von Toskana, der Freundin und Beschützerin des großen Papstes Gregor VII., die Ansicht der Erklärer für sich eingenommen. Doch fragte man sich mit Recht, welcher Zusammenhang bestehen konnte zwischen jener großen, kriegerischen und männlichen Gestalt der Gräfin Matilde, und der anmuthigen Persönlichkeit, an welche Dante in seinem Gesange vom Fegfeuer den Anfang seiner geistigen Wiedergeburt anknüpft. Wir wissen nun, daß zur Zeit, als der Dichter diesen Theil seines Gesanges verfaßte, Mechtildis' Werk, „das Lob", in Florenz bekannt war. Nachdem Dante die sieben Abstufungen eines Berges, den wir in unserm Buche wiederfinden (1, 13), erstiegen hat, hört er zuerst eine melodische Stimme, die

ihm zufingt: „Venite benedicti Patris mei, Kommet ihr
Gefegneten meines Vaters" (2, 19); sodann erscheint ihm jen=
feits eines Fluffes eine liebliche Geftalt, welche ihn fingend einladet,
diefen Fluß zu überfchreiten, der fein vergangenes Leben fcheiden
foll von einem reineren Leben, das nun folgen foll. Die liturgifchen
Worte zum Lobe des Herrn wiederholen fich, aber beim Singen
des Asperges me wird der Dichter von der Erfcheinung der
Jungfrau hingeriffen und ftürzt fich in den Fluß, worauf fie ihn
vier Jungfrauen, die ihr folgen, übergibt. Als hierauf Dante
Beatrix befrägt, verweift ihn diefe an die anmuthigere und einfluß=
reichere Matilde, welcher die Aufgabe zugefallen ift, ihm alle geift=
lichen Schwierigkeiten zu erklären. Nun gerade während diefer
Anführungen liturgifcher Gefänge und Reinigungen der Seele in
dem vom Gipfel des fiebenftufigen Berges herabftrömenden Fluffe,
wo fie den vier Jungfrauen, welche ebenfo viele Tugenden find,
übergeben wird, fpricht Dante den Namen der Perfon aus, welche
eine ebenfo füße, wie mächtige Herrfchaft über ihn ausübt. Er
nennt fie Matilde. Alle Erklärer erkannten darin das Bild des
thätigen Lebens im Gegenfatz zum befchaulichen, welches in
Beatrix dargeftellt ift. Obwohl nun diefe unterfcheidende Bezeich=
nung nicht übermäßig zu betonen ift, fo ift doch das thätige Leben
ein in hohem Grade geiftliches und der Erleichterung des Nächften
in feinen Gebrechen und Krankheiten, der Verbindung feiner Wunden
gewidmet, mehr als der Vertheidigung felbft der heiligften Rechte
mit den Waffen in der Hand oder in den politifchen Rathsver=
fammlungen. Bis zu den jüngften Zeiten herab kannte man, be=
fonders in Italien, keine berühmte Matilde, als die große Gräfin;
man vermuthete keine andere in der von Dante gezeichneten Perfön=
lichkeit; heute aber, wo die Kritik nicht mehr ftolzen Blickes auf
die Myftiker herabfieht, fondern ihnen in der Eigenfchaft als Dichter
einen hervorragenden Platz anweift, kann unfere Heilige, nachdem
ihr Werth beffer erkannt und gewürdigt ift, als eine der beften In=
fpirationen des großen Florentinifchen Dichters anerkannt werden.*)

---

*) Ift diefe Anficht auch neu, fo wird man fie doch nicht feltfam finden,
und allein durch das Gefühl für Gerechtigkeit und Wahrheit bewogen, haben
wir fie ausgefprochen und halten fie aufrecht inmitten der Erörterungen, welche

Mechtildis in diesen Augenblicken gewährte. Auf ihr Betreiben empfing die Kranke das heilige Sakrament der letzten Oelung, während die Obern und Mechtildis selbst es noch nicht für dringend hielten; dies geschah am Montag vor der Mette. Häufige Krisen riefen die klösterliche Familie wiederholt an das Bett der Sterbenden, um da die Sterbegebete zu verrichten, und da dieselbe mit ihrem vollen Bewußtsein stets auch dieselbe zutrauliche Freundlichkeit bewahrte, welche sie bei ihren Mitschwestern so herzlich beliebt gemacht hatte, so brachte eine jede derselben ihre Anempfehlungen vor, auf welche sie mit unvergleichlicher Gesinnung des Glaubens und der Liebe antwortete.

Man feierte gerade das Fest der heiligen Elisabeth von Thüringen, welche erst seit einigen Jahren in den Kanon der Heiligen der Kirche aufgenommen war. Gertrud sah, wie die Worte der Tagzeiten der Heiligen von den Engeln und von den drei göttlichen Personen selbst auf ihre sterbende Freundin und Mitschwester angewandt wurden. Am Festtage selbst, der ein Mittwoch war, sah die heilige Gertrud die einst von Mechtildis mit dem Herrn geschlossene Verbindung, wobei der göttliche Bräutigam ihr sein heiliges Herz zum Pfande gab, in ihrem letzten Augenblicke sich gänzlich vollziehen. Zu dieser Stunde nämlich verlangte er von ihr dieses Pfand zurück, und Mechtildis, die es ihm treu bewahrt hatte, wurde sogleich zu den Freuden ihres Herrn gerufen, um in eben diesem Herzen die höchsten Wonnen der Ewigkeit zu genießen. Dies war am 19. November 1298. Auf Gestatten des heiligen Stuhles genießt die heilige Mechtildis bei einigen Ordensfamilien des heiligen Benedikt öffentliche Verehrung und wird ihr Fest von denselben am 26. Februar gefeiert. Gott gebe, daß diese Ehre ihr einmal im ganzen Orden erwiesen werden möge.

Ihre sterbliche Hülle ruht gleich derjenigen der andern großen Ordensfrauen aus jenem heiligen und heldenmüthigen Zeitalter von Helfeda in diesem Kloster, welches vierzig Jahre später von dem unrechtmäßigen Bischof von Halberstadt, Albert von Braunschweig, verwüstet, dann mit dem von Burchard IV. 1348 errichteten Kloster Neu-Helfeda vertauscht wurde. Von ersterem Kloster, das heute eine königliche Domäne mit landwirthschaftlichem Betriebe ist, sieht man noch die in eine Scheuer umgewandelte Kirche, deren Gewölbe

man hinweggenommen und deren Höhe man verringert hat. Ihre
vierundzwanzig lanzettförmigen Bogenfenster sind mit Bruchsteinen
zugemauert, doch hat man diejenigen des östlichen Giebels, welche
im gleichen Stil gehalten sind und vielleicht die Kirche vom Chor
der Nonnen schieden, noch offen gelassen. Am äußersten westlichen
Ende bei den zwei letzten Galeriegeländern erhob sich der Boden
ungefähr zwei Meter und bildete so eine Art Tribüne, welche vom
Schiff getrennt den Nonnen als Chor dienen mochte, oder vielleicht
für Weltleute von hohem Rang, welche das Kloster häufig besuchten,
als Tribüne vorbehalten war. Der Giebel derselben Seite enthält
zwei nunmehr vermauerte Fenster im Stile des fünfzehnten Jahrhunderts. Unterhalb dieser Tribüne erblickt man eine Art Krypta,
mit zwei bogenförmigen Oeffnungen gegen Norden, welche sehr
wohl die Familiengruft der Grafen von Mansfeld gewesen sein
mag. Sehr zu wünschen wäre es, daß Nachgrabungen unter dem
Boden und um den wohlerhaltenen Rest der Benediktiner-Klosterkirche
von Helfeda veranstaltet würden.

IV. Ursprung und Eintheilung des Buches.

Wie wir schon oben gesehen, offenbarte Mechtildis erst in
ihrem fünfzigsten Lebensjahre die ihr zu Theil gewordenen Gnadengaben. Zwei Personen des Klosters, ihre Freundinnen, welche sie
zu Vertrauten ihres Geheimnisses gemacht hatte, verständigten sich
miteinander, das Gehörte niederzuschreiben und daraus ein Buch
zusammenzustellen zur Verherrlichung Gottes und seiner Braut, wie
zugleich zur Erbauung des Nächsten. Als aber unsere Heilige in
ihrer Demuth ihnen das verbieten wollte, fuhren sie damit ohne
ihr Wissen fort, und erst als das Buch beinahe vollendet war, er-
fuhr es Mechtildis. Anfangs darob in Verwirrung gerathen, ward
sie über den Nutzen und den treuen Bericht des Buches von Gott
selbst beruhigt, der ihr die Versicherung gab, die beiden Verfasserinnen
desselben erleuchtet und in der Ausführung ihrer frommen Wünsche
unterstützt zu haben (5, 22).

Bald gab es eine große Anzahl von Abschriften des Buches,
deren Exemplare sich in den deutschen Bibliotheken finden. Die
ältesten sind auch die vollständigsten; erst später kamen in abkür-
zender Weise redigirende Hände über das Werk, aus welchem leider

Alles, was von historischem Interesse sein konnte, ausgemerzt wurde, so daß es selbst über die Person der heiligen Mechtildis sehr spärliche Angaben enthielt. Nach diesem Original in zweiter Fassung, das überdies noch weitere abschwächende Veränderungen erlitt, wurden die verschiedenen Ausgaben des Mechtildi'schen Werkes gedruckt. Die Folge war, daß sich über das Leben und selbst die Person der heiligen Mechtildis tiefes Dunkel breitete und mehr als ein Irrthum sowohl über ihre Persönlichkeit, wie über diejenige der heiligen Gertrud daraus erwuchs.

Das war um so mehr zu bedauern, als selbst die vollständigsten Manustripte nur allzu sparsame biographische Notizen enthielten. Da wir dieselben aber in der lateinischen Ausgabe, die wir davon veranstalteten, ganz und vollständig wiedergegeben haben, so sehen wir uns gleichwohl im Stande, unsern Lesern ein ziemlich klares und deutlich begrenztes Bild von der Persönlichkeit und dem Werke der heiligen Mechtildis zu geben.

Die gedruckten Ausgaben ihres Werkes enthalten höchstens die fünf ersten Bücher, und manche, sowohl ältere als neuere, haben nicht bloß das sechste und siebente Buch bei Seite gelassen, sondern auch das Ganze beträchtlich abgefürzt und endlich den Charakter desselben so sehr verändert, daß man weder Mechtildis' Lehre über das göttliche Herz, noch das charakteristische Kennzeichen des göttlichen Lobes daraus erkennen kann.*) In dieser unserer Ausgabe veröffentlichen wir Alles, was wir gefunden haben, ohne daß wir uns wegen der Frage der Aechtheit, welche zu bestreiten übrigens niemanden eingefallen ist, je beunruhigt hätten. Gewiß bietet diese vollständige Zusammenstellung nicht die Kennzeichen eines fertigen Buches mit sachgemäßer Vertheilung des Stoffes. Wir hielten aber darauf, selbst diese Mängel beizubehalten, aus welchen für das Werk eine Originalität erwächst, welche nicht allen unsern Lesern mißfallen wird; wir hätten vielmehr gefürchtet, durch Verkürzung oder Veränderung des Textes jenes Manuskriptes, welches der Priester Albert, Vikar von St. Paul zu Erfurt, gerade zur Zeit

---

*) So enthält auch die Eingangs genannte Ausgabe von Reischl, von welcher übrigens der ganze Text in diese vorliegende Ausgabe aufgenommen werden konnte, nur die fünf ersten Bücher und von diesen das dritte, vierte und fünfte Buch bedeutend abgekürzt. — Anmerk. d. Uebers.

der Verlegung des Klosters nach Eisleben, im Jahre 1346 zusammenstellte, ein kostbares Bruchstück oder ein Wort verloren gehen
zu lassen, welches in geschickteren Händen dazu dienen könnte, diese
oder jene geschichtliche Thatsache, über welche wir sonst nur schwache
Andeutungen haben, festzustellen oder zu bekräftigen. So verhält
es sich z. B. mit den Beziehungen des Prediger-Ordens zu der
Benediktinerinnen-Kongregation in Helfeda, welche Beziehungen in
dem vollständigen Werke der heiligen Mechtildis angedeutet sind und
von dem der Schwester Mechtildis bestätigt werden. Es ergibt sich
daraus eine erste Bürgschaft und Gewähr für den Werth und das
Verdienst dieser Offenbarungen, welche auf diese Weise gleich Anfangs
dem Urtheil so zuständiger Richter, wie der Dominikaner zur Zeit des
heiligen Thomas von Aquin und Albertus des Großen, unterstellt
wurden. Andere kleine Züge können in gleicher Weise auf dieses
oder jenes geschichtliche Dunkel Licht werfen, ohne daß ihre Aufnahme in das Buch dasselbe allzu umfangreich machte oder der
Erbauung der Leser schadete. Es sind das endlich in unsern Augen
gleichsam kostbare Reliquien, deren kleinstes Theilchen denselben
Werth hat, wie ganze Glieder, und welche für gut gestimmte Seelen
der Strahl sein werden, der zum Herzen dringen und die heilsame
Wirkung hervorbringen wird, welche die göttliche Vorsehung davon
verheißen hat.

Was nun die Aufeinanderfolge des in sieben Bücher vertheilten Inhaltes betrifft, so füllt die Betrachtung aus dem Festkreise des katholischen Kirchenjahres das erste Buch aus. Mit
den Bildern aus dem Leben und den Geheimnissen des Heilandes
vereinigen sich Offenbarung und Erscheinung der seligsten Mutter
Gottes, der Apostel, Martyrer, Jungfrauen, je nach ihrem Gedächtnißtage. Im zweiten Buche ist Mechtildis' geheimnißvoller Verkehr mit ihrem göttlichen Bräutigam und dessen gnadenvolle
Herablassung und Hulderweisung an seine erkorne Seelenbraut in
den lieblichsten Bildern und sinnvollsten Zügen gezeichnet. Aus den
süßen Erinnerungen dieses himmlischen Umganges quillt dann im
dritten Buche das göttliche Lob und die mannigfache Unterweisung, durch welche alle Seelen zu Liebe und Lobe ihres Schöpfers
und Seligmachers gezogen werden sollen. Das vierte Buch kann
man vorwiegend als das Buch der Fürbitte und der Tröstung

bezeichnen. Die Versuchten, die Trauernden und Leidenden sind es, zu denen die Selige redet, und Gleiches bezwecken auch ihre darin aufgenommenen wenigen, aber herzlichen Briefchen. Die leidende Kirche, das ist die Gemeinschaft der Seelen im Fegfeuer, tritt im fünften Buche in den Gesichtskreis der Beschauenden ein, die ihre und der gesammten heiligen Kirche Thätigkeit für dieselbe mit merkwürdiger Tiefe des Gedankens darzustellen weiß. Es mag überhaupt angemerkt sein, daß, wer sich über die Bedeutung der Gemeinschaft der Heiligen in der Kirche eine recht klare Vorstellung schaffen will, in den schlichten Worten der seligen Mechtildis bei einiger Aufmerksamkeit ganz überraschende Lichtstrahlen finden wird. Das sechste und siebente Buch endlich schildert nach einer kurzen Charakteristik der Aebtissin Gertrudis in ebenso wunderbar erhabenen und großartigen, wie lieblichen und tröstlichen Gesichten das selige Ende dieser beiden großen Dienerinnen Gottes, eben genannter Aebtissin Gertrudis und Mechtildis', ihr unbeschreiblich herrliches Hinüberscheiden aus der streitenden in die triumphirende Kirche, ihre jubelvolle Aufnahme in die erste Reihe der Auserwählten Gottes und in die Arme ihres göttlichen Bräutigams. Die betreffenden Schilderungen sind inhaltlich ebenso viele Illustrationen zu dem Worte der heiligen Schrift: Pretiosa in conspectu Domini mors Sanctorum ejus — Kostbar ist in den Augen des Herrn der Tod seiner Heiligen; Illustrationen, ähnlich den großartigen Meisterwerken des Grabstichels, namentlich deutscher Kunst, welche, obschon Jahrhunderte alt, immer noch als unübertroffen bewundert werden.

Ueber die formelle Darstellung sei nur kurz bemerkt, daß das vierte und fünfte Buch, besonders in ihren letzten Kapiteln, sowie das sechste und siebente Buch das Gepräge ziemlicher Flüchtigkeit und gelegentlicher Abfassung tragen, während die andern Bücher eine sorgfältigere Redaktion gefunden haben.

V. Ueber die sinnbildlichen Visionen der heiligen Mechtildis.

Wir haben schon Eingangs bemerkt, daß Mechtildis in ihren Schilderungen vielfach noch bilderreicher sei, als die heilige Gertrudis, da bei ihr die Visionen sich fast immer unter einer sinnenfälligeren Form darstellen, als bei jener. Daß die Mittheilung übersinnlicher

Wahrheiten und himmlischer Geheimnisse mittelst sinnenfälliger Bilder und irdischer Gleichnisse geschieht, erklärt sich von selbst aus unserem ganzen Wesen als sinnlich=vernünftige Geschöpfe, die wir als solche hienieden die Wahrheit nicht unmittelbar, von Angesicht zu Angesicht, schauen können, sondern sie mittelbar durch sinnliche Wahrnehmung, und weiterhin durch die Thätigkeit des Verstandes geistiger Weise, aber unter der Form von Bildern (Ideen, An= schauungen) und darum unvollkommen in uns aufnehmen. Selbst wenn der Mensch auf die höchste Stufe geistigen Erkennens, zur mystischen Beschauung erhoben wird, so findet dieselbe in Bildern statt und wird das Geschaute in Bildern mitgetheilt, wie wir aus den Büchern der Propheten und aus der geheimen Offenbarung des heiligen Johannes ersehen. Ueber das Sinnenfällige solcher Visionen spricht sich einer der größten Meister des geistlichen Lebens, der heilige Bernhard, folgendermaßen aus: „Wenn die Seele in der Beschauung hingerissen und entzückt, und von einem göttlichen Lichtstrahle schnell, wie von einem flüchtigen Blitze, erleuchtet wird, dann entstehen in ihr Bilder und Vorstellungen irdischer und rein menschlicher Dinge, welche sich auf die ihr mitgetheilte Wahrheit beziehen, und entweder als mystische Schatten und Schleier dienen, um diese Wahrheit zu mäßigen und erträglich zu machen, oder als geeignete Mittel, um dieselben Andern so viel wie möglich zur Be= förderung ihres geistlichen Fortganges zu erklären und beizubringen."

Die Gleichnisse und Bilder solcher Visionen sind also nicht der Kern und das Wesen der göttlichen Geheimnisse, sondern nur die Hülle und Form, unter welcher diese mitgetheilt werden; sind aber eben darum nicht oberflächlich in's Auge zu fassen, sondern durch sie hindurch ist der darunter verborgene geistige Inhalt zu erfassen. Der Herr selbst gab einmal der Mitschwester und ver= trautesten Freundin der heiligen Mechtildis, Gertrudis der Großen, den Grund an, warum er seine Offenbarungen in bildlichen Ge= sichten gebe. Er sagte zu ihr: „Je mehr ich die Art und Weise, meine Gaben mitzutheilen, verändere und vervielfältige, desto mehr zeige ich die Tiefe meiner Weisheit, welche einem Jeden nach seiner Fassungskraft zu antworten und ihm das, was ich will, zu lehren weiß, indem ich zu den Einfältigen auf fühlbare und sinnliche, zu den Erleuchteten aber auf innerliche und erhabene Weise spreche."

2*

Und ein andermal: „Gleichwie ehemals die Art und Ordnung meiner Menschwerdung, meines Leidens und meiner Auferstehung von den Propheten unter geheimnißvollen Bildern vorgestellt wurde, ebenso muß ich auch jetzt sichtbare und Allen bekannte Vorstellungen anwenden, um den Menschen das Geistliche, das sie nicht anders fassen können, begreiflich zu machen. Man darf daher geistliche Kenntnisse, welche man durch körperliche Bilder erlangt, nicht verachten, sondern Jeder soll sich vielmehr bemühen, daß er fähig werde, die geistlichen Dinge zu durchdringen und daran Geschmack zu finden."

Bei der sinnenfälligen Form solcher Gesichte darf man insbesondere dann nicht stehen bleiben, wenn die Geheimnisse der göttlichen Minne durch Gleichnisse und Bilder, von der menschlichen und natürlichen Liebe hergenommen, dargestellt werden, wie es in den vorliegenden Offenbarungen oft der Fall ist. Wir können uns nicht enthalten, die auch für die diesbezüglichen Visionen der heiligen Mechtildis genau passende treffliche Erklärung anzuführen, welche über ähnliche Gesichte der heiligen Aebtissin Gertrud sich findet.*)

„Bei solchen Stellen," heißt es, „kann man sich gar nicht weit genug von den Sinnen entfernen und alle Vorstellungen körperlicher Gegenstände von sich weisen. Gar gefährlich ist es, sich hier an Bilder und Gleichnisse zu halten; man muß schnell darüber weggehen und die Augen des Geistes auf das Geistliche und Mystische wenden, sonst wird das gegebene Heilmittel uns zum Gifte, die Maschine,**) welche uns aufrecht halten und erheben soll, wird das Werkzeug unseres Falles und Verderbens; und anstatt daß unsere Lesung jene reine und keusche Liebe, welche Jesus auf Erden ausgegossen, um uns des Himmels würdig zu machen, in unsern Herzen anzündet, verschafft sie nur dem unreinen Feuer der Begierlichkeit Stoff, das der Teufel in unsere Natur gegossen hat, um uns mit sich in die Hölle hinab zu ziehen. Die nämliche

---

*) In der Einleitung zu: „Leben und Offenbarungen der heiligen Gertrudis, Jungfrau und Aebtissin vom Orden des heiligen Benedikt. Aus dem Lateinischen des ehrwürdigen P. Johannes Landsperg, übersetzt von M. Sintzel." Regensburg, Manz. 1876. Dieser Schrift haben wir auch die zwei obigen Citate entnommen. — Anmerk. d. Uebers.

**) *S. Greg. M.* homil. 1 in Cantic.

Umsicht und Mäßigung müssen wir auch hinsichtlich einiger sinn=
bildlichen Visionen gebrauchen, wo Gertrudis (hier: Mechtildis)
uns mit den heiligen Vertraulichkeiten ihres göttlichen Bräutigams
unterhält, weil sie selbst uns darauf aufmerksam macht, daß sie auf
menschliche Art und Weise spricht und daher in Gleichnissen redet.*)
Wenn sie z. B. sagt: „Jesus habe einen Kuß auf den Mund
ihrer Seele gedrückt," und also in bildlicher Sprache der Seele
einen Mund gibt, so muß unser Geist das Bild des Kusses auf den
Mund fortsetzen und ausdehnen, und wir müssen darunter eine
ganz geistliche Vereinigung verstehen, ganz ähnlich derjenigen, welche
im ersten Verse des hohen Liedes angezeigt ist, wo es heißt: „Er
küsse mich mit dem Kusse seines Mundes." Das göttliche Wort
küßt die Seele, wenn es ihr den heiligen Geist gibt, welcher das
unauflösliche Band und gleichsam der gegenseitige Kuß des Vaters
und Sohnes ist (St. Bernhard über d. H. Lied). Das göttliche
Wort küßt die Seele, wenn es dieselbe mit Eifer und Licht erfüllt,
wenn es über sie eine Salbung ausgießt, welche sie erleuchtet und
entzündet, wenn es ihr nicht nur die Erkenntniß, sondern auch die
Liebe der Wahrheit und den innerlichen Geschmack daran verleiht.
Das göttliche Wort küßt die Seele auf eine ganz besondere Weise
im allerheiligsten Sakramente (St. Ambrosius), wo es sich mit ihr
als Fleisch und Nahrung vereinigt; und diese Vereinigung ist desto
enger, je heiliger vorbereitet, das heißt, je keuscher und abgetödteter,
je ferner von allem Irdischen, je liebevoller gegen den Nächsten,
und je andächtiger und gehorsamer gegen Gott die Seele dasselbe
empfängt. Und dieser eucharistische Kuß ist das Pfand des unnenn=
baren Kusses der ewigen Glückseligkeit, welche die Krone und Voll=
endung dieser göttlichen Küsse ist, und wo der Herr die Seele auf
immer sich erwirbt und mit sich vereinigt, wie er selbst dies zur
heiligen Gertrudis (und Mechtildis) sagte, als sie im Todeskampfe
lag. Dagegen küßt die Seele das ewige Wort, wenn sie sich
durch Bewegungen der Liebe und des Eifers mit dem Erlöser ver=
einigt und an ihn hängt; und da die Liebe nie müssig, sondern
stets getreu und pünktlich in Erfüllung ihrer Pflichten ist, so setzen

---

*) „St. Gertrudis Revelationes multa continent symbolica, ideoque
symbolice interpretandae." *Cornel. a Lapide* in C. S. V. 6. Cantic. 2. sensu.

auch die Lehrer und Kenner des beschaulichen Lebens verschiedene
Arten von Küssen fest, nach den Verrichtungen nämlich, womit sich
die heilige Liebe beschäftigt. Wenn diese die Seele zur Buße und
Anrufung der göttlichen Barmherzigkeit bewegt, dann sagt man, die
Seele küsse des Heilandes Füße, und dieser Kuß geziemt besonders
den Anfängern und Neubekehrten. Wenn sie die Seele zur Uebung
standesgemäßer Tugenden bewegt, so küßt diese mystischer Weise die
Hände Jesu, und dieser Kuß kommt denen zu, welche in der Frömmig=
keit Fortschritte machen. Wenn sie endlich die Seele zur Betrach=
tung der Glaubensgeheimnisse und der Kräfte der zukünftigen
Welt (Hebr. 6, 5.) bewegt, dann küßt diese geistiger Weise den
Mund des himmlischen Bräutigams; und diesen Kuß theilt man
gewöhnlich Personen zu, welche in der Tugend schon weit fort=
geschritten sind und die Ruhe und englische Wonne des beschaulichen
Lebens genießen.

Ebenso, wenn in gewissen Visionen oder in einigen Unter=
haltungen unseres Herrn mit der heiligen Gertrudis (oder Mechtildis)
die Rede ist vom Oeffnen und Ergießen des Herzens, vom Ruhen
auf dem Schoße, vom Umarmen, von Perlen, Halsbändern u. s. w.,
so muß man sich nicht an den todten Buchstaben halten, sondern
in den innerlichen und geistigen Sinn eingehen. Dieses Oeffnen
und Ergießen des Herzens bedeutet den Ueberfluß der göttlichen
Barmherzigkeit gegen die Auserwählten. Diese Ruhe auf dem
Schoße Jesu zeigt die Mittheilung seiner Geheimnisse an, oder den
innerlichen Frieden, welchen er denen zu kosten gibt, die sich ganz
der natürlichen Sorgfalt seiner Vorsehung überlassen. Diese Um=
armung bezeichnet seinen Schutz gegen die Angriffe unseres Erb=
feindes; oder die innigste Vereinigung seiner Liebe, welche zugleich
Verachtung und Entfernung aller irdischen Dinge hervorbringt.
Dieses Perlenhalsband bedeutet das Gewebe verschiedener Tugenden,
welche die Seele der Braut des himmlischen Bräutigams schmücken
sollen. Die gewöhnlichsten Erleuchtungen des Glaubens geben uns
dergleichen mystische Auslegungen an die Hand, und wir sind sogar
verpflichtet, zu ihnen, der Gleichförmigkeit wegen, unsere Zuflucht
zu nehmen, weil an den meisten Stellen, wo ähnliche Bilder vor=
kommen, diese entweder einen ganz geistlichen Sinn haben, oder
wenigstens von einigen Ausdrücken begleitet sind, welche hinlänglich

zu verstehen geben, daß die Rede bildlich ist. Wenn daher eine
Stelle vorkommt, deren Auslegung mangelt, so ist es der Vernunft
gemäß, sie zu ergänzen und darunter zu verstehen. Im Allgemeinen
bedeuten diese menschlichen Liebkosungen, diese Oeffnungen des
Herzens, diese Perlen, kostbaren Kleider 2c. Geschenke oder Gaben
des heiligen Geistes, den Einguß der Gnade, welche die heilige
Seele erleuchtet, erwärmt, ihr die Anbetung Gottes durch Jesus
Christus (welche die erste und erhabenste Andacht ist), sowie die
Beobachtung seiner Gebote und sogar seiner Rathschläge lehrt, aus
Liebe zu ihm die größten Widerwärtigkeiten mit unüberwindlicher
Geduld zu ertragen, an sich selbst kein Wohlgefallen zu haben, guter
Werke wegen sich nicht über Andere zu erheben, sondern in dieser
Hinsicht Gott allein die Ehre zu geben, die eitle Größe und die
falschen Freuden der Welt zu verachten und inbrünstig nach der
glückseligen Ewigkeit zu seufzen. Dieses köstliche und unschätzbare
Geschenk des Himmels hat so verschiedene, so edle und wichtige
Wirkungen, daß man nicht erstaunen darf, wenn Heilige, welche
dieselben so mächtig gefühlt und erfahren hatten und sie nun Andern mittheilen wollten, keine Worte finden konnten, die ihren
Gedanken und innerlichen Bewegungen entsprochen hätten, und es
daher rathsam fanden, bildlich zu reden, und sich durch lebendige,
zarte und rührende Gleichnisse, die auf das menschliche Herz mehr
Eindruck machen, auszudrücken. Sie haben hierin die Sprache des
heiligen Geistes im Hohen Liede nachgeahmt. Gleichwie man nun
bei Betrachtung dieses heiligen Buches alle Vorstellungen körperlicher Dinge verwerfen und sich rein an den mystischen Sinn
halten muß: ebenso soll man auch billig bei Lesung der Visionen
der Heiligen, welche Jesus der in diesem wunderbaren Buche Salo-
mons genau bezeichneten Freundschaft würdigt, zu Werke gehen.
Wenn nun diese heiligen Seelen bei Mittheilung ihrer im Gebete
erhaltenen Erleuchtungen Gleichnisse anwendeten, welche von natürlichen Leidenschaften oder von der eiteln Weltpracht hergenommen
sind, so wäre es ungerecht, sich einzubilden, daß sie selbst dergleichen
Dinge geachtet oder unsere Hochachtung dafür gebilligt hätten. Sie
stellten diese nur als Beispiele und Bilder dessen vor, was sie uns
lehren wollten; und ganz gewiß war es nur ihr einziges Ziel und
Ende, uns Verachtung gegen die falschen Güter der Welt einzu=

slößen, und uns so viel als möglich mit dem göttlichen Feuer, das in ihnen brannte, zu entflammen. Mit der Liebe Gottes verhält es sich ganz anders, als mit der sinnlichen Liebe. Diese ist niedrig, schwach, eifersüchtig, will ihren Gegenstand allein besitzen und kann keine Mitbewerber und Nebenbuhler ertragen; jene aber — ist edel und hochherzig und wünscht nichts sehnlicher, als Begleiter und Gesellschafter zu haben (St. Augustinus: Ueber die wahre Religion, K. 47). Da nun derjenige, welcher Gott liebt, weiß, daß er ihn nicht so sehr lieben kann, als er es verdient, und daß das unend= liche Gut, welches er sucht, durch die Menge seiner Besitzer nicht vermindert wird, so ermahnt und drängt er die ganze Welt, mit ihm darnach zu zielen und zu trachten. Er ist überzeugt, daß er seinem Herrn, wenn er Andere zu seinem Dienste zieht, einen großen Dienst erweist und er zweifelt nicht, daß seine Glückseligkeit desto größer sein werde, je mehr Herzen sich einst dort an dem Besitze desjenigen erfreuen, welcher das höchste Gut und die Fülle aller Güter ist."

VI. Das Buch besonderer Gnade nach seinem innern Gehalte und seinem Verhältnisse zur Lehre der Kirche.*)

Die Gnadengabe und die derselben folgende Uebung, die ewigen Wahrheiten zu betrachten, hat sich in der Kirche Gottes von jeher nach verschiedenen Stufen bethätigt. Je freier das Gemüth von den zerstreuenden oder schlechthin störenden Eindrücken der Sinnenwelt, je klarer mithin das innere Auge für das Licht des heiligen Geistes geworden, und je rückhaltloser der Wille in der Form der Liebe zu Gott in die Gemeinschaft des Heiligen ein= gegangen ist und sich in ihr befestigt hat; desto lauterer, desto reich= gestalteter und andauernder erschließt sich der betrachtenden Seele das an sich unbegrenzte Reich der himmlischen Geheimnisse, zumal in jener Richtung, in welcher es sich durch die Kirche offenbart und in ihr sich darstellt und für das Diesseits verwirklicht. Ueber= steigt nun die Hingabe der Kräfte der Seele, der erkennenden sowohl als der begehrenden, an das Göttliche; übersteigt die Art und Energie, über die von dem heiligen Glauben umfaßten Wahrheiten

---

*) Aus der Einl. der Ausgabe v. Dr. Reischl.

nachzusinnen und den Willen für sie zu beleben und zu formen, das
gewöhnliche, allen Gott liebenden und reinen Gemüthern zugängliche
Maß; und tritt sonach die Betrachtung (Meditation) auf jene
höhere Stufe, in welcher der Geist des Betrachtenden, in bewun=
dernder Erkenntniß und liebendem Aufschwunge in die heilige
Gegenwart Gottes selbst hinauf= und hinangezogen wird, so daß
die ewige Wahrheit einfach, nahe und klar, der Erkenntniß wie dem
Herzen sich darstellt; alsdann heißt diese Stufe der Betrachtung,
bei den Lehrern des geistlichen (mystischen) Lebens wie in dem
Munde der Heiligen — Beschauung (Contemplation). Aber auch
sie ist ihrerseits in mannigfachen Arten und Stufen thätig, je
nachdem der heilige Geist sein Gnadengeschenk den hiezu erwählten
Seelen mittheilt, sei es mit Rücksicht auf die vorherrschenden, ihr
schon in der natürlichen Ausstattung mitgegebenen Fähigkeiten, oder
nach den Rathschlüssen, durch welche die dem Einzelnen in der
Kirche zukommenden Gaben zur Förderung und Verherrlichung des
gesammten Lebens desselben bestimmt und bemessen sind. Während
nämlich der Beschauung in jeder ihrer Formen ihr einziger und
ewiger Gegenstand — Gott — und ihr einziger, ausschließlicher
Weg zu diesem, die Zurückziehung des Geistes von der äußeren,
sinnlichen Welt (Kreatur) und die Einsammlung aller seiner
Kräfte für die Aufnahme des Ueberirdischen und Heiligen gemein=
schaftlich und unveräußerlich bleiben; wird je nach der Tiefe, in
welcher das Licht des Himmels in der ihm erschlossenen Seele hin=
einleuchtet und durchwirkt, der Grad der Höhe der Beschauung ein
um so erhabenerer. Es ist ein Satz urältester Weisheit, daß die
erschaffene, sichtbare, mithin die für uns sinnliche Welt hienieden
nur der schwache Wiederschein einer unsichtbaren, übersinnlichen
Welt sei, welche ihre gemeinhin verborgene Herrlichkeit (Idee) gleich=
sam in den zerstreuten dunklen Typen und Zügen der niederen
Schöpfung abbilde. Nach der Andeutung des Apostels (Röm. 8, 20.)
sind überdies selbst diese Typen einer höheren Welt hienieden durch
die Sünde ihrer ursprünglichen Kraft und Schönheit beraubt, so
daß sie sich, „auf Hoffnung hin unterworfen", mit „den Kindern
Gottes" der Befreiung von der „Knechtschaft des Verderbens" ent=
gegensehen, und nach der Auferstehung zu ihrer ersten herrlicheren
Gestalt seufzen und ringen. Nun gibt es aber eine Stufe der

Beschauung, in welcher der durch die kirchliche Ascese gereinigten Seele, inmitten des Zustandes der Entzückung, der die äußeren Sinne verschließt, um dafür die wahrnehmenden Kräfte des Geistes für das Uebersinnliche zu entfalten, eben der entzückte Blick in jene obere Welt der Geister und der Heiligen und bis in ihre centrale Tiefe hinein, in das göttliche Leben in Vater, Sohn und Geist sich aufschwingen, und dieses letztere, zumal in jenen übernatürlichen und wesenhaften Bildern und Formen, anschauen darf, welche ihr verhülltes Abbild in den Formen, Gesetzen und Gestaltungen dieser Welt haben. Dies ist nun die Stufe der mystischen Beschauung und ihr eigenthümlicher Gesichtskreis, in welcher eben auch die selige Mechtildis den größeren Theil ihres innern Lebens hindurch geweilt hat. Innerhalb desselben sind nacheinander die hundert zarten, lichtstrahlenden Bilder für sie eingetreten, von denen das „Buch besonderer Gnade" so sinnig zu erzählen weiß. Wohl hat ihrerseits die „selige Seele", wie sie im Buche oft und bedeutsam genannt wird, auch die höheren und höchsten Sphären des mystischen Wandels berührt und „minniglich" gekostet. Von der tiefsten inneren Sammlung des Geistes erhebt sie sich zur stillen Ruhe in Gott; „die Seele in dem Herrn und der Herr in ihr" (I. 13.). Die göttliche Liebe ergießt ihre berauschende Fluth über das entzückte Herz (I. 19, 37.), daß es entschläft und dennoch zugleich über=glücklich wacht in der Gegenwart des einzig Erwählten (II. 1.), und gerade der Vermählungsring, den sie endlich empfängt (III, 1.), bezeugt, wie der himmlische Bräutigam seine in ewiger Erbarmung Erkorne zu dauernder und vollkommener Einigung mit dem höchsten Gute schon hienieden geführt hat. Was aber von ihren innern Beschauungen mitgetheilt wird, dies liegt nur innerhalb jener mitt=leren Sphäre; zwar in herrlichem Lichtglanze weit über der blos denkenden Betrachtung, aber auch zum erfreulichen Vortheile eines leichten und allgemeinen Verständnisses tief unter jener hohen, stillen Region der bildlosen Beschauung und der unmittelbar aus dem Grunde göttlicher Wesenheit einleuchtenden Wissens, wie wir solches in den Schriften der heiligen Theresia oder des heiligen Johannes vom Kreuze bewundern.

Ueber die Art aber, wie Gott zu der „seligen Seele" geredet, und ihr der himmlischen Wahrheit lichte, überreiche Bilder gezeigt;

sei es gestattet, die Worte eines Meisters hier einzulegen, dem an
Fülle der Wissenschaft und Kunst der Darstellung auch in diesem
Gebiete kein Ebenbürtiger noch erstanden ist, wir meinen die Worte
des seligen Joseph von Görres aus seiner Vorrede zu „Heinrich
Suso's Leben und Schriften" (S. LII): „Gott und die Seele
haben eine Sprache, in der sie sich verständigen mögen, und wie
das verborgene Wort lebendig und wirksam ein Same ist, von oben
der Seele eingesäet, so ist die Seele dieser Saat empfänglich worden;
denn in ihr hat ein höherer Sinn des Hörens sich aufgeschlossen.
Und es schlägt diese Rede von oben im Wehen einer linden Luft
an die Hörende; wie ein leises Flüstern webt sie zuerst im Dun-
keln, steigert und artikulirt sich mehr und mehr; von einer innern
oder äußern Stimme getragen, von oben ertönend oder aus dem
Herzen aufsteigend, aus unmittelbarer Nähe heranbringend oder
einem Wiederhalle gleich aus der tiefsten Ferne tönend, ganz geistig
abgezogen oder in körperlichen Laut gekleidet, melodisch oder blos
artikulirt: also wird sie vernommen; verwirrend und schreckend oft
im Beginne, erwärmt, erleuchtet, begeistert sie im Verfolge; in
kleinster Zeit offenbart sie mehr, als sonst die längste Mühseligkeit
erwirbt, und so übermächtig drängt sie sich dem vernehmenden Sinne
auf, daß es ihm nicht freisteht, sich ihrer zu entschlagen und die
Gedanken davon abzuziehen oder auf sie hinzuhorchen. Bald wird
nun auch das innere Auge berührt und in der Berührung aufgeschlossen, und eine Welt von Gesichten und Erscheinungen
ist dem geöffneten Auge jetzt aufgethan. Gleichwie das sinnliche
Sehorgan, durch Fernröhre bewaffnet, die in weiter Oeffnung mög-
lichst viel des einstrahlenden Lichtes einschöpfen und das Geschöpfte
dann in Brennpunkten zusammenfassen, jene raumdurchdringende
Kraft gewinnt, daß das weite Universum in einem kleinsten Bilde
ihm nahetritt, und dafür das Nächste und Kleinste in ein Universum
auseinandergeht; so hat jetzt auch jenes innere Organ seine Armatur
gefunden, mit weit geöffneter Sehe hat es dem Zugang des geistigen
Strahles sich aufgethan; die Wandelsterne und die Standsterne des
Geisterreiches sind nun an seinem Himmel aufgegangen; die Licht-
nebel der Ferne zersetzen sich ihm in leuchtende Gestirne; und während
es durch die dunklen Räume am starren Weltpole in die Nacht der
Dämonen niederblickt, sieht es in größter Nähe durch geistige Mächte

sich angesprochen, und erkennt nun im Gegensatze jener göttlichen Allheit sich erst recht in seiner Nichtigkeit. Und wie nun in solcher Weise alle Räume der Geisterwelt der schauenden Seele sich aufgethan, so auch alle Zeiten; mehr jedoch die Vergangenheit, in der Alles schon in bestimmten Gebilden Realität erlangt, seltener die Zukunft, die Gott sich eher vorbehalten; und wie nun einerseits die sichtbare Welt durch alle Räume und ihre Geschichte durch alle Zeiten wie in einem Punkt zusammengedrängt erscheint, so drängt sich ihr auch die Geisterwelt mit allen ihren Formen und Ereignissen in große heilige Cyclen und Reigen, nach höheren Gesetzen zusammengefügt, in die engste Anschauung zusammen." — Dienen diese tiefen und schönen Worte wohl auch zur Aufhellung des Weges, auf welchem die Anschauungen des „Buches der Gnaden" zu der „seligen Seele" der guten Mechtildis gekommen, so liegen andererseits die Anhaltspunkte zu einem Urtheile über das Verhältniß derselben zur heiligen Kirche klar, nahe und sicher genug in dem Inhalte desselben. Wir haben bei Mechtildis es zunächst weder mit Prophetien, noch mit Offenbarungen in strengem Sinne zu thun, wiewohl die heilige Kirche auch die Möglichkeit und wirkliche Fortdauer derselben in ihren Begnadigten anerkennt. Mechtildis gibt uns nur eine Reihe von Bildern und Erscheinungen, vorwiegend aus dem Cyclus der Feste des Kirchenjahres, doch allerdings auch aus den Führungen des innern Lebens. Aber das Ganze und das Einzelne ist so fromm, so bescheiden, so harmonisch zu den Lehren der heiligen Schriften, so gleichförmig in und mit dem Glauben und der Uebung der Kirche, daß das „Buch besonderer Gnade", wie wenig es auch, gleich allen andern verwandten Inhalts, eine kirchliche Bestätigung für seine (objectiven) Thatsachen und Sätze besitzt und besitzen kann; dennoch gemäß seiner Einfalt und Sinnigkeit und der auf beide gestützten (subjectiven) Glaubwürdigkeit als eine reine, gesunde Nahrung der katholischen Frömmigkeit erachtet werden darf. In diesem Sinne hat die Kirche die Veröffentlichung der Offenbarungen der heiligen Brigitta, wie jene der heiligen Katharina von Siena u. A. gestattet. Fromme Leser, welchen selbst die Schriften der genannten Heiligen oder jener des Heinrich Suso oder des Tauler noch zu schwer zu fassen sind, werden ohne Gefahr ihres Glaubens und gewiß eher zu vielfacher

Erbauung ihres Gemüthes an den sinnreichen, andächtigen Bildern und den eindringlichen Ermahnungen des „Buches der geistlichen Gnaden" sich erfreuen. — Die lautere Demuth, welche den Wandel der beschauenden, gottgeweihten Jungfrau im Allgemeinen begleitet, welche besonders auch in Hinsicht auf die Entstehung und Kundgabe des „Buches der Gnaden" (V. 22) sich bewährt hat, nicht minder die harte Durchübung ihres Lebens in Buße, Leiden und Gehorsam, die ein heiliger Tod vollendete, sind Zeugniß für die Aechtheit des Berufes, welchem die selige Mechtildis gedient hat in Wort, Werk und Schrift. Andererseits geben in ihrem Büchlein selbst die Liebe, die Milde in dem Urtheile über Dinge wie über Personen; die Ehrfurcht gegen die Kirche und alle die Träger ihrer sichtbaren Gewalt; die Keuschheit endlich des Wortes bei aller Zartheit der Empfindung, dem Leser die Bürgschaft, daß eine Seele, die so klar und rein geschaut und gedacht, weder den Täuschungen finsterer Mächte, noch auch den leeren Einbildungen eigener Phantasie unterstellt sein mochte. Uebrigens wußte die Selige selbst und weiß es jedes Kind der Kirche, daß in solchen Gaben, wie Mechtildis und der heiligen Seelen zumal ihres Zeitalters noch Manche sie empfingen, keineswegs an sich ein höherer Werth liege, als in den heiligen Tugenden und den Werken der Gerechtigkeit, durch welche allein das ewige Leben erlangt wird und von Allen erlangt werden kann, welche das ihnen jedesmal anvertraute Maß der göttlichen Gnaden, sei es auch noch so unscheinbar und klein, stets recht fleißig und getreu benützen.

Am Feste Christi Himmelfahrt, den 6. Mai 1880.

Nichts soll dich ängstigen,
Nichts dich erschrecken,
Alles vergehet,
Gott bleibt derselbe.

—   —   —

Wer Gott besitzet,
Nichts kann ihm fehlen;
Gott nur — genüget.

(St. Theresia.)

Vorwort.

Die Güte und Menschenfreundlichkeit unseres göttlichen Er=
lösers, die sich durch seine Menschwerdung so barmherzig gegen
das Menschengeschlecht erwiesen hat und täglich in hellerem Glanze
erstrahlt, würdigt sich, auch gegen uns und in uns, die wir am
Ende der Zeiten zu stehen scheinen, sich in reichlich fließender Weise
zu erzeigen. Ja, welch' große und wunderbare Dinge Gott in seinen
Auserwählten gewirkt hat, kann keine menschliche Sprache erklären;
welch' große Gaben er in die ihn liebende Seele ausgegossen hat,
vermag keine Zunge auszudrücken; sie allein ist des Glückes gewürdigt,
zu erfahren, wie gütig und honigfließend er sich gegen sie erweist.

Insonderheit aber, welch' große Gaben er in eine Seele, die
ihn von ganzem Herzen liebte, ausgegossen habe, wünschen wir
nach dem Maße unserer Schwachheit mit Gottes Beistand zu
erzählen. Zahllose Geheimnisse verborgener himmlischer Dinge sah
sie mit den Augen der Seele; weil sie sich aber in ihrer Demuth
für ganz verächtlich hielt, so wollte sie dieselben nicht offenbaren,
außer soweit ihre vertrauten Freundinnen sie dazu nöthigten, und
selbst da verschwieg sie Vieles, das Andere aber offenbarte sie zur
Ehre Gottes, aber nur durch den Gehorsam dazu gezwungen.

Das also, was wir aus ihren Erzählungen gehört haben,
wollen wir nach unserem Vermögen im Namen unsers Herrn
Jesu Christi niederschreiben zur Ehre der allerhöchsten, allezeit an=
betungswürdigen Dreifaltigkeit. Darum, Theuerste, bitten wir euch
in Christo, daß, wer immer dieses Buch liest, Gott Dank sage für
alle Gnade und alle Güter, so aus ihm, dem Quell alles Guten,
in diese Seele oder jemals in irgend ein Geschöpf geflossen sind.

Sollte aber Etwas weniger passend, oder weniger geschickt
ausgedrückt sich finden, so möge man es uns in christlicher Liebe
zu Gute halten, als Solchen, die im Schreiben von Büchern keine
Uebung haben; denn, wie der heilige Augustinus sagt: „Es ist
ein besonderes Kennzeichen eines guten Geistes, in den Worten das
Wahre zu lieben, nicht die Worte."

Obwohl nun das ganze Buch nur Offenbarungen und Gesichte enthält, und in jedem einzelnen Kapitel etwas Nützliches und
Belehrendes für die Menschen sich findet, so ist es doch in fünf
Theile abgetheilt, damit diejenigen, welche darin lesen wollen,
leichter finden, was sie suchen.

Der erste Theil enthält die Offenbarungen über die Feste im
Kreislauf des Jahres, und über einige Heilige, insbesondere über
die seligste Jungfrau.

Im zweiten Theil sind einige Ereignisse erzählt, welche sich
auf eben die Person beziehen, welcher diese Dinge geoffenbart
wurden. Auch hierin findet sich manches sehr Nützliche, wodurch
die Frömmigkeit und Liebe der Hörer oder Leser geweckt werden mag.

Im dritten Theile finden sich Belehrungen, welche sich sowohl
auf das Lob Gottes, als auf das Heil der Menschen beziehen.

Im vierten Theile ist Aehnliches, was den Nutzen und Trost
der Menschen anbelangt, niedergelegt; zuerst bezüglich der Kongregation
im Allgemeinen, dann in Betreff einzelner Personen im Besondern.

Der letzte Theil endlich handelt davon, wie die Dienerin
Gottes Seelen von verstorbenen Gläubigen sah und ihnen half.

Alle diejenigen nun, welchen Gott den Geist seiner Liebe eingegossen hat, der Liebe, sage ich, die Alles glaubt, Alles hofft, alles
Ihrige thut, und Alle, welche nach der Gnade Gottes Verlangen
tragen, mögen dieses Buch besonderer Gnade mit frommem Sinne
aufnehmen, damit auch sie alles Gute, das darin geschrieben steht
und von Gott verheißen ist, zu erlangen verdienen. Sollten sie
aber darin Etwas finden, das durch die heilige Schrift nicht bezeugt werden könnte, so mögen sie es, wofern es nur nicht dem
Evangelium und der göttlichen Schrift zuwider ist, der Gnade
Gottes anheim stellen, der jetzt wie einst, wenn er will, den ihn
Liebenden die verborgenen Geheimnisse seiner Weisheit und Güte
offenbart. Wir bitten auch Alle diejenigen, welche dieses Buch
lesen oder daraus lesen hören werden, daß sie für eben diese begnadete
Person Christo einiges Lob darbringen, oder wenigstens dafür danken,
daß Gott die alternde Welt und die bis zur Gefühllosigkeit für
jegliche Güte erstarrten Menschen durch solche Antriebe zu verjüngen
und neu zu beleben sich würdigt.

Anhang.

Wie Und Von Wem Das Closter In Welchem Die Zwey Selige Jungfrauen Mechtildis Und Gertrudis Gott Gedienet Gestifft Und Aufgebauet Ist.

Da man nach Christi unsers lieben Herren und Heilands Geburt zelte Tausend zwey hundert und neunzehen Jar, hat auss sonderer eingebung Gottes der mächtige und edle Graff Burchhard von Manssfeldt bey dem Schloss Maussfeldt ein Jungfrauen Closter gebauet zu der Seligsten Jungfrauen und Himmel Koenigin Marie, und darein gesetzt gantz fromme und geistliche Kinder von und auss S. Jacobs Closter, Burckarsshoff genandt, Cistercienser Ordens bey Halberstatt gelegen.

Diser Graff Burchard hatte keinen ehelichen Sohn, sondern einen ausserhalb der Ehe, doch von Baptstlicher Heyligkeit und keyserlicher Mayestet geheliget und geadlet, als nemblich den mechtigen Graffen Hoyer von Manssfeldt, welcher hernach in der grossen Sachsischen Schlacht bey dem Welfsholtz vor Hetzstede erschlagen worden.

Ermelter Graff Burchard von Manssfeldt hat zu einem ehelichen Gemal gehabet Frau Elisabeth, ein Graeffin von Schwartzbruck: welche hernach, da sie ein Witwe war, auch neben andern Edlen Frauen nach Marpurg flüre, zu dem Grab der Heyligen Elisabeth Landgraeffin in Türingen: Und da sie alda in grossem hinzudringen under dem Volck

kniet, kame under andern ein armer Man mit einem Blind
gebornem Kind, das auch nit die statt oder orth der Augen
hatte: Und als er dasselbige begerte zu opffern auf das Grab
der Heyligen Elisabeth und jedoch vor dem grossen Getraeng
nit hinzu kommen kondte, hat er dise edle Graeffin, die ihm
gleichwohl unbekandt, und nit wuste wer sie war, demutig
gebetten, das sie ein weil das Kind zu ihr nehme, biss er von
dem Marck wider käme, und bey dem Grab etwas geraümet
würde.

Derowegen dise fromme Graeffin das ellende und blinde
Kind gantz gutwillig und freundlich zu ihr nahme, und es
mit Barmhertzigkeit ansahe, und auss Mitleiden selbst in
eigener Person in ihren Armen, in grosser Demut truge zu
dem Grab der Heyligen Elisabeth, Gott den Herrn mit Andacht bettend, das er durch das Verdienst seiner ausserwelten
Liebhaberin der H. Elisabeth, disem armen blinden Kind
wolte geben und verlihen das Licht der Augen.

Under welchem ihr auch, auss Anfechtung (Eingebung)
des boese Geists und menschlicher Gebrechlichkeit, ein Zweiffel
einfiel, und also bey ihr gedachte: Mit nichten kan dise bey
Gott sein eines so grossen Verdiensts, wie sie vor den Menschen geachtet wirt, dann ich sie offt mit meinen Augen
etwan in weltlicher Zierde hab sehen tantzen und andere
weltliche Froelichkeit üben. Von Stund an straffet sie ihr
eigen Gewissen umb solches, desswegen sie darüber Reue und
Leid hatte und gedachte, das solches von der H. Elisabeth
nit wer geschehen auss Wollust oder Leichtfertigkeit, sondern
zu Gefallen und Ehren ihrem ehelichen Gemal, dem seligen
und loblichen Fürsten Landgraffen Ludwig. Und nachmals
nach Absterben ihres liebsten Herrens und Fürstens sie in
einem solchen armseligen Elend gewesen, und ein so hart
und streng Leben gefürt und gehabt, das sie dadurch nit
allein ein solche Froelichkeit, so sie damit laesslich gesündiget
hette, gegen Gott hett moegen abtragen, sondern auch werde

haben grosse unaussprechliche Verdienst. Mit solchem ist ermelte Graeffin von Manssfeldt mit gantzem Glauben, mit grosser innicher Andacht ihres Hertzens, neben vilen andern andaechtigen Personen, mit dem armen blinden Kind kommen zu dem Grab der H. Elisabeth, und hat vor menniglich Gott getreulich angeruffen, das er durch Verdienst seiner heiligen Liebhaberin disem blinden Kind woelte geben das Gesicht. Und als sie sampt andern mit so grossen Begierden des Hertzens angeruffet hatte Gottes Gütigkeit, fiengen plitzling an, das alle die da gegenwertig standten, hoereten, die Staett der Augen an dem blind gebornen Kind zu krachen, und gleich wie ein hart Pergamen, da man das zerreisset, rauscht, also ist die Haut und das Fleisch an den Oertern, da die Augen stehen solten, auff und von einander zerrissen, und das Kind hat angefangen, mit lauter Stimm klaeglich zu weinen.

Und da nuhn die Edle Graeffin von Manssfeldt mit grossem Verwundern das Kind ansahe, sahe sie das es hete schoene grosse graue und klare Augen; haben also alle so dabey stunden, Gott in seiner Dienerin lob und danck gesagt. Das Kind aber hatte die Augen stracks offen, und kundte nit hin und wider sehen. Derhalben die Graeffin ein Ayerschaal name und zoge dieselbige an den Augen des Kinds so lang auff und ab, hin und wider, biss das es lernet die Augen recht auff und zu thun, und ist sehend bliben, biss an sein End. Nach dem aber auch wider kame der Vater des Kinds, sahe und hoeret das gross Wunder, hat er Gott, der Heyligen Elisabeth, und der Graeffin danck gesagt, und mit Freuden sein Kind heim getragen.

Dise Graeffin hat ihrem Gemal Burcharden Graffen von Manssfeldt geboren zwey Toechter: eine heiss Gertrudis, die ander Sophia. Gertrudis warde vermaehlet einem anderen Jungen Graffen von Manssfeldt, Graffens Burcharden Vettern: Sophia aber wurde vermaehlet einem Burchgraffen von Querfurdt. Und als Graff Burchard, wie oben angezeigt, das

Jungfrauen Closter zu Manssfeldt hatt aufferbaut, und mit Notturfft versehen, ist er in dem selbigen Jar, ehe dann es gar verfertiget, seliglich von disem Leben abgeschieden. Von ihme wirt gemeldet in dem fünfften Buch der Seligen Mechtildis am 11. Capittel.

Da aber nach seinem Abscheiden die Edle Graeffin Frauc Elisabeth, sein nachgelassene Witwe, befunde das der Orth bey dem Schloss Manssfeldt da das Jungfrauen Closter lage, zu einem geistlichen Leben nit wohl taeuglich war, hat sie solches in dem fünfften Jar nach absterben ihres Herren, mit Rath ihrer Raeth und anderer verstaendiger Leuth, veraendert, gebauet und gesetzet an einen andern Orth in obgesagter Graffschaft, zu Rodardsdorff genandt. Und als da selbsten das Closter gestanden 24 Jar, ist es darnach noch weiter gen Helpede oder Helffede gesetzt worden, wie hernach folgen wirt.

Als nuhn viel ernandte Graeffin von Manssfeldt Frau Elisabeth das Closter gen Rodardsdorff veraendert, hat sie sich daselbsten darin begeben, Gott gedienet, und ihr Leben alda wohl und seliglich beschlossen. Die erste Abtissin ist gewesen Frau Kunigundis von Halberstat, ein gantz Gottsfoerchtige Geistliche Frau, und grosser Andacht. Und nachdem sie zu Rodardsdorff gelebt 17 Jar, ist sie anno 1251 seliglich verschiden. Von Stund an des andern Tags nach ihrem Abscheiden ist auss Eingebung des Heyligen Geists, wie dann auch ermelte erste Abtissin Frau Kunigundis zuvor weissgesagt hatte, einhelliglich zu einer Abtissin erwoelet worden Schwester Gertrudis, ein geborne der Herrschafft von Hackenborn, und ein leibliche Schwester der seligen und wunderlichen Jungfrauen Mechtildis, von welcher das Buch der geistlichen Gnaden sagt. Dise Gertrudis ist gewesen ein gantz Geistlichen und beschaulichen Lebens; zu einer Abtissin erwoelet da sie alt war 19 Jar, und hat in disem Ambt gelebt 40 Jar 11 Tag. Auch haben zu ihren Zeiten die Closter Jungfrauen gar Gottseliglich gelebt, und Gott hat mit ihnen gethan grosse Wunder.

Wurd letzlich da sie hett gelebt 59 Jar, mit grosse Freude und Andacht von diser Welt genommen in die Wollust und Glorj des ewigen Reichs, anno Domini 1291.

Und als jetz das Closter zu Rodardsdorff war gestanden 24 Jar, und sie Abtissin daselbsten gewesen 7 Jar, ist das Closter an die dritte Statt verendert, gesetzt und gebauet worden, wie folgt. Graff Herman von Manssfeldt, ein Sohn Frauen Gertrudis der eltern Tochter, und Burchgraff Burchard von Querfurdt, ein Sohn Frauen Sophiae, der Jüngern Tochter des Maechtigen Graffen Burcharden von Manssfeldt und Stifters des Closters, nachdem sie sahen und erkanten, das zu Rodardsdorff das Closter grossen mangel hette an Wasser, und ins künftig alda nit wohl würde bestehen koennen, haben beide dise Graffen, mit den zwey Freyherren, als Herrn Albrecht, und Herrn Ludolph von Hackeborn, umb das Forwerck und Dorff Helpede einen Wechsel getroffen, andere Güter darumb geben, und dahin das Closter gesetzt, und also zum dritten mahl verendert. Die Closter Jungfrauen sein von Rodardsdorff gehn Helpede oder Helffede geführt worden, anno 1258 am Sonntag der H. Dreyfaltigkeit.

Zu diser Einsetzung und Verenderung des Closters haben ermelte zwey Graffen von Manssfeldt und Querfurdt beruffen vil Herren, als den Erzbischoff von Magdeburg, Ruprecht, Bischoff Volradt von Halberstatt, auch andere vil Herren und Praelaten, Geistlich und Weltlich.

Graf Herman von Manssfeldt hat keinen menlichen Erben gehabt, aber drey Toechter: Zwey, als Sophiam und Elisabeth, hat er in das Closter Helpede gethan, welche gantz Gottseliglich gelebt: Eine ist gewesen eine gute Schreiberin, die vil guter und nutzlicher Bücher dem Closter geschrieben hat und hernach Abtissin gewesen: Die ander ist ein lange Zeit gewesen Priorin, und ein gute Malerin, die mit ihrem Malen die Bücher und anders das zu dem Goettlichen Dienst gehoeret, fleissig gezieret. Die dritte Tochter hat Graff Herman von

Manssfeldt vermachet einem Freyherren von Rabbinswalt.
Und dieweil obgemelter Graff Herman von M. keinen lehen
Erben gehabt, hat er das Schloss und die Graffschaft Manss-
feldt verkauft dem Burchgraffen Burcharden von Querfurdt;
Und ist also Manssfeldt und das Landt kommen an den von
Querfurdt; Und Graff Herman von M. hat ihme andere Güter
im Land Türingen.

In dem Closter Helpede sein gewesen viler fürtreffentlichen
Personen, Graffen und Herren, Edler und Unedler Kinder:
Und ist nach Gestalt der Stifftungen in der selbigen Versamlung fast biss in die 90 Jar an einander gewesen ein englisch
Leben: Und der Herr Jesus ist Personen dises Closters so
gemein gewesen, das sie mit ihm, als wie mit ihrem geliebtesten Herren und Bräutigam, wie ein guter Freund mit dem
andern geredt haben: Auch alles himmlisch Heer hat von
diser seligen Versamlung gehabt eine sondere Freud und
Frolockung, von welchem vil zu schriben were; jedoch umb
kürze willen allhie underlassen wirt, dan dises in dem Buch
der Geistlichen Gnaden gnugsamlich wirt kundt und offenbar sein.

Endtlich nach Christi unsers lieben Herren Geburt 1342
hat sich ein grosser Zweytracht erhebt zwischen dem Herzogen von Braunschweig und dem Graffen von Manssfeldt,
mit Nahmen Burchard, darumb das von etlichen zu einem
Bischoff zu Halberstatt erwoelet war ein Herzog von Braun-
sweig, Albrecht genandt; von etlichen dess Graffen Burcharden von Manssfeldt Sohn, der auch genandt Albrecht, und
diser ward von dem Bapst confirmiret: Desshalben ein grosser
unfrid entstunde, also das die Herzogen von Braunschweig
dem Graffen von Manssfeldt mit Gewalt in das Land gefallen,
das verderbt, verwüst und verbrandt: Under welchem auss
Verhengniss Gottes das Closter in grund verbrandt, verderbt
und verwüst worden: Und wie die Historien melden, so haben
Herzog Albrecht von Braunschweich und ein Herr von We-

ringenrod das Closter mit eigener Hand angezündt, was sie
aber dazu bewegt, ist dem bekandt, der alle ding wisset. Es
seind auch etliche Reuter und andere mit gespanten Armbrosten
und andern moerderischen Weren auff die Abtissin und andere
fromme geistliche Kinder geloffen, in meinung sie zu verletzen,
jedoch, wie die Feind selbst haben müssen bekennen, wann sie
eines Steinwurffs weit zu den Jungfrauen kommen, so haben
sie all ihr Krafft und Starcke verloren, und mit nichten weiter
mögen kommen. Und wiewohl dise that Herzogen Henrichen
von Braunschweig, der da zu mahl Bischoff zu Heldesheim
war, auch Herzogen Otto von Braunschweig und andern mehr,
die mit Herzogen Albrecht waren, fast zuwider und leid war,
auch so viel ihnen moeglich treulich abgeweret haben, ist
dannoch das Closter gantz beraubt und verbrandt worden.
Darnach anno 1346 (wurde) das Closter zum vierten mahl
wider aufgebauet und gesetzt gehn Eyssleben in die Vorstatt.
(Aus der deutschen Ausgabe der Offenbarungen der hl. Mechtildis, Köln, 1557.)

———•••◆———

Erstes Buch.

Geschichtliche Vorbemerkung.

Geburt der heiligen Mechtildis, ihr Eintritt in das Kloster und ihre Tugenden, welche sie darin zeigt.

Es war einst eine Jungfrau, die von Kindheit auf von Gott begnadigt gewesen in gebenedeiter Süßigkeit. Schon da sie als neugebornes Kindlein vor Schwäche den Geist wieder aufzugeben schien, brachte man sie zu einem heiligen Priester und gerechten Manne in Eile zur Taufe, als dieser eben sich anschickte, die Messe zu halten. Und nachdem er sie getauft hatte, sprach er, wie wir treulich glauben, mit prophetischem Munde: „Was fürchtet ihr? Dies Kindlein wird nicht sterben, sondern es wird eine geistliche und heilige Jungfrau, und Gott wird viel Wundersames an ihr wirken, und wird vollenden die Tage ihres Lebens in gutem Alter." Daß aber ihre Taufe also geeilet, war deßwegen, wie Christus ihr nachmals geoffenbaret hat, damit ohne Zögern ihre Seele dem allmächtigen Gott zu einem Tempel geweiht würde, und daß er sie vom Mutterleibe an gänzlich zum Eigenthume durch seine Gnade besäße.

Aber da sie war sieben Jahre alt, ging ihre Mutter eines Tages mit dem Kindlein in ein Kloster, welches bei dem Schlosse war, und stunden demselben ihre Eltern vor. Darinnen blieb sie wider den Willen ihrer Mutter mit großer Freude, sehnsüchtig die Schwestern bittend, sie aufzunehmen in ihre Genossenschaft; und sie war nicht mehr von dannen zu bringen, weder durch Drohungen noch durch gute Rede der Eltern. Von Stund an fing sie an, wundersam in Gottes Liebe und ungewöhnlicher Andacht zu brennen, und ihr Geist frohlockte in erhabener Süßigkeit stets in Gott. Also nahm sie von Tag zu Tag zu, und erreichte die Höhe aller Tugenden, und ward eine Jungfrau von wundervoller Lieblichkeit, gar großer Demuth, von vieler Geduld, eine Liebhaberin der wahrhaften Armuth. Immerdar war sie voll glühender Andacht, und erwuchs gar mächtig in der Liebe zu Gott und zu den Menschen, wie sie auch sich Allen liebreich und angenehm erzeigt hat. Auch durch inniges Mitleid ward sie wundersam bewegt über die Betrübten und Versuchten, und sie reichte diesen als eine wahre Mutter Trost und Hilfe, so daß Jeglicher, der zu ihr kam, wieder hinwegging ganz getrosten Herzens und wohlunterwiesen. Deßhalb wurde sie von Allen überaus liebgehalten und begehrte jegliche ihrer Mitschwestern, sich zu ihr zu gesellen, also daß ihr dies gar oft beschwerlich ward.

Aber indem fing Gott an, ihr sehr freundlich zu werden, und wiewohl sie noch sehr jung war, ihr viele seiner Heimlichkeiten zu offenbaren. Die Dinge aber, welche ihr der Herr in diesem Alter zeigte, bis auf ihr fünfzigstes Jahr, verschweigen wir, nach dem Beispiele des Evangeliums, welches gleichfalls die Geschichte des Herrn bis zum dreißigsten Jahre uns nicht kund macht.

Nachmals überströmte sie Gott so reichlich mit seiner Gnade, nicht allein mit geistlicher und innerlicher, sondern auch mit natürlicher und äußerer, so in der Kunst und dem Verständnisse der Schriften und im Wohlklange der Stimme, daß sie in dem ganzen Kloster also nutz erachtet ward, als ob Gott in ihr keine seiner Gaben vergessen hätte. Jedoch machte der gütige Herr ihr auch seine Geißel fühlbar, so daß sie gar viel litt von Schmerzen des Hauptes oder vom Uebel des Steines, auch durch häufige Entzündung der Leber, welches Alles sie gar liebreich und gar fröhlich hinnahm. Nur Eines achtete sie gleich der Pein der Hölle, wenn sie nämlich nicht genießen konnte der honigfließenden Süßigkeit der Gnade Gottes und ihrer Begierde nach jener seligen Einigung, durch welche die Seele gleichsam Ein Geist wird mit Gott, ihrer Liebe, und sie ihm mit allen Kräften und ohne Unterlaß anhängt.

———

Erstes Kapitel.

Von der Verkündigung unserer lieben Frau und von dem Herzen Gottes und seinem Lobe.

An dem Tage der Verkündigung unsers Herrn, da die Dienerin Christi, in ihr Gebet versenkt, ihre Sünden betrachtete in der Bitterkeit ihrer Seele, sah sie sich bekleidet mit einem Aschenkleide und es fiel in ihr Gemüth das Wort: „Und die Gerechtigkeit wird sein ein Gürtel seiner Lenden." (Js. 11, 5.) Und sie fing an zu betrachten, was sie thun wollte, so der Herr der Majestät, gekleidet mit Gerechtigkeit, käme in der Gewalt seiner göttlichen Majestät zu ihr, die sie also säumig gewesen. Denn je heiliger der Mensch ist vor Gott, um so viel niederer und unter Allen achtet er sich; und so viel reiner das Gewissen von der Sünde, um so viel mehr fürchtet es und sorgt, daß es nicht schuldig werde einer Beleidigung Gottes. Und da sie in solcher Reue anhielt, sah sie den Herrn Jesum sitzen in einem hohen Stuhle. Vor seinem süßen Angesichte wurde die Asche zu nichte, und schien in seiner Gegenwart wie Gold. Da erkannte sie, daß alle guten Werke, die sie versäumet, durch die allerheiligste Innewohnung Christi und durch seine vollkommenen Werke erfüllt wären, und wie alle ihre Unvollkommenheit durch die höchste Vollkommenheit des Sohnes Gottes vollkommen geworden wäre. Also wenn Gott die Seele ansieht und sich zu ihr neigt voll der Erbarmung, werden übergeben der ewigen Vergessenheit alle ihre Missethaten. Da sie nun von Gott solche große Gabe empfangen hatte, Vergebung aller Sünden und Vervollkommnung aller Verdienste, nach solcher erhaltenen Sicherheit und Tröstung, neigte sie sich in den Schoß ihres Bräutigams Jesu mit gar demüthiger Geberde und mit übergroßer Liebe, und redete mit dem Herrn Worte unaussprechlicher Süßigkeit.

Und sie sah von dem Herzen Gottes ausgehen eine goldene Röhre, durch welche sie Gott lobte. Darauf bat sie den Herrn, daß er sein Lob selbst wolle verherrlichen. Und zur Stunde hörte sie die süße Honigstimme des höchsten Sängers Christi, also lautend: „Lob saget unserm Gott alle seine Heiligen." (Ps. 29, 5.) Als

3*

sie sich verwunderte, wie Gott selbst das mochte singen, wurde ihr göttlich eingegeben, wie in dem Worte „Lob" Gott sich lobet in sich selbst mit vollkommenem Lobe ohne Ende. Aber in dem Worte „saget" erkannte sie, daß Gott von seiner göttlichen Kraft und Majestät Macht gegeben hat den Seelen, alle Kreaturen, die da sind im Himmel und auf Erden, einzuladen zum Lobe ihres Schöpfers. Auch in dem Worte „unserm Gott" verstund sie, daß der Sohn, so ferne er Mensch ist, Gott den Vater ehret, wenn er spricht: „meinem Gott und eurem Gott." (Joh. 20, 17.) Aber in dem Worte „alle seine Heiligen" erkannte sie, daß alle Geheiligten im Himmel und auf Erden von dem höchsten Heiligmacher Jesu Christo geheiligt werden.

Sie sah auch Maria die Jungfrau zur Rechten ihres Sohnes eine goldene Schnur voll goldener Chymbeln durch alle Ordnungen der Engel und alle Chöre der Heiligen ziehen. Diese rührten sodann die Chymbeln, und erregten wundersames Getöne, während sie Gott lobten ob all' der guten Gaben und Gnaden, welche er mildiglich in ihnen vollbracht hatte. Auch die Seele für sich lobte aus ganzer Kraft den Herrn. Aber der Herr rief die Seele, und legte seine Hände zu den Händen der Seele und gab ihr alle Arbeit und Uebung der Werke, die er in seiner allerheiligsten Menschheit vollbracht hatte. Dann fügte er seine allergütigsten Augen zu den Augen der Seele, und gab ihr die Uebung seiner allerheiligsten Augen und die mannigfache Vergießung der Zähren. Darnach schmiegte er seine Ohren den Ohren der Seele an, und gab ihr die Uebung seiner Ohren, und drückte seinen rosenfarbenen Mund dem Munde der Seele ein, und gab ihr so die Uebung des Lobes, des Dankes, des Gebetes und der Predigt zur Ergänzung ihrer Säumnisse. Zuletzt vereinigte er sein süßes Herz dem Herzen der Seele und gab ihr alle Uebung der Betrachtung, der Andacht und Liebe, und machte sie reich mit allem Guten. Also ward die Seele ganz mit Christus vereiniget, und ward weich durch göttliche Liebe wie das Wachs in der Nähe des Feuers, und ganz eingenommen in Gott. Wie das Siegel, eingedrückt in Wachs, sein Bildniß zeigt, so also ist die selige Seele ganz Eines geworden mit ihrem Lieben.

Von dem Evangelium „Missus est" und von der seligsten Jungfrau.

Da gelesen wurde das Evangelium: „Missus est" [Es ward gesendet," Luk. 1, 26.]*), sah sie den Erzengel Gabriel, den Unterweiser der Jungfrau Maria, gen Nazareth kommen. Er trug ein königlich Banner mit goldenen Buchstaben beschrieben, und ihm folgte eine ganz unzählige Menge der Engel, die sich alle bei dem Hause, in welchem da war die selige Jungfrau, ordneten, gleich einer Mauer von der Erde bis zu dem Himmel; so daß nach den Engeln die Erzengel, nach diesen die Kräfte kamen, dann die übrige Ordnung der Engel, so daß jegliche Ordnung das Haus umgab, wie eine Mauer. Da ging der Herr als ein Bräutigam aus seinem Gemache, schön vor den Söhnen der Menschen, mit dem feurigen Chore der Seraphim, die Gott am nächsten sind. Und diese umgaben den Herrn und die seligste Jungfrau von der Erde bis zum Himmel nach Art einer Mauer und Dachung. Aber der Herr stand bei dem Banner des Erzengels, einem blühenden Bräutigam und herrlichen Jünglinge gleich, und wartete, bis der Engel Gabriel die gar zarte Jungfrau ehrerbietig gegrüßet. Und als die seligste Jungfrau in Liebe und Demuth sich geneiget und gesprochen hatte: „Nimm wahr, eine Dienerin des Herrn, mir geschehe nach deinem Worte," ging der heilige Geist in Gestalt einer Taube mit ausgebreiteten Flügeln seiner göttlichen Süßigkeit in die Seele der Jungfrau ein. Also ist die Jungfrau geworden eine Mutter Gottes und des Menschen aus Kraft des heiligen Geistes. —

Es war die Zeit des seligsten Lebens, da sie empfangen hatte den Lieben ihrer Seele in der Kommunion des allerheiligsten Leibes und Blutes, wo sie ihn zu ihr sprechen hörte: „Du in mir und ich in dir, und in Ewigkeit verlasse ich dich nicht." Sie aber begehrte nichts Anderes, denn das Lob Gottes aus ganzem Herzen. Da gab ihr der Herr sein göttliches Herz in Gestalt eines goldenen Kleinods wunderbar geziert, und sprach zu ihr: „Durch mein göttliches Herz wirst du mich allzeit loben. Gehe und schenke allen Heiligen von meinem Herzen einen lebendigen Trank, daß sie davon

---

*) Evangelium am Feste der Verkündigung Mariä (25. März).

selig trunfen werden." Da ging sie hin zu den Engeln und schenfte
ihnen dar diesen seligen Tranf; aber sie tranfen nicht daraus, und
wurden dennoch davon erquickt. Darnach ging sie zu den Patriarchen
und Propheten, denen fredenzet sie und sprach: „Nehmet, welchen
ihr begehret und so lange Zeit ersehnt habt, und machet mich in=
brünstig eilen zu ihm aus ganzen Kräften, und nach ihm stetiglich
seufzen Tag und Nacht." Alsdann zu den Aposteln sprach sie:
„Nehmet, den ihr von ganzem Herzen so innig geliebt habt, und
machet mich ihn über alle Dinge aus innerstem Grunde des Her=
zens und glühend lieben." Alsdann zu den Märtyrern redete sie:
„Nehmet wahr, um welcher Liebe willen ihr euer Blut vergossen,
und euern Leib hingegeben habt in den Tod; erwerbet mir, alle
meine Kräfte anzuspannen in seinem Dienste." Zu den Bekennern
gehend sprach sie: „Nehmet wahr, um wessen willen ihr alle Dinge
verlassen und die Lustbarkeit der Welt verschmäht habt, und machet
mich um seiner Liebe willen alle irdischen Dinge verschmähen und
zu der Höhe wahrer Geistlichkeit aufsteigen." Dann eilte sie zu
den Jungfrauen und sprach: „Nehmet auf den, welchem ihr Jung=
fräulichkeit gelobt habt, und machet mich beständig in Keuschheit
des Leibes und Gemüthes und in Allem vollkommen."

Auch sah sie da eine Jungfrau, welche jüngst verstorben war,
die sie wohl gekannt hatte, und der sie auf Erden freundlich gewesen
war. Mit dieser redete sie, ob es also wäre, wie sie ihr, während
sie noch lebte, gesagt hätte. Da antwortete diese: „In Wahrheit;
es sind alle Dinge so, ich habe es jetzt hundertfach erfunden."
Dann ging sie wieder zu dem Herrn, als sie den Umgang des
himmlischen Palastes vollendet hatte, und der Herr nahm das
Kleinod und setzte es in das Herz der Seele, daß sie Gott selig
vereinigt ward.

Zweites Kapitel.
Wie man die Jungfrau Maria grüßet.

In dem Advent unseres Herrn, da sie begehret zu grüßen
die Jungfrau Maria, wurde sie also von Gott gelehrt: „Grüße
das jungfräuliche Herz meiner Mutter im Uebermaße aller Güter,

durch welche es dem Menschen am nützlichsten gewesen ist; weil sie war die Reinste, als sie zuerst ausgesprochen hat das Gelöbniß der Jungfräulichkeit. Zum zweiten war sie die Demüthigste, weil sie besonders verdient hat, zu empfangen von dem heiligen Geiste. Zum dritten war sie die Andächtigste und Innerlichste, denn durch ihr Sehnen hat sie mich in sich gezogen. Zum vierten die Liebeglühendste gegen Gott und gegen den Nächsten. Zum fünften war Maria die Sinnigste, die da fleißig alle die Dinge behalten hat, die ich gethan habe von meiner Kindheit an und in der Jugend. Zum sechsten war sie die Geduldigste bei meinem Leiden, welches am tiefsten ihr Herz durch stete Betrachtung durch= drungen hat. Zum siebenten war sie die Getreueste, da sie mich, ihren Einzigen, für die Erlösung der Welt geopfert hat. Zum achten war sie in dem Gebete die Sorgfältigste, sie, welche für die neue Kirche so beständig gebetet hat. Zum neunten war sie in der Beschaulichkeit die Beharrlichste, und erwirbt als solche den Menschen Gnade mittels ihrer Verdienste."

Drittes Kapitel.
Von viererlei Stimmen unseres Herrn.

An dem Sonntage „Populus Sion" [— „Volk Sions", Js. 30. —]*), da man sang: „Der Herr wird hören machen die Majestät seiner Stimme" (Js. 30, 30), begehret sie zu wissen, was das wäre: die „Stimme der Majestät des Herrn"? Da sprach der Herr: Das ist die Stimme meiner Majestät, wenn die Seele mehr aus Liebe, denn aus Furcht Schmerzen der Buße über ihre Sünden hat. Dann verdient sie von mir zu hören: „Dir werden vergeben deine Sünden, gehe im Frieden." (Luk. 7, 48. 50.) Denn von Stund an, so der Mensch Schmerzen und Reue hat über die Dinge, die er vollbracht, vergebe ich ihm wahr= haft und vollkommen alle seine Sünden, und nehme ihn in meine Gnade, als ob er nie gesündigt hätte. Zum andern ist es die

*) Eingang der heiligen Messe am zweiten Sonntage des Advents.

Stimme meiner Majestät, wenn die Seele durch das innerliche Gebet und durch die Beschaulichkeit mit mir vereinigt, von mir höret: „Komme, meine Freundin! zeige mir dein Angesicht." (Hohes Lied 2, 4.) Zum dritten: Wenn die Seele, ausgehend von dem Leibe, süßiglich von mir zur Ruhe geladen wird: „Komme, meine Auserwählte! ich setze dich auf meinen Thron." (Antiphon der Kirche.) Zum vierten: Wird an dem Tage des Gerichtes es werden die Majestät meiner Stimme, wenn ich alle Auserwählten von Ewigkeit zu dem Reiche der Zierde und Ehre laden und gar herrlich zusammenrufen werde, sprechend: „Kommet, ihr Gebene= deite meines Vaters!" (Matth. 25, 34.)

Viertes Kapitel.

Warum das Angesicht des Herrn der Sonne verglichen wird.

In der Messe: „Komme und erzeige" [Ps. 79]*), so sie für Alle bat, die das Angesicht Gottes begehren, sah sie den Herrn mitten in dem Chore stehen. Sein Angesicht, glänzender als tau= send Sonnen, erleuchtete alle Anwesenden wie durch den Strahl der Sonne. Als sie aber ihn fragte: warum sein Angesicht die Gestalt der Sonne zeige? antwortete er: Weil die Sonne drei Eigenschaften hat, in welchen sie mir gleichet; sie macht nämlich warm, fruchtbar und licht. Wie die Sonne warm macht, also werden entzündet in der Liebe Alle, die mir nahen, und, wie das Wachs vor dem Angesichte des Feuers, werden weich ihre Herzen vor meiner Gegen= wart. Die Sonne macht alle Dinge fruchtbar, also macht meine Gegenwart eine tugendreiche Seele gar fruchtbar in guten Werken. Die Sonne ist auch erleuchtend; so erleuchte ich einen Jeglichen, welcher zu mir kömmt, mit dem Lichte der göttlichen Erkenntniß.

Darnach betrachtet sie den Vers: „Er hat frohlocket, wie ein Riese" (Ps. 18, 6.); und sie sprach zu dem Herrn: „Mein Herr, mein Gott! was hast du dem Propheten eingegeben in diesen Worten?" Da erschien ihr zur Stunde der Herr, stehend im

---

*) Eingang der heiligen Messe am Quatemberfamstage des Advents.

Himmel, als ein klarer Jüngling herrlich und schön gezieret, ge=
gürtet mit einem Gürtel, aus rother, grüner und weißer Seide
gemacht. Er sprach: Wer da laufen will einen langen und schweren
Weg, der muß sich hoch mit einem starken Gürtel gürten, daß die
Kleider nicht seinen Weg hindern. Die rothe Seide, so sie gut
ist, ist sie stärker, wie die andere; also ist mein Leiden kräftiger ge=
wesen, denn die Marter aller Andern, weil es aller Martyrer Be=
ständigkeit bis zum Ende der Zeit befestiget und ihnen Kraft der
Beharrlichkeit gegeben hat. Die grüne und weiße Seide ist
gleichfalls stärker, denn die andere; also hat die Unschuld meiner
Menschheit und mein tugendlicher Wandel aller Menschen Unschuld
und Verdienst übertroffen. Mit diesem Gürtel der Menschheit und
des Leidens habe ich mich sehr und hoch gegürtet. Ich habe die
Länge der Ewigkeit in das kurze und vergängliche Leben des Men=
schen eingegrenzet, „frohlockend wie ein Riese in seiner Stärke," da
ich diesen schweren und kümmerlichen Weg laufen und die Erlösung
des menschlichen Geschlechtes vollbringen wollte. Auch derjenige,
welcher einen köstlichen, großen Schatz trägt, der gürtet sich strenger,
auf daß er diesen nicht verliere. Also da ich trug den edlen Schatz,
das ist des Menschen Seele, habe ich mich fleißig gegürtet, ich, der
ich die Seelen Aller, die da selig werden sollen, in unaussprech=
licher Liebe und Begierde unaufhörlich in meinem Herzen getragen habe.

Während nun die Klostergemeinde hinging zur Kommunion
des heiligsten Frohnleichnams, sah sie den Herrn stehen, als einen
König voll Majestät an der Stelle des Priesters. Eine Jegliche
ging hin zu ihm, und hielt vor ihm eine brennende Lampe, die
durch ihr Licht ihr Angesicht erleuchtete. Da verstund sie durch
den heiligen Geist, daß die Lampen die Herzen der Hinzugehenden
bedeuten, und das Oel in denselben die Gütigkeit des göttlichen
Herzens, die da einfließt in die Empfangenden. Die Flamme aber
bedeutet die Inbrunst der Liebe, weil das allerheiligste Sakrament
in Alle, die es würdiglich nehmen, Kraft zu allen guten Dingen
eingießet und sie entzündet in der Liebe Gottes.

Fünftes Kapitel.

Von dem Abende der Geburt unsers Herrn Jesu Christi.

An dem Abende der allersüßesten Geburt Jesu Christi, des Sohnes Gottes, da die Klostergemeinde in das Kapitel ging, sah sie eine Menge der Engel mit Lichtern, je zwei und zwei etlichen Personen dienen. An der Stelle der Aebtissin aber saß der Herr auf einem elfenbeinernen Throne, von welchem ausfloß mit Eile ein lauteres Wasser. Bei dem ersten „Miserere mei" [— „Herr, erbarme dich meiner", Pf. 50, 1. —]*) wusch das Wasser einer Jeglichen Angesicht. Zu dem andern „Miserere" gingen Einige zu dem Herrn, und opferten ihm ihre Gebete, welche sie zu jener Stunde für die Kirche ausgossen. Bei dem dritten „Miserere" hatte der Herr einen goldenen Kelch und schenkte daraus den Seelen, deren die Schwestern in ihrem Gebete gedacht hatten. Und der Herr sprach: „Dies Kapitel halte ich alle Jahre."

Von der süßen Geburt Christi.

In der heiligsten Nacht der süßen Geburt Christi meinte sie, daß sie an einem steinigen Berge wäre, in welchem die Jungfrau Maria saß, nahend der Geburt. Und als die Zeit der Geburt kam, ward die selige Jungfrau mit unaussprechlicher Freude und mit Jubel erfüllet. Das göttliche Licht umleuchtete sie also, daß sie mit Erschrecken aufstund, und in tiefer Demuth niederfiel und sich neigte zu der Erden in Danksagung. Sie ward also erschrocken, daß sie nicht wußte, wie ihr geschehen war, bis sie das Kindlein auf ihrem Schoße hielt, den schönsten von den Söhnen der Menschen. Da ward sie erfüllt mit unaussprechlicher Freude und heißer Liebe, und nahm das Kind, und küßte es süßiglich drei-mal, wodurch sie der heiligen Dreifaltigkeit so sehr vereinigt ward, als immer einem Menschen mit Gott vereiniget zu werden möglich ist, ohne persönliche Vereinigung. Durch den steinigen Berg aber wird vorgebildet das geistliche Leben, das da scharf und hart in dieser Welt bedünket, jenes Leben, welches Christus mit seiner Mutter

---

*) S. Anmerk. 1.

am ersten gezeigt und den Menschen darin ein Beispiel wahrer
Geistlichkeit gegeben hat.

Die betrachtende Seele saß bei der seligen Jungfrau und
begehrte mit großer Begier auch zu küssen das liebliche Kindlein.
Als nun die jungfräuliche Mutter ihren Sohn lieblich umfangen
und ihn angeredet hatte, gab sie ihn auch der Seele zu umfangen.
Da empfing sie mit unaussprechlicher Liebe das Kind mit den
Worten, die sie vormals nie gedacht hatte: „Sei gegrüßet du
Mark des väterlichen Herzens, allerliebste Fülle und selige Erquickung meiner schwachen Seele! Ich opfere dir das Mark meines
Herzens und meiner Seele zu einem ewigen Lobe und ewiger Ehre."
Und sie verstund durch göttliche Eingebung, wie der Sohn wäre
das Mark des väterlichen Herzens; denn wie das Mark kräftiget
und heilet und fast süße ist; also hat Gott der Vater uns gegeben
seinen Sohn, der da ist seine Kraft und allerlieblichste Süßigkeit,
zu einem Beschützer und Seligmacher und mildreichstem Tröster.
Aber das Mark der Seele, das ist die süßeste Freude, welche die
Seele allein von Gott durch Eingießung der Liebe zu empfinden
verdient, durch welche sie alle irdischen Dinge wahrhaft verrichtet,
und welcher alle Freuden der Welt, so sie auch in einen Einzigen
gegossen würden, nicht mögen verglichen werden. Auch von dem
Angesichte des Kindes schimmerten vier Strahlen, die da erfüllten
die vier Enden der Welt, durch welche vorgebildet ward der heilige
Wandel Christi und seine Lehre, welche die ganze Welt erleuchtet hat.

Nochmals von der Geburt und von der Liebe.

Als die Messe: „Dominus dixit" („der Herr hat gesprochen",
Ps. 2, 7]*) zum Gedächtnisse und zu Ehren der verborgenen und
unaussprechlichen ewigen Geburt Christi aus Gott dem Vater gesungen ward, betrachtete sie, wie sie sähe Gott den Vater als einen
überaus mächtigen König in einem gar wundersamen Gezelte, thronend auf einem elfenbeinernen Throne. Und er sprach zu der
Seele: „Komme und empfange den mitewigen und den eingebornen
Sohn meines Herzens und theile ihn Allen mit, die da in andächtiger Dankbarkeit seine höchste und ewige Geburt aus mir ehren."

---

*) Eingang der ersten Messe in der heiligen Weihnacht.

Und sie sah von dem Herzen Gottes einen Schein ausgehen, welcher dem Herzen der Seele sich anschmiegte in der Gestalt eines durch= sichtigen Kindleins. Dieses Kindlein grüßet sie mit folgenden Worten: „Sei gegrüßet, du Abglanz der väterlichen Glorie!" Dar= nach trug sie das Kind ringsum zu allen Anwesenden und gab es Jeglicher, und doch nichts desto weniger trug sie es selber auf ihrem Herzen. Aber das Kind auf der Brust neiget sich zu Jeglicher, und küßte zu dreien Malen deren Herzen. Mit dem ersten Kusse sog es aus und in sich hinein alle ihre Sehnsucht; mit dem andern den guten Willen; mit dem dritten alle ihre Mühen, die sie im Gesange, in Beugungen, im Wachen und andern geistlichen Uebungen vollbracht hatten. Da erkannte sie, daß Gott recht angenehm wäre, wenn die Menschen, wiewohl sie die göttliche und unaus= sprechliche Geburt des Sohnes Gottes aus dem Vater mittels Erkenntniß nicht begreifen mögen, dennoch durch frommen Glau= ben sich mitfreuen, und mit Lob nach ihrem Vermögen dieselbe erheben.

Zu dem Evangelium: „Exiit edictum" [„Es erging ein Befehl", Luk. 2.]*) deuchte ihr, daß Gott der Vater zu ihr spreche: „Gehe zu der jungfräulichen Mutter meines Sohnes und bitte, daß sie dir ihren Sohn gebe mit all' der Freude, welche sie in ihm gehabt hat, da sie ihn gebar, und mit allem Guten, mit welchem ich ihn ihr und der ganzen Welt zum Heile gegeben habe." Da sie nun kam, fand sie das Kind in eine Krippe gelegt und in Tüchlein eingewickelt. Das Kind sprach: „Da ich in der Welt geboren ward, wurde ich von Stunde an gebunden mit Tüchlein, also daß ich mich nicht bewegen mochte, zu einem Zeichen, daß ich mich ganz, mit allen Gütern, die ich mit mir von dem Himmel brachte, in die Gewalt des Menschen gegeben habe zu seinem Nutzen. Denn, wer da gebunden ist, hat keine Gewalt und vermag sich nicht zu wehren, und ihm mag genommen werden Alles, was er hat. Gleicher Weise, da ich ausging aus der Welt, bin ich also geheftet gewesen an das Kreuz, daß ich mich gänzlich nicht mochte bewegen, zu einem Zeichen, daß ich alles Gute, was ich vollbrachte in der Menschheit, den Menschen wieder gelassen habe; und schließlich

---

*) Evangelium der ersten Messe in der heiligen Weihnacht.

all meinen Wandel, auch alle meine Güter, göttliche und mensch=
liche, und mein Leiden habe ich gänzlich dem Menschen gegeben,
darum er jetzt zuversichtlich wegnehmen mag das meine. Und das
ist mein Begehr, daß er nützlich meine Güter gebrauche."

Es bedünkte sie auch, daß die Liebe in Gestalt einer Jung=
frau bei der seligsten Jungfrau Maria säße, zu welcher sie sprach:
"Eja, du süße Liebe! lehre mich diesem überedlen Kinde bequemen
Dienst erzeigen!" Da sprach die Liebe: "Ich habe es mit meinen
jungfräulichen Händen zum ersten bedienet, habe es eingewickelt in
Tüchlein, habe mit meinen jungfräulichen Brüsten es neben seiner
Mutter gesäugt, in dem Schoß gehalten, und ihm alle Freundlich=
keit erzeuget mit seiner Mutter, und diene ich ihm unaufhörlich.
Darum ein Jeglicher, der ihm würdig will dienen, nehme mich zu
einer Genossin auf; das ist, er thue alle Dinge in Vereinigung der
Liebe, in welcher Gott die menschliche Natur an sich genommen
hat; dann wird Alles, was er thut, Gott am angenehmsten sein."

Von den vier Pulsen des Herrn.

Und da man sang die Messe: „Lux fulgebit" [„Ein Licht
wird leuchten", Js. 9.]*), wurde sie mit unaussprechlicher Erkenntniß
erleuchtet. Sie verstund, wie der Sohn Gottes das Licht ist, und
wie er die ganze Welt und alle Menschen mit seiner klaren Geburt
erleuchtet hat, und erkannte, wie in einem solchen kleinen Kindlein
die Vollkommenheit der ganzen Gottheit wohnte, und wie die all=
mächtige Kraft Gottes diesen Leib erhielt, daß er nicht zerriß, und
die unausforschliche Weisheit Gottes in ihm verborgen war. Denn
er war von so großer Weisheit, dieweil er in der Krippe lag, wie
er jetzt ist, da er in dem Himmel regiert; ebenso war die Süßigkeit
und Liebe des heiligen Geistes ganz eingegossen diesem Kindlein.

Indeß nun die Seele so unaussprechliche Dinge empfand,
über alle Begriffe menschlicher Sinne, nahm die Seele das Kind,
und drückte es mit Umfangen festiglich an ihr Herz, so daß sie
hörte und empfand den Puls seines Herzens. Es hatte aufein=
ander drei starke Pulse, und dann einen linden Puls. Da sich die
Seele darüber verwunderte, sprach das Kind zu ihr: „Die Pulse

---

*) Eingang der zweiten Messe in der heiligen Weihnacht.

meines Herzens waren nicht wie die der andern Menschen, sondern ich habe solchen Puls allweg gehabt von meiner Kindheit an bis zum Tode, und davon ist es geschehen, daß ich so bald an dem Kreuze starb. Der erste Puls kommt aus allmächtiger Liebe meines Herzens, die da also mächtig in mir gewesen ist, daß ich alle Widerwärtigkeit der Welt und alle Grausamkeit der Juden mit sanftem und geduldigem Herzen überwunden habe. Der andere Puls kommt aus der weisen Liebe, durch welche ich mich und alle Dinge so löblich regieret habe, und in welcher ich alle Dinge, die da im Himmel und auf Erden sind, am weisesten ordnete. Der dritte aus süßer Liebe, welche mich so kräftiglich durchdrungen hat, daß sie mir süß machte alle Bitterkeit dieser Welt. Und auch den bittersten Tod für das menschliche Heil machte sie mir lieblich und sehr süß. Der vierte Puls, der linde, der bedeutet die Milde und Güte meiner Menschheit, die mich den Menschen freundlich und gesellig gemacht hat. Und noch Folgendes merke mit Fleiß!"

Unter der stillen Messe lehret sie der Herr, sprechend: „Wenn das Sanctus gesungen wird, so spreche der Mensch ein Vaterunser, und bitte, daß ich ihm mit der allmächtigen, weisen, süßen und gütigen Liebe meines Herzens die Stunde bereite, damit er würdig sei, mich geistlich zu empfangen, und damit ich in ihm alle Dinge wirke und vollbringe, die ich von Ewigkeit zu vollbringen beschlossen habe, nach allem Wohlgefallen meines göttlichen Willens. Unter der Kommunion aber und bei den Kollecten lese er diesen Vers: „Ich lobe dich, du allerstärkste Liebe. Ich preise dich, ich benedeie dich, du allerweiseste Liebe. Ich verherrliche dich, du allersüßeste Liebe, ich erhebe dich, o allergütigste Liebe in allen und vor allen Gütern, die deine herrliche Gottheit und selige Menschheit gewirkt hat in uns, durch das edle Werkzeug deines Herzens und wirken wird in die Alter der Alter." Dann zu der Segnung des Priesters werde ich ihn also segnen: „Dich segne meine Allmächtigkeit, dich unterweise meine Weisheit, dich erfülle meine Süßigkeit, dich ziehe und vereinige mit mir meine Gütigkeit ohne Ende. Amen."

Nochmals von der Geburt Christi.

An einem Feste der Geburt Christi bedeuchte ihr, sie sehe die heilige Jungfrau auf einem Berge sitzen mit einem wunderschönen

Kindlein auf ihrem Schoße. Und sie sprach zu ihr: „Meine Herrin, wo sind wir in diesem Augenblicke?" Diese antwortete: „Auf dem Berge von Bethlehem." Es stund diese Stadt wirklich auf einem Berge, darum man im Evangelium liest: „„Und Joseph ging hinauf"" (Luk. 2, 4.). Doch die Herberge, allwo ich Christum geboren, lag über der Stadt nahe einem der Thore, darum man saget, Christus ist zu Bethlehem geboren." Jene fragte nun: „Wie konnten doch die Hirten in der Nacht zu dem Kinde kommen?" Es antwortete die seligste Jungfrau: „Der tiefe Friede, der zur Stunde herrschte, mochte ihnen diese Sicherheit geben. Dazu hielt man die Thore wegen des großen Zuflusses von Menschen nicht geschlossen." Jene entgegnete: „O Herrin, warum hattest du kein Bett, noch sonst eine Bequemlichkeit?" Diese antwortete: „Deß war nicht von Nöthen, sintemalen ich mein Kind ohne Schmerzen zur Welt geboren habe." Die Seele fuhr fort: „Als deine Ver= wandten und Freunde dich besuchten, was konntest du, arme Frau, und dennoch Königin des Himmels, ihnen anbieten?" Antwortete sie: „Ich hatte nicht nöthig, etwas zu haben, da sie alles Nöthige selbst mitbrachten." Die Seele fragte noch: „Welche Nahrung gabest du deinem Sohne, nachdem du ihn entwöhnt hattest?" — „Ich bereitete ihm eine Speise aus weißem Brote und Wein." Als sie sodann bei sich selbst dachte und sich fragte, ob der Herr nach seiner Rückkehr aus Egypten nach Nazareth Beziehungen zu seinen Ver= wandten unterhalten habe, da antwortete ihr das Kind selbst folgendermaßen: „Warum meinst du, daß es im Evangelium heißt: Sie suchten ihn unter ihren Verwandten und Bekannten, wenn nicht darum, weil ich zuweilen mit ihnen umging? Warum glaubst du ferner, daß Johannes der Evangelist, den ich von der Hochzeit weg berufen,*) mir so bereitwillig folgte, wenn nicht deß= wegen, weil mein Umgang und meine Sitten, die er oft aus Er= fahrung kennen gelernt hatte, ihm wohlgefielen, so daß er leicht zu meiner Nachfolge bewogen wurde?"

---

*) S. Anmerk. 2.

Sechstes Kapitel.

Von Sanct Johannes, dem Apostel und Evangelisten.

An dem Feste Sanct Johannes, des Evangelisten, da man zum ersten zur Mette läutete, bedünkte sie, wie das Kind Jesus als ein Knabe von zehn Jahren die Schwestern mit Freuden erweckte. Auch ward von ihr in dem Schlafhause Sanct Johannes gesehen, stehend vor dem Bette einer Person, die ihn sehr liebte. Ein überaus glänzender, ehrfurchtgebietender Engel, der ein Seraph war, ging treulich mit einem Lichte vor Sanct Johannes, und ihn begleitete eine unzählige Menge der Engel, die alle in dem Dienste Sanct Johannes waren. Sie führten die Schwestern mit Lichtern in den Chor. Diejenigen nun, welche aus Liebe fröhlich aufstunden, hatten viel größere Ehre, denn die andern, die dasselbe aus Furcht thaten. Der fürnehmste Engel aber war da zum Dienste Sanct Johannes, weil eben er den Herrn auf Erden geliebt hatte mit der Liebe eines Seraphs. Sie verstund dann, daß derselbe Engel auch den Herzen aller Menschen dienet, welche den heiligen Johannes lieben, wegen der besonderen Liebe, mit welcher Christus ihn geliebt hat, sowie auch, daß der Geist Gottes die Menschen noch anhält zu seiner Liebe. Unter der Mette nun ging Sanct Johannes um den Chor und setzte einen Kelch an jeglichen Mund, und sammelte in demselben die Andacht und Meinung der Singenden, welche er fröhlich Christo schenkte. Aber da sie gedachte und begehrte zu wissen, was Verdienst Sanct Johannes dafür hätte, daß er das Evangelium von der Gottheit Christi mit höherer Verständniß, denn die anderen, beschrieben hatte, hörte sie die Antwort von Gott: „In allen Sinnen hat er Vortreffliches voraus vor andern Heiligen; denn seine Augen sehen klarer das unzugängliche Licht der Gottheit, seine Ohren durchgeht die süße Einsprechung Gottes mit zartestem Verständnisse; auch sein Mund und seine Zunge empfinden einen unaussprechlichen Geschmack der Süßigkeit, und es entströmt seinem Munde so große Lieblichkeit, daß es den ganzen Himmel erfüllet, so daß ein jeglicher Heilige den Wohlgeruch Sanct Johannes empfindet, worüber sein Herz vor absonderlicher Freude in der Liebe Gottes brennet; auch mit einem freieren und höheren Fluge fliegt er hinein zu der Höhe göttlicher Heimlichkeit."

Es bedeuchte sie auch, daß sie die Glorie Sanct Johannis sähe. Auf dieser erschienen alle Worte, die er von Christo und dessen Gottheit geschrieben hatte, und welche die Heiligen und Lehrer der Kirche nach seinen Worten fortan geschrieben und geprebigt haben, gleichwie die Sterne und die Sonne leuchten durch einen Kryftall, der darüber noch mit kostbarem Edelgesteine geziert ist. Es bedeuchte sie auch, daß der Gesang*) von Sanct Johannes: „Er hat gewaschen in Wein seine Stola und im Blute der Oliven sein Gewand" — dies bedeute, daß es zu besonderer Ehre an seiner Stola erschiene, wie er bei Christo, als er an dem Kreuze hing, mit gar großer Begierde des Mitleidens gestanden und mitgelitten hat im Gemüthe die Marter seines göttlichen Meisters. In dem „Blute der Oliven" verstund sie das: Wie das Oel leuchtet, brennet und milde ist, also war in Sanct Johannes sichtbar die Glut der Liebe in einem absonderlich gütigen und sanften Herzen.

Da opfert sie, wie sie gebeten war, Sanct Johannes das Gebet für eine Person, die innige Andacht zu ihm trug. Dies nahm er dankbar auf und sprach: „Mit alle dem, was sie mir ge= opfert hat, will ich eine Freude allen Heiligen machen." Da sprach sie: „Und was willst du ihr denn bieten?" Er antwortete: „Ich will ein Beschützer ihrer Jungfräulichkeit sein, und in allen Dingen, die sie betrüben und anfechten, soll sie bei mir eine sichere Zuflucht haben; auch an ihrem Ende will ich ihr beistehen und ihre Seele unversehret zu Christo, ihrem Bräutigam, geleiten."

Zwölf Privilegien des heiligen Johannes des Evangelisten.

Sie sah Sanct Johannes den Evangelisten an der Bruft des Herrn Jesu Christi ruhen; und die Schar der Heiligen umreihten den Herrn, und sie lobten Christum für Sanct Johannes. Da bat sie den Herrn, daß er auch sie lehren wolle, wie sie ihn ob eines solchen Jüngers loben möchte. Da sprach der Herr: „Zum Ersten wirst du mich loben wegen seines eblen Geschlechtes; denn er ist geboren aus erhabenen Eltern, welcher Geburt keine adelicher war unter dem Himmel. Zum Zweiten, daß ich ihn von der

---

*) Stelle aus einem Responsorium zu Ehren St. Johannis mit An= spielung auf I. Mos. 49, 11: „Er wäscht im Weine sein Gewand, und im Blute der Traube sein Kleid. — S. Anmerk. 3.

Hochzeit zu meinem Apostolate gerufen habe.*) Zum Dritten, weil er die Klarheit meines Angesichts auf dem Berge vor den Andern zu schauen verdient hat. Zum Vierten, daß er an dem letzten Abendmahle würdig gewesen ist, an meiner Brust zu ruhen. Zum Fünften, daß er vor den Uebrigen die Tiefe der Erkenntniß gehabt hat, um welcher willen er verdiente, das Gebet, welches ich auf dem Oelberge gebetet habe, den Menschen zu beschreiben.**) Zum Sechsten, weil ich ihm meine Mutter unter dem Kreuze aus besonderer Liebe zu behalten befohlen habe. Zum Siebenten, weil ich ihn nach meiner Auferstehung durch ganz außerordentliche Erkenntniß erleuchtete, da er allein mich vor den Andern erkannt hat, indeß die übrigen Jünger mehr Mühe hatten, er aber sprach: „Der Herr ist's."***) Zum Achten, daß durch absonderlichen Beweis der Freundlichkeit ich ihm geoffenbaret habe meine Geheimnisse, da er das Buch der heimlichen Offenbarung geschrieben, und durch göttliche Eingebung zu sagen gewürdigt ward: „In dem Anfange war das Wort," ein Geheimniß, das weder ein Prophet noch Jemand Anderer vor ihm erkannt hat. Zum Neunten, weil er um meines Namens willen Gift getrunken.†) Zum Zehnten, weil er viel Zeichen in meinem Namen gethan und Todte erweckt hat. Zum Eilften, weil ich ihn so süßiglich besucht und zu meiner Wonne mit seinen Brüdern geladen habe. Zum Zwölften, weil ich ihn von den Schmerzen des Fleisches frei, mit Herrlichkeit von diesem Elende zu der ewigen Freude geführet habe."

Zu anderer Zeit unter dem Evangelium sah sie denselben Jünger bei dem Altare stehen und dem Priester das Buch halten; alle Worte aber des Evangeliums gingen wie Strahlen von seinem Munde aus. Sie sah auch die Jungfrau Maria zur andern Seite des Altares stehen, und aus den Augen St. Johannis einen Strahl wundervollen Lichtes in das Angesicht der seligsten Jungfrau Maria bringen. Da sie sich dessen verwunderte und zu wissen begehrte, was dadurch gesinnbilet würde, da sprach St. Johannes zu ihr: „Während ich auf Erden war, hielt ich die Gebärerin meines Herrn

---

*) S. Anmerk. 2.
**) S. Joh. 17, 1 ff.
***) Ebend. 21, 7.
†) S. Anm. 4.

und Meisters in so großer Ehre, daß ich ihr Angesicht nicht anzu=
sehen wagte." Da sprach sie: „Mit welchem Namen nanntest du
sie?" Er antwortete: „Frau Muhme."

Siebentes Kapitel.
Wie sie gebetet hat für die Gemeinde, und von der geistigen Beschneidung.

In der heiligen Nacht der Beschneidung unsers Herrn, da sie
das Gebet der Schwestern und den Dienst ihrer Andacht aufopferte
und bat, daß er ihnen gnädiglich verleihe die Benedeiungen des neuen
Jahres, antwortete der Herr: „Heil und Benedeiung sei euch von
Gott, meinem Vater, und von mir, Jesu Christo, seinem Sohne,
und von dem heiligen Geiste, der da ist ein Heiligmacher aller
unserer Werke. Ich bin der, von welchem geschrieben ist: Deine
Jahre werden nicht abnehmen. Gehet zu mir Alle, die ihr mein
begehret, und lernet von mir, denn ich bin gütig und eines bemü=
thigen Herzens.*) Ein Jeglicher nämlich, welcher Ruhe des Her=
zens und des Leibes zu haben begehret, muß gütig und bemüthig
sein, und," setzte er hinzu, „wer da begehret, sein Wesen zu er=
neuen, muß handeln wie eine Braut, die von ihrem Bräutigam
das Geschenk des neuen Jahres zu empfangen begehrt. So soll
die gläubige Seele von mir begehren, gekleidet zu werden mit neuer
Kleidung, auf daß sie durch den Kreislauf des Jahres in den Augen
aller Leute gehe als eine herrliche Königin.

Darum soll sie begehren zum Ersten, daß ihr von mir gegeben
werde ein Purpurkleid, das ist Demuth, damit sie in dieser
Demuth, durch die ich vom Himmel zu der Erde gekommen bin,
sich bemüthiglich in allen und zu allen verachteten Dingen neige.
Darnach ein gelbrothes Kleid, das ist die Geduld. Denn ich
habe darum angenommen die Menschheit, daß ich leiden mochte
Pein und Verhöhnung; darum soll sie alle schweren und harten Dinge
geduldiglich annehmen. Ueberdieß soll sie angekleidet werden mit

---

*) Ps. 101, 28. Predigerbuch 24, 26. Matth. 11, 28.

einem goldenen Kleide, das ist, mit der Liebe; auf daß sie in der
Liebe, mit welcher ich mich auf Erden den Menschen gnadenvoll
und gütig erzeigt habe, auch ihren Schwestern und allen Menschen
sich gütig erzeige. Aber nach dem Verlaufe des Jahres soll sie
bitten, daß dies abermals erneuert werde; soll sich mehr und mehr
in diesen Tugenden üben, und sich befleißen, dieselben als von
Neuem zu bewahren.“

Da sie auch bat, daß der Herr in ihnen beschnitte die Dinge,
die ihm nicht gefielen, antwortete der Herr: „Ihr sollt beschnitten
werden von allen Gedanken des Herzens, als: der Hoffart, Un=
geduld und weltlicher Eitelkeit. Ihr sollt beschnitten werden von
Werken des Mundes, von allen süß schmeichelnden Worten, von
der Verlästerung und Nachrede. Ihr sollt auch beschnitten werden
in den Werken, von Müßiggang und Trägheit im Guten, von der
Uebertretung der Gebote Gottes und vom Ungehorsam.“ In diesen
Worten des Herrn verstand sie, daß es ein großes Laster ist, wenn
ein Mensch über seinen Nächsten urtheilt. Denn wenn es kömmt,
daß er ungerecht über ihn urtheilt, wird er schuldig so großer
Sünde, wie derjenige, welcher das Ueble gethan hätte, das von
ihm gesagt wird. Auch wenn der Urtheiler nicht die Meinung
dessen weiß, der es thut, und urtheilt ihn aus seinem Herzen und
seinem Sinne, so wird er so sehr schuldbar in Folge des Urtheiles,
wie derjenige, welcher diese Dinge verwirkt hat; und er wasche
es ab durch Buße, sonst wird er solcher Pein unterworfen, wie sie
derjenige verdient, welcher dies Uebel gethan hat.

Achtes Kapitel.
Von den fünf Thüren und der Taufe des Herrn.

An dem Abende „von heiligen drei Königen“ (Epiphanie),
da sie nach gewohnter Sitte in dem Gebete mit dem Herrn redete,
sah sie eine Thüre von wundersamer Größe, und in der Thüre
fünf Thüren kunstreich ausgeschnitten. Die Thüre aber bedeutete
die Menschheit Christi. Die zwei untern Thüren bedeuteten seine
Füße, und hatten in der Mitte eine Säule, an welcher geschrieben

ſtund: „Kommet zu mir Alle, die ihr mühſelig und beladen ſeid, und ich will euch erquicken."

Sie ſah auch vor den Thoren eine ſchöne Jungfrau, genannt Barmherzigkeit; dieſe führte ſie hinein. Da fand ſie den gerechten Richter, welchen ihr die Barmherzigkeit gnädig machte, ihr Vergebung aller Sünde erwarb, und ihr das Kleid der Unſchuld anzog. So herrlich geziert ging ſie mit Muth zu der oberen Thüre, durch welche bezeichnet waren die Hände Chriſti. Aber in der Säule der Thüre war geſchrieben: „Nehmt die Fröhlichkeit eurer Glorie!"*) Und ſie ſah dort eine wonnigliche Jungfrau, genannt die Gnade. Dieſe führte ſie zu dem milden Könige, welcher ſie zierte mit vielerlei Tugenden. So gezieret ging ſie mit Vertrauen zu der oberen Thüre, die da bedeutete das ſüße Herz Jeſu Chriſti, und in Geſtalt eines goldenen Schildes geformt war, wodurch dargeſtellt ward der Triumph, mit welchem der Herr in ſeinem Leiden überwunden hat. Aber in der Säule war alſo geſchrieben: „Gehet zu ihm und werdet erleuchtet, und euer Angeſicht wird nicht zu Schanden werden."**)

Sie ſah auch dort eine Jungfrau von unausdenklicher Schönheit und den andern nicht zu vergleichen, genannt die Liebe. Dieſe führte ſie zu dem ſüßen Bräutigam, dem ſchön Geſtalteten vor den Kindern der Menſchen. Und er umfing und küßte ſie, wie eine Bräutigam ſeine Braut erfreut.

In der heiligen Nacht der Erſcheinung des Herrn aber, da geſungen ward: „In columbae specie" („In Geſtalt der Taube"),***) ſah ſie den Herrn Jeſum in einem ſchneeweißen Kleide, in welchem ſie verſtund, daß Sanct Johannes, als er Chriſtum taufte, und die Stimme des Vaters hörte und den heiligen Geiſt in Geſtalt einer Taube erblickte, Chriſtum geſehen hatte in ſolcher Form und Geſtalt, wie ihn geſehen haben die drei Jünger auf dem Berge in der Verklärung. Und da ſie gedachte

---

*) Esdras 4, 2. Eingang der heiligen Meſſe vom Pfingſtdienſtag.

**) Pſ. 33, 6.

***) Text aus dem Reſponſorium der zweiten Leſung in der erſten Nocturn der Epiphanie: „In Geſtalt der Taube ward der heilige Geiſt geſehen; des Vaters Stimme ward gehört: Dieſer iſt mein Sohn, der Geliebte, an welchem ich mein Wohlgefallen habe (höret ihn!)."

und begehrte zu wissen, ob auch Sanct Johannes Baptista die Taufe von Christo empfangen hätte, weil er sprach: „Ich sollte von dir getauft werden,"*) sprach der Herr zu ihr: „Indem Johannes mich anrührte und mich niedertauchte in das Wasser, habe ich ihm verliehen meine Taufe, weil er von mir getauft zu werden begehrte, und erkannte, daß er meiner Taufe bedürftig wäre. Darum habe ich ihm gegeben die christliche Taufe mit meiner Unschuld; und Allen nach ihm, die noch in meinem Namen getauft werden, verleihe ich meine Unschuld, durch welche sie Kinder werden des himmlischen Vaters. Darum sagt mein Vater von jeglichem Getauften: „Das ist mein lieber Sohn," und hat er an ihm ein Wohlgefallen, wie an seinem herzeigenen Sohne. Und so auch der Mensch die Unschuld durch Sünde verliert, mag er sie wieder erwerben durch wahre Buße." Und da gesungen ward: „Höret ihn!" sprach sie zu dem Herrn: „Mein Herr, was sollen wir hören von deinem geliebten Sohne?" Der Herr antwortete: „Höret ihn, so er euch also rufet: ‚Kommet zu mir Alle, die ihr mühselig seid!' Höret ihn, so er also lehret: ‚Selig, die eines reinen Herzens sind!' Höret ihn, so er zu euch redet: ‚Wer da isset mein Fleisch und trinket mein Blut, hat das ewige Leben;' und: ‚Wer mir nach= folget, der wandelt nicht in Finsterniß.' Höret ihn, so er euch gebeut: ‚Das ist mein Gebot, daß ihr euch unter einander liebet.' Höret ihn drohen: ‚Mit welchem Gerichte ihr richten werdet, werdet ihr selber gerichtet werden.' Und wieder: ‚Wer da nicht trägt sein Kreuz, und mir nicht nachfolgt, der mag mein Jünger nicht sein.'**) Aber wehe der Welt des Aergernisses wegen!"

Nach dem Empfange des Frohnleichnams Jesu Christi sprach der Herr zu ihr: „Nimm wahr! ich gebe dir Gold, das ist, meine göttliche Liebe, und gebe dir Weihrauch, das ist, all' meine Heilig= keit und Andacht, und gebe dir Myrrhe, das ist, die Bitterkeit meines ganzen Leidens. Dieses Alles gebe ich dir so zu eigen, daß du dasselbe als das Deinige mir wiedergeben könnest. Und so die Seele dieses thut, gebe ich ihr es vielfältig wieder." Ja

---

*) S. Matth. 3, 14.
**) S. Matth. 11, 28; 5, 8. Joh. 6, 54; 8, 12; 15, 12. Matth. 7, 2. Luc. 14. 27. Matth. 18, 7.

es ist das Hundertfache, was der Mensch in der gegenwärtigen
Zeit empfängt, in der zukünftigen aber ewiges Leben. Darum
möchte doch der Mensch diese drei Dinge Gott jährlich an diesem
Tage opfern, das ist: seine göttliche Liebe, den Werth seiner Heilig=
keit und die Frucht seines Leidens.

Neuntes Kapitel.

Wie Christus die Gebrechen der Seele heilet.

Unter der Messe: „In excelso throno" („Auf erhabenem
Throne")*) sah sie den Herrn Jesum als einen schönen Jüngling
von zwölf Jahren, gleichsam wie einen König, auf dem Altare
sitzen; und sie hörte ihn diese Worte sprechen: „Nimm wahr! ich
bin hier mit meiner ganzen göttlichen Kraft, auf daß ich gesund
mache all' eure Unvollkommenheit." Da gedachte sie, zu sich
sprechend: O, so er für dich wollte darbringen vollkommenes Lob
Gott, seinem Vater, solches nähme ich am liebsten an! Der Herr
antwortete: „Was ist das Verlangen, Gott zu lobpreisen, wenn
nicht eine Bekümmerniß der Seele, daß sie Gott nicht nach ihrem
Verlangen loben mag! Also sind auch in Andacht, Gebet und dem
guten Willen, welchen die Seele hat, zu vollbringen das Gute, gar
mannigfache Gebrechen der Seele, die ich ergänze durch mich selbst,
und gesunden mache all' ihre Gebrechen."

Wie Christus den Zorn seines Vaters sänftiget.

Es erschien ihr auch der Herr Jesus als ein Kind von
zwölf Jahren. Er trug einen Rock aus grün und weißer Farbe,
und sie sprach zu dem Herrn: „Warum hast du dich zum ersten
Male offenbaren wollen und sitzen in dem Tempel unter den Lehrern,
und sie hören und fragen, als du zwölf Jahre alt warest, da du
doch vorher, wie ich glaube, nach Gewohnheit oft in den Tempel

---

*) Eingang der heiligen Messe am Sonntage innerhalb der Oktave von
heiligen Dreikönigen: „Auf erhabenem Throne sah ich sitzen einen Mann,
welchen die Schar der Engel anbetet, mit vereinter Stimme singend: Sieh',
seiner Herrschaft Name ist in Ewigkeit."

gekommen bift?" Der Herr antwortete: „Menſchlichem Zeitmaße
nach habe ich angefangen, mich zu üben in menſchlichen Werken,
indem ich in aller Weisheit zunahm von Tag zu Tag, wiewohl ich
gleich war dem Vater in ewiger Weisheit. Auch ihr ſollt eure
Kinder, da ſie zwölf Jahre alt werden, hinwenden zum Guten
und ſollet ſie ernſtlich ſtrafen wegen des Böſen; dann würden
ihrer Viele nicht verderben am Geiſte und nicht verkümmern an
geiſtlicher Lehre." Sie fragte: „Was bedeutet das doppelfarbige
Kleid?" Der Herr antwortete: „Durch die weiße Farbe wird bezeichnet die jungfräuliche Reinigkeit meines heiligſten Lebens. Durch
die grüne mein ewiges Blühen." Da ſprach ſie zu dem Herrn:
„Ach, allerliebſter Herr und Bruder, bitte für mich deinen himmliſchen Vater!" Da erhob er ſeine Hände bittend und ſprach:
„Auf mich iſt gekommen dein Zorn, und deine Schreckniſſe haben
mich betrübet."*) Da die Seele ſolches hörte, fürchtete ſie, es wäre
ein Geſicht des Teufels. Da ſprach der Herr zu ihr: „Ich bin,
der ich beſänftiget den Zorn des Vaters, und den Menſchen ver-
ſöhnet habe mit Gott in meinem Blute. Aber über mich iſt gegangen ſein Zorn, da er meiner, ſeines Einzigen, nicht geſchonet,
ſondern mich überantwortet hat in die Hände der Unguten. Und
ſo ſehr habe ich ſeinen Zorn geſühnet, daß fortan, ſo der Menſch
will, Gottes Zorn nimmer wider ihn geſchärft wird."

Anderes. Von dem Baume.

Zu einer andern Zeit unter der Meſſe ſchaute ſie, als ob
auf dem Altare ein Baum wüchſe von wunderſamer Größe. Seine
Höhe reichte bis an den Himmel, ſeine Breite erfüllte den Umkreis
der Erde, und er war voll von Frucht und unzähligen Blättern.
Die Höhe des Baumes bedeutete die Gottheit Chriſti; die Breite
den vollkommenen Wandel, die Frucht aber all' das Gute, welches
hervorgehet aus den Werken und dem Wandel Chriſti. Die Blätter
waren beſchrieben mit goldenen Buchſtaben: Chriſtus iſt Fleiſch geworden, Chriſtus iſt Menſch geworden, Chriſtus wurde beſchnitten,
Chriſtus ward von den Königen angebetet, Chriſtus ward in dem

---

*) S. Pſ. 87, 17.

Tempel aufgeopfert, Christus wurde getauft. Und so war der ganze Wandel Christi an diesem Baume beschrieben.

Nach dem Evangelium ward eine goldene Leiter gesehen, deren oberster Theil den Himmel berührte, und an ihr stieg herab die Königin der Ehren, und trug auf ihrem Arm ein lieblich Kindlein, und setzte es auf den Altar. Ihr Kleid war aus dem leuchtendsten Silber, mit eingewirkten goldenen Rosen wunderbar gezieret. Das Kind hatte ein grünes Kleid mit roth vermischt. Und als die Hostie erhoben ward, erhob sich auch das Kind in der Hand des Priesters, und alle die Dinge geschahen durch dasselbe, die durch die Hostie geschehen sollten.

Zehntes Kapitel.

Von der Verehrung des Bildes Jesu Christi und von Christi Hochzeitmahle.

Um die Andacht der Gläubigen zur Verehrung des glorreichen Bildes unsers Herrn Jesu Christi zu erwecken, an dem Sonntage „Omnis terra" („Alle Erde": Pj. 65)*), da man zu Rom das Fest der Vorzeigung desselben Bildes**) feiert, ist ihr verliehen folgendes Gesicht: Sie sah den Herrn sitzen auf einem blumenreichen Berge, in einem Stuhle, der aus Jaspis gefertigt und mit Gold und rothem Gesteine geziert war. Der Jaspis, grün, bedeutet das Leben der ewigen Gottheit, das Gold die Liebe Christi, der rothe Stein sein Leiden, welches er ertragen hat aus Liebe. Der Berg war umgeben mit schönen Bäumen voller Früchte. Unter diesen ruhten die Seelen der Heiligen, und hatte jegliche ihr Gezelt aus Goldstoff, und sie aßen von den Früchten in großer Freude und Lust. Dieser Berg sinnbildete den Erdenwandel Christi, die Bäume seine Tugenden, die Liebe, die Barmherzigkeit und alle übrigen. Je nachdem ein Jeglicher in Tugenden dem Herrn nach-

---

*) „Alle Erde bete dich an, o Gott! und lobsinge dir: lobe Preis deinem Namen, Allerhöchster." Eingang der heiligen Messe für den zweiten Sonntag nach heil. Dreikönigstag (Epiphanie).

**) S. Anmerk. 5.

gefolgt war, ruhten sie unter den Bäumen. Wer dem Herrn nach=
gefolgt war in Liebe, aß von dem Baume der Liebe. Die aber
geblüht hatten in Werken der Barmherzigkeit, sie wurden erquickt
von dem Baume der Barmherzigkeit, und so alle die Andern nach
Verdienst der Tugenden.

Alle hiernach, die sich bereitet hatten, zu ehren das ehrwürdige
Bild mit andächtigem Herzen, sie traten zu dem Herrn, indem sie
ihre Sünden auf ihren Schultern trugen und sie zu den Füßen
des Herrn legten. Dort wurden dieselben verwandelt in goldene
Kleinode. Aber diejenigen, welche aus Liebe Reue hatten, so daß
ihnen mehr leid war, daß sie den Herrn beleidigt hatten, denn daß
sie die Pein für ihre Sünden verdient hätten, deren Sünden waren
gleich goldenen Spangen. Die aber, welche durch Psalter und
Gebete ihre Sünden gebüßt hatten, deren Sünden wurden zu
goldenen Knöpfchen, wie solche bei Verlobungen gebräuchlich sind.
Aber diejenigen, so den mancherlei Versuchungen zur Sünde durch
viele Mühe widerstanden hatten, deren Fehler wurden zu goldenen
Plättchen; und die ihre Sünden durch Kasteiung des Fleisches ge=
straft, denen wurden sie gleich goldenen Rauchfässern, weil Kasteiung
des Fleisches vor dem Herrn gleich köstlichem Aroma duftet. Da
sie nun diese Dinge schaute, sprach der Herr: „Was wollen wir
damit thun? Nun denn, in der Liebe soll Alles verzehrt werden,"
und er fügte bei: „Man stelle einen Tisch her." Und zur Stunde
ward gesehen ein Tisch vor dem Herrn, allenthalben voll Schüsseln
und goldenen Bechern. Aber das Angesicht des Herrn, glänzender
als die Sonne, füllte alle Gefäße mit seinem Lichte, statt der
Speise und statt des Trankes. Darnach beugten alle die, welche
durch den Glanz des Angesichtes des Herrn bekleidet waren, wie
mit einem Kleide, ihre Kniee vor dem Tische; und sie nahmen da
Speise und Trank, welcher ist die allerlieblichste Erquickung der
Engel und aller Heiligen. Denen aber, die diesen Tag zu dem leben=
digen Sakramente nicht gingen und doch mit Andacht zugegen gewesen
waren, schickte der Herr durch Sanct Johannes den Evangelisten wie
in einem Gefäße eine Erquickung, nach seiner königlichen Sitte.

Eja, eilen wir Alle mit Begierde, zu ehren das allersüßeste
Angesicht, das da im Himmel uns werden wird, Alles, was ein
heiliges Gemüth nur begehren kann.

Diese Dinge lehrte die Dienerin Gottes ihre Schwestern, auf daß sie mit besonderer Andacht gegen Rom im Geiste wallfahrteten an dem Tage, an welchem das Angesicht des Herrn gezeigt wird. So viele Vaterunser, als viel Meilen zwischen Rom und ihrer Stadt wären, mahnte sie, sollten sie beten.*) Auch so sie angelangt wären, sollten sie in betrachtendem Gebete alle ihre Sünden beichten Gott dem obersten Bischofe, und von ihm empfangen die Vergebung aller ihrer Sünden, und den Leib unsers Herrn nehmen zur Zeit der Andacht, da sie freier wären zu beten, auch mit dem Gebete, das sie dafür verfaßt hätten, demüthig anbeten das Bild Christi. Als die Schwestern das gethan hatten, wurde ihr gezeiget das oben bezeichnete Gesicht.

Von den vier Strahlen des Angesichtes des Herrn.

Zu einer andern Zeit, an dem nämlichen Tage, sah sie von dem Angesichte des Herrn Jesu, in welches die Engel zu schauen verlangen,**) vier Strahlen ausgehen. Der obere Strahl beleuchtete Alle, die mit Gott vereint sind, so daß sie nichts wollen oder begehren, weder in glücklichen noch in widerwärtigen Dingen, denn allein den Willen Gottes. Der andere Strahl leuchtete in alle Sünder, daß er sie zur Buße riefe. Der rechte Strahl durchblitzte alle Prediger, die den Menschen das Wort Gottes verkünbigen. Der linke beschien Alle, die mit ganzer und vollkommener Treue Gott dienen. Da bat sie den Herrn für Alle, die sich ihrem Gebete befohlen hätten, und die da das Gedächtniß seines allersüßesten Angesichtes feierten, damit sie seiner Gemeinschaft nicht beraubt würden. Der Herr antwortete: „Keiner aus ihnen soll von mir geschieden werden." Und sie sah eine Schnur ausgehen von dem Herzen des Herrn in ihre Seele, durch welche sie Alle, die in ihrer Gegenwart stunden, zu Gott leitete. Die Schnur aber bedeutete die Liebe, welche Gott dieser Seele reichlich eingegossen hatte, durch welche sie Alle zu Gott zog, durch ihr gutes Beispiel und durch

---

*) Es sind ungefähr 150 Meilen von Helfeda bis Rom, wo alljährlich auf Anordnung des Papstes Innocenz III. vom Jahre 1223 am zweiten Sonntag nach Epiphanie das Fest des „Antlitzes des Herrn" (Veronika) gefeiert wird.

**) 1 Petr. 1, 12.

ihre Lehre. Und der König der Ehren streckte die Hand seiner
Allmacht aus und benedeiete sie, sprechend: „Die Klarheit meines
Angesichtes sei euch ewige Freude!" Amen.

Elftes Kapitel.

Von der heiligen Agnes und daß die Heiligen alle ihre guten Werke ihren Dienern zu eigen geben können.

Die heilige Jungfrau Agnes ward an ihrem Feste von der
Dienerin Christi gesehen, als ob sie von dem Altare mit einem
goldenen Rauchfaß ginge, welches schön geziert war mit edlem Ge=
steine. Sie beräucherte alle Schwestern und umhüllte selbe mit
süßestem Geruche. Da verstand sie, daß das Rauchfaß das Herz
der heiligen Agnes bedeute, die Edelsteine ihre süßen Worte, das
Feuer die Liebe des heiligen Geistes, welche alle ihre Gedanken,
Begierden und Worte zumal durchglühte; auch die Menschen, die
ihre Worte mit Andacht betrachten, erfreut und erquicket.

Da man zu der Metten sang das Responsorium: „Amo
Christum",*) erschien der Herr Jesus und hielt Sanct Agnes von
seinem rechten Arme umfangen. Die heilige Agnes und der Herr
hatten ein Kleid gleich roth, in welchem alle Worte Sanct Agnesens
wie mit goldenen Buchstaben geschrieben waren, und die Worte,
welche an dem Kleide des Herrn stunden, erleuchteten so mit den
Strahlen ihres Lichtes die Worte, die da gezeichnet waren an dem
Kleide der heiligen Agnes, daß sie ihren Wiederschein gegen den
Herrn hin gaben, und ebenso den Chor und alle Umstehenden er=
leuchteten. Auch von den Herzen Aller, die da andächtig sangen,
ging ein Strahl in das Herz Gottes, welcher wieder durch das
Herz Gottes wie ein Silberquell hinüberfloß in das Herz der
heiligen Agnes. In diesem Bilde verstand sie, daß alle Andacht
und Frucht der Liebe, die da aus ihren und aller Heiligen Worten

---

*) Responsorium der dritten Lection der ersten Nocturn an dem Feste
der heiligen Agnes (21. Jän.): „Christum liebe ich; in sein Brautgemach
werde ich treten 2c."

entspringet, gleichwie die Sonne das Eis fließen und es aufsteigen macht zu seiner Urquelle, alle wieder in Gott fließet, und die Heiligen minniglich dessen sich erfreuen.

Und als da in dem Chore die lieblichen Worte Sanct Agnesens wiederholt wurden,*) fing diejenige, welche diese Dinge sah, an, traurig zu werden und Gott zu klagen, daß sie von Kindheit an Christo vermählet mit dem geistlichen Kleide, ihn von kindlichem Alter an nicht von ganzem Herzen geliebt hätte, wie diese selige Jungfrau. Da sprach der Herr zu Sanct Agnes: „Gib ihr all' das Deine." In welchen Worten sie verstand, daß Gott allen seinen Heiligen diese Würde verliehen hat, daß sie alle Dinge, die er durch sie gewirket, und die sie für Christus gelitten haben, ihren Liebhabern und Verehrern, welche Gott den Herrn für sie loben und ihm danken oder ihn lieben, als Gabe Gottes auf diese ihre Freunde übertragen können. Als Sanct Agnes dieses gethan, ward die Betrachtende mit unaussprechlicher Freude erfüllt, und bat die Königin der Jungfrauen, daß sie für diese Gabe ihren Sohn loben wolle. Da antwortete selbe: „Sprich mir ein Ave Maria!" Sie aber in göttlicher Eingebung sprach solches Lob: „Sei gegrüßet durch die Allmacht des Vaters, sei gegrüßet durch die Weisheit des Sohnes, sei gegrüßet durch die Gütigkeit des heiligen Geistes, süße Maria, die du Himmel und Erden erleuchtest, Fülle der Gnaden einflößest und Alle tröstest, welche dich lieben. Der Herr ist mit dir, der Einige Sohn Gottes des Vaters, und deines jungfräulichen Herzens Eingeborner, dein Freund und allersüßester Bräutigam. Du bist gebenedeiet unter den Frauen, du, welche du verscheuchet hast die Vermaledeiung. Gebenedeit ist die Frucht deines Leibes, der Schöpfer und Herr aller Dinge, der da benedeiet und heiliget alle Dinge, und Alles lebendig macht und reich." Da gab die Jungfrau ihr all' das Ihrige und ihre jungfräuliche Mutterschaft, daß sie eine geistliche Mutter Gottes in der Gnade wäre, sowie sie es ist in der Wirklichkeit. Aus all' dem verstand sie nun, daß Alle, die sich nach göttlichem Willen richten, und ihn lieben in

---

*) Das Officium des Brevieres vom Feste der heiligen Agnes, eines der ältesten und schönsten, enthält in seinen Antiphonen und Responsorien zumeist Worte der heiligen Märtyrin aus den Akten ihres Martyriums. S. Anmerk. 5b.

Allem und solches mit den Werken vollbringen, die werden Mutter Christi, wie geschrieben ist: „Wer da vollbringet den Willen meines Vaters, der in den Himmeln ist, er ist mir Bruder und Schwester und Mutter."*)

Als sie ferner sah und erkannte die allerfreundlichste und liebreichste Hinneigung Gottes zu den Jungfrauen, und sie nun unter großer Danksagung solch' große göttliche Herablassung anstaunte, sprach der Herr zu ihr: „Ich habe die Jungfrauen in dreien Dingen vor allen Heiligen verherrlicht. Zuerst darin, daß ich sie liebe vor allen Kreaturen. Als (Maria) die erste der Jungfrauen das Gelübde der Reinheit mir gelobte, da neigte ich mich zu ihr in so großer Güte, daß ich nicht länger den ewigen Rathschluß der Welterlösung unverwirklicht ließ, sondern vom Himmel herniederkam, und mich ihr gänzlich eingoß. Das Zweite ist, daß ich die Jungfrauen über Alle reich gemacht; denn alle meine Güter und all' das, was ich gelitten habe, das habe ich ihnen gegeben zu einem besonderen Eigenthume. Das Dritte ist, daß ich ihnen eine Glorie über alle übrigen Seligen gegeben habe; denn wenn sie zu mir gehen, so erhebe ich mich und neige mich zu ihnen, und verleihe ihnen besondere geheimnißvolle Zusprache, und nehme sie vor Allem auf in die Gnade der innigsten Einigung." Da sprach sie: „Ach, allersüßester Gott! wie müssen die seligen Jungfrauen sein, welche du zu so hohem Vorzug erwählt hast?" Er antwortete: „Edel, reich und schön. Denn eine wahrhaftige Jungfrau, die ich mir zu einer solchen Braut erwählt habe, soll sein edel in Demuth. Sie soll sich für nichts achten, vielmehr wünschen, unter allen Kreaturen verachtet und gering gehalten zu sein. Je viel demüthiger sie ist, je viel edler wird sie in himmlischer Ehre. Meine Demuth will ich hinzusetzen der ihrigen, so daß sie aus jener den höchsten Adel erwerben wird. Sie soll ferner sein schön; das ist geduldig. Denn je geduldiger, je viel schöner wird sie aus meinem Leiden und in ihrer Schwachheit erscheinen. Ueberdies will ich die Klarheit, die ich von dem Vater gehabt vor der Grundlegung der Welt,*) zu vollkommener Zierde ihr beigeben. Die Jungfrau soll

---

*) Matth. 12, 50.
**) S. Joh. 17.

endlich auch reich sein an Tugenden. Sie soll sich sammeln die Schätze jeglicher Tugend und diesen werde dann ich die unvergleichlichen Reichthümer meiner Tugenden hinzufügen, so daß sie überflüssig und überreich wird in ewiger Wonne."

Zu einer andern Zeit, da man sang das Offertorium: „Offerentur virgines",*) gedachte sie, was sie Angenehmes Gott aufopfern möchte. Da sprach der Herr zu ihr: „Wer mir ein demüthiges, geduldiges und friedliches Herz aufopfert, der gibt mir eine genugsam angenehme Gabe." Da sprach sie: „Und welches Herz ist so demüthig, daß du an ihm dein Gefallen habest?" Er antwortete: „Ein Herz, welches Freude hat, so es verachtet wird. Und wer da in seinen Leiden und in aller Widerwärtigkeit sich freuet und frohlocket, um deßwillen, daß er etwas zusetzen darf meinen Leiden**) und meiner Demuth, und daß er etwas habe, von dem er mir opfere, der ist wahrlich demüthig und ist eines geduldigen Herzens. Auch derjenige, welcher mit seinem Nächsten an all' dem Guten, was diesem zukömmt, die Freude mitempfindet, und bei dessen Widerwärtigkeit Mitleid, gleichwie als sei es seine eigne, hat, der opfert mir wahrlich auch ein friedliches Herz."

Zwölftes Kapitel.
Von der Lichtweihe der heiligen Jungfrau Maria und von Sanct Anna, ihrer lieben Mutter.

In der heiligen Vigilie der Reinigung Mariä sah sie die glorwürdige Jungfrau und Mutter das königliche Kind Jesum auf ihrem Arme tragen, bekleidet mit einem Kleide von blauer Farbe, voll goldener Blumen. An der Brust, um den Hals und Arm stand geschrieben der honigfließende Name Jesus. Da sprach sie zu ihr: „O du lieblichste Jungfrau, schmücktest du also deinen Sohn, da du ihn darbrachtest in dem Tempel?" Da sprach sie:

----

*) „Herzu geleitet werden die Jungfrauen in Ehren re." Antiphone der Kirche an Festen der heiligen Jungfrauen.
**) Vergl. Koloss. 1, 24.

„Nicht also; doch hatte ich ihn anmuthig vorbereitet. Von dem Tage der Geburt meines Sohnes an habe ich mich mit unausdenk= licher Freude gesehnt bis zu dem Tage, an welchem ich meinen Sohn Gott dem Vater als ein angenehmes Opfer opfern dürfte, durch welches und ob welchem alle Opfer vom Anbeginne der Welt von Gott angenommen sind. Und mit so großer Andacht und Dankbarkeit opferte ich ihn, daß, wenn aller Heiligen Andacht in einen Menschen eingegossen würde, möchte sie dennoch meiner An= dacht nicht verglichen werden. Alle meine Freude aber ist durch die Worte Simeons: „Deine Seele wird durchgehen das Schwert des Schmerzes"*) in Traurigkeit gewandelt worden. Gar so oft darnach, wenn ich meinen Sohn in meinem Schoße hielt und im Uebermaße der Süßigkeit und Andacht mein Haupt zu dem seinen neigte, vergoß ich so viele Zähren, daß ich sein Haupt und sein Angesicht mit meinen Thränen benetzte. Auch sprach ich oft das Wort: „O Heil und Freude meiner Seele!"

Da nun die Betrachtende mit inniger Sehnsucht das liebliche Kind anblickte, legte die königliche Mutter nach ihrem Wunsche das Kind ihr in den Schoß. Da ward sie erfüllet mit Frohlocken; jedoch als sie das Kind umfangen wollte, umfing sie sich selbst, und hatte das Kind nicht mehr.

Darnach, da man einlegte die Antiphone: „Haec est, quae nescivit torum",**) .. hörte sie die Chöre der Engel mit süßem Getöne singen in der Luft: Diese ist, die da nicht gewußt hat sündige Gemeinschaft. Auch den ganzen Psalm „Benedixisti"***) sangen die heiligen Ordnungen der Engel in den Lüften frohlockend, und es stimmten abwechselnd die Antiphonen an zuerst die Engel, dann die Erzengel, Thronen, Herrschaften, Fürstenthümer, Gewalten, Kräfte.†) Da es aber zu den feurigen Engeln Cherubim und

---

*) Luk. 2, 35.

**) „Sie ist es, die nicht sündebefleckte Gemeinschaft gekannt rc." Anti= phone an dem Feste der heiligen Jungfrauen.

***) Pf. 84. Vulg.

†) Nach kirchlich-liturgischer Ordnung, welche in tiefsinniger Anschauung nur als Abbild der himmlischen Hierarchie betrachtet wurde, kommen bei dem Intoniren der Antiphonen die niedern Rangstufen zuerst, und dann aufsteigend die höhern an die Reihe. So stehen auch hier die obersten Chöre der Engel im Reihen zuletzt.

Seraphim gekommen, sangen sie so süßiglich, daß dem kein irdischer Ton verglichen werden konnte. Die seligste Jungfrau stand in Mitte des Chores. Sie trug das Kind auf ihrem Arme, und nun erschien ein Glanz und erhob sich bis zu drei Ellen von der Erden, der durch seine Klarheit tausend Sonnen übertraf. Auf diesen legte die jungfräuliche Mutter ihren süßesten Sohn. Durch diesen Glanz ward die Gottheit bezeichnet, denn Gott war sein eigener Träger auf Erden, und die Gottheit regieret die Menschheit. Die ehrwürdige Jungfrau aber hatte ein königlich Diadem auf ihrem Haupte, welches zwei Engel über ihre Stirne hielten, in welchem wie in Gold und Edelstein die Namen aller derjenigen Heiligen eingeflochten waren, welche ihr in diesem Leben mit andächtigem Herzen gedient hatten. Auch thaueten Tropfen von diesem Diademe, durch welche die Gnade vorgezeichnet ward, die Gott allen denen eingießt, welche seiner jungfräulichen Mutter andächtig dienen. Auch der Erzengel Gabriel ging vor ihr und trug in seiner Hand einen Scepter, darauf mit goldenen Buchstaben geschrieben stand: „Ave Maria, gratia plena." Darin erkannte sie, daß Gabriel in dem Himmel durch sonderheitliche Würde ausgezeichnet sei, deßhalb, weil er Gottes Mutter vor Andern so wunderbar zu grüßen gewürdigt ward.

Die seligste Jungfrau stand zur Rechten ihres Sohnes, und hielt in ihrer rechten Hand eine goldene Kapsel. Und da die Betrachtende fragte, was sie darinnen hätte, antwortete sie: „Von der Süßigkeit des göttlichen Herzens, welche ich meinem Sohne aufopfern will, sammt aller Arbeit, die da vollbracht wird in meinem und seinem Dienste." Es stund auch Sanct Anna zur Linken des Herrn. Da fragte sie die Jungfrau Maria, wie lange Sanct Anna auf Erden gelebt hatte? Da antwortete sie: „Bis zu der Rückkunft meines Sohnes aus Egypten." Sie sah auch Sanct Simeon bei dem Altare stehen. Aus seinem Herzen ging ein dreifach geformter Strahl in Weise eines Regenbogens aus, durch welches sie verstund, daß er eine demüthige, starke und glühende Begierde nach Gott gehabt habe. Und sie sprach zu ihm: „Eja, erwirb mir eine wahre Sehnsucht nach Auflösung, um bei Christus zu sein."*) Da

---

*) S. Philipp 1, 23.

antwortete Simeon: „Es ist besser und vollkommener, daß du deinen
Willen Gott gebest, und alles das wolleſt, was er will." Da bat
ſie die Jungfrau Maria, daß ſie ihren Sohn bitten möchte für ſie und
für die Kloſtergemeinde. Das that die ſeligſte Jungfrau zur Stunde.

Da nun die Metten geendet ward und ſie mit andern Sän=
gerinnen das „Benedicamus" ſingen ſollte, bat ſie abermals, daß
ſie ihren Sohn für die Gemeinde lobte. Da erklang die klare
Stimme Mariä der Jungfrau, mit ſüßem Tone ſprechend: „Jeſu,
Krone der Jungfrauen, Liebe, Süßigkeit und Kuß!"*) und alle
Engel und Heiligen, die da waren in der Luft, ſangen: „Wir loben
dich in Ewigkeit, den die Liebe gemacht hat zum Sohne der Jung=
frau." Darnach ging ein Glanz aus, welcher den ganzen Chor er=
füllte, in welchem, wie ſie bemerkte, vorgezeichnet ward, daß die
ſeligſte Jungfrau ihren Sohn lobte, für ſie, mit ihm und in ihm.
Darnach folgten alle Heere der Engel und Heiligen mit Frohlocken
ihrem Herrn zu den Himmeln nach, indeß ſie ſangen und ſprachen:
„Singet ihm, ihr droben, mit gleichem Laute ihr unten!"

Dreizehntes Kapitel.
Von dem Berge und den ſieben Stufen und Bronnen, und von dem Throne Gottes und der heiligen Jungfrau.

An dem Sonntage: „Esto mihi"*) hörte ſie den Lieben ihrer
Seele mit ſüßem Laute der Minne zu ihr ſprechen: „Willſt du bei
mir dieſe vierzig Tage und Nächte auf dem Berge wohnen?" Die
Seele antwortete: „O wie gerne, mein Herr! das iſt es, was ich
will und begehre." Da zeigte er ihr einen hohen Berg von wunder=
barer Größe, der von Sonnenaufgang bis zum Niedergang der
Sonne ſieben Stufen hatte, durch welche man aufſteigt zu ſieben
Bronnen. Und er nahm und geleitete ſie zu der erſten Stufe,
welche genannt war Stufe der „Demuth". Auf dieſer war ein
Bronnen Waſſers; das wuſch die Seele von allen Fehlern, welche
ſie durch Hoffart begangen hatte. Darnach gingen ſie auf die andere
Stufe, welche genannt war Stufe der „Sanftmuth". Und ein Bronnen,

---

*) Nach dem Kirchenhymnus: „Jesu, corona virginum" (Jeſu, der
Jungfrauen Krone ꝛc.).

**) Eingang der heiligen Meſſe am Sonntage Quinquageſima.

genannt die „Geduld", wusch die Seele von den Makeln, die sie
durch Zorn sich zugezogen hatte. So stiegen sie denn empor zu
der dritten Stufe, welche Stufe der „Liebe" genannt war. Auch
der Bronnen hieß die Liebe, und in ihm ward die Seele gewaschen
von allen Sünden, die sie begangen hatte durch Neid. Auf dieser
Stufe stand Gott mit der Seele etwas länger, und fiel die Seele
nieder zu den Füßen Jesu. Da zur Stunde erscholl der Laut der
süßtönenden und honigfließenden Stimme Christi, die da sprach:
„Stehe auf, meine Freundin, zeige mir dein Antlitz!"*) Und alle
Scharen der Heiligen und der Engel, die da auf der Höhe des
Berges waren, stimmten mit ein in den süßen Gesang der Liebe
mit Gott und in Gott, als ob es nur Eine Stimme gewesen, und
sie sangen also, daß menschliche Zunge nicht zureicht, solches auszusprechen. Darnach stiegen sie auf die vierte Stufe, welche genannt
ward Stufe des „Gehorsams". Hier aber war der Bronnen der
„Heiligkeit", welcher die Seele wusch von allem Ungehorsam. Dann
kamen sie zu der fünften Stufe, die genannt war Stufe der „Ent-
haltung". Der Bronnen aber hieß Born der „Freigebigkeit", weil
er die Seele reinigte von Allem, was Habsucht begangen hatte,
wenn sie jemals der Kreaturen nicht gebraucht hätte zu ihrem Heile
und zum Lobe Gottes, sowie sie es schuldig gewesen. Und zur
Stunde schritten sie auf die sechste Stufe, genannt Stufe der
„Keuschheit". Hier war der Bronnen göttlicher „Reinheit", der
da die Seele läutert von aller fleischlichen Begierde, in welcher sie
sich versündigt hätte. Daselbst sah sie den Herrn und Andere ihm
gleich gekleidet in einem hellschimmernden Gewande. Und sie gelangte zu der siebenten Stufe, genannt Stufe der „geistlichen
Freude". Und der Bronnen der himmlischen „Freude" wusch die
Seele von den Sünden der Trägheit. Dieser Bronnen aber floß
nicht hurtig wie die andern, sondern nur still und gemach träufelte
er. Keiner nämlich mag, so lange er auf dieser Erde ist, himmlische Freude vollkommen empfinden; er genießt sie nur wie einen
Tropfen, der gleichsam nichts ist gegen die volle Wirklichkeit. Endlich stieg der Freund der Seele mit ihr auf die Höhe des Berges.
Hier war die Menge der Engel gleich Vögeln; sie hatten goldene

---

*) Hohes Lied 2.

Glocken, und erweckten süßen Laut. Auf dem Berge befanden sich
zwei Throne in wundersamem Schmucke glänzend. Der erste war
der Thronstuhl der höchsten und untheilbaren Dreifaltigkeit. Von
ihm gingen vier Bäche lebendigen Wassers aus. Durch den ersten
Bach, verstund sie, sei bezeichnet die göttliche Weisheit, in welcher
Gott die Heiligen regieret, also daß sie seinen Willen allenthalben
erkennen und fröhlich erfüllen. Durch den andern Bach ist gesinnbildet die göttliche Fürsichtigkeit, durch welche er ihnen in allem
Guten vorstehet, und sie überflüssig sättiget in innerlicher Begnadigung und Befreiung. Durch den dritten Bach ist dargestellt der
göttliche Ueberfluß, in welchem er seine Heiligen trunken macht in
der Fülle alles Guten, also daß sie nie und nimmer so große Dinge
begehren, daß er ihnen nicht noch reichlichere Güter darböte. In
dem vierten Bache zeigt sich die göttliche Wonne, in welcher die
Heiligen so gar fröhlich in Gott leben, gesättigt mit der Fülle der
Freude, überfließend in Lust, der kein Ende wird, da Gott abtrocknet
alle Zähren von ihren Augen, und der Tod fürder nicht ist.*)
Dieser Thron hatte in seiner Höhe einen goldenen Knauf, der mit
seiner Größe den Umkreis der Erde erfüllte. Dieser bedeutete die
Gottheit selbst. Er war geziert mit edlem Gestein und mit aller-
reinstem Golde, und schimmerte wunderbar als ein Bau des Königs
der Himmel. Auch viele Tabernakel oder Wohnungen der Heiligen,
der Patriarchen, Propheten, Apostel, Marthyrer, Bekenner und aller
Auserwählten umschloß dieser Thron. Der andere Thron war
jener der jungfräulichen Mutter, welche wie sich geziemt einer
Königin, neben ihrem Könige saß. Auch dieser Thron hatte viele
Tabernakel für die heiligen Jungfrauen, die da würdiglich nachfolgen der Jungfrau und Mutter.

Da sie nun Jesum, den König der Ehren, auf dem Throne
seiner Majestät sah und seine Mutter zu seiner Rechten, kam sie
vor Anstaunen dieses allerheiligsten Angesichtes, in welches seine
Engel begehren zu schauen, ganz von sich selber, und fiel vor dem
Throne der heiligsten Dreifaltigkeit nieder zu den Füßen Jesu.
Der Herr aber hob sie auf, und legte sie mildiglich in seinen
Schoß. Es erschien jedoch ihr Kleid an einem Ende ein wenig

---

*) Offenb. 7, 17.

bestaubt, um einer Sache willen, wegen der sie sich zu Abend gekümmert hatte, welchen Staub Maria die Jungfrau von ihr hinwegthat. Dann sah sie eine königliche Tafel vor dem Throne, zu welcher Alle sich begaben, die den Leib des Herrn empfingen. Der Sohn der Jungfrau bot hier als köstlichste Speise seinen glorreichen Leichnam, und reichte Jeglichem das lebendige und ganze Brod. Es wurde ihnen auch ein Kelch geschenkt mit süßestem Weine. Es ist das Blut des makellosen Lammes, in welchem ihre Herzen von allen Makeln gewaschen wurden. Also wurden sie überaus erquickt und erfreut, und mit Gott selig vereint. Da sprach Gott zu der Seele: „Nun gebe ich mich deiner Seele mit allem Guten, welches ich bin und geben mag. Du in mir und ich in dir, und nimmermehr wirst du von mir geschieden.“

Da bat sie die Jungfrau Maria, daß sie ihren Sohn für sie lobe. Und die gebenedeite Jungfrau ging zur Stunde von ihrem Throne mit dem Chore der Jungfrauen, und in unaussprechlichem Lobe erhob sie ihren Sohn. Auch die Patriarchen und die Propheten lobten den Herrn und sprachen: „Der höchsten Dreifaltigkeit Jubel und Preis: Gott dem Einen und Drei-Einen, dem Vater, dem Sohn und dem heiligen Geiste.“*) Der ehrwürdige Chor der Apostel aber sang mit Frohlocken: „Ihm, aus welchem Alles, in welchem Alles, und durch welchem Alles, Ihm die Herrlichkeit in Ewigkeit.“**) Denn eben die heiligen Apostel haben auf Erden erkannt denjenigen, von welchem alles Gute ausgeflossen ist; durch welchen gemacht sind alle Dinge in dem Himmel und auf Erden, in welchem alle Güter verborgen sind.***) Hierauf sang die siegreiche Schar der Martyrer, sprechend: „Dir die Ehre.“†) Sodann die Reihe der Bekenner: „Benedeiung und Klarheit.“††) Unter den Bekennern erblickte die Seele sonderlich den heiligen, vortrefflichen Vater Benedictus in einem glänzenden Kleide, welches mit Rosenfarbe durchwirkt war. In dem Glanze wurde bezeichnet seine jungfräuliche Keuschheit, in dem Roth aber, daß er ein wahrer

---

*) Responsorium am Feste der allerheiligsten Dreifaltigkeit.
**) S. Coloss. 1, 16.
***) Ebend. 2, 3.
†) S. Offenb. 7, 14.
††) Ebend. B. 12.

Martyrer ist, weil er mit so viel Arbeit und Schweiß in der Strenge des Ordens allenthalben herrlich überwunden hat. Und da sie sich verwunderte, daß die Engel nicht sangen, antwortete der Herr: „Du sollst mit den Engeln singen." Und zur Stunde sangen die heiligen Engel mit der seligen Seele sprechend: „Dich, den heiligen Herrn in den Höhen, loben alle Engel und sie sprechen: Dir gebührt Preis und Ehre, o Herr!"

Hierauf bat sie den Herrn: „O einzige Liebe! worin von den Menschen erkannt zu werden, ist dir am meisten genehm?" Der Herr antwortete: „In der Gütigkeit, Barmherzigkeit und Gerechtigkeit. In der Gütigkeit, mit welcher ich barmherzig warte des Menschen, bis er sich bekehret zur Buße. Ueberdieß ziehe ich ihn stetiglich zu mir durch meine Gnade; so er aber keineswegs sich will bekehren, so muß er aus Forderung der Gerechtigkeit verdammt werden." Die Seele sprach: „Und was sagst du von deiner Liebe?" Der Herr antwortete: „Ein Freund hat mit seinem Freunde alle seine Güter gemein, und eröffnet ihm seine Heimlichkeit, also auch ich." Sie bat auch den Herrn, daß er sie belehre, wie sie für die heilige Kirche genugthun möchte, welche gerade in diesen Zeiten ihrem Geliebten so viele Schmach zufügte. Worauf der Herr: „Sage mir dreihundertfünfzig Mal die Antiphon: Dir sei Lob, Dir sei Ruhm, Dir sei Dank, o allerheiligste Dreifaltigkeit,*) für alle Unbilden, welche mir von meinen Gliedern zugefügt werden."

Von dem Berge der Tugenden und von den Heiligen, welche sie auf demselben gesehen.

Noch an einem andern Tage ist ihr der genannte Berg von Gott geoffenbart worden und sie stieg allein auf denselben. Da sie zu der dritten Stufe gelangt war, zur Stufe der Liebe, ward sie in dem Bronnen gewaschen von allen Makeln. Als sie sodann zu der sechsten Stufe gekommen, wurde sie mit einem weißen Gewande bekleidet. Endlich, nachdem sie die siebente Stufe erreicht hatte, sah sie den Herrn stehen auf der Höhe des Berges. Er reichte ihr die Hand, hob sie hinauf und sprach zu ihr: „Komme, gehen wir hie lustwandeln!" Und er ging mit ihr allein, und sie

---

*) Aus dem Offizium der allerh. Dreifaltigkeit.

sah nichts, denn allein Jesum. So kamen sie zu einem kleinen Hause. Aus durchsichtigem Silber war es gefertigt, und fröhliche Kinder, in weiße Kleider gekleidet, sah sie bei demselben hüpfen und den Herrn loben. Da verstand sie, daß solches die Kinder wären, die, vor dem fünften Jahre verstorben, nun ohne Ende frohlocken. Darauf gelangte sie zu einem anderen Hause. Es war in Purpur= stein gehauen, und eine Menge der Seelen in Purpurkleidern sang darinnen. Da erkannte sie, daß das die Wittwen und Verehelichten waren und das Volk der einfach Seligen. Sie trafen hierauf ein Haus, das war aus funkelndem Rubin erbaut; und auch bei diesem war eine unzählige Menge heiliger Seelen. Es waren die, welche in diesem Leben für Christus gestritten, den Teufel überwunden hatten, und sich nun mit Gott ohne Ende freuen.

Darnach gingen sie fürbaß und kamen zu einem Hause aus reinstem Golde gebaut. Dieses zeigte der Herr der Seele und sprach: „Dies ist das Haus, von dem geschrieben steht: ‚Ich werde dich führen in das Haus meiner Mutter und in die Schlafkammer meiner Gebärerin.‘*) Meine Mutter ist die Liebe, und ich bin geboren aus Liebe.“ Daraus verstand sie in Gott, daß Maria die Jungfrau aus der Liebe des heiligen Geistes den Sohn Gottes empfangen hatte. So also ist Christus geboren aus der Liebe und seine Mutter ist die Liebe. Und als sie ein= gegangen waren in das Haus, fiel die Seele zu den Füßen Jesu. Da hob er sie eilend auf und umfing sie. Und Alle, die sich ihrem Gebete befohlen hatten, waren vor der Thüre, und es ging ein Seil von dem Herzen Gottes aus, an welches Seil sie Alle griffen, so daß dadurch vorgebildet ward, wie Alle, für welche sie bat, gött= licher Gnade theilhaftig wurden.

Da sie aber den Leib Christi empfangen hatte, sangen die Heiligen, die um das Haus waren: „Das Brod der Engel hat gegessen der Mensch, Alleluja!“**) Aber die Engel sangen: „Er hat ihnen gegeben das Brod vom Himmel.“ Also ward sie erfreut und vereinigt in ihm und mit ihm, in welchem alle Vollkommen= heit und Fülle ist alles Guten und eine Menge der ewigen Wonne.

*) S. Hohes Lied, 3, 4.
**) Antiphone aus dem Offizium vom allerheiligsten Sakramente nach Pf. 77, 25.

Vierzehntes Kapitel.

Wie die Seele Gott dienen soll.

An dem heiligen Tage der „Palmen", da sie in der Betrachtung der Werke war, welche der Herr an diesem Tage auf
Erden vollbracht hatte, fiel ihr unter Anderm in das Gemüth, daß
sie sich zu wissen sehnte, welche Bequemlichkeit Sanct Martha und
Maria dem Herrn bereitet hatten, da er bei ihnen herbergte. Da
bedünkte ihr, sie wäre in Bethania in deren Hause; und sie sah ein
Häuschen besonders hergerichtet, in welchem ein Tisch stand, und
hier fand sie den Herrn sitzen. Als sie ihn fragte, was er in jener
Nacht gethan hätte, antwortete er: „Ich habe die ganze Nacht im
Gebete zugebracht, nur gegen den Morgen hin saß ich ein wenig
schlafend;" und er fügte hinzu: „Ein solches Haus sollst du mir
bereiten in deiner Seele, in welchem du mir selber dienen wirst."
Und von Stund an war ihr, als ob der Herr an dem Tische säße
und sie ihm diente.

Da setzte sie zum Ersten in einer silbernen Schüssel ihm
Honig vor, das ist, den Honigseim der Liebe, welche ihn aus dem
Schoße seines Vaters in die Krippe gelegt hat, wodurch der Himmel
seinen Honig fließend gemacht hat durch die ganze Welt.*) Zum
Andern reichte sie ihm eine Speise von dem Kraut der Viole, näm=
lich den demüthigen Wandel Christi, in welchem er sich unterworfen
hat aller Kreatur. Zum Dritten brachte sie ihm Fleisch eines Lammes,
das ist des unschuldigen Lammes, welches hinweggenommen hat die
Sünden der ganzen Welt. Zum Vierten setzte sie ihm vor ein gemästetes
Kalb, genährt mit der Süßigkeit geistlicher Gnaden. Zum Fünften reichte
sie ihm ein Rehböcklein, das ist die unermeßliche Begierde, mit
welcher Christus durch alle seine Tage zu seinem Tode geeilet ist.
Zum Sechsten bot sie ihm einen gebackenen Fisch, bedeutend Chri=
stum selbst, der für uns gelitten hat.**) Zum Siebenten setzte sie
ihm vor das Herz Jesu Christi, gewürzt mit mancherlei Aromen

---

*) Nach dem Responsorium der Kirche am heiligen Weihnachtsfeste:
„Heute ist der wahre Friede von dem Himmel herniedergestiegen; heute sind
die Himmel honigträufend worden über die gesammte Welt."

**) S. Anmerk. 6.

eblen Duftes, an allen Tugenden reich und übervoll. Sie kredenzte ihm auch dreierlei Getränk. Zum Ersten einen sehr guten Wein, welcher bedeutete, alle die Mühsal des heiligsten Wandels Christi und aller seiner Auserwählten. Zum Andern einen rothen Wein, bedeutend das Leiden und den Tod Christi. Zum Dritten einen lautern besten süßen Wein, den Wein der göttlichen Süßigkeit, der innerlichen geistlichen Einflößung. Aber diese Dinge alle reicht geistlicher Weise eine jede andächtige Seele, wenn sie diese Dinge betrachtet mit tiefsinniger Dankbarkeit, und so sie für alles dies den Herrn Jesum Christum lobet und benedeiet.

Fünfzehntes Kapitel.
Das Sein und die Weise des Lobes.

In einer andern Nacht, da sie vor Traurigkeit nicht schlafen mochte, hörte sie die Chöre der Engel singen: „Wirf dein Denken in den Herrn, und er wird dich ernähren."*) Und sie sah den Herrn vor sich stehen in einem grünen Kleide. Sie sprach zu ihm: „O allerliebster Herr, so jetzund ist die Zeit des Leidens, warum kleidest du dich mit Grün?" Der Herr antwortete: „Es ist geschrieben: ,So sie das gethan haben mit dem grünen Holze, was wird werden mit dem dürren?'"**) In diesen Worten verstand sie: da sie die Grüne aller Tugenden, Jesum, so mannigfach gepeinigt haben, was soll denen, welche verdorrt sind, anders bereitet sein, denn die ewige Pein? — Da bat sie den Herrn, daß er sie unterweise, welches Lob sie verrichten solle zu dieser Zeit des Leidens. Da zeigte ihr Jesus die Finger seiner Hand, wodurch sie gelehrt wurde, daß sie ihn zu fünfmal loben sollte. — Zum Ersten seine unbegreifliche Allmacht, so er, ein mächtiger Herr der Engel und der Menschen, ohnmächtig geworden ist für den Menschen. Zum Andern seine unerforschliche Weisheit, aus welcher er als ein Thor geachtet ward.***) Zum Dritten seine unschätzbare Liebe,

*) S. Psl. 54, 23.
**) S. Luk. 23, 31.
***) S. Mark. 3, 21. (l. Kor. 1, 18—22.)

aus welcher er ohne Schuld gehasset ward für unser Heil.*) Zum
Vierten seine abgründige Barmherzigkeit, durch welche er für
den Menschen durch grausames Urtheil sich zum Tode verdammen
ließ. Zum Fünften seine liebliche Süßigkeit, die ihm verbittert
worden um des Menschen willen mit bitterstem Tode.

Sechszehntes Kapitel.

Von dem Namen des Herrn und von seinen fünf Wunden.

In einer Messe: „Nos autem gloriari",**) sprach der Herr
zu ihr: „Merke auf die Worte: ‚In welchem ist das Heil 2c.' In
dem Kreuze des Herrn ist das wahre Heil, und außerhalb seiner
wird kein Heil gefunden. Darum, in welcher Seele nicht das
Kreuz, das ist, nicht Betrübniß ist, da ist auch keine Geduld; wo
aber nicht Geduld ist, ist kein Heil."***) Wahres Leben ist dem
Menschen in dem Kreuze gegeben; weil ich, den Tod der Liebe an
dem Kreuze sterbend, das Leben der in der Sünde gestorbenen Seele
lebendig gemacht und ihr wieder verliehen habe, in mir ewig zu
leben. Durch das Kreuz ist auch dem Mensche gegeben, daß, so
oft er durch die Sünde fällt, er durch Buße wieder aufstehen möge,
überdies auch Wiederauferstehung des Fleisches und die ewige
Freiheit."

Und da man las in der Epistel: „Er hat ihm gegeben einen
Namen, der da ist über alle Namen," — sprach sie zu dem Herrn:
„Mein Herr! welches ist der allerwürdigste Name, welcher dir ge=
gegeben ist von dem Vater?" Der Herr antwortete: „Dieser Name

---

*) S. Pf. 34, 19. Joh. 15, 18.

**) „Wir aber müssen uns rühmen im Kreuze unsers Herrn Jesu Christi,
in welchem das Heil ist, das Leben und unsere Auferstehung; durch welchen
wir erlöset und befreit werden." (Gal. 6.) Eingang der heiligen Messe am
Dienstag der Charwoche, Grünbonnerstage, am Feste der heiligen Kreuz-Erfindung
(3. Mai) und in Verlöbnißmessen zu Ehren des heiligen Kreuzes Christi.

***)   Nulla salus est in domo
          Si non crucem invenit homo
          Super liminaria.

ist Seligmacher aller Alter (Weltalter). Denn ich bin Erlöser und Seligmacher von Allem, was ist, war und sein wird. Ich bin Seligmacher derer, die gewesen sind, ehe denn ich Mensch geworden. Ich bin ein Seligmacher derer, welche gewesen sind in der Zeit, da ich Mensch mit den Menschen gewandelt bin. Ich bin auch ein Seligmacher Aller, die meiner Lehre gefolgt sind, und Aller, die nach meinen Fußstapfen nachfolgen wollen, bis zu dem Ende der Welt. Und das ist mein allerwürdigster Name, welcher mir allein von Anbeginn von dem Vater geordnet ist, der Name, welcher ist über alle Namen."

Aber da sie Gott dankte für seine heiligsten Wunden, und ihn bat, daß er ihrer Seele einsenken möchte so viel Wunden der Liebe, als er an seinem Leibe erlitten hatte; sprach der Herr zu ihr: "So oft der Mensch in Betrachtung meines Leidens aus Liebe erseufzet, so oft berührt er sanft meine Wunden, wie mit einer grünen blühenden Rose, und daraus springet wieder das Geschoß der Liebe in seine Seele, von welchem er selig verwundet wird."

Von der Begierde der Seelen.

Am Mittwoch, da gesungen ward die Messe: "In dem Namen des Herrn werden sich beugen alle Kniee,"*) sprach sie zu dem Herrn: "O daß ich Macht hätte, Himmel und Erde und Unterwelt mit aller Kreatur dir allersüßestem, getreuestem Liebhaber zur Ehre beugen zu machen!" Der Herr antwortete ihr gütig: "Befiehl mir, daß ich das in mir selber vollbringe; denn ich beschließe in mir alle Kreatur. Und so ich mich zeige Gott dem Vater durch Lob und Danksagung, ist aller Kreatur Gebrechen durch mich und in mir in würdigster Weise erfüllt. Auch duldet es meine Gütigkeit nicht, daß etwas von dem, was da eine getreue Seele begehret, und sie durch sich selber nicht vermag, unvollkommen bleibe."

---

*) Eingang der heiligen Messe am Mittwoch der heiligen Charwoche (Philipp. 2, 8.).

Siebzehntes Kapitel.

Von dem Baume des Kreuzes.

In einer Messe zu Ehren des heiligen Kreuzes*) sah sie in
Mitte der Kirche einen schönen Baum, welcher mit seiner Höhe
und seiner Breite die ganze Erde erfüllte. Aus drei Zweigen,
welche zumal von dem Boden aufgestiegen, war er erwachsen, und
die Zweige beugten und neigten sich wieder spitz zu dem Boden.
Unter dem einen der Zweige waren unvernünftige Thiere, diese
aßen die Früchte, die da fielen von dem Baume. Solche bedeuteten
die Sünder und die Menschen, welche thierisch leben, gleich unver=
nünftigen Thieren die Güte Gottes ohne Dankbarkeit gebrauchen,
und nimmer mit Danksagung zu ihm aufsehen, von welchem alles
Gute ausgehe. Unter dem andern aßen Menschen von der Frucht
des Baumes, durch welche bezeichnet wurden die Guten und Ge=
rechten in der Kirche. Auf dem dritten Zweige waren Vögel, die
sangen süßiglich, und wurden durch sie bezeichnet die Seelen der
Heiligen, welche Gott ohne Ende loben. Auch die Seelen, die ge=
reinigt werden sollten, kommen in Gestalt von rumpflosen Köpfen
und wurden erquickt von dem Geruche des Baumes. Aber etliche
schwarze Vögel flogen um den Baum, doch ein großer Rauch, der
von ihm ausging, jagte sie ferne. Durch diese Vögel, verstund sie,
werden die Teufel vorgestellt und alle sinnlichen Anfechtungen, die
der Mensch auf keine Weise, denn durch die Betrachtung des Leidens
unsers Herrn überwindet, was durch die Schärfe des Rauches vor=
gezeichnet ward.

Auch der Priester, der die Messe hielt, war gekleidet und
umhüllt mit den Blättern des Baumes, und um ihn hingen Aest=
lein voller Frucht. Darin war bedeutet, daß ein Jeglicher, welcher
das Leiden Christi vollkommen liebt, in seinen Tugenden edler wird,
und ihm, was er Gutes thut, Alles mit reicher Frucht zu seinem
Verdienste gereicht. Auch alle Herzen der Gläubigen hingen im
Bilde brennender Lampen an den Aesten des Baumes; das Oel
aber, welches in den Lampen brannte, floß in dieselben aus dem

*) S. Eingang des 16. Kapitels, Anm.

Baume. Dadurch ward dargestellt, daß Niemand das Leiden unsers Herrn lieben mag, es sei denn, es werde ihm eingegossen aus der Gnade Gottes. Darin jedoch, wieferne die Lampen brannten, ward gesinnbildet, daß ein Jeglicher, welcher Gott lieben will, sich an Christi Leiden halten, dasselbe oft betrachten und innig verehren soll; denn eben in demselben wird er sattsam Stoff zur Liebe Gottes haben; und nichts ist, was also das Gemüth entzündet, als die Betrachtung des Leidens Jesu Christi, unsers Herrn.

Achtzehntes Kapitel.
Von dem Leiden unsers Herrn Jesu Christi.

An dem heiligen Charfreitag, unter anderm unzähligen Guten, das ihr Gott der Herr erwiesen hatte, sprach sie zu dem Herrn: „O mein allerliebster Gott, wie mag dir ein Mensch vergelten, daß du an diesem Tage für sein Heil hast wollen gefangen und gebunden werden?" Der Herr antwortete: „Also, daß er mit den Banden des wahren Gehorsames um meinetwillen willig und gerne gebunden sei." Sprach die Seele wieder: „Was Liebes soll er dir thun dafür, daß du durch unreines Anspeien der Juden verunreinigt wurdest, und mit unbarmherzigen Schlägen geschlagen?" Der Herr antwortete: „Ich sage dir fürwahr, daß Alle, die ihre Obern verachten, in mein Angesicht speien. Darum so Einer begehrt, solchen Hohn mir zu vergelten, der soll seine Obern ehren." Da fragte die Seele: „Was Dankes wirst du annehmen, o Allergütigster, für die Schläge?" Der Herr antwortete: „Daß der Mensch die geschriebene Gewohnheit und Satzung getreulich und festiglich halte." Die Seele fragte: „Was Lobes, o Allergetreuester! soll dir gegeben werden für den Schmerz, welchen du gelitten, als deinem königlichen Haupte eingedrückt ward die Dornenkrone, also daß dein wonniglich Angesicht, in welches die Engel begehren zu schauen, mit rosenfarbenem Blute ganz bedeckt ward?" Er antwortete: „Dieses, daß der Mensch, so er versucht wird, aus ganzen Kräften starkmüthig widerstehe, und so viele Versuchungen er in meinem Namen überwindet, so viel köstliche Edelsteine setzt er in mein Diadem." Die Seele fragte: „Was vergilt man dir dafür, o allerweisester Meister, daß du in weißem Kleide als ein Thor bist verspottet worden?" Der Herr erwiderte: „Daß der Mensch nicht Zierde und Kostbarkeit in der Kleidung suche, sondern allein das Nothwendige." Sprach die Seele: „Und was Dankes soll dir erstattet werden, o du Einziger meines Herzens, daß du so unmenschlich gegeißelt worden bist!" Der Herr antwortete: „Daß durch vollkommene Treue und Geduld die Seele beharrlich bei mir bleibe, in glückseligen, wie in widerwärtigen Dingen." Die Seele fragte: „Was, o Allerliebster! willst du hinnehmen dafür, daß du mit deinen Füßen an das Kreuz geheftet bist?" Der Herr ant= wortete: „Daß der Mensch all' seine Begierde in mich gieße, und so er nicht die Sehnsucht empfinden kann, daß er wenigstens den Willen habe, diese Begierde zu besitzen; denn ich nehme den Willen an für die That!" Weiter fragte die Seele: „Aber was erweisen wir dafür, daß du mit den Händen bist geheftet an dein Kreuz?" Der Herr antwortete: „Daß ihr euch übet in allen guten Werken, und alle bösen Werke um meinetwillen fliehet." Die Seele fragte: „Was soll dir, o einzige Süßigkeit! zur Danksagung vergolten werden für die Wunden der Liebe, welche du an dem Kreuze für die Menschen empfangen hast, als die unüberwindliche Minne durch den Pfeil der Liebe dein honigfließend Herz durch= bohrt hat, und aus demselben Wasser und Blut zur Arznei ge= flossen ist; als du so durch die Größe der Liebe überwunden für die heilige Kirche, deine Braut, gestorben bist den Tod der Liebe?" Da antwortete der Herr: „Den Dank begehre ich, daß der Mensch allen seinen Willen gleichförmig mache meinem Willen, und mein Wille ihm allzeit und über alle Dinge angenehm sei."

Der Herr sprach auch zu ihr: „Ich sage dir in Wahrheit, so Jemand aus Andacht zu meinem Leiden Zähren vergießen wird, dem will ich's aufnehmen, als ob er für mich gelitten hätte." Die Seele sprach: „Eja, mein Herr! mit welcher Andacht mag ich zu diesen Zähren kommen?" Er antwortete: „Ich will dich's lehren. Zum Ersten betrachte: mit welcher Freundschaft und Liebe ich ent= gegen gegangen bin meinen Feinden, die mich mit Schwertern und mit Stöcken zum Tode suchten, wie einen Schächer und Uebelthäter. Ich aber bin ihnen begegnet wie eine Mutter ihrem Kinde, auf daß ich sie aus dem Rachen des Wolfes erlösen möcht. Zum An=

tern: da sie mich schlugen, so manchen Schlag sie mir gaben, so
oft bot ich den Seelen derjenigen einen süßen Kuß, welche bis auf
den jüngsten Tag durch mein Leiden sollen selig werden. Zum
Dritten: da sie mich so gewaltig geißelten, ergoß ich für sie ein so
gewaltiges Gebet zu dem himmlischen Vater, daß Viele aus ihnen
bekehrt wurden. Zum Vierten: da sie meinem Haupte die Dornenkrone eindrückten, so viele Dörner sie mir eindrückten, so viele Edelsteine
setzte ich an ihre Krone. Zum Fünften: da sie mich mit Nägeln an das
Kreuz anhefteten, und alle meine Glieder ausstreckten, so daß meine Ge-
beine und Eingeweide mochten gezählt werden, habe ich an mich gezogen
durch alle meine göttliche Kraft die Seelen Aller, die da verordnet sind
zu dem ewigen Leben, wie ich vorhergesagt habe: „Wenn ich erhöhet
sein werde, werde ich Alle zu mir ziehen.*) Zum Sechsten: da sie
öffentlich mit einer Lanze eröffneten meine Seite, habe ich denen,
welche durch Adam getrunken hatten den Trank des Todes, aus
meinem Herzen geschenkt den Trank des Lebens, damit sie Alle
Kinder des ewigen Lebens würden." — Nachdem sie aber den Leib
Christi empfangen hatte, sprach der Herr zu ihr: „Willst du nun
sehen, wie ich in dir bin, und du in mir?" Sie aber schwieg; denn sie
achtete sich dessen unwürdig. Zur Stunde sah sie den Herrn gleich einem
durchsichtigen Krystalle, und ihre Seele wie ein reines und glän-
zendes Wasser fließend durch den ganzen Leichnam Christi. Da sie
sich nun sehr verwunderte ob der unermeßlichen Gaben und grenzen-
losen Gütigkeit Gottes gegen sie, sagte der Herr: „Gedenke dessen,
was da Sanct Paulus schreibt: ‚Ich bin der mindeste der Apostel,
und bin nicht würdig, genannt zu werden ein Apostel; aber durch
die Gnade Gottes bin ich, was ich bin.'**) Also bist du nichts in
dir; aber das, was du bist, bist du durch meine Gnade in mir."

Da man das Kreuz nach Gewohnheit begrub,***) sprach sie
zu dem Herrn: „Nun, o Einziger meines Herzens! begrabe dich
selbst in mir, und verbinde mich dir unabscheidbar!" Da sprach
der Herr: „Ich will mich in dir begraben. In deinem Haupte
will ich sein die Wirkung deiner Sinne, eine Kraft deiner Hände,
und eine Uebung aller deiner Glieder und Bewegungen."

*) S. Joh. 12, 32.
**) S. I. Kor. 15, 9.
***) S. Anm. 7.

Nochmals von dem Leiden Jesu Christi.

Wieder in der heiligen Nacht des Charfreitags sprach sie zu dem Herrn in ihrem Gebete: „Mein allersüßester Herr! womit mag ich dir vergelten, daß du diese Nacht für mich gefangen und gebunden warst?" Der Herr antwortete ihr: „Mit Verlangen und gutem Willen; denn diese zwei sind gleichsam seidene Bande, mit welchen du mich deiner Seele liebreich verbinden wirst. Ein gutwillig Herz, das bereit ist zu allem Guten, verläßt mich nicht leicht. Auch unnütze Gedanken, die es unversehens anfallen, sind ihm keine Sünde, wenn es nicht willig, sobald es dieselben merkt, darinnen verharret." Und der Herr sprach weiters: „Da ich mich in die Hände der Boshaften gab, banden sie meine Hände, und vollführten gegen mich, was sie wollten; nur meine Zunge mochten sie nicht binden. Ich aber band meine Zunge so, daß ich kein Wort reden wollte, denn allein das, was frommte. So soll der Mensch, wiewohl er Gewalt hat zu reden, Gutes oder Böses, seine Zunge zähmen, daß er nimmer ein Wort rede, mit welchem er seinen Nächsten betrübe oder beleidige." — Zur Zeit der ersten Hora (Prim), da sie in Betrachtung war, wie Christus um diese Zeit vor dem Richter gestanden, sprach der Herr zu ihr: „Komme mit mir zu Gericht!" Und er nahm sie mit sich, und stellte sie vor seinen himmlischen Vater. Da klagten alle Heiligen mit allen Kreaturen wider sie. Die Seraphim sprachen, daß sie die göttliche Liebe, durch welche sie von dem Herzen Gottes entzündet war, oft durch Nachläßigkeit ausgelöscht hätte. Cherubim riefen wider sie, daß sie sich nicht geschmückt hätte gemäß des Lichtes göttlicher Erkenntniß, durch welches sie vor Andern erleuchtet war. Die Throne klagten, daß sie den friedsamsten König, welcher seinen Thron in ihr aufgerichtet hatte, oft durch unnütze Gedanken bekümmert und betrübt hätte. Die Herrschaften sagten, daß sie sich ihrem Könige und Herrn und Gott nicht mit gebührender Ehrerbietung unterworfen. Die Fürsten klagten, daß sie den göttlichen Adel, durch welchen sie nach dem Bilde Gottes geschaffen worden, in ihr und in Andern nicht sattsam geehret. Die Gewalten klagten, daß sie sich der göttlichen Majestät nicht mit so großer Ehrfurcht und Ehrerbietung, wie es billig gewesen, geneigt. Die Kräfte klagten, daß

sie sich in heiligen Tugenden nicht nach Billigkeit geübt. Die Erz=
engel erhoben die Anschuldigung, daß sie auf die süße Rede Gottes
nicht, wie sie gesollt, gemerkt, und durch sie, welche ihr als Diener
geschickt waren, ihrem Geliebten nicht süße und freundliche Worte
entboten. Die Engel klagten, daß sie unwürdiglich ihres Dienstes
sich bedient. Maria, die seligste Jungfrau, klagte, daß sie ihrem
süßen Sohne, welchen sie ihr als einen Bruder geboren, ungetreu
gewesen. Die Zwölf=Boten (Apostel) riefen, daß sie ihrer Lehre
nicht mit emsigem Fleiße gefolgt sei. Die Märtyrer sagten, daß sie
Pein und Krankheit ungern litte. Die Bekenner verklagten sie, daß
sie in geistlicher und strenger, klösterlicher Uebung nachlässig ge=
handelt. Die Jungfrauen klagten, daß sie den allerfreundlichsten
Bräutigam nicht aus ganzen Kräften geliebt hätte. Alle Kreaturen
miteinander riefen, daß sie ihrer unwürdiglich gebraucht hätte.

Da sprach der allergütigste Jesus zu dem Vater: „Wegen
aller Klage, welche ihr vorgehalten worden, will ich für sie ant=
worten, denn ich bekenne, daß ich gefangen bin durch ihre Liebe.“
Da sprach Gott der Vater: „Was hat dich dazu gezwungen?“ Er
antwortete: „Meine Erwählung; denn ich habe sie mir von Ewig=
keit erwählt.“ Da ward die Seele muthig, wegen der Gnade eines
solchen Bürgen, und ergriff ihn kühnlich bei den Händen, und sprach
zu dem Vater: „Nimm wahr, ich überantworte dir, o Vater voll
Majestät! deinen demüthigen Sohn, welcher dir für mich bezahlt,
was ich durch Hoffart gesündiget. Ich überantworte dir deinen
sanftmüthigsten Sohn, welcher für mich genug gethan hat in Allem,
worin ich durch Zorn gesündiget. Ich überantworte dir auch deinen
Geliebtesten, welcher die Liebe deines Herzens ist, der für mich er=
füllet, was ich durch Neid gesündiget. Seine überflüssige Mildigkeit
hat Alles bezahlt, was ich durch Geiz gesündigt. Sein heiligster Fleiß
hat gerechtfertigt meine Trägheit. Seine höchste Mäßigkeit hat
genuggethan für alle meine Unmäßigkeit. Die Reinheit seines un=
schuldigen Lebens hat Alles bezahlt, was ich gesündiget habe mit
bösen Gedanken, Worten oder Werken. Sein höchster Gehorsam,
in welchem er gehorsam wurde bis zum Tode, hat all' meinen
Ungehorsam ausgelöscht. Seine Vollkommenheit entschuldigt all'
meine Unvollkommenheit.“

Zur dritten Hora (Tertia) sah sie den Herrn von unermeß=

licher Klarheit umgeben, so daß von der Sohle des Fußes bis zum
Scheitel er in wundersamer Zierde blühte. Diese Glorie ward
ihm dafür, daß er so unmenschlich für uns gegeißelt worden. Auf
dem Haupte hatte er einen Kranz von mancherlei herrlichen Blumen,
von so köstlicher Arbeit, daß die Seele deßgleichen nie gesehen hatte.
Diesen Kranz hatte der Herr sich gemacht aus den vielerlei Schmerzen,
welche sie in ihrem Haupte dieselbe Zeit mehr denn vierzig Tage
erduldet hatte.

Zu der sechsten Hora (Sext) sah sie den Herrn sein Kreuz
tragen; und die ganze Gemeinde kam, und legte ihre Trübsal und
Bürde gleichwie grünende Zweige dem Kreuze unter. Alles dieses
nahm der Herr auf das Gütigste an, und trug es fröhlich und
geduldig mit seinem Kreuze. Jedoch auch die Schwestern alle halfen
dem Herrn sein Kreuz tragen.

Zu der neunten Hora (Non) erschien ihr der Herr in Ehre
und wundersamer Majestät. Er hatte eine goldene Kette, an welcher
ein Schild hing, und auf diesem waren eingegraben alle Züge des
Leidens unsers Herrn. Dieser Schild bedeckte die ganze Brust des
Herrn, und war oben mit einer glänzenden Lilie und unten mit
einer prachtvollen Rose geziert. Durch den Schild war gesinn=
bildet das siegreiche Leiden Christi, durch die Lilie seine Unschuld,
durch die Rose seine höchste Geduld.

Aber da die Schwestern zu dem heiligen Sakramente gingen,
gab der Herr einer jeden sein göttliches Herz, erfüllt mit edelsten
Kräutern, die im lieblichsten Wohlgeruche dufteten. Jene Würz=
pflanzen brachen von allen Seiten des heiligsten Herzens hervor,
gleich grünenden und blühenden Sprossen, so daß es ganz mit
Blumen bedeckt erschien. Jegliche aber, welche hinzutraten, em=
pfingen den erwähnten Schild von dem Herrn, so daß derselbe an
jeglicher Brust mit wunderbarem Glanze leuchtete. Darauf ver=
stund sie dessen Bedeutung dahin, daß Christus den Sieg seines
Leidens seinen Getreuen verliehen hätte, und er ihnen eine Stär=
kung und Befestigung wider alle Feinde sei.

Zu der Zeit aber, als sie das heilige Kreuz küssen sollte,*)
sprach sie durch göttliche Eingebung zu dem Herrn, gleichsam zu

---

*) Nach dem Ceremoniale der Kreuzes=Huldigung am heiligen Char=
freitage. (S. Reischl's Passionale S. 225 ff.)

seinen Füßen liegend: „Nimm wahr! all' mein Begehren, Herr! versenke ich in dich, und gebe es deinem Verlangen zu eigen, daß ich dadurch durchweg gereinigt und auf vollkommene Weise geheiligt, fortan nimmermehr in irdische Dinge möge verstrickt werden." Bei der Wunde der rechten Hand sprach der Herr: „Hierhinein verbirg alle deine geistlichen Uebungen; auch Alles, was du in selben versäumt hast, soll dir vollkommen ergänzt werden durch die meinen." Bei der Linken sprach er: „Hieher lege alle deine Pein und Widerwärtigkeit, daß sie in Vereinigung mit meinem Leiden süß werden und vor Gott ein Wohlgeruch seien; sowie ein Kleid, das mit duftenden Spezereien bestreut ist, den Geruch derselben behält, und wie ein Bissen Brodes, in Honig getaucht, dessen Süßigkeit empfängt." Bei der Wunde des Herzens sprach er: „In diese Wunde der Liebe, die da so weit ist, daß sie umfanget Himmel und Erde und alle Dinge, da hinein lege alle deine Liebe zu meiner göttlichen Liebe, damit sie dadurch vollkommen und, wie das glühende Eisen mit dem Feuer, zu einer Liebe vereinigt werde!"

Zu der Vesperzeit sah sie den Herrn als vom Kreuze abgenommen. Sie sah auch, wie die Jungfrau Maria ihn in ihrem Schoße hielt; und es sprach die gebenedeite Mutter zu ihr: „Tritt herzu und küsse die heilbringenden Wunden meines geliebten Sohnes, die er dir zu Liebe empfangen hat. Drücke seinem allgütigen Herzen drei Küsse ein, indem du ihm Dank sagest für die Gnaden-Ausströmung, welche er von Ewigkeit in dich und in alle Erwählten ergossen hat, ergießt und ausgießen wird ohne Ende. Der Wunde der rechten Hand sollst du bei dem Kusse danken; denn sie ist eine Helferin und Mitwirkerin aller guten Werke. Verehre auch die Wunde der linken Hand; denn du findest allerwege bei ihr eine sichere Zuflucht. Auch sollst du küssen die Wunde des rechten Fußes zur Danksagung für die heiße Begierde, in welcher dein Jesus alle Tage seines Lebens, nach dir dürstend, gelaufen ist. Die Wunde des linken Fußes sollst du mit Danksagung küssen, weil du allezeit Vergebung aller Sünden darin findest. Du sollst auch haben dreierlei Salben, mit welchen du den Lieben deiner Seele unaufhörlich salbest, als da ist: Baumöl, durch welches Barmherzigkeit ausgedrückt wird, daß du dich stets übest in den Werken der Güte und Barmherzigkeit. Das andere ist Oel der Myrrhe, wenn du

6*

Trübsal und Krankheit fröhlich, beharrlich und getreu um der Liebe Gottes willen tragest. Die dritte Salbe ist Balsam, daß du alle Gaben Gottes mit Danksagung allein um seines Lobes willen empfangest, nichts von dir erwartest oder wollest, sondern allein in dem, welcher da ist ein Born und Ursprung alles wahren Guten."

Zur Complet sprach Maria die Jungfrau zu ihr: „Nimm meinen Sohn und begrabe ihn in deinem Herzen!" Da sah sie zur Stunde ihr Herz gleichen einem silbernen Todtensarge, der einen goldenen Deckel hatte. Das Silber bedeutet die Reinheit des Herzens, das Gold die Liebe, durch welche Gott festgehalten wird in der Seele. Und als sie Christum, wie ihr däuchte, hineingeschlossen hatte, sprach er zu ihr: „Hier in deinem Herzen wirst du mich allezeit finden. Nimm wahr! ich gebe dir die Versicherung des ewigen Lebens, und allen denen, für welche du heute gebetet hast."

Wie der Mensch das Gedächtniß des Leidens Christi an jedem Freitag des Jahres feiern soll.

Wer das fromme Gedächtniß des Leidens des Herrn häufig feiern will, der lese am Freitag anstatt der kleinen Tagzeiten siebenmal den Psalm: „Erheben will ich dich, o Herr, denn du hast mich aufgenommen" (Ps. 29, 1). Und nach Umlauf eines Jahres wird er ebenso viele Verse haben, als Christus Wunden hatte. Ebenso lese er womöglich eine Leidensgeschichte des Herrn und sage Gott Dank, unter Anderem, daß aus der Wunde seines linken Fußes uns das Bad des Heiles, und aus seinem rechten Fuße der Bach des Friedens geflossen ist; daß er aus seiner linken Hand uns den Strom der Gnade entspringen ließ; daß auch aus der Wunde seines süßesten Herzens uns entsprang das lebendigmachende Wasser und der berauschende Wein, nämlich das Blut Christi, sowie der unendliche Schatz alles Guten.

Was Gott an den Menschen am meisten wohlgefalle.

Einstmals fragte sie den Herrn: Was ihm an den Menschen am meisten gefiele? Der Herr antwortete: „Daß ein jeder Mensch mit großer Danksagung merke und in steter Erinnerung betrachte die Uebung aller Tugendwerke, welche ich auf Erden vollbracht, und aller Pein und Ungerechtigkeit, die ich dreiundbreißig Jahre hindurch gelitten habe, in wie großer Armuth ich gelebt, welch' großer Hohn mir geworden von meinen Geschöpfen, und wie ich zuletzt gestorben bin an dem Kreuze eines bittern Todes, aus Liebe zu der Seele der Menschen, die ich mir zu einer Braut erkauft mit meinem kostbaren Blute. Diese Dinge soll ein Jeglicher so annehmen und dafür dankbar sein, als ob ich sie allein um seines Heiles willen gelitten hätte."

Neunzehntes Kapitel.
Von der heiligen Auferstehung und Verklärung Christi.

In der heiligen Nacht der fröhlichen Auferstehung unsers Herrn Jesu Christi sah die Dienerin Christi ihn wie in einem Grabe sitzen; und sie erkannte, durch göttliche Eingebung erleuchtet, wie Gott der Vater seine göttliche Gewalt der Menschheit Christi zu seiner Wiederauferstehung gegeben hätte, und die Person des Sohnes alle ihre Herrlichkeit, welche sie von Ewigkeit her von dem Vater gehabt hatte, und wie der heilige Geist alle seine Süßigkeit, Güte und Liebe der verklärten Menschheit Christi eingoß. Der Herr aber sprach zu ihr: "In meiner Auferstehung diente mir Himmel und Erde mit allen Kreaturen." Da fragte sie: "Wie diente dir der Himmel?" Er antwortete: "Alle himmlischen Geister waren gegenwärtig zu meinem Dienste."

Von Stund' an war es ihr, als sähe sie eine Menge der Engel bei dem Grabe, so daß sie von der Erde bis zu dem Himmel den Herrn gleich einer Mauer umgaben.*) Da sprach sie: "Was sangen dir die Engel in dieser Stunde? denn bei deiner Geburt haben sie dir gesungen: "Gloria in excelsis Deo." Der Herr antwortete: "Sanctus, sanctus, sanctus, Dominus Deus Sabaoth, et nunc ei simul jubilemus!"**) wiewohl nicht dieselben Worte, doch in diesem Sinne sangen sie." Auch sah sie die ganze Klostergemeinde um den Herrn versammelt. Viele Strahlen gingen aus seinem Herzen in einige Anwesende hinein, und er bot Jeglicher

---

*) Vergl. Kap 1. S. 37.
**) "Heilig, heilig, heilig ist der Herr, Gott der Heerscharen; auch jetzt laßt uns Alle ihm lobsingen."

seine Hand und schenkte ihr von seiner Herrlichkeit, indem er sprach: „Nehmet wahr! ich gebe euch die Klare meiner verherrlichten Menschheit, bewahret dieselbe in der Unschuld des Herzens, in süßer Gemeinschaft unter einander und mit wahrer Geduld! An dem Tage des Gerichtes sollet ihr sie in euch mit Ehren mir darstellen."

Von der geistlichen Salbung.

Da man das Grab besuchte, sprach die in Gott gar andächtige Jungfrau zu dem Herrn mit glühendem Herzen: „Eja, mein Geliebter! Erwählter aus Tausenden!*) lehre mich, mit welcher Spezerei ich dich, meinen Geliebten, salben soll?" Der Herr antwortete: „Nimm die unaussprechliche Süßigkeit, welche von Ewigkeit ausgeflossen ist aus meinem göttlichen Herzen in meinen Vater und in den heiligen Geist; aus dieser bereite dir Wein. Zum Andern nimm jene Süßigkeit, von welcher vor allen Herzen das jungfräuliche Herz meiner Gebärerin erfüllt war; aus dieser bereite dir süßesten Honig. Zum Dritten aber nimm die Andacht, in welcher ich vor meinem Leiden war, in glühender Begierde, Innigkeit und brennender Liebe; aus dieser bereite dir köstlichsten Balsam." Und von Stunde dünkte ihr, als habe sie eine Büchse voll wohlriechender Salbe von wunderbarem Geruche, mit welcher sie nach Verlangen ihres Herzens den Herrn salbte. Und sie küßte die rosenfarbenen Wunden, die da sind der Seele wahrhafte Arznei.

Von dem Hause des Herzens.

Darnach zeigte ihr der Herr ein sehr hohes und weites Haus, innerhalb welchem sie ein anderes kleineres sah, das aus Cedernholz gemacht und inwendig mit silbernen, sehr glänzenden Platten ausgelegt war. In dieses Hauses Mitte saß der Herr. Dies Haus, erkannte sie wohl, sei das Herz Gottes; denn sie hatte es in solcher Gestalt oft gesehen. Das inwendige Häuschen aber stellte die christliche Seele dar, die wie das Cedernholz unverweslich, das heißt unsterblich ist und ewig. Des Häuschens Thüre stand gegen Osten und hatte einen goldenen Riegel; an dem Riegel hing ein goldenes Kettlein, das sich hinzog nach dem Herzen Gottes, so daß, wenn die Thüre aufgethan ward, sie das Herz Gottes in Be-

---

*) S. Hohes Lied 5, 10.

wegung zu setzen schien. Durch die Thüre verstand sie, werde bezeichnet das Verlangen der Seele, durch den Riegel deren Wille, durch das Kettlein die Gnade Gottes, welche allezeit dem Verlangen und dem Willen der Seele zuvorkommt, sie aufweckt und zu Gott zieht. Und der Herr sprach zu ihr: „So ist deine Seele allezeit in meinem Herzen verschlossen, und ich in dem Herzen deiner Seele. Wiewohl du mich nun in deinem Innersten umschlossen haltest, so daß ich inniger in dir bin, als dein Innerstes; so ist doch mein göttliches Herz so unendlich erhaben und hoch über deiner Seele, daß es von dir nicht berührt werden kann. Dies wird eben durch die Höhe und Weite dieses Hauses bedeutet."

Aber die Seele bat den Herrn, daß er sie wohl bereite zum Empfange seines hochwürdigsten Frohnleichnams. Da antwortete er ihr: „Wenn du mich empfangen willst, besieh zuvor das Haus deiner Seele, ob seine Wände nicht befleckt oder unrein seien. An der Morgenseite habe Acht, ob du fleißig oder nachlässig gewesen in allen Dingen, die Gott gehören, als: in dem Lobe Gottes, in der Danksagung, im Gebete, in Haltung seiner Gebote. An der Mittagseite merke, ob du andächtig gewesen gegen meine Mutter und alle Heiligen, und wie viel du dich gebessert durch ihr Beispiel und ihre Lehre. An der Abendseite siehe fleißig nach und achte, wie viel du dich in Tugenden geübt hast, wie demüthig, wie gehorsam, wie geduldig bei Ungerechtigkeit du gewesen; ob du des Ordens Regel und Satzungen gehalten, ob du die Sünde von dir ausgetrieben und sie vermieden hast. An der Seite gegen Mitternacht forsche, wie getreu du gewesen bist der gesammten Kirche, wie du gehandelt gegen deinen Nächsten, ob du ihn aus innerster Liebe geliebt, ob du alle seine Widerwärtigkeiten als deine eigenen geachtet, ob du auch für die Sünder und für die Seelen der Gläubigen und für alle Dürftigen fleißig gebetet hast? Und wenn du irgend einen Mangel und Fehler in all' diesem findest, sollst du bereit sein, es wieder durch demüthige Buße und Genugthuung gut zu machen." Darnach ging die Seele in das Haus und fiel zu den Füßen des Herrn. Er hob sie gnädig auf, und legte sie in seinen Schoß und küßte sie zu dreimalen, indeß er sprach: „Ich gebe dir den Kuß des Friedens wegen meiner Allmacht, Weisheit und unendlichen Güte."

Da aber gesungen ward die Messe: „Resurrexi",*) bewog ihn seine Liebe, auf das Gütigste zu ihr zu sprechen: „Nimm wahr! ich bin erstanden und bin noch bei dir, und will ewiglich bei dir bleiben. Du hast gelegt auf mich deine Hand, das ist, die Mei= nung aller deiner Werke;" — und noch viel andere unaussprechliche Worte redete der Herr zu ihr. Die Seele aber, über solche Gnade des Herrn erschrocken, wollte sich aus demuthsvoller Ehrerbietung von dem Herrn entfernen. Da zog sie der Herr noch mehr zu sich und sprach: „Lasse mich bei dir sein; denn es ist meine Wonne." Und als gesungen war: „Ehre sei Gott in der Höhe!" begehrte sie den Herrn für diese und alle seine Gnaden zu loben. Da sprach der Herr zu ihr: „Du weißt, daß geschrieben steht: ‚Lob gebührt für irdische Dinge, Glorie für himmlische.' Wenn du verlangst, mich zu loben, so glorifizire mich in Vereinigung der allerheiligsten Glorie, durch welche Gott der Vater in seiner Allmacht mit dem heiligen Geiste mich verherrlicht hat; lobpreise mich in Vereinig= ung der höchsten Glorie, in welcher ich durch unerforschliche Weis= heit den Vater und den heiligen Geist verherrliche und der heilige Geist durch seine unwandelbare Liebe den Vater und mich auf würdigste Weise verherrlicht."

Nach der Terz, da man die Prozession hielt, befahl sie, wie= wohl sie sonst so schwach war, daß sie gestützt auf einen Stab von den Schwestern am Ende der Prozession geführt werde. Da sah sie den Herrn Jesus gleich einem Diakon in eine Dalmatika ge= kleidet, neben ihr und etlichen Schwestern gehen, in seiner Hand ein rothes Banner tragend. Und da sie sich verwunderte, warum der Herr gleich einem Diakon erscheine, antwortete ihr huldreich Jesus-Christus: „Gleichwie der Diakon dienet dem Altare, so stehe ich bei Gott, meinem Vater, bereit zu allen seinen Geboten. Es ist auch nie ein Diakon so fleißig zu dienen gewesen, als ich einer jeden gläubigen Seele ein getreuer Diener bei ihr stehe."

---

*) „Ich bin auferstanden und bin noch bei dir; Alleluja. Du hast deine Hand auf mich gelegt; Alleluja." Eingang der heiligen Messe am hei= ligen Ostersonntage.

Wie der Herr der Gemeinde dienet.

Abermal zur Vesperzeit bei der Antiphon: „Regina coeli" sah sie Maria die Jungfrau stehen in dem Chore. Sie hielt in ihrer Rechten ihren jungfräulichen Sohn, dessen Kleider mit Kleeblatt und schimmernden Schilden bedeckt war. Durch das Kleeblatt verstand sie, werde bezeichnet die Vortrefflichkeit der hochwürdigsten Dreifaltigkeit, die mit ihrer ganzen Gottheit in Christo gewohnt. Durch die Schilde aber, deren Spitzen nach unten gegen die Erde gekehrt waren und der breite Theil nach oben, erkannte sie, wie die Strengheit des heiligen Wandels und des Leidens Christi sich gekehrt und gewendet habe zu einem guten Ende. Die Freude aber und die Glorie, welche er dafür in dem himmlischen Reiche empfangen, bereitet ihm einen ewigen Triumph. Es hatte der Herr auch eine glänzende Krone, an welcher ebenfalls Schildchen niederhingen. In diesen waren durchsichtige Kreuze, und von jeglichem Kreuze gingen fünf Strahlen aus. Und es sprach der Herr: „Nimm wahr! ich bin gekommen, bereit, auf daß ich euch zu Abend diene. Denn ich will euch zu diesem Abendessen von einer Speise reichen, welche ist erstens: Die Freude, welche heute die Gottheit von meiner Menschheit gehabt hat, und die Menschheit von der Gottheit. Das zweite ist: Die Freude, welche ich gehabt habe, da die Liebe für alle Bitterkeit, mit welcher sie mich in meinem Leiden erfüllt, mit unaussprechlicher Freude und dem Strome ihrer Süßigkeit mich durchdrungen hat. Das dritte ist: Die Freude, die ich gehabt, meinem Vater ein kostbares Pfand zu überantworten, meine Seele nämlich mit den Seelen Aller, welche ich erlöst hatte, zu unaussprechlicher Freude. Das vierte ist: Die Freude, die ich überreich mit meinem Vater gehabt habe, da mein Vater mir Gewalt gegeben hat, zu ehren, reich zu machen und zu belohnen meine Freunde, welche ich durch so große Mühe und um so theuren Preis erworben habe. Das fünfte ist: Die Freude, die ich gewonnen habe daraus, daß mein Vater meine Erlösten mir in ewiger Einigung zugesellt hat, daß sie fortan Miterben und Mitgenossen meines Tisches sein sollen. Andere Könige nämlich, wenn sie mit ihren Freunden essen, werden nach gehaltenem Mahle abermals von einander geschieden; meine Freunde aber werden, wo ich bin, auch bei

mir bleiben in ewiger Wohnung. Darum so mich Jemand ge=
mahnen wird an diese Freuden, werde ich für die erste, so er es
begehret, ihm geben, vor seinem Tode zu kosten aus der Seligkeit
meines göttlichen Segens. Für die andere will ich ihm geben Ver=
ständniß und Erkennen. Für die dritte werde ich seine Seele an
ihrem letzten Ende meinem Vater übergeben. Für die vierte will
ich ihm das Verdienst und die Theilnahme an all' meiner Arbeit
und meinem Leiden verleihen. Für die fünfte will ich ihm die
wonnevolle Gesellschaft der Heiligen gewähren."

Lobgebet zu den fünf Freuden unsers Herrn Jesu Christi in seiner glorreichen Auferstehung.

"Ich lobe, bete an, preise, verherrliche und benedeie dich, o
guter Jesu, in jener unaussprechlichen Freude, die du empfandest,
als deine allerseligste Menschheit bei der Auferstehung von dem
Vater der göttlichen Herrlichkeit die Verklärung empfing und in
ihrer Gottheit allen Auserwählten die ewige Verklärung mittheilte.
Durch jene unaussprechliche Freude bitte ich dich, o liebevollster
Mittler zwischen Gott und den Menschen, daß du dieselbe Klarheit,
so du mir damals gegeben, durch deine Gnade unversehrt bewahren
wollest, und ich sie am Tage des Gerichtes mit Freude empfangen
möge. Amen.

"Ich lobe, bete an, preise, verherrliche und benedeie dich, o
guter Jesu, in jener unaussprechlichen Freude, die du empfandest,
als die unschätzbare Liebe, die dich aus dem Schoße des Vaters in
diese Welt herabzog und dich zur Uebernahme aller Strafen und
alles Elendes bewog, bei deiner Auferstehung alle deine Glieder
mit unvergleichlicher Ehre und Freude erfüllte, wie sie dieselben
am Kreuze mit unerträglichem Schmerze erfüllt hatte. Durch jene
unaussprechliche Freude bitte ich dich, liebevollster Mittler zwischen
Gott und den Menschen, daß du mir Erleuchtung des Verstandes
und Erkenntniß des Herzens verleihest, auf daß ich jederzeit wisse,
was dir angenehm sei. Amen.

"Ich lobe, bete an, preise, verherrliche und benedeie dich, o
guter Jesu, in jener unaussprechlichen Freude, welche deine heiligste
Seele empfand, als sie sich zugleich mit der zahlreichen Menge
aller seligen Geister, so dir mit unsäglichem Frohlocken aus dem

Gefängnisse der Vorhölle nachfolgten, Gott dem Vater als Preis und Pfand der ewigen Erlösung darstellte. Durch jene unaussprechliche Freude bitte ich dich, o liebevollster Mittler zwischen Gott und den Menschen, daß du in meiner Todesstunde meiner Seele ein genügendes Pfand und Lösegeld für all' meine Verschulden seiest. Versöhne mir Gott den Vater, den gerechtesten Richter, und führe mich mit Freude vor sein Angesicht.

„Ich lobe, bete an, preise, verherrliche und benedeie dich, o guter Jesu, in jener unaussprechlichen Freude, die du empfandest, als dir von Gott dem Vater die Vollmacht gegeben wurde, alle deine Gefährten und Freunde, so du durch deinen glorreichen Triumph aus der Gewalt des Tyrannen befreit hast, nach der Größe deiner Freigebigkeit zu belohnen, zu bereichern und zu beehren. Durch jene unaussprechliche Freude bitte ich dich, o liebevollster Mittler zwischen Gott und den Menschen, mache mich theilhaftig aller deiner Arbeiten und Werke, deines ruhmreichen Todes und seligsten Leidens.

„Ich lobe, bete an, preise, verherrliche und benedeie dich, o guter Jesu, in jener unaussprechlichen Freude, die du empfandest, als Gott der Vater dir alle deine Freunde zum ewigen Erbtheil gab, und so jene deine gütigste Bitte und dein Wille erfüllt wurde, womit du sagtest: „Ich will, Vater, daß, wo ich bin, mein Diener auch sei" (Joh. 17, 24), so daß alle Freude und alles Gut, das du selbst bist, ihrer sei ohne Ende. Durch jene unaussprechliche Freude bitte ich dich, o liebevollster Mittler zwischen Gott und den Menschen, daß du mir jene selige Gemeinschaft aller deiner Auserwählten verleihest, damit ich zugleich mit ihnen dich besitze, die einzige Freude und alles Gut, hier und in Ewigkeit. Amen."

Von der verklärten Menschheit Christi bei der Auferstehung.

Darnach bat sie den Herrn, daß er mit der seligen Freude, mit welcher er Gott dem Vater Lob und Dank sagte, als er ihn in der Auferstehung mit Unsterblichkeit begabt, nun auch für sie Lob sage um deßwillen, daß sie die Gabe derselben Unsterblichkeit in der künftigen Auferstehung auch empfangen werde. Da antwortete ihr der Herr: „Das thue ich für dich und für Jeglichen der

Meinen, wie für mich selbst; denn die Ehre meiner Glieder achte ich nicht anders, wie die der meinen, und was da meinen Gliedern geschieht, dessen freue ich mich, als ob es mir geschehen. Ebenso wird auch die Seele, für welche ich, dieweil sie auf Erden ist, Dank sage, daraus große Glorie und Freude im Himmel erlangen." Da sie auch gedachte, was wohl die Glorie der Menschheit Christi wäre, mit welcher Gott der Vater seinen Sohn in der Auferstehung begabt hätte, antwortete der Herr gütig: "Die Glorie meines Herzens war die, daß Gott der Vater mir alle Gewalt gegeben hat im Himmel und auf Erden, daß ich in der Menschheit allmächtig bin, wie in der Gottheit, daß ich belohnen, ehren, erhöhen und alle Liebe erzeigen kann meinen Freunden, nach aller Freiheit meines Willens. Auch die Glorie meiner Augen und Ohren ist die, daß ich alle Dürftigkeit und Kümmerniß meiner Gläubigen sehen mag bis auf den Grund, und all' ihr Seufzen, Begehren und Beten höre und erhöre. Auch ist meinem ganzen Leibe die Glorie gegeben, daß, sowie ich in Gottheit überall bin, auch in der Menschheit bei diesen und allen meinen Freunden, wo ich sein will, zu sein vermag, was kein Anderer, wie viel mächtig er auch sei, in Ewigkeit vermögen wird."

Wie Gott bei der Seele bleibt, und von dem Hochzeitmahle des Herrn.

Am Ostermontage, da man las das Evangelium: "Bleibe bei uns, o Herr; denn es will Abend werden,"*) sprach sie zu dem Herrn: "O einzige Süßigkeit! ich bitte dich, bleibe bei mir; denn der Tag meines Lebens hat sich zum Abende geneigt." Der Herr antwortete ihr: "Ich will bei dir bleiben, vornächst wie ein Vater bei seinem Sohne, und ich theile mit dir das himmlische Erbe, welches ich dir erkauft habe durch mein kostbares Blut, sammt allem Guten, das ich dir auf Erden durch dreiundbreißig Jahre erworben habe, dies Alles will ich dir zu eigen geben. Zum Andern will ich bei dir sein, wie ein Freund bei seinem Freunde. Wie ein Mensch, der einen treuen Freund hat, zu ihm flieht in aller Noth und ihm allezeit anhangt, also auch sollst du bei mir, der ich

---

*) Luk. 24, 29.

vor Allen dein getreuester Freund bin, allweg eine sichere Zuflucht
haben. Denn ich will dir getreu zu aller Hilfe sein. Zum Dritten
werde ich bei dir sein — wie ein Bräutigam ist bei seiner Braut.
Zwischen diesen mag keine Absonderung sein, es sei denn, sie wür=
den geschieden durch Krankheit. Aber wirst du krank, dann bin ich
ein kundiger Arzt, und ich mache dich gesund von aller Krankheit,
zwischen uns wird keine Trennung treten, sondern ewige Vermäh=
lung und unzertrennliche Vereinigung herrschen. Zum Vierten werde
ich bei dir bleiben, wie ein Genosse bei seinem Genossen. So
dieser eine schwere Bürde trägt, nimmt sie der andere auf, und
trägt sie mit·ihm. Also auch will ich getreu mit dir tragen alle
deine Bürden, und will dich stützen, daß sie dir alle leicht werden."

Da kam ihr zu Gemüthe, daß der Herr zu ihr gesprochen
hatte: „Nimm wahr! ich gebe dir meine Seele zu einer Geleiterin
und Führerin; ihr befiehl alle deine Sache. Wenn du trauerst,
wird sie dich trösten und wird dir getreulich beistehen in allen
Dingen." Und sie sprach zu dem Herrn: „Ach, mein Herr, Leben
meiner Seele! verzeihe, du gütigster Führer, daß ich solche Ge=
leiterin leider so selten zu meinen Werken geladen und ihre Hilfe
nicht wie billig in allen Dingen gesucht habe." Da sprach der
Herr: „Ich verzeihe dir, und meine Seele wird bei dir bleiben bis
zum Ende deines Lebens, und dann wird sie dich aufnehmen in der
Vereinigung, mit welcher ich meinen Geist am Kreuze sterbend in
die Hände meines Vaters befohlen habe, und sie wird dich über=
geben meinem himmlischen Vater."

Darnach bat sie den Herrn für eine Person, die ihr getreu
diente, daß alle Dinge, welche er ihr verliehen, er auch dieser zu
eigen gebe. Von Stund' an sah sie dieselbe Person in der Gegen=
wart Christi stehen; und der Herr nahm ihre Hand und gab ihr
dieselben Gaben zu eigen. — Sie aber begehrte für diese Dinge
den Herrn sehr zu loben, und bat ihn, daß er seinen himmlischen
Dienern zu seinem Lobe und seiner Glorie ein köstlich Mahl be=
reite. Und zur Stunde sah sie ein unübertrefflich Mahl bereitet,
und war der Herr gekleidet mit einem hochzeitlichen Kleide, das von
grüner Farbe und voll goldener Rosen war. Der Herr aber sprach
zu ihr: „Nimm wahr! ich, die Rose, geboren ohne Dornen, bin
von vielen Dornen verwundet." Aus derselben Ursache waren auch

die himmlischen Bewohner mit Kleidern gleich dem Herrn gekleidet. Da nun das Hochzeitmahl bereitet war, sprach der Herr: „Wer wird bei diesem Feste das Amt eines Spielmannes haben?" Als er dies gesagt hatte, nahm er die Seele an seine Hand und führte sie, wie im Reigen, so daß alle neue Freude und Mehrung derselben empfingen, und Gott dankten, daß er sich so gnädig der Seele erzeigt. Die Seele aber schmiegte sich an ihren Herrn in innigster Liebe und führte ihn an den Tisch der Gäste. Da sah sie eine unaussprechliche Klarheit und wundervollen Glanz von dem Angesichte des Heilandes ausgehen, einen Glanz, welcher den ganzen himmlischen Saal erleuchtete, und alle die Becher, die auf dem königlichen Tische waren, füllte. So ward das Licht seines freundlichen Angesichtes ihre Ersättigung, ihre Freude und Wonne. Es machte sie satt ohne Ueberdruß, erfreute sie ohne Ende, und machte sie frohlocken in ihm. Um welcher Seligkeit willen Lob sei und Ehre dem hochgelobten Sohn der Jungfrau!

Von der Oktave der Auferstehung.

Aber an dem achten Tage (Oktave) der Auferstehung Christi sah sie abermals das obengenannte Haus.*) Als sie hineingehen wollte, fand sie zwei Engel vor dem Throne stehen mit zur Höhe gerichteten Flügeln, so daß zu oberst die Flügel einander berührten, und einen süßen Laut gaben, gleich einer Harfe, und solches geschah vor Freude; denn sie warteten auf die Seele. Aber da die Seele hineinging, fiel sie zu den Füßen des Herrn, grüßte und küßte seine rosenfarbenen Wunden; und als sie zu der Wunde des Herzens kam, sah sie es offen und rauchen gleich einer brennenden Fackel. Der Herr aber empfing die Seele gütig und sprach: „Gehe hinein, und durchwandere die Länge und die Breite meines göttlichen Herzens. Die Länge, das ist, die Ewigkeit meiner Güte, die Breite, das ist, die Liebe und das Verlangen, die ich gehabt von Ewigkeit nach deinem Heile. Diese Länge und Breite durchwandere; das ist, fordere sie zu eigen; denn wahrlich, dein ist alles Gute, welches du in meinem Herzen findest." Und er hauchte sie an und sprach: „Nimm auf den heiligen Geist!" Da sah die selige Seele, mit dem

---

*) Vergl. Kap. 19, Von dem Hause des Herzens.

heiligen Geiste erfüllt, aus ihren Gliedern feurige Strahlen aus=
gehen, so daß ein Jeder, für welchen sie bät, einen Strahl in sich
aus ihr empfing. Und da sie getheilt hatte ihr Herz mit dem
Herzen Gottes, sah sie es ineinander schmelzen, gleich einem Klumpen
Goldes, und sie hörte den Herrn sprechen: „So wird mir ewig=
lich anhangen dein Herz nach all' seiner Begierde und Lust."

Zwanzigstes Kapitel.

Wie Gott der Vater seinen Sohn bei der Himmelfahrt empfing.

An dem Tage der ehrwürdigen Himmelfahrt unsers Herrn
sah sie sich auf einem Berge, wo ihr die Liebe in Gestalt einer
schönen Jungfrau erschien. Diese war mit einem grünen Mantel
bekleidet, und sie sprach: „Ich bin dieselbe, welche du in der hei=
ligen Nacht der Geburt Christi in so großem Glanze gesehen hast.
Ich bin die, welche den Sohn Gottes von dem Schoße seines
Vaters auf die Erde geführt hat, und ich habe ihn jetzt erhöhet
über alle Himmel der Himmel." Da die Seele bei solchen Worten
ein wenig erschrack, setzte sie hinzu: „Fürchte dich nicht, denn du
wirst noch größere Dinge sehen." Und schnell waren ihre Kleider
verwandelt in wunderbarer Zier, und waren voll goldener Gitter,
und in jedem Gitter schimmerte ein Bild des Königs, und über
ihm waren die Worte geschrieben: „Der da herabgestiegen ist, er
ist aufgestiegen über alle Himmel."*) Die Seele bemerkte auch, wie
da in diesen Bildern alle Umstände unserer Erlösung ausgedrückt
waren in gar wundersamem Gewirke. Auch der Herr Jesus war
gekleidet mit gleichem Kleide, ausgenommen, daß in seines Ge=
wandes Gittern die Liebe gleich einer Königin saß. — Also war
Gott mit sich selbst bekleidet; denn die „Liebe ist Gott, und Gott
ist die Liebe".**) Aber die Liebe empfing den Herrn in ihre
Arme und erhob ihn, sprechend: „Du bist es allein, in welchem
ich alle Stärke meiner Gewalt vollkommen verwirklicht habe." Die

---

*) Vgl. Ephes. 4, 10.
**) S. I. Joh. 4, 16.

Seele fragte nun diese Jungfrau: was da wären ihre Arme, mit welchen sie den Herrn emporgetragen hätte (in die Himmel)? Sie antwortete: „Meine Arme sind nichts Anderes, denn meine Allmacht und mein Wille. Ich vermag alle Dinge, aber es ist nicht gut, Alles zu thun, was ich vermag.*) Darum ordnet die unerforschliche Weisheit und lenket Alles."

Auch eine große Schar der Heiligen ward da gesehen, unter welchen Johannes Baptista, Joseph, der Nährvater des Herrn, und Simeon, welcher Christum in dem Tempel auf seine Arme genommen hatte, die vornehmsten waren; sie alle stiegen mit dem Herrn empor.**) Auch die seligste Jungfrau und Mutter des Herrn war auf genanntem Berge in ähnliche Kleider gekleidet, wie wir oben von der Liebe gesagt haben. Die heilige Jungfrau aber trug überdies ein Unterkleid von rother Farbe, und sie sprach zu der Seele: „Alle Leiden, die ich mit meinem Sohne und um meines Sohnes willen gelitten, habe ich mit Schweigen und Geduld getragen. Ich hatte auch eine unaufhörliche Freude und Sehnsucht, zu Gott für die junge Kirche zu bitten, und ihn oft bewogen zu absonderlicher Barmherzigkeit, und auch jetzt noch mag er dem Verlangen der ihn liebenden Seelen nichts versagen, und darum ist gleichsam die Seele des Herrn mehr auf Erden, denn in dem Himmel." Dann erinnerte die Seele Marien an die Freude, welche sie bei der Himmelfahrt ihres Sohnes empfunden. Darauf antwortete die heilige Jungfrau: „In dieser Freude erkannte ich alle Freude und Seligkeit, die ich selber in meiner Himmelfahrt haben würde"

Da stieg der Herr Jesus empor mit unaussprechlichem Jubel und stand vor dem Vater, und überantwortete ihm in sich selbst alle Seelen der Auserwählten, die jetzt mit ihm aufgestiegen waren, und aller derer, welche noch in Zukunft sein werden, und ihrer aller Werke, Leiden und Verdienste, so daß die, die jetzt in dem Stande der Sünde sind, in ihm in jener Gestalt erschienen, wie sie künftig sein werden in dem Himmel. Die ihn liebenden Seelen aber, welche für Christum Vieles mit Geduld leiden, glänzten in seinem Herzen mit absonderlicher Zier, während die andern leuchteten in seinen übrigen Gliedern. Der himmlische Vater empfing seinen

---

*) S. Anmerk. 8.
**) S. Anmerk. 8ʰ.

Sohn mit würdigster Ehre, sprechend: „Nimm wahr! ich gebe dir das Uebermaß aller Herrlichkeit, die du herabsteigend in das Elend der Welt verlassen hast, mit vollkommenster Gewalt, denselben Ueberfluß mitzutheilen allen Seelen, welche du jetzt mir überant= wortet hast." Der Herr Jesus aber opferte Gott dem Vater alle Armuth, Verhöhnung, Verschmähung, Pein und alle Arbeit und Werke seiner Menschheit als eine neue angenehmste Gabe, die zuvor in dem Himmel nie gesehen, wiewohl in der Gottheit vorerkannt und vorhergesehen war. Und Gott der Vater zog selbe also in sich und einigte sie mit seiner Gottheit, als ob er in eigener Person selbe Leiden und Mühsal ertragen hätte.

Auch dem heiligen Geiste brachte Jesus alle Gluth der Liebe dar, mit welcher sein allerheiligstes Herz über Maß entflammt worden, und zugleich die sieben Gaben des heiligen Geistes mit vollkommener Frucht, denn allein in Christus waren sie vollkommen gewirkt nach dem Ausspruche des Isaias: „Auf ihm wird ruhen der Geist der Weisheit und der Einsicht, der Geist des Rathes und der Stärke, der Geist der Wissenschaft und Frömmigkeit, und erfüllen wird ihn der Geist des Herrn."*) Den englischen Geistern aber gab der Herr die Milch seiner Menschheit, welche von ihnen vormals nie empfunden worden, das heißt, überfließende Süßigkeit in seiner ver= herrlichten Menschheit zur Vermehrung ihrer Freude und Ehre. Er schenkte den Patriarchen und Propheten einen Freudentrank, in welchem er all' ihr Begehren sättigte, und sie fortan ruhen ließ in ihm. Und die Unschuldigen und die um der Wahrheit willen ge= storben waren, wie Johannes der Täufer, Jeremias und viele An= dere, diese und ihr Leiden adelte, erleuchtete und übergoldete er gleichsam mit seinem herrlichen Leiden und Tode. Auch viele Gaben gab er den Erstgebornen, das ist, den Aposteln und den übrigen Gläubigen, innerlichen Trost, Erkenntniß göttlicher Dinge und Flammenhauch seiner Liebe.

Dann wandte sich der Herr zu der Seele und sprach: „Nimm wahr! ich bin aufgestiegen ein hochwürdiger Sieger, und habe mit mir genommen all' deine Beschwerniß." In welchen Worten sie verstand, daß aller Menschen Noth und Kümmerniß ihm nicht ver=

---

*) S. Isaias 11, 2. 3.

borgen jei, und er, in uns und für uns streitend, herrlich über=
winde. Und Jesus fügte bei: „Wie ich zu meinen Jüngern gesagt
habe: Gott der Vater hat meiner Menschheit Gewalt gegeben, in
dem Himmel und auf der Erde zu thun, was ich will, dem Men=
schen seine Sünde zu vergeben, zu widerstehen allem dem, was
feindlich ist, und meine Gottheit niederzuneigen zu den Menschen,
je nach ihrem Bedürfen." Da fiel die Seele zu den Füßen des
Herrn, ihn anbetend und dankend. Und er redete sie gnädiglich an
und sprach: „Stehe auf, meine Königin! denn alle Seelen, die da
durch meine Liebe gereinigt sind, werden Königinnen heißen." Aber
die Seele sprach unter mehreren anderen Worten zu dem Herrn:
„Was ist, o allerliebster Gott! daß, wenn ich betrachte, wie ich
sterben werde, ich eine kleine oder gar keine Freude davon empfange,
da doch Viele mit großer Freude und Begierde dieser Stunde war=
ten?" Der Herr antwortete: „Dies habe ich dir aus absonderlicher
Güte erwiesen. Denn wenn du zu sterben verlangst, wirst du mein
göttlich Herz so sehr erfreuen und locken, daß ich dir es nicht versagen
mag." Sie sprach: „Was ist es doch, daß die Menschen und
nicht selten sogar vollkommene Menschen, so sehr fürchten, zu sterben?
Auch ich, freilich gar armselig, erschrecke, wenn ich gedenke, daß ich
sterben werde." Der Herr antwortete: „Daß die Menschen zu
sterben fürchten, ist eines Theils des Fleisches wegen. Denn die
Seele, welche ihr Fleisch lieb hat, ihr grauet, die Bitterkeit des
Todes zu leiden. Aber du, was fürchtest du? Die du empfangen
hast mein Herz zu unaufhörlicher Vereinigung, zu einem Hause der
Zuflucht und zu einer ewigen Wohnung?"

Von demselben Feste.

Aber an demselben Tage, da man sang das Responsorium:
„Omnis pulchritudo",*) sprach sie im Aufschwunge ihres Ge=
müthes zu dem Herrn: „Mein Herr, nun ist fortan von uns ge=
nommen all' deine Schönheit und Zier." Da antwortete er: „Mit
nichten; denn in ganzer Schönheit und Stärke, mit aller Lobwürdig=
keit, Glorie und Liebe bin und bleibe ich bei euch in Ewigkeit."

---

*) „Die volle Schönheit des Herrn ist erhöhet über die Sterne. Sein
Glanz strahlet in des Himmels Wolken und sein Name bleibt in Ewigkeit."
Zweites Responsorium der ersten Nocturn am Feste der Himmelfahrt des Herrn.

Abermals da in der Prozession gesungen ward: „und er segnete sie,"*) sah sie in der Luft über dem Convente eine Hand von wunderbarer Anmuth die Versammlung segnen, und sie hörte den Herrn sprechen: „Die Segnung, welche ich in der Zeit über meine Jünger spendete, ist eine ewige, und nimmermehr wird sie von euch genommen."

Wie Gott gemahnet werde an das Werk der menschlichen Erlösung.

In einer Messe, da sie die Collecte hörte: „Siehe huldreich an, o Herr! unsere Schwachheit, und wende alle Uebel, welche wir mit Recht verdienen, aus Gnaden von uns ab;" — gedachte sie und begehrte zu wissen, welche Frucht die Worte in dem Credo: „— und das Wort ist Fleisch geworden," hätten? Der Herr antwortete ihr: „Diese Worte gemahnen mich an das Werk der menschlichen Erlösung. Das Wort: „Fleisch geworden" erinnert mich an die Liebe, durch welche ich ein Bruder des Löwen geworden bin und ein Genosse des Straußes, wie von mir geschrieben ist.**) Durch die „Löwen" werden bezeichnet die hoffärtigen Herzen, durch die „Straußen" die Herzen der Juden, mit welchen ich doch so friedlich in brüderlicher Liebe gelebt habe. — Aber das Wort: „hochherrliches Leiden" läßt mich betrachten das Heil, welches ich meinen Feinden dargeboten habe, als ich so inniglich für sie meinen himmlischen Vater bat, indeß sie mir den bitteren Tod bereiteten. Das Wort: „kostbarer Tod" erinnert mich an die Liebe, in welcher ich mich als reichen Sühnpreis für den Menschen gegeben habe, indem ich mich auf dem Altare des Kreuzes Gott dem Vater zum angenehmsten Opfer dargebracht, und ich also die Schuld des menschlichen Geschlechtes vollgiltig eingelöst habe. Das Wort: „Auferstehung" macht mich die große Ehre betrachten, welche ich dem Menschen erzeigte, da ich das menschliche Fleisch aus dem Grabe erweckt habe, zu einem Unterpfande der wahrhaftigen Auferstehung und überdies der ausnehmenden Würde, die ich den Menschen verlieh, da ich sie mir wie Glieder mit ihrem Haupte in ewigem Bunde vereinigt. Das fünfte Wort: „Auffahrt" er=

---

*) S. Luk. 24, 51.

**) „Ein Bruder bin ich von Löwen (Vulg. „Schakalen") und ein Gefährte der Straußen." Job 30, 29. (Hier aus der typisch=mystischen Deutung des ganzen Buches Job auf den Weltheiland.)

7*

innert mich, daß ich der Sachwalter, Fürsprecher und Mittler des Menschen bei meinem Vater geworden bin. Ein getreuer Sach=walter sammelt sorgsam den Zins seines Herrn, und wenn er merkt, daß etwas abgehe, so ergänzt er es seinem Herrn aus dem Seinigen.*) So auch ich. Jegliches Gute, welches der Mensch vollbringt, opfere ich meinem Vater hundertfältig, und was abgeht, ergänze ich aus dem Meinigen, auf daß ich die Seele des Menschen mit den unzählbaren Reichthümern ausgestattet meinem himmlischen Vater in Gegenwart aller Heiligen überantworte."

Einundzwanzigstes Kapitel.

Von dem Weinen des Herrn und den Thränen der Liebe.

Item, da sie das Evangelium lesen hörte, wie der Herr „geweint hätte",**) und sie ihr gesammtes Denken darein versenkte, sprach der Herr zu ihr: „So oft ich mich auf Erden in jene un=aussprechliche Einigung, mit welcher ich Gott dem Vater geeinet und Eines mit ihm bin, hineindachte, mochte sich meine Menschheit nicht der Thränen enthalten. Auch so oft ich die unendliche Liebe betrachtete, welche mich vom Schoße meines Vaters herniedergezogen, und mit der menschlichen Natur mich bekleidet hatte, konnte sich meine Menschheit der Thränen nicht erwehren." Da sprach die Seele: „Und wo sind die Thränen, welche dir jemals aus Liebe entströmt?" Er antwortete: „Sie haben eine geheimnißvolle Stätte in meinem Herzen, wie Jemand, welcher einen theuern Schatz an dem geheimsten Platze verwahrt." Und die Seele sprach: „Du hast mir einstmals gesagt: ‚die Thränen der Liebe würden in deinem Herzen wie in einem Feuer verzehrt.'" Da antwortete der Herr: „Es ist wahr; denn in meines Herzens Gluth werden sie eingesogen, wie Wasser, das in Feuer gesprengt wird; dadurch aber

----

*) Die einzelnen Worte, an welche die hier gegebene Deutung sich knüpft, sind aus dem bekannten Gebete im Kanon der heiligen Messe nach der Wandlung 2c. hervorgehoben.

**) S. Joh. 11, 35.

werden sie nicht verbrannt noch auch verzehrt, sondern im Innersten meines Herzens sind sie wohl behalten."

Wiederum sah sie den Herrn, wie er die Wunde seines süßesten Herzens öffnete und dabei sprach: „Sieh' an, die Größe meiner Milde. Wünschest du sie kennen zu lernen, so wirst du es nirgends klarer finden, als in den Worten des Evangeliums. Denn nie sind Worte größerer oder süßerer Stimme gehört worden, als jene: Wie mich der Vater geliebt hat, also habe ich euch geliebt (Joh. 15, 9), und andere ähnliche, welche ich sowohl zu meinen Jüngern, als zu meinem Vater gesprochen habe, indem ich jenen viel Gutes erwies."

Zweiundzwanzigstes Kapitel.

Von dreierlei Wirkungen des heiligen Geistes in den heiligen Zwölfboten und von jeglichem Begehren der Seele.

An dem gnadenreichen Abende des heiligen Pfingstfestes, da diese demüthige Dienerin verlangte, sich zum Empfange des heiligen Geistes vorzubereiten, sprach der Herr zu ihr: „Der heilige Geist hat in den Aposteln Dreifaches gewirkt: das Erste ist, daß er sie bei seiner Ankunft in göttlicher Liebe entzündet und gänzlich umgewandelt hat, so daß sie, die vorher furchtsam und schwach waren, und sich selbst liebten, nun denn so starkmüthig und beständig wurden, so daß sie auch zu sterben nicht fürchteten, sondern es als Ehre und Freude achteten, um Gottes Liebe willen Widerwärtigkeit zu leiden. Zum Andern: gleichwie das Feuer das Eisen reinigt und es sich gleich macht, so reinigte der heilige Geist die Apostel von aller Unlust, und heiligte sie ganz in sich selbst. Zum Dritten: wie das Gold, im Feuer geschmolzen, wenn es in eine Form eingegossen wird, das Bild derselben zeigt, so hat der heilige Geist die Apostel, die da in seinem Feuer weich gemacht worden, eingesenkt in Gott, und hat sie bestätigt nach dem göttlichen Bilde, so daß an ihnen erfüllt schien, was im Psalme steht: ‚Ich habe gesagt, ihr seid Götter.'*) Wer nun also die Ankunft des heiligen

---

*) Pf. 81, 6 (Joh. 10, 34).

Geiſtes begehrt, ſoll dieſe drei Dinge von ihm bitten: das iſt, daß der heilige Geiſt ihn mit ſeiner Liebe wider das Böſe zu allem Guten ſtärke, und von ihm hinwegnehme alle menſchliche Furcht, ſo daß er um der Liebe Gottes willen geduldig und fröhlich jede Widerwärtigkeit ertrage. Ferner ſoll er bitten, daß ihm durch den heiligen Geiſt alle Sünden vergeben werden, und daß er durch das Feuer göttlicher Liebe ganz in Gott ſich verſenke, und ihm ſelig ver= eint zu werden verdiene.

„Auch hat der heilige Geiſt den Apoſteln dreierlei Trank ge= ſchenkt, durch welchen er ſie ſo überflüſſig erfüllt hat, daß nicht unbillig das Volk ſie für trunken geachtet hat.' Zum Erſten hat er ſie reichlich erfüllt mit dem Weine der Liebe, daß ſie gleich Trunkenen ihrer ſelbſt vergaßen, und nun nicht mehr Ehre oder leibliche Bequemlichkeit begehrten, ſondern allein die Ehre Gottes ſuchten. Zum Andern machte er ſie übervoll des Weines göttlichen Troſtes und göttlicher Süßigkeit, ſo daß ihnen fortan keine irdiſche Freude oder irgend ein Troſt mehr gefallen konnte. Zum Dritten waren ſie, durch die Liebe himmliſcher Dinge wie von einem ſüßen Tranke gleichſam von Sinnen, von unausſprechlichem Verlangen für Gott entflammt, und ſo es von ihnen verlangt würde, auch bereit, durch tauſend Tode zu ihm zu eilen. Auf dieſe Weiſe ſoll auch die gläubige Seele getränkt zu werden verlangen von dem heiligen Geiſte mit dem Weine der Liebe, daß er ihr gebe, ihrer ſelbſt zu vergeſſen, und ſie weder Ehre noch Vortheil, denn allein die Ehre Gottes begehre. Sie ſoll auch bitten, daß ſie durch innere Süßig= keit des heiligen Geiſtes alſo erfüllt werde, daß ihr nimmermehr irdiſche Freude oder Luſt gefallen möge. Sie ſoll auch bitten, ent= zündet zu werden zur Liebe der himmliſchen und geiſtlichen Dinge, durch welche ſie, aus ganzem Herzen zum Herrn eilend, alle Pein und den Tod für nichts erachtet.“

Von dem Weingarten Gottes, das iſt die Seele des Gerechten.

An demſelben Tage, als man das Amt hielt, ſah ſie den König der Ehren, den Herrn Jeſum, mit einer Menge der Engel und Heiligen in der Kirche ſitzen. Von ſeinem Herzen glänzten ſo viele Strahlen, als da Heilige waren, ſo daß in einen Jeden von ihnen das Geſchoß der Strahlen ging. Da man aber ſang: „Vinea

facta est,"*) sprach die Jungfrau in Innigkeit ihres Gemüthes
zu dem Herrn: „Eia, daß ich mein Herz zu aller Zeit dir zu einem
auserwählten Weingarten nach deinem Herzen erzeigen möchte!"
Der Herr sprach: „Alles, was du begehrest, will ich vollbringen."
Und von Stund sah sie den Herrn in ihrem Herzen als in einem
auserlesenen Weingarten umhergehen, welchen die Menge der Engel
gleich einer Wand ringsum bedeckte. In dem Theile gegen Auf=
gang wuchs ein gar klarer und süßer Wein, bedeutend die Frucht
der Werke, die der Mensch Gott in seiner Kindheit bringt. Gegen
Mitternacht aber war ein rother und starker Wein, bedeutend die
Arbeit, mit welcher der Mensch als Jüngling wider die Laster und
Versuchungen und wider alle Kraft des Feindes steht. Im Mittag
reifte ein feuriger und fast guter Wein, bedeutend die Tugendwerke,
die der Mensch in der Jugend aus Gottes Liebe vollbringt. Gegen
den Niedergang fand sich der alleredelste und wohlschmeckendste Wein,
bedeutend mancherlei Begierde, durch welche der Mensch zu Gott
und zu himmlischen Dingen aus ganzen Kräften eilt, auch Schmerz
und mancherlei Betrübniß, durch welche der Mensch zu Zeiten im
Alter bekümmert wird.

Und sie verstand durch göttliche Eingebung, daß der gerechte
Mensch ein solcher Weingarten Gottes ist, und Gott in demselben
erfreut wird, dadurch, daß von der Kindheit an bis zum Tode der
Gerechte durch all' sein Leben Gott zum Lobe lebt. Aber mitten
im Weingarten war ein Born, bei welchem der Herr auf einem
Stuhle saß, und es floß von seinem Herzen ein Bach mit Eile in
den Born, aus welchem der Herr Alle, die da geistliche Wieder=
geburt begehrten, besprengte. Auf des Bronnens Umkreis waren
sieben Schilde wundervollen Werkes, und bedeuteten die sieben Gaben
des heiligen Geistes, die darum die Gestalt der Schilde trugen,
weil Niemand die Gaben des heiligen Geistes ohne Kampf genießen mag.

Von den fünf Küssen.

Da man sang: „Rex sanctorum,"**) schien es ihr wieder,
daß der Herr mit Herrlichkeit zu dem Taufbronnen wie in einer

*) „Ein Weinberg gehörte meinem Lieben an einer ölfetten Höhe ꝛc."
Antiphone nach Isai. 5, 1.
**) „König der Heiligen ꝛc." aus der Liturgie der Taufwasserweihe in
der heiligen Pfingstvigilie.

Prozession ging, und war ihm zur Rechten Johannes der Evangelist, zur Linken Sanct Bartholomäus, welche Ehre beide wegen besonderer Reinheit des Herzens und Leibes, in der sie ausgezeichnet waren, sich erworben hatten. Petrus aber und Jacobus der Jüngere gingen zu dem Taufbronnen dem Herrn voran, der besonderen Würde des Bisthumes wegen,*) welches sie vor den andern Aposteln gehabt haben. Auch die ehrwürdige Jungfrau Maria ward gesehen zu der rechten Hand ihres Sohnes in übergoldetem Kleide mit Sphären, die sich ohne Unterlaß bewegten und die unaufhörliche Begierde bedeuteten, welche die Gottesmutter gehabt hat nach dem Heile der neuen Kirche. Auch floß von dem Herzen Gottes ein Born lautersten Wassers raschströmend aus.

Die Seele aber ging zu der Mutter des Herrn und bat, daß sie ihr erwürbe, in diesem Bronnen von allen Sünden gereinigt zu werden. Da nahm Maria die Seele gnädiglich in ihre Arme und neigte sie zu dem Herzen Gottes, und die Seele küßte fünfmal sein Herz. Im ersten Kusse empfing sie, daß sie gereinigt ward von allen Makeln. Im anderen ward ihr der wahre Frieden gegeben; im dritten, daß sie als eine liebste Freundin mit absonderlicher Süßigkeit begabt wurde. In dem vierten ward sie entzückt in das Herz Gottes, und sie sah und erkannte alle Erwählten und alle Kreaturen. Da sprach der Herr zu ihr: „Was willst du mehr, oder magst du wollen? Nimm wahr! alles Gute, das zu besitzen der Himmel und die Himmel der Himmel sich freuen, das ist dein; nun theile mit dein Gut allen Heiligen nach deinem Gefallen!" Sie sofort mit unaussprechlicher Freude umfing den Herrn, und theilte ihn zum ersten mit der seligsten Jungfrau Maria, darnach allen Heiligen. In dem fünften Kusse bedünkte ihr, wie sie selig bei dem Herrn an einem reichen Tische sitze und mit dem Herrn Mahl halte.

Der Herr sprach: „Auf diese fünf Weisen sollst du täglich mein Herz küssen, sowie du an einer Mutter, welche gar eine liebe Tochter hat, ersehen magst. Fürerst nämlich besieht solche des Kindes Antlitz, und findet sie eine Makel, zur Stunde wäscht sie dieselbe ab. Zum Anderen ziert sie der Tochter Haupt mit einem

---

*) Petrus als Bischof von Rom, Jacobus als Bischof von Jerusalem.

Kranze. Zum Dritten, aus übergroßer Liebe küßt sie selbe. Zum Vierten führt sie selbe in ihr Schlafgemach, und zeigt ihr alle Fülle der Reichthümer. Zum Fünften erquickt sie dieselbe mit der besten Speise, welche sie vermag. Auf gleiche Weise verfahre ich mit der Seele, welche zu mir kommt. Durch Buße nehme ich sie auf in meine Gnade, und wasche ab alle Unreinheit derselben. Dann setze ich ihr einen Kranz auf und ziere sie mit mancherlei Tugenden. Und weil ich mein Wohlgefallen an ihr finde in unbegrenzter Liebe Süßigkeit, so küsse ich sie freundlich. Alsdann erschließe ich ihr treulich und zeige ihr in seligem Vorgeschmacke die Reichthümer meiner Seligkeit und erquicke sie mit der besten Speise, mit dem Sakramente meines Leibes und Blutes."

Dreiundzwanzigstes Kapitel.
Von der Liebe Gottes und wie der Mensch sein Herz Gott aufopfern soll.

An dem heiligen Tage, da angestimmt ward die Messe: „Spiritus Domini,"[*] hörte sie eine Stimme zu ihr sprechen: „Höre, meine Seele, und frohlocke! wenn so der Geist des Herrn die ganze Welt erfüllt, so wirst auch du nicht ausgeschlossen sein." Da fing sie an, bei sich zu denken: Vielleicht sind das nicht die Worte Gottes, sondern die Worte deiner Seele, welche sich selber tröstet. Darauf antwortete der Herr: „Mein sind diese Worte: denn deine Seele ist mein, und meine Seele ist dein, gleichwie von Jonathan und David gelesen wird, daß ihre Seelen verschmolzen waren,[**] also und viel fester hängt durch das Band der Liebe deine Seele an der meinen; wie ich dir heute zeigen will." Nach diesen Worten wurden der Seele zwei weiße Flügel gegeben und mit diesen flog sie zu den Höhen, und als sie in gar großen Lichtglanz gelangte, ruhte sie. Da ging ein Engel des Herrn mit Ehrerbietung zu ihr, grüßte sie und sprach: „Edle Jungfrau! halte dich bereit,

---

[*] „Der Geist des Herrn erfüllte den Erdkreis zc." Eingang der Heilig-Geist-Messe.

[**] Vgl. I. Kön. 18, 1.

denn alsbald wird dein Bräutigam kommen." Da sprach sie: „Ich weiß nicht, wie ich mich geziemend vorbereite; soll ich aber würdig bereitet erfunden werden, so muß der Geliebte meiner Seele selber mich vorbereiten." Und sofort stand der König der Glorie in der Gestalt und in dem Schmucke eines Bräutigams vor ihr, und er kleidete sie in ein weißes Gewand und sprach: „Nimm hin das Gewand meiner Unschuld, das ich dir gebe zu ewigem Lohne." Darnach schmückte er sie mit einem rosenfarbenen Kleide, sprechend: „Dieses Kleid habe ich dir bereitet aus meinem Leiden und aus deinem Schmerze." Auch stand die Liebe vor dem Herrn in Gestalt einer gar schönen Jungfrau. Der Herr aber schaute sie freundlich an, und sprach zu ihr: „Du bist, was ich bin." Aber da die Seele gedachte, daß sie keinen Mantel hätte, breitete die Liebe ihren Mantel aus und bedeckte damit den Herrn und die Seele zumal, so daß die Seele mit der Liebe überkleidet erschien. Der Mantel der Liebe aber war von innen buntgewebt und so weit, daß er zu= reichte, eine Menge von Menschen zu umhüllen. Und sie sprach: „So viele Fäden sind in meinem Mantel, so viele Tröstungen gebe ich denen, welche zu mir kommen." Die Seele aber war ganz aufgelöst in ihrem Lieben, so daß es ihr selber schien, als ob sie gleichsam Ein Herz mit ihm geworden wäre. Da sprach der Herr: „Nun befiehl, was du willst." Sie sprach: „Das Wort „befehlen" geziemt mir nicht; doch wenn ich mütterliche Macht hätte, wollte ich alle Kreaturen auffordern, daß sie dich mit ganzer Kraft, Lieb= lichkeit und Kunst lobpreisen möchten!"

Alsdann während der Opferung, als gesungen ward: „Kö= nige werden dir Gaben bringen,"*) sprach sie zu dem Herrn: „Was soll ich dir, Geliebtester, nun als Angenehmstes und Liebstes darbringen, da ich so gar nichts habe, was dir geziemte? Die Laien bringen dir dar irdisch Gut, die Gottgeweihten opfern dir sich selbst und ihre Andacht." Der Herr antwortete: „Opfere mir dein Herz in fünffacher Weise und du hast mir eine angenehme Gabe ge= opfert. Zum Ersten opfere dasselbe mir wie zum bräutlichen Mahl= schatze, und bitte in aller Treue deines Herzens, daß durch die Liebe meines Herzens gebessert werde in dir, was du gefehlt hast

---

*) Pf. 67, 30.

durch Untreue. Zum Andern opfere es wie geprägtes Gold mit aller Freude deines Herzens, so daß, wenn du alle Lust der Welt haben könntest, du sie um meinetwillen von dir legtest. Zum Dritten bringe es dar wie eine Krone, sammt aller Ehre, welche du in dieser und in der künftigen Welt haben möchtest, damit ich allein deine Ehre sei und deine Krone. Zum Vierten opfere es gleichsam wie eine goldene Schale, daß ich daraus mich selbst als Süßigkeit trinke. Zum Fünften opfere es wie ein kostbar Gefäß aus Bernstein,*) aus welchem ich mich selber genieße."

Bei der Terz aber, da man einlegte den Gesang: „Veni creator Spiritus,"**) sah sie durch den Chor den heiligen Geist in Gestalt eines Adlers fliegen, von dessen Herzen so viele Strahlen gingen, als Personen gegenwärtig waren, und jeglichem Strahle dienten tausend Engel. Auch eine weiße Taube berührte, während die Klostergemeinde zum heiligen Sakramente hinzutrat, mit ihrem Schnabel das Herz einer jeden Anwesenden, und entzündete Feuer= flammen in ihm. In den Herzen einiger aber erlosch das Feuer, bei anderen jedoch nahm es zu und erwuchs zu einer großen Flamme.

Ein anderes Mal aber erschien ihr an demselben Tage der Herr Jesus, und er war in Gold gekleidet, das ist, in die Liebe selbst, und so trat er gütiglich zu den Einzelnen in dem Chore her= um, und hauchte aus seinem süßen Herzen einer Jeglichen den heiligen Geist ein, in Weise eines sanften und linden Wehens.

Vierundzwanzigstes Kapitel.
Von dem lebendigen Bronnen der allerheiligsten Dreieinigkeit, und von der Freude der Seele.

An dem Feste der allzeit glorwürdigen Dreifaltigkeit, da sie dem Gebete oblag, begehrte die Seele, daß alle Heiligen und alle Kreaturen die ehr= und lobwürdigste Dreieinigkeit benedeiten und

---

*) S. Anmerk. 9.
**) Hymnus der Vesper und der Tertia in der heiligen Pfingstoktave; s. Reischls Vesperale S. 164.

lobten für alle ihr erwiesenen Gutthaten. Und von Stunde an ward sie entzückt, und ward ihr Geist geführt bis zu dem Throne der Glorie, und sie sah die allerheiligste Dreifaltigkeit im Bilde eines lebendigen Bronnens, der aus sich selbst ohne Ende ist, und in sich alle Dinge beschließt, der da mit wunderbarer Lieblichkeit ausfließt, und doch in sich unverletzt bleibend, befeuchtet und frucht= bar macht alle Dinge. Aber die Seele in Liebe aufgelöst, versenkte sich in die Gottheit; und die Gottheit mit unaussprechlicher Wonne ließ sich wieder herab in die Seele. In dieser Einigung hörte sie unter anderen Worten zu ihr gesprochen auch diese Worte: „Nimm wahr! mit meiner Allmacht bist du allmächtig geworden, und wenn du alle Dinge willst, die ich will, wirst du allezeit mit meiner All= macht vereint sein. Meine unerforschliche Weisheit hat dich an sich gezogen, und werden auch dir gefallen alle meine Werke und Ge= richte, so wirst du vereint werden meiner göttlichen Liebe. Auch hat dich meine Liebe so durchbrungen und bethaut, daß du mich lieben kannst, nicht mit deiner, sondern mit meiner Liebe, in welcher Vereinigung du mir ewig anhangen wirst." Als sie communiziren sollte, ward ihr Geist mit so großer Freude erfüllt, daß sie darob zu großer Verwunderung hingerissen ward. Da sprach der Herr: „Gehe, theile deine Freude mit allen Heiligen!" Da ging sie zu= erst zu Maria der Jungfrau und theilte ihr mit ihre Freude und sprach: „O gnadenvolle Jungfrau! zu einer Mehrung aller deiner Glorie theile ich dir mit diese übergroße Freude meines Herzens." Diese entgegnete: „Und ich gebe dir alle meine Freude, in welcher ich mich vor allen Kreaturen auf Erden und im Himmel je gefreut habe.". Dann theilte sie ihre Freude mit den Aposteln. Diese sprachen zu ihr: „Und wir geben dir alle Freude, die wir mit unserm süßen Herrn und Meister je gehabt haben, besonders da wir von ihm zu dem ewigen Leben durch den Tod gefördert worden." Darnach theilte sie mit den Martyrern; und sie sprachen: „Wir geben dir alle Freude, die wir in Feuer und Eisen und in tausend Toden aus Liebe gehabt haben." Aber da sie zu den Bekennern kam, sprachen diese: „Und wir theilen dir alle Freude mit, die wir in Arbeit und Strenge des Ordens je gehabt haben, um der Liebe Christi willen." Wie sie aber ihre Freude mittheilte den Jung= frauen, sprachen sie: „Wir theilen dir mit und geben dir alle

Freude, welche wir in unvergleichlichem Vorrechte besitzen bei Gott, unserm Bräutigam." Und es ward ihr offenbar, daß die Jungfrauen vor allen Heiligen in ausgezeichneter Wonne Gott genießen, und daß er durch besondere Süßigkeit sich ihnen mittheilte. Und sie verstand, wie wahr es sei, was sie gelesen: „Freue dich, du Himmelsbrod der Jungfrauen, du neues und königliches Himmelsbrod, das kein Mensch kostet, denn allein der Gaumen der Jungfrauen!" Sie sah auch unter den Chören der Jungfrauen ihre Schwestern, die Frau Aebtissin, herrlichen Gedächtnißes, mit mancherlei Tugenden wie eine Königin geschmückt. Und eine andere ihrer Schwestern, Luitgardis, die in ihrer Jugend gestorben war, eine Jungfrau, wohlgefällig in ihrem Leben Gott und den Menschen, die war angethan mit einem weißen, golddurchwebten Kleide. Diese nahm ihre Schwester und führte sie vor den Thron Gottes und sang: „Die ist schöner, denn die Sonne, und höher als die Cedern."

Fünfundzwanzigstes Kapitel.
Von den Wundern der heiligen Maria Magdalena.

An dem Feste Mariä Magdalena sah sie den Herrn durch den Chor gehen, und Maria Magdalena von dem Arme des Herrn minniglich umfangen. Da sie solches schaute, fing sie an, sich zu wundern, weil geschrieben ist: „Unbeflecktheit bringt am nächsten zu Gott."[*] Darauf antwortete der Herr: „Nach der Größe der Liebe, welche sie zu mir auf Erden hatte, ist sie mir auch jetzt im Himmelreich nahe." Da sprach sie: „Eja süßester Gott! lehre mich, wie ich dich loben soll in dieser deiner Getreuen!" Der Herr antwortete: „In den fünf Wunden, welche ihr die Liebe in meinem Leiden eingedrückt hat. Denn als ich an dem Kreuze hing, ganz dem Tode nahe, und da sie sah, daß meine Augen im Tode sich schloßen, die Augen, mit denen ich sie so oft barmherziglich angeblickt, wurde ihr Herz wie mit einem Geschoße durchwundet. Auch da sie meine Ohren, die ich oft zu ihrem Beten geneigt hatte, im Tode verschlossen wußte, und wie sie sah und gewahrte die Ver-

[*] Weish. 6, 20.

lassenheit und die Thränen meiner Mutter, die sie um meinetwillen so sehr liebte, da ward ihr Herz verwundet im Uebermaß des Mitleidens. Zum Dritten, da sie meinen Mund, aus welchem sie so manche süße, tröstende und unterweisende Worte empfangen hatte, absonderlich als ich sprach: „Dein Glaube hat dich selig gemacht, gehe im Frieden;"*) und sie mich im Tode erbleichen sah, und wahrnahm, daß ich nimmer zu ihr reden konnte, ward sie abermals wie mit einem Schwerte durchbohrt. Zum Vierten, als sie mein Herz, von welchem sie das süße Verlangen der Liebe empfangen hatte, so daß, so oft sie mich anblickte, ihr Herz in Liebe bewegt war, als sie dies Herz mit einer Lanze durchstochen sah, hat abermal die Liebe ihrem Herzen eine schwere Wunde verursacht. Zum Fünften, da sie mich, ihr Leben, ihre Freude und all' ihr Gut, ohne welches sie nicht zu leben vermeinte, todt sah und begraben werden, ward ihre Seele schwach und gleichsam todt vor Uebermaß der Liebe, und mehr denn ausgesprochen werden vermag, war sie mit einer Fülle der Schmerzen verwundet."

Daß die heilige Magdalena denen, die sie anrufen, Buße er= werben könne.

An ihrem Feste sah sie die Heilige vor dem Herrn stehen. Und das Herz des Heilandes schien feurig wie Klarheit der Sonne, und dieses Licht ergoß sich über selbe und sie verstand durch gött= liche Eingebung, daß dies Feuer zum erstenmale in ihrem Herzen entzündet wurde, als sie von Christus das Wort gehört: „Dir werden vergeben deine Sünden, gehe hin im Frieden;" welches Feuer so in ihr bekräftigt ward, daß Alles, was sie hernach gethan oder gedacht hat, in dies Feuer verwandelt wurde. Die Seele er= kannte auch daraus, daß ein Jeglicher, welcher von göttlicher Liebe entzündet ist, all' sein Denken, all' sein Reden und Leiden gleich dem in das Feuer der Liebe geworfenen Holze durch ein Feuer ver= wandelt und verzehrt sieht. Und wenn nun auch andere verbrenn= liche Dinge hinzugelegt werden, als da sind tägliche Fehler, so wer= den auch diese ganz von solchem Feuer verzehrt und zu nichte ge= macht, und die Seele wird dann so feurig, daß bei ihrem Ausgange

---

*) S. Luk. 7, 50.

aus dem Leibe die bösen Geister ihr nicht zu nahen vermögen. Aber die, welche in solchem Feuer der Liebe Gottes nicht brennen, deren Werk und Thun wird nicht also entzündet; daher auch ihre begangenen Fehler sie bei ihrem Hinscheiden gleich einer schweren Bürde belasten.

Sie glaubte auch zu sehen, als seien zu den Füßen des Herrn zwei Bäume herausgewachsen von wunderbarem Grün und voll köstlicher Früchte, bezeichnend die Früchte der Buße, von welchen die heilige Magdalena Allen, die zu ihr gekommen waren, Früchte abbrach und fröhlich gab. Hieburch ward angedeutet, wie die Heilige dieses Vorrecht zu Füßen des Herrn erworben habe, daß sie Allen, welche sie anrufen, die Gnade wahrer Buße erwerbe. Da sprach die heilige Maria: „Jeder, welcher da Gott dankt für die Thränen, die ich zu seinen Füßen vergossen habe, und für das Werk, welches ich geübt, da ich seine allerheiligsten Füße mit meinen Thränen und mit meinen Händen wusch, und mit den Haaren trocknete, und für die Liebe, die er seit dieser Zeit meiner Seele eingegossen, und so entflammt hat, daß ich ohne ihn nichts lieben mochte; jeder, welcher bittet, daß er die Thränen wahrer Buße erwerbe und ihm göttliche Liebe eingegossen werde: ihm wird der allergütigste Herr durch meine Verdienste die Erhörung seiner Bitte verleihen, so daß ihm vor seinem Ende seine Sünden vergeben werden, und er in Gottes Liebe gereinigt ist."

Sechsundzwanzigstes Kapitel.
Von der ehrwürdigen Himmelfahrt Unserer Lieben Frau.

Da an dem Vorabende der glorreichen Himmelfahrt der seligsten Jungfrau Maria die Dienerin Christi in ihrem Gebete versunken war, schien es ihr, als ob sie in einem kleinen Hause wäre, in welchem die Jungfrau Maria auf einem Ruhebette mit weißen Linnen zugedeckt lag. Und sie sprach zu ihr: O jungfräuliche Mutter! wovon mag in dir Krankheit gewesen sein, da du ja, wie wir glauben, allen Schmerzen des Todes fremd warst?" Da antwortete sie: „Während ich in dem Gebete und in der Betrachtung

der Wohlthaten Gottes gegen mich von unausſprechlichem Verlangen,
ihn zu loben und ihm zu danken, entflammt war, überkam mich
eine neue Gluth göttlicher Liebe, welche in mir gar unausſprech=
liche Sehnſucht wach rief, ihn zu ſehen und bei ihm zu ſein. Und
als ſolche ſeraphiſche Gluth der Liebe ſo mächtig in mir zunahm,
daß ich nicht Kräfte meines Leibes hiefür mehr hatte, legte ich mich
auf mein Bettlein, und waren mir da zu Dienſte alle Ordnungen
der Engel. Die Seraphim halfen meiner Liebe, und entzündeten
in mir dieſe göttliche Flamme mehr und mehr. Die Cherubim
dienten mir mit dem Lichte der Erkenntniß, ſo daß ich alle die
großen Dinge, welche an mir mein Herr, mein Gott und mein
Bräutigam, wirken wollte, im Geiſte vorherſah. Deßwegen ſprach
ich auch betend: „Der Geiſt der Finſterniß begegne mir nicht, da=
mit nicht durch ſeine Gegenwart dies himmliſche Licht auch nur
eine Friſt verdunkelt werde.“ Die Throne bewahrten in mir jene
Ruhe, deren ich in Gott genoß, unverſehrt. Die Herrſchaften ſtanden
ehrerbietig dienend mir zur Seite; alle Fürſten huldigten ihrer
Königin und der Mutter ihres Königs. Es verhüteten die Fürſten=
thümer durch ihre Gegenwart, daß Niemand von denen, welche zu
mir kamen, etwas ſpräche oder vornähme, was die Ruhe meiner
Seele hätte ſtören können. Die Gewalten hielten die Schar der
Dämonen zurück, daß ſie ſich mir nicht nahen durften. Die Kräfte
ſtanden um mich, zur Fülle meiner Ehre, gekleidet und geſchmückt
mit den Kräften meiner Tugend. Engel und Erzengel bewirkten
durch ihr emſiges Walten, daß alle Anweſenden mir in größter Ehr=
erbietung und Andacht dienten.“

Es ſah auch die Dienerin Chriſti im Geiſte die Engel um
die glorwürdige Jungfrau ſchweben und ſeraphiſche Geiſter in deren
Nähe weilen. Und da ſie Sanct Johannes den Evangeliſten Marien
gegenüberſtehen ſah, ſprach ſie zu ihm: „Ich bitte dich durch die
Gabe, welche du Gott geopfert haſt, als du ob der zarteſten Liebe
zu ſeiner Mutter Allem, was dir theuer war, entſagen wollteſt;
erwirb mir, um ſeiner Liebe willen alle andere Liebe zu verſchmähen,
um ihn aus ganzem Herzen zu lieben!“ Johannes antwortete:
„Ich habe aus den Worten der Mutter meines Herrn gar große
Tröſtung erfahren und nimmer ein Wort von ihr gehört, aus
welchem ich nicht abſonderliche Geiſtesfreude empfunden hätte.“

Wie Maria die Jungfrau zu ihrem gebenedeiten Sohne aufgenommen worden.

Da sie in der heiligen Nacht der Aufnahme (Himmelfahrt) der Mutter Gottes in dem Chore war, bedünkte es ihr, als sei sie abermals bei der seligsten Jungfrau, die auf ihrem Bette ruhte. Und sieh' (— so ward ihr zu erkennen gegeben —), die Höhe der unermeßlichen Majestät neigte sich hernieder in den heiligen Abgrund, das ist, in das demüthigste Herz der Jungfrau, und erfüllte sie mit dem Strome seiner göttlichen Wonne also überreich, daß ihre heiligste Seele ganz hineingenommen, verschlungen und hinübergegossen ward allzumal in Gott. Und so ging Mariens heiligste Seele in unaussprechlicher Freude von ihrem Leibe aus, von keinem Schmerze berührt, und flog gar fröhlich auf in die Arme ihres Sohnes, neigte liebend und minniglich sich an sein Herz und ward bis an den Thron der allerheiligsten Dreieinigkeit unter dem Festgesange aller Heiligen geleitet.

Wie aber Gott der Vater in ganzer Innigkeit seiner Vaterliebe ihre Seele in sein väterlich Herz hineingenommen, ist keiner Kreatur vergönnt, zu sagen. Auch wie die unerforschliche Weisheit Gottes, Gott der Sohn, in vollkommener Weise als Sohn Ehre der Mutter erzeigt, und wie er zuhöchst zu seiner Rechten auf einen Thron der Herrlichkeit sie hat gesetzt —, übersteigt jegliches Erdenken. Auch der heilige Geist erfüllte sie mit Ueberfluß der Liebe, Güte, Süßigkeit und mit allen Gnaden, so daß Alle in dem Himmel von der Fülle ihrer Reichthümer erquickt wurden. Die seraphischen Geister nämlich, schon vom Anfange ihrer Schöpfung an in Liebe brennend, wurden dies noch mehr durch die Liebe der Jungfrau Maria. Auch die Cherubim voll göttlicher Weisheit sind wie durch ein neues Licht erleuchtet. Alle Ordnungen der Engel und Heiligen haben größere Klarheit erlangt, neue Freude und Vermehrung ihrer Verdienste durch die Glorie dieser großen Königin. Ueberdies hat die allerheiligste Dreieinigkeit mit der Fülle der ganzen Gottheit sie durchdrungen, so daß sie ganz von Gott erfüllt war. Alles, was sie zu thun schien, that Gott in ihr und durch sie, so daß er mit ihren Augen sah, mit ihren Ohren hörte und durch ihren Mund sich selbst herrliches und vollkommenes Lob erstattete, und alle Lust und Freude in dem Herzen der Jungfrau war gleich als in dem seinen.

Die Königin der Ehren aber stand zur Rechten ihres Sohnes, angethan mit lichten Spiegeln, in welchen die Verdienste aller Heiligen wunderbar widerglänzten. Und als die Heiligen mit Freuden vor den Thron kamen, und jeder seine Verdienste sah, eilten sie mit neuem Lobe und mit Frohlocken, ihren Gott zu loben. Denn wiefern die Patriarchen und Propheten ihre Sehnsucht ansahen, die Apostel ihre Tugenden und die große Vertrautheit, die sie auf Erden mit Gott dem Herrn gepflogen, erschauten; fanden sie dennoch, daß Maria die Jungfrau sie in allen Dingen übertreffe. Sie war nämlich mehr in Tugenden bewährt, denn sie; mehr eifriger für Gott und mehr eine Freundin Gottes, denn sie alle. So verwunderte sich jede Ordnung der Heiligen, die hinzu ging und die eignen Verdienste in Maria der Jungfrau ersah, und freute sich, daß Maria ihnen so weit vorausging. Denn unter den Zwölfboten Christi ward sie erfunden als diejenige, welche an ihm am allergetreuesten gehangen und seine Worte auf das Sorglichste bewahrt hat. Unter den Martyrern war sie die geduldigste und standhafteste; unter den Bekennern die erleuchtetste, ja diese selber durchleuchtend durch Wort und Beispiel. Unter den Jungfrauen war sie nicht blos die keuscheste und heiligste, sondern die auserlesenste Pflegerin des jungfräulichen und gottgeweihten Lebens. Sie wurde erfunden unter den Guten als die Gütigste, unter den Barmherzigen als die Barmherzigste, unter den Demüthigen die Demüthigste, unter den Vollkommenen die Vollkommenste, und darum hat sie auch wie billig die Vorzüge aller Heiligen übertroffen.

Und Maria die Jungfrau sprach: „Ein Jeder, welcher erhöht werden will mit höchster Ehre über Alle, soll sich Allen demüthig unterwerfen. Auch wer reich werden will über Alle, soll sich gänzlich berauben seines eigenen Willens, und wer da begehrt Würde und den höchsten Schmuck, soll sich fleißig üben in allen Tugenden."

Da man sang: „Salve Maria", sprach die Seele zu Maria der Jungfrau: „O daß ich die Herzen aller Kreaturen in meiner Gewalt hätte, damit sie dich, allersüßeste Jungfrau, in aller Innigkeit und nach all' ihren Kräften grüßen möchten!" Da antwortete sie ihr: „Neige dich auf das Herz meines allersüßesten Sohnes, welches alle Kreatur in sich beschließt, und durch dasselbe grüßest du mich am würdigsten."

Darnach bat sie für eine Person, daß ihr Maria die Jung=frau an ihrem Ende zu Hilfe käme, worauf diese gnädiglich ant=wortete: „Sie soll mich bitten durch die Liebe, mit welcher meine Seele in Gott gleich einem Funken in das Feuer geflogen ist, und seinem göttlichen Herzen, gleich wie ein Flaum, von starker Gewalt hinweggeweht, sich angeschmiegt hat; damit ihre Seele also mit heißer Liebe entzündet werde, daß sie in der Stunde des Todes, frei von allen Hindernissen, gleich einer leichten Feder selig möge emporfliegen. Ich will nämlich ihr und Allen, die auf diese Weise mir dienen, mit meinem Schutze und meiner Hilfe beistehen an ihrem Ende."

Und da sie abermal für eine Seele bat, welche Marien an=dächtig verehrte und sie oft ihrer Freuden zu erinnern pflegte, sah sie ebendieselbe, für welche sie bat, stehen in Gegenwart der Jung=frau Maria, die ihr eine Gedenkmünze gab, welche fünf Ränder, wie Zacken hatte. Und Maria die Jungfrau sprach: „Wenn sie fürder gedenken wird meiner Freuden, soll sie fünf folgende dazu=fügen: Erstlich mich grüßen in der unaussprechlichen Freude, die ich gehabt, als ich das unzugängliche Licht der heiligsten Dreifaltig=keit zum Erstenmale sah, in welchem ich als in einem klaren Spiegel die ewige Liebe erkannte, mit welcher sie mich vor aller Kreatur geliebt und auserkoren hat; und aus welch' großer Liebe der Herr mich vor Allen zu seiner Mutter und Braut erwählt, und mit welch' großem Wohlgefallen alle meine Dienste, die ich ihm auf Erden erwiesen, am höchsten ihm gefallen haben. Zum Andern soll sie mich grüßen durch die Vollkommenheit der Freude, die meine Seele empfangen hat aus dem süßen und freundlichen Gruße meines Vaters, Sohnes und Bräutigams, da er mich gar herzlich nach der Größe seiner Allmacht, nach der Erhabenheit seiner Weisheit und nach der Unbegrenztheit seiner wonniglichen Liebe aufgenommen und mir zugesungen hat ein höchstes Lied der Liebe mit allersüßester Stimme. Zum Dritten soll sie mich grüßen in der Vollkommen=heit der Freude, die meine Seele empfangen hat in dem seligen Kusse, mit welchem mich die Gottheit küßte und mit dem sie mir den Geschmack überwallender Süßigkeit eingoß, so daß aus meiner

8*

Fülle die Himmel honigträufelnd geworden sind, und auch auf Erden Keiner so arm oder so böse ist, dem ich nicht mittheilen möchte aus meiner Fülle, so er es begehrte."

Und die Seele fragte Maria die Jungfrau: „Meine Frau, was ist der Mund der Seele?" Sie antwortete: „Der Mund der Seele ist ein für Gott offenes Herz, welches er ohne Unterlaß mit sich selbst erfüllt, nach allem Verlangen der Seele." — „Zum Vierten soll sie mich grüßen in der Freude, die ich gehabt, da meine Seele ganz in göttlicher Liebe entflammt und mein Herz trunken war von der Süßigkeit seines göttlichen Herzens, da er seine ganze Liebe in selbes ergoß, so viel einer Kreatur möglich zu empfangen und zu gebrauchen; so daß die Menge der Heiligen gleichsam in neue Glut der Liebe versenkt ward. Zum Fünften soll sie mich grüßen in der Freude, welche ich gehabt, als der Glanz der Gott=heit wie mit klarstem Lichte meine Glieder durchstrahlte, so daß der Himmel durch meine Glorie in einem neuen Lichte erhellt, und alle Freude der Heiligen durch meine Gegenwart vermehrt ward."

In diesen fünf Stücken soll sich üben, der da empfängt das heilige Sakrament.

An dem Tage, da der Konvent das heilige Sakrament em=pfing, sah sie den Herrn auf einem Throne mit seiner Mutter und mit Jungfrauen an einem großen Tische sitzen, an welchem auch alle die Personen, die unter der ersten Messe das heilige Sakrament genommen hatten, saßen. Diejenigen aber, welche nun hinzugingen, wurden von Engeln sittsam zu dem Tische geführt, und erhielten Jeglicher ein Stücklein Brotes, das in fünf Schüsselchen getaucht worden war. Hierunter verstand sie, daß ein Mensch, welcher zu dem heiligen Sakramente geht, sich in fünf Stücken besonders üben und in denselben dem Herrn gleichsam ein Mahl bereiten soll. Das Erste ist: daß er in allen Dingen Gott lobe und verherrliche. In der Einigung mit jenem Lobe, in welchem Christus alle seine Werke Gott dem Vater zum Lobe gewirkt hat, soll er auch alle seine Werke zur Ehre und zum Lobe Gottes verrichten. Das Andere ist: daß er in Vereinigung mit der Dankbarkeit, in welcher Christus die menschliche Natur angenommen und den Tod freudig gelitten hat, auch in dankbarer Liebe Gott dem Vater danke, daß er uns diese übergroße Gabe verliehen hat, und er den ganzen Tag für dieses Sakrament Gott Dank sage. Das Dritte ist: daß er heilige Begierden vermehre, auf daß er in Gegenwart eines solchen Gastes nicht eitel und leer erfunden werde. Zum Vierten: daß er alle Werke dieses Tages zur Förderung Aller zu verrichten gedenke. Zum Fünften: daß all' sein Thun und Leiden den Seelen der Gläubigen zum Heile gereiche. Sie verstand auch durch göttliche Eingebung, daß dem Herrn vier Dinge an den Geistlichen sehr gefielen, nämlich wenn ihre Gedanken rein, ihre Begierden heilig, ihre Worte sanft und ihre Werke lieblich sind.

Siebenundzwanzigstes Kapitel.

Von der Prozession und der Messe, welche der Herr gehalten hat.

Zu der Zeit, als die Domherren, welche das Bisthum stellvertretend verwalteten, die Klostergemeinde wegen einer Summe Geldes sehr bedrängten, und ihnen die göttlichen Geheimnisse versagten, an dem Tage der Himmelfahrt der allerseligsten Jungfrau Maria, da die Dienerin Gottes tief bekümmert war und großen Schmerz empfand, weil sie des Leibes des Herrn, nach welchem sie sich aus ganzem Herzen sehnte, entbehren mußte, däuchte es ihr, als ob der Herr die Thränen von ihren Augen trocknete, sie bei der Hand hielt und sprach: „Heute wirst du wunderbare Dinge sehen.“ Da nun der Priester nach Gewohnheit zur Prozession das Responsorium anfing: „Vidi speciosam“,*) erschien es ihr, als ob die ganze Versammlung sich anschickte zur Prozession. In dieser ging der Herr seiner Mutter voraus und trug in seiner Hand ein Banner von weißer und rother Farbe. In dem weißen Felde waren goldene Rosen, in dem rothen silberne. Diese Prozession bewegte sich durch den Kreuzgang bis in den Chor und darnach in die Kirche. Hier bereitete sich der Herr und wollte die heilige Messe feiern, angethan

---

*) „Ich sah die Liebliche wie eine Taube aufsteigen über Wasserbächen: unaussprechlicher Wohlgeruch duftete aus ihren Gewanden, und wie ein Maientag umkränzten sie blühende Rosen und Narzissen aus dem Thale.“ Responsorium I. der ersten Nocturne am Tage der Himmelfahrt Mariens.

mit einem rothen Meßkleide und mit der bischöflichen Inful. Sanct
Johannes Baptista sollte die Epistel lesen, und zwar darum, weil
er der Erste war, der vor Freude ob der seligen und glorreichsten
Jungfrau Maria im Schoße der Mutter gejubelt hatte. Sanct
Johannes der Evangelist sollte das Evangelium lesen, weil er der
Beschützer war der Jungfrau Maria. Sanct Johannes Baptista
und Sanct Lucas aber dienten dem Herrn beim Altare. Johannes
der Evangelist diente der Jungfrau Maria, die da zur rechten
Seite des Altares stand, angethan mit Kleidern, glänzender als die
Sonne. Auf ihrem Haupte funkelte eine Krone, unvergleichlich mit
Edelsteinen verschiedener Art geziert.

Nachdem nun alle Heiligen, die da zugegen waren, feierlich
die Messe anfingen: „Gaudeamus in Domino",*) ging die Jung=
frau Maria zu dem Altare und opferte ihrem Sohne eine Spange
aus Gold, die hell war wie der reinste Krystall, und auf's Köst=
lichste geziert mit edlem Gesteine von spiegelnder Klarheit, so daß
die Jungfrau Maria darin aller ihrer Tugenden Widerschein er=
blickte. Diese Spange bedeckte die Brust des Herrn gleich einem
Schilde. Darnach setzten sie die Messe fort bis zum letzten Kyrie
eleison; da fing der Herr an mit hoher Stimme: „Gloria in
excelsis!" und sprach dann: „Aus der Freude meines Herzens
schenke ich Allen Glorie." Bei der Opferung gingen diejenigen,
welche Maria der Jungfrau besonders gedient hatten, zu dem
Altare, und opferten goldene Ringe. Diese nahm der Herr und
steckte sie an seine Finger. Als der höchste Priester und Bischof
die Präfation gesungen hatte bis an die Schlußworte, sprach er zu
den Heiligen: „Singet, singet Alle und frohlocket!" Da sangen
sie Alle: „Heilig, heilig!" Aber unter Allen und über Alle er=
tönte der süße Laut der seligsten Jungfrau, so daß er unter sämmt=
lichen Stimmen der Heiligen erkannt ward.

Als nun der allerheiligste Augenblick der Aufhebung der hei=
ligen Hostie kam, erhob der Herr, welcher Priester und Opfer zu=

---

*) Freuen wir uns in dem Herrn, indem wir feiern den festlichen Tag
in der Ehre der glorreichen Jungfrau-Maria; ob deren Aufnahme sich freuen
die Engel und loben zumal Gottes Sohn." (Introitus der heiligen Messe
am Feste der Himmelfahrt Mariens.)

gleich ist, die Hostie. Diese war wie in einer goldenen Kapsel verschlossen und verborgen in einem weißen Tuche, wodurch bezeichnet ward, daß dieses Sakrament aller menschlichen und englischen Vernunft verborgen ist. Da sodann gesprochen ward: „Pax Domini", wurde ein Tisch hingesetzt, an welchem sich der Herr mit seiner Mutter niederließ. Die ganze Versammlung ging nun zu dem Tische, und ein Jeglicher nahm knieend den Leib des Herrn aus seiner Hand. Die Jungfrau Maria aber zur Seite des Herrn hielt einen goldenen Becher mit einem goldenen Rohre, durch welches sie Alle sogen jenen süßesten Quell, welcher der Brust des Herrn entquoll. Am Ende der Messe gab der Herr die Segnung mit seiner Hand, an welcher an einigen Fingern goldene Ringe waren. Solches bedeutete die Vermählung mit den jungfräulichen Seelen. Die Ringe aber hatten rothe Steine, deren Sinn war, daß sein Blut zu der Jungfrauen besonderen Zierde gehöre.

Achtundzwanzigstes Kapitel.
Von Sanct Bernard dem Abte.

An dem Feste des großen Lehrers Sanct Bernhard, da die Messe: „In medio ecclesiae" *) gesungen ward, und die Braut Jesu mit inniger Andacht auf das merkte, was gesungen ward, und sie eben betrachtete, was da wäre die „Mitte der Kirche"; da erleuchtete der Herr, welcher sein Augenmerk auf seine Erwählte richtete, ihre Seele mit dem Lichte seiner Erkenntniß, und er sprach: „Die Mitte der Kirche ist der Orden des heiligen Benedictus. **) Dieser hält die Kirche, gleich einer Säule, auf welcher das ganze Haus ruht. Er hält sich allenthalben an die allgemeine Kirche und an jegliche Ordnung in derselben. An ihr Oberhaupt, den Papst, und an die Bischöfe hält er sich, indem er ihnen Ehrerbietung und Gehorsam erzeigt. Er hält sich an die Religiosen durch Lehre,

---

*) „In Mitte der Kirche eröffnete er seinen Mund, und der Herr erfüllte ihn mit dem Geiste der Weisheit und Einsicht!" (Introitus der heiligen Messe am Feste eines Kirchenlehrers.)

**) S. St. Hildegardis, Scivias, Lib. II, vis. V.

Unterweisung und guten Wandel. Denn alle anderen Orden folgen diesem in einigen Stücken nach. Zu den Guten und den Gerechten hält er sich durch Hilfe und Rath; zu den Sündern durch Mitleid, Strafe und Spendung des Bußsakramentes; zu den Seelen im Fegfeuer mit der Hilfe des Gebetes. Zuletzt noch finden bei ihnen die Pilger Herberge, die Armen Unterhalt, die Kranken Erquickung, die Hungrigen und Durstigen Labung, die Traurigen Trost, die Seelen der Gläubigen Erlösung.

„In dieser Mitte hat Gott den Mund Sanct Bernhard's, der da von Gott besonders gesegnet ward, aufgethan, da ihn der heilige Geist so überströmend und überreich erfüllt hat. So wie ein Sturm mit gewaltiger Eile ein Thor aufthut, so hat er in Liebe entzündet durch die Gewalt des heiligen Geistes die Dinge ergossen, welche ihm von Gott eingegeben worden. Er hat die Kirche durch seine Lehre bis jetzt erleuchtet, und der Herr hat ihn erfüllt mit dem Geiste der Weisheit und der Einsicht. Er hat auch alle Dinge, die er durch den heiligen Geist erkannte, und durch ihre Anwendung und eigene Erfahrung gekostet hatte, in seinem Verständnisse behalten. Obgleich er Vieles davon mitgetheilt hat, ward er dennoch selber durch sie mehr, als je ausgesprochen werden kann, im eigenen Gemüthe erleuchtet." *) Da sprach die Seele: „Eja viel herzlich Geliebter! welches ist die Stola (das Gewand) der Glorie, mit welcher, wie die heilige Schrift so oft bezeugt, du die Heiligen angethan hast? Den Sinn des Namens „Glorie" hast du mir geoffenbart;**) nun, so es dir gefällt, so eröffne mir auch, was ist die Stola der Glorie?" Und zur Stunde erschien ihr Sanct Bernhard in einer Stola, welche gewirkt war ganz wundersam aus weißer, grüner, rother und goldener Farbe, und es schien, als sei mit Sonnenglanz die Farbe durchwebt. Der Herr sprach: „Dies ist die Stola der Herrlichkeit, gewebt mit der Weiße meiner Unschuld, mit dem Grün meiner höchsten Tugend, gefärbt mit dem Schmucke meines rosenfarbenen Blutes, und überdies vergoldet mit meiner feurigsten Liebe. Die Sonne aber, die da so fürtrefflich schimmernd dazwischen leuchtet, ist die Gottheit, welche mitwirkt

---

*) S. Anmerk. 9.
**) Vgl. Buch Sirach 45, 9. S. 16. Kap. dieses Buches.

und mit vollbringt alle die Werke meiner Menschheit. Mit dieser Stola bekleide ich alle meine Heiligen, das heißt, mit meiner Unschuld und mit dem Schmucke meiner Tugenden. Auch ihr leiblich Leiden habe ich vollkommen gemacht zu ihrer höchsten Glorie."

Und die Liebe stand gleich einer anmuthigen Jungfrau zur Rechten Sanct Bernhard's, und wo er hinging, da ging sie mit ihm, zu einem Zeichen eines besonderen Verdienstes, welches ihm daraus ward, daß er so liebererfüllt gewesen und durch Schrift und Rede so Viele in Gottes Minne entzündet hat. Auch war der ganze Himmel geziert mit seinen Worten, gleichwie mit schimmernden Perlen.

Neunundzwanzigstes Kapitel.
Von der Geburt Mariä der Jungfrau.

Als das Fest der gnadenreichen Jungfrau gekommen war, an welchem ihre Geburt gefeiert wird, als der schimmernden Morgenröthe; da fragte die andächtige Dienerin Christi die Königin der Herrlichkeit in ihrem Gebete, was sie wollte, daß an ihrem Feste gebetet werden möchte? Zur Stunde erschien ihr die gütige Jungfrau, zu ihr sprechend: „Lies mir so viele Ave Maria, als viele Tage ich im mütterlichen Leibe gewesen bin, nämlich zweihundert siebenundsiebzig, und erinnere mich der Freude, welcher ich mich jetzt erfreue, da ich die Freude der heiligen Dreifaltigkeit schaue und erkenne, jene Freude, die sie an mir gehabt hat durch das Wohlgefallen, mit welchem sie mich von Ewigkeit bevorzugte. Doch ganz besonders frohlockte sie in meiner Geburt, so daß ob dem Reichthume ihrer Freude auch Himmel und Erde und alle Kreaturen, obwohl des Grundes ihres Frohlockens nicht bewußt, mit aufjubelten. Denn gleichwie ein Werkmeister, der da ein wundervolles Werk herzustellen gedenkt, es in sich betrachtet mit großem Fleiß, und es voraus in seinem Herzen mit Lust erschaut, also ward auch die heilige Dreifaltigkeit in mir ergötzt, und freute sich, da sie mich zu einem solchen Gebilde erschaffen wollte, in welchem alle Kunst ihrer Macht, Weisheit und Güte auf das Herrlichste erschien; und dazu wußte sie, daß ihr Werk in mir nimmermehr verderbt werden würde.

Sie hat auch so gnädig und mit so großer Wonne meine Geburt und Kindheit begabt, daß alle die Werke meiner Kindheit von ihr geachtet sind als ein Freudenspiel, nach dem Ausspruche: „Spielend vor dem Herrn zu aller Zeit."*) Zum Andern gemahne mich der Freude, welche mir darin eignet, weil Gott mich über alle seine Geschöpfe so sehr geliebt hat, daß er mir zu Liebe oft der Welt schonte, noch ehedem ich geboren war. Auch hat er aus gar freigebiger Liebe zu mir meinen Eintritt in die Welt beschleunigt, und ist mir mit seiner Gnade zuvorgekommen im Mutterleibe. Zum Dritten gemahne mich der Freude, die mir darin zu eigen ist, daß Gott mich am würdigsten geehrt hat über alle Engel und über alle Kreatur. Auch von der Stunde an, in welcher meine Seele meinem Leibe eingegossen war, hat er mich mit dem heiligen Geiste erfüllt, der mich gänzlich von der Erbsünde reinigte und mich durch besondere Heiligung ihm zu einem heiligen Hause weihte, so daß ich hinaustrat in diese Welt als eine Rose ohne Dornen und dem Morgensterne gleich."

Auch hatte die Jungfrau Maria Haare von wundervoller Schönheit. Und da die heilige Seele diese Haare um ihrer ausnehmenden Weiche willen berührte, sprach die glorreiche Jungfrau: „Berühre immerhin meine Haare! Denn je mehr du sie berühren wirst, desto höhere Zierde wird dir selber werden. Denn diese meine Haare sind Sinnbild meiner unzählbaren Tugenden. Und je mehr du an diese rührest, dieweil du selbe nachahmest, desto mehr werden sie in dir die Schönheit erhöhen und Anmuth." Hierauf sprach diese: „O Königin aller Tugenden! ich bitte dich, sage, welches war die erste Tugend, in welcher du dich in der Kindheit geübt hast?" Sie antwortete: „Demuth, Gehorsam und Liebe. Von Kindheit an war ich so demüthig, daß ich mich keiner Kreatur vorgeachtet habe. Ich war meinen Eltern so gehorsam, daß ich sie auf keine Weise betrübte. Weil der heilige Geist mich im Mutterleibe geheiligt hatte, war ich geneigt zu allem Guten und liebte es wunderbar über alle Güter; nur demjenigen allein, was tugendhaft war, folgte ich fleißig nach, und es war mir wundersame Lust, dasselbe mir anzueignen."

*) Sprüchw. Salomon 8, 30.

Weiter in der heiligen Nacht, da gesungen ward: „Stirps Jesse,"*) sah sie die Jungfrau Maria in Gestalt eines schönen Baumes. Dieser breitete sich aus über alle Höhe und Breite der Erde, und war dieser Baum durchsichtig wie ein durchsichtiger Spiegel, und hatte goldene Blätter, welche gar lieblichen Wohlgeruch hauchten. Zu oberst war die allerwonniglichste Blume; sie überströmte und besprengte die ganze Welt mit wunderbarem Dufte. Und die seligste Jungfrau sprach: „Gott ist in mir selber sein Lobsingen und sein Lob, und erfreut sich in wundersamer Weise in mir."

Auch in der Messe unter der Sequenz „Ave praeclara",**) da gesungen ward die Strophe: „Hinc Manna", bedäuchte ihr, wie die Jungfrau in der Mitte säße und ein überaus schönes Kind hielte, dessen Arme mit Gold und Edelsteinen unaussprechlich geziert waren. Daraus erkannte sie, wie damit der übergroße Schmerz bezeichnet werde, welchen der Herr Jesus an diesen Armen gelitten, da er nach Tragung des schweren Kreuzes ausgestreckt an demselben hing. Als gesungen wurde: „Bitte, o Jungfrau, für uns, daß wir jenes Himmelsbrodes würdig werden!" hob die jungfräuliche Mutter ihr Kind hoch empor und balsamischer Duft umfloß das Kind und überströmte auch selig die Gemeinde. Bei dem Verse aber: „Fac fontem",***) bedäuchte es ihr, wie die Mutter des

---

*) „Jesse's Stamm erblühte, da die Jungfrau geboren hat denjenigen, welcher Gott war und Mensch." (Antiphone der Kirche.)

**) „Ave, erlauchter Stern des Meeres, zum Lichte der Völker, o Maria! durch Gott zum Aufgang geführt" — Marienlied von Hermann Contractus († 1054), in den alten englischen und deutschen Meßbüchern als Sequenz für mehrere Muttergottes-Feste aufgenommen. Die neunte Strophe, welche mit den nachfolgend hervorgehobenen Worten des Urtextes: „Hinc Manna" anhebt, lautet nach der Uebersetzung von Sebastian Brandt († 1520) ohngefähr: „Von dir ausgat (ausgeht) das wahre Himmelsbrod, das dorch' dem wahren Sam' Abraham vom Himmel kam —; Was das bedeut', Mögen heut' wir arme Leut', Schauen schon an (ohne) Deckung (Hülle) an." (Hinc manna verum Israelitis veris Abrahae filiis admirantibus quondam, Moysi quod typus figurabat, jam nunc abducto velo datur perspici: Ora, Virgo, nos illo pane coeli dignos effici.

Fac fontem dulcem, quem in deserto petra praemonstravit, degustare cum sincera fide, renesque constringi, lotos in mari anguem aeneum in cruce speculari.)

***) Aus derselben Sequenz: „Laß den süßen Born, den in der Wüste aus dem Fels den Vätern du gespendet, uns mit reinem Glauben kosten ꝛc."

Herrn unter ihrem Mantel einige Personen zu dem göttlichen Herzen ihres Sohnes neigte und sprach: „In diesem Borne machet süß alle eure Bitterkeit, und überwindet alle eure Versuchungen!" Sie bat auch für die Gemeinde, daß Gott sie stärke und befestige im heiligen Vorsatze. Da sprach der Herr zu ihr: „So sie mir anhangen wollen, will ich sie in Ewigkeit nicht verlassen."

Dreißigstes Kapitel.
Von den Engeln und wie ihnen die Menschen zugesellt werden.

An dem Feste Sanct Michaels, da die Dienerin Christi in traulicher Vereinigung mit Gott ihn fragte, welchen Dienst sie den Engeln widmen solle, empfing sie diese Antwort von ihm: „Bete in ihren Ehren neun Vaterunser, nach den neun Ordnungen der Engel!" Als sie dies gethan, wollte sie an dem heiligen Festtage dieselben ihrem Engel aufopfern, auf daß er sie den andern Engeln überantworte. Da sprach der Herr Jesus gnädiglich zu ihr: „Befiehl es mir, daß es durch mich geschehe; denn das zu thun verursacht mir große Freude, weil alles das Opfer, welches mir befohlen und durch mich in dem Himmel dargebracht wird, aus dem meinigen so sehr geadelt und in besseres verwandelt wird, gleichwie wenn ein Pfennig eingesenkt in einen Klumpen glühenden Goldes, nicht mehr als das erscheint, was er gewesen ist, sondern wie rein aus Gold gemacht." Darnach sah sie eine goldene Treppe von neun Stufen, allenthalben umgeben mit einer Menge der Engel, so daß auf der ersten Stufe die Engel, auf der andern die Erzengel und so auf je einer Stufe eine Ordnung der Engel stand. Sofort erkannte sie durch göttliche Eingebung, daß diese Treppe den Wandel des Menschen bedeute. Ein Jeder, der in der Kirche Gottes getreu, demüthig und andächtig dient und um Gottes willen den Kranken, Armen, Pilgern und allen Andern in Liebe zu Hilfe kömmt, hat seinen Platz auf der ersten Stufe, gleichgeachtet den Engeln (d. h. den Schutzengeln). Die aber, welche in ihrem Gebete andächtiger sind und Gott noch mehr lieben, und den Nächsten Belehrung, Rath und Hilfe mittheilen, werden auf der zweiten Stufe den Erzengeln beigesellt. Jene, die sich in Geduld, in Gehorsam, in williger Armuth und Demuth üben und alle Tugenden starkmüthig vollbringen, erheben sich zu den Tugenden („Kräften") auf die dritte Stufe. Diejenigen, welche den Lastern und Begier= lichkeiten widerstreben und den Teufel sammt allen Dingen, die er eingibt, überwinden, werden in der vierten Stufe mit den „Mächten" den Sieg der Glorie erhalten. Jene, welche in der Kirche Vor= steher für die Andern sind und das ihnen anbefohlene Amt treulich verwalten, Tag und Nacht zum Gewinne der Seelen wachend, in= dem sie also das ihnen anvertraute Pfund mit allem Fleiße, so viel sie können, vervielfältigen, werden mit den „Fürsten" für ihre Arbeit die Herrlichkeit des Reiches in der fünften Stufe empfangen. Auch die, so sich der göttlichen Majestät in völliger Unterwerfung dargeben, wegen der Ehre Gottes alle Menschen in Liebe ehren, und sich selbst lieben einzig darum, weil sie nach Gottes Bilde er= schaffen sind, und sofort sich, so viel sie es vermögen, bemühen, Gott gleichförmig zu werden, das Fleisch dem Geiste unterthan zu machen, welche ihr Gemüth beherrschend es gänzlich dem Himm= lischen zuwenden; diese werden in der sechsten Stufe mit den „Herr= schaften" frohlocken. Hinwieder jene, welche stetiglich der Betrach= tung und Beschaulichkeit dienen, in Reinheit des Herzens und Stille des Gemüthes sich erzeigen als eine erlesene Wohnung Gottes, und wahrlich mögen geheißen werden das Paradies Gottes, nach dem Ausspruche: „Meine Lust ist es, zu sein bei den Söhnen der Menschen,"*) und wieder: „Ich werde in ihnen wohnen und mit ihnen wandern;"**) diese werden den Thronen in der siebenten Stufe zugesellt. Diejenigen, welche Andere übertreffen in Erkenntniß und Wissenschaft Gottes, welche in absonderlicher Seligkeit Gott gleichsam von Angesicht zu Angesicht mit erleuchtetem Gemüthe schauen, und alle Dinge, die sie so aus dem Bronnen aller Weis= heit schöpfen, durch Lehre und Erleuchtung wieder Andern eingießen, sie werden auf die achte Stufe aufsteigen zu den „Cherubim". Endlich die, welche Gott aus ganzem Herzen und Gemüthe lieb haben und sich gänzlich hineinsenken in das ewige Feuer jener Liebe, welche Gott ist, so daß sie ihm ganz ähnlich werden, welche Gott lieben nicht durch ihre eigene, sondern durch göttliche Liebe,

---

*) Sprüchw. Salom. 8, 31.
**) II. Cor. 6, 16.

wie sie selbst geliebt werden, so daß sie alle Dinge um Gott und wegen Gott lieben, die ihre Feinde gleich als ihre Freunde ansehen, die nichts mehr mag abwenden oder hindern von der Liebe Gottes (denn um wie viel mehr ihre Feinde sich erheben, um so viel kräftiger brennen sie selig in Liebe), die dann auch Andere dazu entflammen, damit alle Menschen vollkommen werden möchten in der Liebe Gottes, die da fremde Laster und Sünden als ihre eigenen beweinen, weil sie nur allein Gottes Ehre und nicht ihre eigene lieben und suchen; diese endlich gehen geraden Weges zu Gott in der neunten Stufe mit den „Seraphim", zwischen welchen und Gott keine anderen Geister mehr sind.

Wie die Engel der Gemeinde dienten.

Unter der Messe sah sie eine Menge der Engel gegenwärtig sein, und sah jeden Engel vor der Jungfrau, welche ihm anbefohlen war, in Gestalt eines schönen Jünglings stehen. Einige hatten blütetragende Scepter, andere goldene Blumen. Wenn die Gemeinde sich neigte, legten sie ihren Mund auf die Blumen, zum Zeichen ewigen Friedens. So dienten die Engel durch die ganze Messe mit großer Ehrerbietung.

Als sodann die Jungfrauen zu dem Gastmahle des Königs der Himmel gingen, führte jeder Engel diejenige, welche ihm befohlen war. Der König der Glorie aber stand an der Seite des Priesters und war mit unaussprechlicher Herrlichkeit umgeben. An seiner Brust befand sich ein Schmuck in Gestalt eines hübschen Baumes. Dieser Baum theilte sich, und aus dem honigfließenden Herzen, in welchem alle Schätze der Weisheit und Kunst verborgen sind, floß ein lauterer Quell, von welchem Alle, die hinzugingen, trunken wurden an dem Strome seiner göttlichen Wonne.*)

Einunddreißigstes Kapitel.
Von dem Feste Allerheiligen, und wie Christus alle Mängel der Seele ergänzt.

An dem Vorabende Allerheiligen, da sie über einem Werke, welches ihr aus Gehorsam auferlegt worden, arbeitete, und die Messe

---

*) Pf. 35, 9.

verſäumte, ſo daß ſie erſt, als man die allerheiligſte Hoſtie erhob, kam, und nun Gott mit traurigem Herzen ihre Verſäumniß aufopferte, ſprach der Herr zu ihr: „Bedünke ich dir nicht ein ſo hoher Preis, daß ich tilgen könne alle deine Sünden?" Darauf antwortete ſie: „Ja, Herr, ich getraue es gänzlich, daß du es vermagſt." Er ent= gegnete: „Ich bin ſo ein überflüſſig zahlender Preis, dem es leicht iſt, zu erfüllen und zu bezahlen all' deine Verſäumniſſe." Sie ſprach: „Herr, ich weiß, daß dir nichts unmöglich iſt." Darauf erwiederte der Herr: „Ich will vollkommen in Allem für dich antworten Gott dem Vater. Doch ſollſt du auch alle Scharen der Heiligen bitten, daß ſie für dich ihre Verdienſte aufopfern. Es ſollen die Patriarchen und Propheten für dich aufopfern ihr Verlangen nach meiner Menſchwerdung; die Apoſtel die Treue, mit welcher ſie bei mir in all' meiner Betrübniß geblieben ſind, und durch welche ſie mit vieler Mühe, Predigen und Wandern mir das gläubige Volk geſammelt haben. Die Martyrer ſollen dir ſchenken ihre Geduld, mit welcher ſie ihr Blut um meinetwillen vergoſſen haben; die Bekenner den Ueberfluß ihrer Heiligkeit, mit welcher ſie Anderen durch Wort und Beiſpiele den Weg des Lebens gezeigt haben; die heiligen Jungfrauen dir aufopfern das Ver= dienſt ihrer Keuſchheit und Makelloſigkeit, durch welche ſie würdig geworden, mir am nächſten zu ſein." — Unter der Mette ſah ſie den König der Herrlichkeit in einem Throne ſitzen, der von kryſtallreiner Klarheit mit unzähligen rothen Korallen geziert war. Zu ſeiner Rechten thronte die Königin des Himmels auf einem Stuhle mit Saphiren, welchen überdies weiße Perlen ſchmückten. Durch den Thron des Herrn von Kryſtall verſtand ſie, ſei bezeichnet die un= begreifliche Lauterkeit der Gottheit, durch die Korallen aber das roſenfarbene Leiden ſeiner Menſchheit. Der Saphir ſinnbildete das himmliſche Herz der Mutter Gottes, die Perlen ihre jungfräuliche Reinheit.

Da man nun den Vers des zweiten Reſponſoriums ſang: „Bitte für das Volk",*) erhob ſich die ehrwürdige Mutter von ihrem Stuhle. Andächtig mit gebogenen Knieen bat ſie den König, ihren Sohn, für die Gemeinde. Gleicherweiſe that ein jeglicher

---

*) Reſponſorium aus der Matutine des Feſtes Allerheiligen, nach der zweiten Lection.

Chor der Heiligen, dessen man gedachte. Darnach, unter der achten Lection, stand die seligste Jungfrau abermal auf vor ihrem Sohne, sammt einer unzähligen Schar der heiligen Jungfrauen. Und siehe, von dem süßesten Herzen, in welchem verborgen ist die Menge aller Seligkeit, sah man eine dreifache goldfarbene Schnur ausgehen. Diese schlang sich durch das liebende Herz der jungfräulichen Mutter und durch die Herzen Aller so weit hindurch, bis sie von dem Herzen der letzten Jungfrau wiederkehrend einging in das göttliche Herz, und so durch wundersame Führung gleichsam einen Reigen machte. Gesondert aber von den Jungfrauen schien die übrige Schar der Heiligen, welche nicht durch die Gabe der Jungfräulichkeit erhöht war, in den Reigen geführt zu werden. Wieder eigens von dieser abgetheilt schritten die Chöre der heiligen Engel. Aus dem Herzen jedes der Heiligen, der Jungfrauen sowohl, wie der übrigen Schar, ging süßes Getöne aus, gleich Schall von Orgeln. Dadurch ward zu verstehen gegeben, daß sie nichts so Vorübergehendes je vollbracht auf Erden, in Danksagung und in Gebet nach Handlung, Wort und selbst in Gedanken, was nicht mit lieblichem Laut und Klange aus ihrem Herzen jetzt ewiglich wieder ertönte zu Gottes Lob und ihrer eigenen Freude und Herrlichkeit Mehrung. Da erinnerte sie sich, daß von ihnen geschrieben ist: „Dort erklinget stets das Saitenspiel deiner Heiligen,"*) und wieder: „Lobet den Herrn mit Pauken und in Chören."**) Durch das Bild der dreifachen Schnur, welche von dem Herzen des Herrn ausging, ward ihr angedeutet: die Liebe der immerdar glorwürdigen Dreifaltigkeit, des Vaters, des Sohnes und des heiligen Geistes, welche durch Fürbitte der seligsten Jungfrau Maria die liebenden Herzen der Jungfrauen mit absonderlicher Süßigkeit durchdringt und sie mit ihr vereint, wie die Schrift bezeugt, welche spricht: „Unversehrtheit bringt Gott am nächsten."***)

Unter der Hochmesse aber, da man das Evangelium las, fragte sie den Herrn und sprach: „Was willst du, mein süßester Liebhaber, daß ich jetzt thue?" Der Herr antwortete: „Wozu habe ich dich am vorhergehenden Tage ermahnt?" Da gedachte sie, daß

---

*) Stelle aus einem Kirchenhymnus.
**) Ps. 150, 4.
***) Weish. 6, 20.

sie an dem gestrigen Tage vom Herrn die Ermahnung empfangen habe, die Schar der Heiligen zu bitten, für sie zu opfern. Um solches zu erlangen, hörte sie den Herrn zu ihr sprechen: „Nimm wahr! ich will allen meinen Heiligen vorangehen und will für dich opfern Gott dem Vater. Zum Ersten will ich aufopfern die geheiligte Zeit, in welcher ich gleich einem Bräutigam in der Schlafkammer geruht habe in dem Schoße meiner jungfräulichen Mutter. Diese neun Monate will ich opfern für die Zeit, die du im mütterlichen Schoße gewesen bist, behaftet mit der Erbsünde und vor deiner Geburt meiner Gnaden nicht fähig. Dann will ich opfern meine heiligste Geburt für deine Geburt, in welcher du noch nicht aus dem Borne der Taufe wiedergeboren, sondern mir fremd warst. Meine unschuldigste Kindheit bringe ich dann dar für die Unwissenheit deiner Kindheit, will auch opfern den heißen Eifer meiner andächtigen Jugend für die Versäumnisse deiner Jugend. Die Ordnung meines heiligsten und vollkommensten Wandels sammt der Frucht meines Leidens werde ich aufopfern für all' deine Gebrechen und Mängel, auf daß in mir und durch mich all' das Deine vollkommen sei.“

Mit solchen Worten ging der Herr der Kräfte und ihm folgte alle die Ritterschaft der Himmel nach. Er ging opfernd zu einem herrlichen Altare, der in feiner, wunderbarer und kunstreicher Ausschmückung prangte, und in welchem, wie sie verstand, die unzähligen Schätze der höchsten, vollkommenen und unbegreiflichen Gottheit verborgen lagen. In der Ausschmückung des Altares erkannte sie die unaussprechlichen mannigfaltigen göttlichen Wohlthaten, die da alle menschlichen Begriffe übersteigen. Man stieg auf drei Stufen zu diesem Altare. Die erste war golden, wodurch erklärt ward, daß Niemand zu Gott kommen kann, es sei denn, er steige auf durch die Liebe. Die zweite Stufe hatte die Farbe des Aethers. Dadurch ward zu verstehen gegeben die Betrachtung der göttlichen und himmlischen Dinge, weil dem, welcher Gott nahen will, nothwendig ist, daß er, von allen irdischen Dingen losgeschält, sich oft bemühe, zur Betrachtung der himmlischen sich zu erheben. Die dritte Stufe erschien grün · und bezeichnet die grünende Frische im göttlichen Lobe, daß nämlich all' unser Wirken in der Meinung vollbracht werde, mehr dabei das Lob und die Ehre Gottes zu begehren, denn unsern Nutzen oder unser Heil. —

Zur Zeit der heiligen Kommunion sah sie in Mitte des oben beschriebenen Reigens einen Tisch, der gar fröhlich und herrlich geschmückt war. An diesem reichte der Herr unter der Gestalt des sakramentalen Brodes seinen göttlichen Leib und sein Blut der Gemeinde dar, die um selben Tisch gereiht saß. Hierauf überschickte der überfreigebige König durch den Dienst himmlischer Fürsten Jedem aus der Gemeinde königliche Geschenke. Die, welche diese Geschenke sah, versicherte, es seien dieses die Gaben, welche Gott einer Andern seiner Andächtigen für dasselbe Fest gewiß zugesagt hatte,*) nämlich wie er zur Bezeigung besonderer Freundschaft einer Jeglichen aus der Gemeinde tausend Seelen schenken wolle, die er, durch ihr Gebet von den Banden der Schuld erledigt, einzuführen beschlossen in das Reich der Himmel.

Wie Gott in seinen Heiligen gelobt werden solle.

An dem Feste der Heiligen, da sie betrachtete, welches Lob sie Gott dem Herrn erzeigen wolle zu Ehren aller Heiligen, sprach der Herr zu ihr: „Lobe mich für das, daß ich bin eine Krone aller Heiligen." Und sie lobte nach ihrem Vermögen von Stund an die heiligste und immerdar glorwürdigste Dreifaltigkeit dafür, daß sie eine Krone der Heiligen und ihr wunderbarer Schmuck zu sein beschlossen, und überdies noch mit besonderem Vorzuge ein Kranz der heiligen Jungfrauen. Und sie sah um das Haupt der Jungfrau Maria und aller heiligen Jungfrauen einen Strahlenkranz von unschätzbarer Zierde, so daß ihre Glorie nicht mit Worten mag ausgesprochen werden. Sie sah auch, wie Gott der Glorienschein (Aureola) der seligen Jungfrau und aller Jungfrauen wäre, nach Art eines Kranzes. Dieser war ausgefüllt mit runden Knöpfchen, zu drei und drei zumal verbunden. Davon war das eine roth, das andere lichtweiß, das dritte goldfarben. Da verstand sie, daß in dem rothen Knöpfchen bezeichnet sei Christi Leiden und aller Jungfrauen Leiden und jegliche Widerwärtigkeit. Denn wer unversehrte Jungfräulichkeit bewahren will, vermag es nicht ohne Mühsal und Prüfung. In der weißen Perle spiegelte sich des Heilandes Unschuld und die jungfräuliche Makellosigkeit. Aus der Goldfarbe

---

*) Vgl. Gesandter d. göttl. Liebe, 3. B. 9. Kap.

aber erglänzte die Liebe Christi und der Jungfrauen; denn wahrhaft Jungfräuliche lieben gleichsam naturnothwendig den Herrn, welchem sie sich zu reinem Wandel für immer verlobt haben. Daß aber je drei und drei Perlen zusammengefügt waren, bedeutete, daß die Jungfrauen aus den drei genannten Tugenden vor allen andern Heiligen besondere Freundschaft, Lust und süßen Geschmack in Gott zu eigen haben. Denn wiewohl alle Zier und Glorie der Heiligen aus dem Blute Christi, aus seiner Unschuld und seinen übrigen Tugenden entspringt, und wiewohl zwischen einer jeden Seele und Gott eine süße Freundschaft und Liebe waltet; genießen dennoch mit besonderem Vorzuge die Jungfrauen Gottes, als ihres erwählten Bräutigams, in erlesener Freude und Wonne. In dem Spiegelglanze der Perlen erkannte sie, daß darin unendliches und unaussprechliches Gut sich berge, welches auch die Engel im Himmel nicht gänzlich erschauen und erfahren können, so daß wahrlich ausgesprochen werden darf: Dieses Gut weiß Niemand, denn der, der es empfängt. —

In der heiligen Nacht, da sie abermals, so viel sie es vermochte, die höchste Dreifaltigkeit mit Lobpreis ehrte, sah sie in Entzückung des Geistes einen lebendigen Brunnen, glänzender als die Sonne, der in sich selbst und aus sich selber war und die Luft ringsum mit Wohlgeruch erfüllte. Sein Boden war sehr fest und von kostbarer Arbeit, und sein Schöpfgeräthe hatte er in sich selbst, ohne Menschenwerk sich selbst schöpfend und sich Allen mildiglich mittheilend. Durch den festen Boden des Brunnens verstand sie, sei die Allmacht des Vaters, durch das Schöpfgeräthe die Weisheit Gott des Sohnes bezüglich der Kreaturen bezeichnet, jene Weisheit, welche sich nach ihrem Wohlgefallen in Alle ergießt und einem Jeden, wie sie will, aus- und mittheilt. Die Süßigkeit des Wassers aber stellte dar die unaussprechliche Süße und Güte des heiligen Geistes, und die balsamische Luft bedeutete, daß Gott das Leben aller Dinge ist. Denn wie ohne Luft der Mensch nicht zu leben vermag, so lebt keine Kreatur ohne Gott. In dem Umkreise des Brunnens, an dem Boden selbst, waren sieben Säulen, die Kapitälchen aus Saphir hatten, durch welche sieben Bächlein in alle Heiligen floßen; einer in die Engel, der andere in die Propheten, einer in die Apostel, einer in die Märtyrer, einer in die Bekenner, einer in die

9*

Jungfrauen, einer in alle andern Heiligen, so daß sie in allem Guten daraus ersättigt wurden und einander mit jenem Wohlgeruche ihrer Heiligkeit erfüllten, welchen Jeder von dem Andern in sich sog. Solches bedeutete die Freude der Heiligen, mit der sie alles Gute, welches sie in Gott besitzen, einander mit großer Gutwilligkeit mittheilen.

Zweiunddreißigstes Kapitel.
Von Sanct Katharina, der Jungfrau und Martyrin.

An dem Feste der fürtrefflichen Jungfrau Katharina er=
schien ihr diese Jungfrau in einem Kleide, welches ganz mit gol=
dener Schrift bedeckt war und oben goldene Haften hatte, die dieses
Kleid zusammenhielten, wodurch die allerseligste und untrennbare
Einigung Gottes mit der Seele vorgestellt ward. Die Dienerin
Gottes grüßte sie feierlich mit der Antiphon: „Ave Virgo spe-
ciosa,"*) und sprach dann zu ihr: „Ich bitte dich, sage mir, was
wird doch dadurch ausgedrückt, daß wir dir singen: ‚Dir; nach
deren Angesicht und Zierde selbst der Herr begehret hat?‘**)
Welches ist das Angesicht, das der Herr in dir begehrt hat?" Sie
antwortete: „Mein Angesicht ist das Bild der glorwürdigen Drei=
faltigkeit, welches darum der Herr in mir begehrt hat, weil ich es
nie durch große Sünde verunstaltet habe. Meine Zierde aber ist
jener unaussprechliche Schmuck, mit welchem Christus seine Gläu=
bigen durch die Farbe seines kostbaren Blutes so geheimnißvoll
ziert: Und das sollst du wissen: So oft der Mensch das Sakra=
ment empfängt, so oft wird diese Zierde in der Seele erneuert und
gemehrt. Und so Jemand nur einmal kommunizirt hätte, der hätte
diese Zierde in seiner Seele verdoppelt; wer aber hundert= oder

---

*)　　　„Gruß dir, Jungfrau, hochgeehrt!
　　　　Gruß dir, Jungfrau, Gottes werth!
　　　　Gruß dir, die so mild, so rein!
　　　　Bitt' auch für uns, um die Freude,
　　　　Die in ew'ger Glorie dein!"
　　　　　　　　　(Hymnus auf Sanct Katharina.)
**) Aus demselben Hymnus an Sanct Katharina.

tausendmal kommunizirt, der hat in seiner Seele diese Zierde so oft vermehrt."

Aber da sie Sanct Katharinen für Eine der Ihrigen andächtig bat, antwortete diese: „Sage ihr, daß sie mir lese den Psalm: ‚Lobet den Herrn alle Völker!'*) und die Antiphon: ‚Komme, meine Geliebte! komme in das Gemach meines Bräutigams,' um mich zu erinnern an die Freude, die ich hatte, als Christus, mein König und Bräutigam, mich mit solchen Worten einlud; und weil, da diese Stimme mir zukam, mein Herz in so großer Liebe ent= zündet und ich aufgelöst ward in so namenlose Freude, daß dadurch alle Schrecknisse des Todes zu nichte gemacht wurden."

Dreiunddreißigstes Kapitel.
Von dem Mindesten der Heiligen und von der Güte Gottes.

An einem Sonntage, da man sang: „Mane prima sab-bati,"**) in den Versen: „Als der Born der höchsten Güte," gedachte sie, welche und was für Güter dem Borne alles Guten ohne Ende entspringen. Da sprach der Herr zu ihr: „Komme und siehe den Mindesten im Himmel, und dann wirst du zu erkennen vermögen den Born der Güte!" Sie fing an zu gedenken, wo sie diesen Mindesten finden möchte, oder wie sie ihn erkennen sollte. Während sie diesem nachdachte, kam ihr ein Mann entgegen, mit einem grünen Gewand bekleidet, mit krausem gelbem Haare, mittel= mäßiger Größe, lieben Angesichtes und sehr geschmückt. Da sprach sie zu ihm: „Wer bist du?" Er antwortete: „Ich war auf Erden

---

*) Pf. 116, 1.
**) Alte Sequenz von der heiligen Magdalena am heiligen Ostertage:
> In ersten Wochentags Frühstund'
> Gottes Sohn vom Grab erstund',
> Unsere Hoffnung, unser Ruhm!
mit dem Schlußverse:
> Als der Born der höchsten Güte,
> Der von Sünde dich befreit,
> Ist er es, der deinem Diener
> Nachlaß milde nun verleiht 2c.

ein Räuber und Uebelthäter und habe nie ein gutes Werk gethan."
Sie fragte ihn: „Wie bist du in diese Freude gekommen?" Er
antwortete: „Alle meine bösen Werke habe ich nicht aus Bosheit
vollbracht, sondern aus Gewohnheit, und weil ich nichts Besseres
wußte; ich war nämlich dazu erzogen worden von meinen Eltern.
An meinem Ende habe ich darum durch Buße die Barmherzigkeit
Gottes erworben. Zehn Jahre befand ich mich in der Stätte der
Pein und habe viele Qual und vielen Schmerz gelitten, und nur
allein durch unverdiente Güte Gottes ward ich in diese Ruhe ge=
führt." Er zeigte dann der Seele alle Güter, welche Gott so
barmherzig in ihm vollbracht hatte, und das war ihr eine große
Freude, daß er dieses zu thun vermochte. So erkannte sie den
Born der Güte in dem Mindesten; denn wenn Gott solches in dem
wirkt, welcher nichts Gutes gethan hat, was wird er erst dann
vollbringen in seinen tugendreichen Heiligen?

***

Vierunddreißigstes Kapitel.
Von Sanct Bartholomäus.

Zu einer Zeit sah sie Sanct Bartholomäus, den Zwölfboten,
in wunderbarer Glorie, wie er vor sich ein goldenes Kreuz hatte.
Als sie sich verwunderte, was das Kreuz bedeute, sprach der Herr
zu ihr: „Dies ist das Kreuz, von welchem ich in dem Evangelium
gesprochen habe: ,Wer mir nachfolgen will, nehme sein Kreuz auf
sich und folge mir nach.'*) Sein oberer Theil ist das Vertrauen,
mit welchem Alle, die sich selbst und das Ihrige um meinetwillen
verlassen, zu mir kommen. Der Theil rechts ist die Liebe des
Nächsten, der linke die Geduld in der Widerwärtigkeit. Das Untere
ist das Meiden alles dessen, was die Seele von Gott entfernt.
Darum nun, weil dieser mein lieber Jünger mir vollkommen nach=
folgend dieses Kreuz getragen hat, überragt es ihn jetzt zu seiner
besonderen Würde."

***

*) Matth. 16, 24.

Wie Gott in seinen Heiligen gelobt wird.

Nachdem sie also die so große Glorie des Zwölfboten gesehen
hatte, begehrte sie Gott, welcher seine Liebhaber ehrt, in seinen
Heiligen zu loben. Darüber belehrte sie Gott gnädiglich als seine
andächtige Jüngerin, indem er sprach: „Lobe meine Güte in den
Heiligen, die ich begabt habe mit so großer Seligkeit, daß sie nicht
allein in sich selbst aller Güter reich sind, sondern daß auch eines
Jeglichen Freude so sehr aus der Freude des Andern gemehrt wird,
daß Jeder an des Andern Reichthum sich mehr freut, denn irgend
eine Mutter ob der Erhöhung ihres einzigen Kindes, oder ein Vater
ob des Triumphes und der Glorie seines Sohnes frohlockt. So
also besitzt Jeder die Verdienste aller Heiligen als seine eigenen in
fröhlichster Liebe.“

Wieder von den Heiligen.

„An dem Feste eines Heiligen magst du erstlich mich loben
für die ewige Erwählung, in welcher ich die Heiligen auserwählt
und sie also gestärkt habe, daß, obwohl die, welche zur ewigen
Seligkeit erwählt sind, in großen Sünden sich befänden, ich doch
allzeit die Glorie, zu welcher sie gelangen werden, ansehe, als ob
sie nie gesündigt hätten. Zum Zweiten lobe mich für die freund=
liche Einladung, mit der ich selbe zum Reiche der Glorie entboten
habe. Denn wer dürfte Zutritt zu meiner göttlichen Majestät
hoffen, es sei denn, daß ich es forderte oder ihn an mich zöge?
Zum Dritten preise mich für die treue Theilung meines Reiches
mit den Heiligen. Denn ich habe sie Alle mit mir zu Königen
gemacht und habe ihnen ein seliges und herrliches Reich verliehen,
von welchem sie nicht die Hälfte, sondern das volle Ganze em=
pfangen haben.

„Auch die Heiligen dürfen gemahnt werden vorerst an die
Freude, mit welcher sie sich freuen, weil sie nun vollkommen erkennen
und in vollster Lust schauen, wie ich sie von Ewigkeit geliebt und
zu solcher Seligkeit umsonst erwählt habe. Niemand vermag so
das Herz seines Freundes zu durchschauen, wie es gegen ihn ge=
sinnt sei, als meine Auserwählten es vermögen, die das Innerste
meines Herzens sehen und mit unaussprechlicher Freude meine Liebe

und Treue gegen sie empfinden. Zum Andern gemahne sie an den süßesten Geschmack, dessen sie genießen; denn wenn sie mich loben und benedeien und meine Liebe gegen sie sehen, gereicht dies ihnen zur höchsten Wonne. Zum Dritten seien die Heiligen erinnert, wie sie sich der vollen Freiheit ihres Willens in allen Dingen, die sie wollen, erfreuen.

„Es mögen auch die Heiligen gemahnt werden erstlich an die höchste und herrlichste Ausstattung, welche Gott ihnen von Ewig= keit bereitet hat, daß sie da seien, wo er ist, Miterben seines Ein= gebornen, und daß ihnen gegeben ward ein Bleiben in ihm selbst, in dem Innersten seines väterlichen Herzens. Zum Andern erinnere die Heiligen der sanften Einflößung, da der Herr mit seiner ganzen Gottheit sich ergießt, und auch sie mit vollkommenstem Danke und seligem Genusse wieder in ihn zurückfließen. Zum Dritten ferner an die Würde und Ehre, welche Gott ihnen erzeigte, da er sie zu seinen Tischgenossen gemacht, indem er sie ohne Unterlaß speiset und sättiget mit dem Lichte seines Angesichtes, sie tränket mit dem Strome seiner göttlichen Lust, und all' ihr Verlangen mit allem Guten erfüllt. Zum Vierten gemahne sie an die getreueste Be= lohnung; denn sie haben nichts so klein um der Liebe Gottes willen gethan, verlassen oder gelitten, welches Gott vergessen hätte. Gott hat all' dieses behalten und hat sie dafür belohnt mit würdigster Ehre über jegliches Verdienst. Endlich erinnere die Heiligen an die ewige Seligkeit; denn sie haben die Gewißheit, daß ihre Ehre und Seligkeit nimmermehr abnimmt, vielmehr das Uebermaß ihrer Verdienste und Freuden stets zunehmen werde."

Fünfunddreißigstes Kapitel.
Von dem Feste der Kirchweihe.

An dem Feste der Kirchweihe, als unter der Messe gesungen ward der Vers: „O Gott, vor welchem steht der Engel Chor, er= höre die Bitten deiner Diener!"*) sah sie im Geiste das himm=

*) Aus dem Stufenpsalme der heiligen Messe am Kirchweihfeste.

lische Jerusalem und den Thron Gottes in demselben; dieser Thron war so groß, daß er von der Höhe des Himmels bis zur Hölle reichte. Unten hatte er einen großen Nagel, welcher Alle, die in der Hölle sind, niederdrückte, worunter sie verstand, es sei damit die Gerechtigkeit Gottes bezeichnet, welche die Unguten ganz von Gott abgesondert hält. Die Stadt Jerusalem aber war aus kostbaren und lebendigen Steinen erbaut,*) das ist, aus den Heiligen, so daß Jeder der Heiligen in der Mauer, gleichwie ein Bild in einem hellen Spiegel, mit allen seinen Verdiensten besonders sichtbar ward. Alle Engel aber standen vor dem Throne, nach ihren Ordnungen und Würden gereiht. Als nun die Seele verlangte, zu ihrem Lieben zu gehen, empfingen sie die Engel mit wundervoller Fröhlichkeit und führten sie zwischen sich bis zu den Erzengeln. Die Erzengel sodann geleiteten sie bis zu den Kräften; so durchging sie alle Chöre der Engel und kam zu dem Throne ihres Lieben. Hier fiel sie nieder zu seinen Füßen, indem sie sprach: „Ich grüße deine allerheiligsten Füße, mit welchen du in unaussprechlicher Liebe und in Verlangen wie ein Riese gelaufen bist den Weg unserer Erlösung und unseres Heiles." Dann sagte sie Dank für all' das Gute, welches sie zu seinen Füßen erworben hatte.

Und sie sprach zu dem Herrn: „Was soll ich bitten, um so mehr, da wir heute so oft eingeladen werden, zu bitten, damit wir uns freuen möchten, wenn wir etwas erlangen?" Der Herr antwortete: „Zum Ersten bitte, daß dir alle Sünden vergeben werden; denn das macht den Menschen am fröhlichsten und davon wird er ewige Seligkeit erwerben. Ein Jeder nämlich, welcher seine Sünden bußfertig beichtet, oder den ganzen Willen hat, zu beichten, und zu meinen Füßen Vergebung der Sünden begehrt, wird, wenn er nun in seinem Herzen empfindet solche Demuth, daß er bereit ist, sich unter alle Menschen zu verdemüthigen, ein wahrhaftiges Zeugniß empfangen, daß ihm Vergebung aller Sünden geworden ist."

Dann stand die Seele auf und sah den Herrn auf dem Throne sitzen, mit ausgebreiteten Händen sprechend: „So bin ich beständig gewesen an dem Kreuze mit ausgespannten Händen bis zum Tode; also stehe ich immer noch mit ausgebreiteten Händen vor meinem

---

*) I. Petr. 2, 4 f.

Vater für die Menschen, zu einem Zeichen, daß ich wahrhaft bereit bin, einen Jeden, der zu mir kommt, in meine Arme aufzunehmen. So aber Jemand Solches zu erwerben begehrt, und er ist bereit, um meiner Liebe willen jede Widerwärtigkeit zu leiden, so wird es ihm zum Pfande sein, daß er zu meiner Umfangung gekommen ist. Auch Jeder, der da zu meinem Kusse gelangen will, habe Acht, daß er in Wahrheit und in allen Dingen meinen Willen liebe und dieser Wille ihm am höchsten gefalle. Dann wird es ihm ein Zeugniß werden, daß er zu meinem Kusse gekommen ist. Jeder endlich, welcher will, daß sein Gebet zu meinen Ohren bringe und erhört werde, soll bereit sein zu jeglichem Gehorsam; denn es ist unmöglich, daß das Gebet eines gehorsamen Menschen nicht zuge= lassen werde."

Als da gesungen ward das Responsorium: „Segne, Herr! dieses Haus, welches ich deinem Namen erbaut habe, und wenn sie kommen an diesen Ort, erhöre die Bitten auf dem erhabenen Throne deiner Herrlichkeit," *) sah sie alle Tugenden, welche darin genannt wurden, vor dem Herrn stehen in Gestalt von Jungfrauen und Bräuten. Eine unter ihnen, ausgezeichneter als die andern, trug einen goldenen Becher, in welchen alle Jungfrauen wohlriechende Gewürze legten und sie Gott mit gebogenen Knieen darbrachten. Da sie sich dessen verwunderte und zu wissen begehrte, was Solches bedeute, sprach der Herr: „Das ist die Zeit unter dem Gehorsam, welche mir deßwegen allein kredenzt, weil sie in sich den Werth der übrigen Tugenden beschließt. Denn ein wahrhaft gehorsamer Mensch muß in sich folgende Tugenden haben: Er muß eine gesunde Seele besitzen, das heißt, durch keine Todsünde krank sein. Er muß De= muth haben, in welcher er sich den Oberen in Allem unterwirft, und muß innere Heiligkeit besitzen, um zu bewahren die Reinigkeit des Herzens und des Leibes. Es sind ihm auch nothwendig Kraft und Ueberwindung, daß er stark sei, um das Gute zu thun und sieghaft den Lastern zu widerstehen. Auch wird ein gehorsamer Mensch die übrigen Tugenden haben, das ist, den Glauben, ohne welchen Niemand Gott gefallen mag; die Hoffnung, in welcher er

---

*) Responsorium aus der Matutine des Kirchweihfestes, nach der dritten Lection.

allezeit nach Gott begehrt; die Liebe gegen Gott und den Nächsten; die Güte, daß er sich gegen Jedermann sanftmüthig und gefällig erweise; Mäßigkeit, damit er alles Ueberflüssige abschneide; Geduld, damit er alle Widerwärtigkeiten überwinde, und alle Dinge verrichte, die ihm nützen, als da sind verdienstliche Werke und geistliche Lehre, daß er seine Regel strenge beobachte."

Aber da die Seele unter andern für eine Person gebetet hatte, die mit ihrem Amte sehr beschwert war, sah sie dieselbe unter diesen Jungfrauen stehen und hörte den Herrn sprechen: „Warum singt sie mir ungern, da ich ihr ewiglich süß singen will? Denn der Gesang eines Tages aus Gehorsam gefällt mir mehr, denn aller Gesang, der da geschieht nach eigenem Erachten."

Sechsunddreißigstes Kapitel.
Von der seligsten Jungfrau.

Als sie in der Messe: „Salve sancta parens"*) gegrüßt hatte die seligste Jungfrau und selbe bat, daß sie ihr Vergebung der Sünden von dem Herrn erwerbe; bedäuchte ihr, wie die Jungfrau Maria vor Gott stünde. Da fiel sie selber zu deren Füßen, berührte den Saum ihrer Kleider, die da auf die Erde floßen, und drückte denselben an ihr Angesicht. Wie sie nun wieder sich erhob, sah sie viele Jungfrauen um sich stehen, und als sie zu wissen begehrte, wer diese wären, sprach Maria die Jungfrau: „Alle diese Jungfrauen dienten mir auf Erden. Die Erste derselben ist die Heiligkeit; die diente mir im Mutterschoße durch Erfüllung mit dem heiligen Geiste. Die Andere ist die Vorsicht; sie diente mir in meiner Kindheit, daß ich nie etwas, was kindisch war, gegen den Willen Gottes that. Die Dritte ist die Keuschheit, welche mir diente bei dem englischen Gruße. Von Liebe zu ihr überwunden, gab ich dem Engel die Antwort. Die Vierte ist die Demuth; diese machte mich zu einer Mutter Gottes, als dessen Dienerin ich mich

---

*) „Sei gegrüßt, heilige Mutter, welche den König geboren, der da Himmel und Erde regiert in Ewigkeit der Ewigkeiten." (Eingang der heiligen Messe zu Ehren der Mutter Gottes.)

erkannt habe. Die Fünfte ist die Liebe, die den Sohn Gottes von dem Schoße seines Vaters in meinen Schoß geneigt hat, und gleich= wie die Herzen der Mütter schwach zu werden pflegen vor Beschwerde des Schmerzes, so ist mein Herz schwach geworden aus Größe der Liebe. Wie ein Hirsch begehrt nach dem Borne der Wasser, so be= gehrte ich nach dem Sohne, welchen ich trug. Die Sechste ist die Emsigkeit, so mir diente zu allen Werken, welche meinem Sohne, der geboren werden sollte, nothwendig waren, so daß ich in Allem den Willen des Vaters in ihm erfüllte. Die Siebente ist die Ge= duld; von der ersten Stunde der Geburt meines Sohnes bis zum Tage seines Leidens hat sie mir gedient. Die heilige Furcht aber des Herrn war meine Kämmerin, die nie meinen Fuß gleiten ließ." —

Die Seele sprach: „O Frau! erwirb mir diese Tugenden." Sie antwortete: „Gehe zu meinem Sohne und fordere sie von ihm!" Der Herr aber saß auf einem goldenen Stuhle, der auf zwei Säulen von Saphir und Gold ruhte. Die Seele fiel dem Herrn zu Füßen, ihn für sich und alle Versuchten um diese Tugen= den zu bitten. Da winkte der Herr bejahend und wies ihr gleich= sam die dastehenden Jungfrauen zu. Als sie nun umblickte, ge= wahrte sie, daß jede in ihrer Hand eine kleine scharfe Lanze hielt. Die Schärfe derselben bedeutete die Beständigkeit, mit welcher man den Lastern widerstehen muß. Um die Lanzen aber waren goldene Cymbeln, die verursachten bei ihrer Bewegung gar süßen Laut und sinnbildeten die Gedanken, durch welche der Mensch widersteht, wenn er die Laster überwindet, und sie gaben vor Gott wundersüßen Ton. Weiter sah sie rings um sich die Menge der Heiligen und Engel stehen, und der Herr sprach: „Alle diese tausendmal Tausende, so hier sind, sie werden Vertheidiger aller Derer sein, die für mich gegen alle Lust des Feindes streiten."

Siebenunddreißigstes Kapitel.
Wie der Mensch wahre Heiligkeit erwirbt.

An einem Sonnabende, als gesungen ward: „Salve sancta parens,"*) grüßte sie die Jungfrau Maria und bat sie, daß sie

*) S. oben zu Kap. 36.

ihr wahre Heiligkeit erwerbe. Da antwortete ihr die glorwürdige Jungfrau: „Begehrst du wahre Heiligkeit, so halte dich zu meinem Sohne, welcher die Heiligkeit ist und alle Dinge heilig macht." Da sie aber gedachte, wie sie das thun möchte, antwortete die gütigste Jungfrau: „Halte dich erstlich an seine allerheiligste Kindheit mit dem Verlangen, daß alle Missethat und Versäumniß deiner Kindheit durch seine unschuldige Kindheit erfüllt werde! Halte dich an seine allereifrigste Jugend, in welcher er in heißer Liebe erblüht ist (weil nämlich in ihm allein das Feuer göttlicher Liebe zureichende Nahrung besaß), damit alle Laßheit und Trägheit deiner Jugend durch dasselbe ersetzt werde! Halte dich auch an seine göttliche Tugend, auf daß in der seinen deine Tugend geadelt und erhaben sei! Ferner, halte dich an meinen Sohn, indem du in ihn alle deine Gedanken, Worte und Werke legest, auf daß die Unvollkommenheit deiner Gedanken, Worte und Werke durch ihn, der nie in diesen gesündigt hat, abgewaschen werde. Zum Dritten halte dich zu ihm, gleichwie zu ihrem Bräutigam eine Braut, die aus seinen Gütern gekleidet und gespeiset wird und die aus Liebe zu dem Bräutigam seine Freunde und Verwandten liebt und ehrt. So soll auch deine Seele genährt werden aus dem Worte Gottes wie von einer köstlichen Speise und aus seinen Reichthümern. Aus dem Beispiele nämlich seiner Tugenden, denen sie nachzufolgen hat, soll sie gleichwie mit zierlichen Kleidern geschmückt werden. Auch halte dich zu seinem Gesinde, das ist, zu seinen Heiligen, indem du sie liebest und Gott für sie lobest. Schicke sie zu deinem Geliebten, daß sie ihn mit dir loben, so wirst du wahrhaftig heilig, wie geschrieben ist: „Mit den Heiligen wirst du heilig," *) gleichwie eine Königin durch die Gemeinschaft mit dem Könige Königin wird."

Als in der Sequenz „Ave Maria" gesungen ward: „Du warst ein Tempel Christi des Erlösers," **) ermahnte die Seele Maria die Jungfrau und bat sie, weil sie ein so herrlicher, seliger und wonniglicher Tempel Gottes gewesen, daß sie auch ihr erwerben

---

*) Pf. 17, 26.

**) Marien-Sequenz aus dem dreizehnten Jahrhundert. Die bezügliche Stelle lautet im Originale: „Tu parvi et magni, leonis et agni, Salvatoris Christi templum extitisti," d. i.: „Du warst des Kleinen und des Großen, des Löwen und des Lammes — Christi, des Erlösers, Tempel."

möge, ein würdiger Tempel Gottes zu werden. Da ergriff die Jungfrau Maria ihre Hand und führte sie zu einem schönen Hause, das hoch gebaut mit gevierten Steinen, kein Fenster hatte und doch innen ganz licht war. Dieses Haus hatte eine kleine Thüre, die aus einem rothen und dicken Jaspis gemacht war, und daran hing eine goldene Kette. Es war solches Haus ein Abbild Mariä der Jungfrau; seine gevierten Steine bedeuteten, daß die vier Elemente, aus welchen der Mensch besteht,*) in ihr in vorzüglichster Weise ge= mischt waren; in der Höhe und Helligkeit erkannte die Seele, daß sie in höchster Beschaulichkeit und lichter Erkenntniß durchwirkt war. Durch die Thüre ward ihr bezeichnet die Barmherzigkeit, weil diese offen ist Allen, welche zu ihr kommen. Der rothe Jaspis hingegen sinnbildete ihre wunderbare Geduld und die goldene Kette ihre Liebe. Und sie sprach zu der Seele: „Begehrst du, ein solches Haus Gottes zu werden, so befleiße dich der Uebung der Tugenden!"

Die glorwürdige Jungfrau hatte auch an ihrer Rechten vier Ringe, welche mit vier kostbaren Edelsteinen geziert waren. Sie legte ihre Rechte auf die Brust der Seele, sprechend: „Nimm wahr! durch diese edlen Gesteine wirst du alle Art der Versuchungen überwinden. Eine jede Versuchung entspringt aus vier Lastern, das ist, aus Hoffart, Zorn, Unlauterkeit und Trägheit. Darum, wenn du dich in Hoffart erheben möchtest, stelle dir vor meine andächtigste Demuth, so du aber mit Zorn bedrängt wirst, betrachte meine Milde, in welcher ich mit Allen sanftmüthig war. Wirst du an= gefochten von Unlauterkeit, eile zu meiner heiligsten Reinheit; endlich so du versucht wirst mit Trägheit, fliehe zu meiner heiligsten Liebe; also wirst du vertreiben jegliche Kraft des Feindes."

Achtunddreißigstes Kapitel.
Von den Kronen der seligsten Jungfrau.

In der Messe: „Salve sancta parens" sah sie die seligste Jungfrau mit einer Krone auf dem Haupte, deren Blumenwerk zur

---

*) S. Anmerk. 10.

Erbe geneigt war; ihr rother Mantel aber war bedeckt mit goldenen
Kronen, die alle zur Erde hinneigten, und inmitten jeder Krone war
der Name derselben geschrieben. Die Krone ihres Hauptes bedeutete
ihre innigste Vereinigung mit Gott, welche sie vor den andern Geschöpfen genießt. Eine andere Krone, welche ihre Schultern bedeckte, trug die Inschrift: Mutter Gottes und des Menschen. Die
dritte Krone bedeckte ihre Brust; sie trug den Namen: Königin der
Engel. Die vierte: Freude aller Heiligen. Die fünfte: Trost aller
Elenden. Die sechste: Zuflucht aller Sünder. Die Neigung der
Kronen zur Erde drückte aus, daß sie in allen Gaben und Gnaden,
so ihr von Gott verliehen worden, sich zu den Menschenkindern neigt.

Dann bat die Seele im Besondern für einige Personen, so
ihr anempfohlen waren. Die seligste Jungfrau antwortete ihr:
„Wenn der vom irdischen Wein Trunkene freigebiger ist, als der
Nüchterne, um wie viel mehr bin ich es, die ich von der höchsten
Süßigkeit des göttlichen Herzens zu allen Stunden den süßesten und
lautersten Wein der erhabensten Gottheit zuströmend trinke."

Neunundreißigstes Kapitel.
Von den Strahlen, die aus dem Herzen der seligsten Jungfrau hervorgingen.

An einem Sonnabend, da man im Chor das Responsorium
sang: „Sei gegrüßt, o Jungfrau sonder Gleichen," bedünkte ihr,
als stehe die seligste Jungfrau vor dem Altare und der heilige Erzengel Gabriel stand ihr gegenüber. Da fiel die, welche dieses sah, der
Jungfrau zu Füßen und bat, daß sie ihr Verzeihung für eine Sünde
erlangen möchte, welche sie durch Verkleinerung begangen hatte, jedoch nicht aus Bosheit, sondern um Jemandens Gemüth zu besänftigen. Die seligste Jungfrau aber nahm sie bei der Hand und
sprach: „Gelobe meinem Sohne, daß du solches nicht mehr thun
wollest." Und jene: „Das wollest du, milde Mutter, mir bei
deinem Sohne erlangen."

Da man den Vers sang: „Mit Gold wirst du von innen
bekleidet," öffnete sich das Herz der seligsten Jungfrau, und es

gingen zwei Strahlen hervor, welche beide Chöre erfüllten. Und es ward ihr gegeben, das Herz der glorreichen Jungfrau in den sieben Stücken zu grüßen, worin es uns am nützlichsten war, vor allen andern Herzen nach Christi Herz. Zum Ersten grüßte sie es in dem sehnsüchtigsten Verlangen, so sie vor allen Patriarchen und Propheten nach der Geburt Christi empfunden. Zum Andern in der glühendsten und demüthigsten Liebe, durch welche sie die Mutter Gottes geworden; zum Dritten in der zärtlichsten Sorgfalt, womit sie das Kindlein Jesus so minniglich ernähret; zum Vierten in der bedachtsamen Bewahrung der Worte Christi; zum Fünften in der Nachahmung der Geduld Christi bei seinem Leiden; zum Sechsten in dem eifrigen Gebet und Wunsch für die Kirche; zum Siebenten in dem, was sie täglich im Himmel bei dem Vater, Sohn und heiligen Geist erwirkt, indem sie unsere Bitten unterstützt.

Als jene bei den Worten: „Ehre sei dem Vater" u. s. w. sich verneigte, stand die glorreiche Jungfrau vor ihr und verneigte sich auf gleiche Weise die Kniee beugend. Da sie sich darüber wunderte, erkannte sie durch göttliche Eingebung, daß, wenn sie vor allen Kreaturen erwählt und erhöht sei, so sie auch vor allen größeren Dank bei allen Gaben Gottes bezeige.

Da man sang: „Sei gegrüßt, edelste Königin", erschien ihr wieder die seligste Jungfrau mit einem gar zarten Knäblein auf den Armen, das in Windeln eingewickelt war und an ihrer jung= fräulichen Brust ruhte; sie stand vor jener, da sie den Vers sang: „Ihn, der Alles nährt," u. s. w. Da man aber bei dem folgen= den Responsorium sang: „Erkenne, wem du deine Arme reichtest," da streckte sie ihre Arme aus und hob das Knäblein über ihr Haupt empor, wie um anzudeuten, daß sie den Gottmenschen Allen zeigen wolle.

Vierzigstes Kapitel.
Engel geleiten die Seele zur seligsten Jungfrau.

Wieder an einem Sonnabend, da sie sich inniglich nach der Gegenwart der seligen Jungfrau sehnte, bedünkte ihr, als träten alle Chöre der Engel zur seligsten Jungfrau hinzu, das Verlangen der liebenden Seele ihr kundgebend, und sie inständig bittend, daß sie sich würdigen möchte, zu erscheinen. Dies geschah in der Weise, daß bei dem Neuma*) des Wortes: „Osten" die Engel zu ihr hinzutraten, sprechend: „Eja, Herrin komme!" Hierauf kamen bei den einzelnen Theilen desselben Neuma die Erzengel, Tugenden, Mächte, Fürstenthümer, Herrschaften, Throne und Cherubim. Bei den Worten: „. . . . de te Maria," nahmen die Seraphim sie mit großer Kraft und führten sie, geleitet von allen Engeln, ehrfurchtsvoll in die Mitte des Chores. Dieses Gesicht wurde ihr öfters zu Theil.

Einundvierzigstes Kapitel.
Von den Freuden der Jungfrau Maria.

Einstmals, da die glorwürdige Jungfrau Maria der Seele erschien, bat diese sie, die Königin des Himmels möge sie unterweisen, was sie ihr diesen Tag zu Ehren erzeigen solle. Da antwortete ihr die Jungfrau Maria: „Gemahne mich vor Allem an die Freude, die ich gehabt, als der Sohn Gottes, von dem Herzen seines Vaters ausgehend, als ein Bräutigam kam in meinen Schoß, frohlockend, gleich einem Riesen seinen Weg zu laufen.**) Zum Andern erinnere mich an die Freude, welche ich hatte, da der Herr meinen jungfräulichen Schoß verließ und mir ein Sohn der Süßigkeit und Freude ward, während andere Söhne nur ihren Müttern Schmerz und Traurigkeit bringen. Der Sohn Gottes, welcher selber die Süßigkeit ist, hat mir, seiner Mutter, die Freude gebracht und ist mir Lieblichkeit geworden. Stelle mir dann vor die Freude, welche mir zu Theil ward bei dem Opfer der heiligen Könige, da Jesus mir ward zu einem Sohne der Ehren. Von Anbeginn nämlich ist keine Mutter bei der Geburt ihres Sohnes je mit solchen Gaben geehrt worden. Mache mich gedenken ferner der Freude,

---

*) Die neun Theile des Neuma bei den Worten: Ostende te, Maria, besonders bei der Silbe . . ten sind im Manuskripte in Noten oder musikalischen Signaturen ausgedrückt und so abgetheilt, daß die einzelnen Theile den einzelnen Chören der Engel entsprechen.
**) Psf. 18, 6.

welche ich empfand, als ich meinen Sohn in dem Tempel auf=
opferte. Dort ward er mir zu einem Sohne der Reinheit und
Heiligkeit. Denn obwohl ich der Reinigung nicht bedurfte, wie
andere Mütter, hat diese Aufopferung mir gleichwohl die Heiligkeit
gemehrt. Allerdings wurde in dem Leiden Jesus mir ein Sohn
der Trauer und der Schmerzen; aber in der Auferstehung ist er
mir geworden ein Sohn der Freude und des Frohlockens, in seiner
Himmelfahrt endlich ein Sohn der göttlichen Majestät und königs
lichen Würde."

Zweiundvierzigstes Kapitel.
Vom Ave Maria.

An dem Sonnabende, da gesungen ward: „Sei gegrüßt,
heilige Mutter!"*) sprach die Seele zu der Jungfrau Maria:
„Eja! wenn ich dich nur, o allersüßeste Königin der Himmel! grüßen
könnte mit einem Gruße, welchen ein menschlich Herz noch nie er=
dacht hat. Das thäte ich am liebsten." Und zur Stunde erschien
ihr die glorwürdige Jungfrau und trug an ihrer Brust geschrieben
mit goldenen Buchstaben den englischen Gruß. Sie sprach: „Ueber
diesen Gruß hinaus ist nie ein Mensch gekommen. Auch mag mich
kein Mensch süßer grüßen, denn der, welcher mich grüßt mit der
Ehrerbietung, in welcher mich Gott der Vater gegrüßt hat durch
das Wort „Ave", indem er mich durch seine Allmacht erwählte und
bestätigte, daß ich frei von allem Wehe der Schuld und Strafe
sein sollte. Auch hat mich der Sohn Gottes mit seiner göttlichen
Weisheit also durchleuchtet, daß ich ein hellglänzender Stern bin,
durch welchen Himmel und Erde erleuchtet wird; und ist solches
bezeichnet durch den Namen „Maria", das ist: „Stern des Meeres."
Auch der heilige Geist hat mich mit seiner ganzen göttlichen Süßig=
keit durchdrungen und mich mit seiner Gnade so reich gemacht, daß
ein Jeder, welcher durch mich Gnade sucht, dieselbe findet; solches
schließen in sich die Worte: „Gnadenvolle." In dem Worte:
„Der Herr ist mit dir," werde ich an die unaussprechliche Ver=

*) Vgl. oben 36. Kap.

einigung Gottes gemahnt und an das Geheimniß, welches in mir die ganze Dreifaltigkeit vollbracht hat, da sie die Wesenheit meines Fleisches mit der göttlichen Natur in Einer Person vereinigte, und Gott Mensch geworden ist. Welche Freude und Seligkeit ich in dieser Stunde empfunden, vermag kein Mensch vollkommen zu erfahren. Durch das Wort: „Du bist gebenedeit unter den Frauen," erkennt und bezeugt alle Kreatur mit Verwunderung, daß ich gesegnet und erhöht bin über alle Geschöpfe, über himmlische und irdische. Durch die Worte: „Gebenedeit ist die Frucht deines Leibes," wird gepriesen und erhoben die hochherrliche Frucht meines Leibes, welche lebendig macht, heiligt und in Ewigkeit segnet alle Kreaturen."

Dreiundvierzigstes Kapitel.
Von den fünf Ave Maria vor der heiligen Kommunion.

Eines Tages nach der Mette fing während des Gebetes die Seele an, zu zweifeln, ob sie des Abends das Completorium unserer lieben Frau gebetet hätte, oder nicht. Sie ward deßhalb traurig, bekannte Gott ihre Versäumniß und betete zur Stund das Complet. Darnach sprach sie fünf Ave Maria, die sie zu beten gewohnt war, ehe sie den Leib des Herrn empfing, und die wir Andern zur Lehre beschreiben wollen.

Bei dem ersten Ave gemahnte sie die Jungfrau Maria, wie sie in jungfräulicher Reinheit Gottes Sohn durch die Botschaft des Engels empfing und in der Tiefe der Demuth ihn zu ihr von dem königlichen Throne zog. Da bat sie, ihr zu erwerben reines Gewissen und wahre Demuth. Unter dem zweiten Ave gedachte sie der wonnesüßen Aufnahme, als die glorwürdige Jungfrau den Herrn zuerst in der Menschheit erblickte und als wahren Gott erkannte. Da bat sie, ihr zu erwerben wahre Erkenntniß. Bei dem dritten Ave erwog die Seele, wie Maria allezeit bereit gewesen, die Gnade Gottes zu empfangen und derselben nie in ihr ein Hinderniß setzte. Auch die Seele bat darum, ihr ein Herz zu erwerben, welches allzeit für die göttliche Gnade bereit wäre. Unter dem vierten Ave

10*

verehrte sie die große Andacht und Dankbarkeit, mit welcher die heilige Mutter den Leib ihres lieben Sohnes auf Erden empfing, weil sie vor Allen vollkommen erkannte, welch' großes Heil aus ihm dem Menschen zukomme. ·Deßwegen bat die Seele ihr genugsame Dankbarkeit zu erwerben. Zu dem fünften Ave aber erinnerte sie sich des glorreichen Empfanges, als ihr lieber Sohn die hochgebenedeite Mutter aus der Trauer dieser Welt zu den himmlischen Freuden rief. Und sie bat, daß Maria ihr erwerbe, zu geistlicher Freude zu gelangen. So nämlich der Mensch erkennen würde, welch' großes Heil ihm daraus kömmt, daß er den Leib des Herrn empfängt, möchte er vor Freude in sich selbst vergehen. Darauf sah die Seele, wie Maria die Jungfrau vor ihr stand und sie mit den Armen umfing. Darob begann sie ihre Versäumniß zu beklagen und fragte, ob sie das Completorium zu Abend gebetet hätte oder nicht? Die Jungfrau antwortete ihr: „So du nicht weißt, ob du es gesprochen hast, ist es so vor meinem Sohne, als ob du es nicht gethan hättest."

Vierundvierzigstes Kapitel.
Von der Treue der glorreichen Jungfrau Maria.

Ein anderes Mal, als sie sich Gott schuldig gab, daß sie seine Mutter nie nach Billigkeit geliebt hätte, noch ihr sattsam Ehrerbietung und Dienst erzeigte, ·sprach der Herr: „Für diese deine Saumseligkeit lobe meine Mutter ob der Treue, mit welcher sie mir in Allem während ihres ganzen Lebens am getreuesten war in jeglichem ihrer Werke, allezeit meinen Willen dem ihrigen voranstellte. Zum andern Male lobe ihre Treue, mit welcher sie mir in allen meinen Nöthen getreulich beigestanden ist, so daß alle Schmerzen, die ich am Leibe litt, auch sie mitgelitten hat im Geiste. Zum Dritten feiere die Treue, da sie mir noch in dem Himmel die Getreueste ist und von mir die Bekehrung der Sünder erwirbt. Durch ihre Fürbitte und Verdienste sind unzählige Sünder bekehrt, und sind viele Seelen, die meine Gerechtigkeit zu der ewigen Pein verurtheilen konnte, durch ihre Barmherzigkeit zurückgerufen und auch aus dem Fegfeuer erledigt worden."

Fünfundvierzigstes Kapitel.

Wie die Jungfrau Maria mit aller Kreatur gegrüßt werde.

In einer Messe zu Ehren unserer lieben Frau, da die Seele zu grüßen begehrte die Jungfrau Maria, sprach der Herr zu ihr: „Grüße meine Mutter mit aller Kreatur!" Als sie nun gedachte, wie sie das vollbringen möchte, sah sie die seraphischen Geister von Mittag her kommen, von denen trug Jeglicher in seiner Hand eine brennende Kerze. Sie verstand sogleich durch göttliche Eingebung, daß diese Geister ihr in dem Dienste zu Hilfe kämen, auf daß sie mit ihnen die seligste Jungfrau grüßte, in seraphischer Liebe entzündet. Alsobald grüßte sie die allersüßeste Jungfrau in der Liebe, mit welcher diese Gott über Alles geliebt hat; welche Liebe in dem Leiden ihres eingebornen Sohnes so mächtig ward, daß sie gänzlich alles menschliche Verlangen und Begehren überwand und dasselbe auslöschte. Denn bei dem Tode des Sohnes Gottes trauerte im Schmerze alle Kreatur. Maria allein blieb standhaft und unbeweglich mit der Gottheit und wollte, daß ihr Sohn geopfert werde für das Heil der Welt. Darnach kamen die Cherubim mit Spiegeln. Hierauf erkannte sie, sollte sie Maria die Jungfrau mit ihnen grüßen in ihrer höchsten und klarsten Erkenntniß, deren sie auf Erden über alle Kreaturen genossen hat, und in welcher sie jetzt das unzugängliche Licht der Gottheit über alles Licht anschaut. Es trugen die Throne einen elfenbeinernen Thron, in welchem ihr die stille und heimliche Ruhe veranschaulicht ward, mit welcher der Herr bei ihr geweilt hat, so daß sie wider alle menschliche Gewohnheit sowohl auf der Flucht nach Egypten mit ihrem Sohne, als auch nach seiner Rückkehr nie einen Augenblick hat mögen beunruhigt werden. Die Herrschaften brachten eine Krone von wunderbarer Schönheit. Durch selbe ward angedeutet, daß durch die Jungfrau die Erlösung dem menschlichen Geschlechte genaht ist. Die Fürstenthümer trugen blühende Scepter. Dies sollte ihr verkünden, sie möge mit ihnen die glorwürdige Jungfrau erheben und loben dafür, daß sie das Bild Gottes in ihr am makellosesten vor allen Kreaturen Gott wieder zurückgebracht habe. Die Mächte hatten Schwerter, welche bezeichneten, wie Gott ihr die höchste Gewalt verliehen hat im Himmel und auf Erden und über alle Kreaturen, besonders über die bösen Geister, welche sie so sehr fürchten, daß sie den Namen Maria nicht zu ertragen vermögen. Die Tugenden brachten goldene Becher, aus welchen der Herr in Fröhlichkeit trank. Sie erkannte darin, daß der Mensch durch Tugend Gott sich geneigt mache, damit Gott sich dem Menschen eingieße und durch seine Gnade in ihm wirke. Auch mit diesen Geistern sollte sie loben die hochehrwürdige Jung= frau Maria, weil diese vor Allen erfüllt war mit Gnade und Tugend. Die Erzengel trugen einen prächtigen Vorhang, mit welchem sie den Herrn und seine Mutter bedeckten, als ein Zeichen der Freundschaft zwischen Gott und der Seele, welche Freundschaft auch der seligsten Jungfrau im reichsten Maße auf Erden zu Theil ward. Die Engel aber, bei ihrem Könige stehend, dienten, woraus sie ersah, daß sie mit ihnen die Mutter Gottes sollte benedeien und loben für alle Dienste, welche sie dem Sohne Gottes auf Erden als seine getreueste und andächtigste Dienerin erzeigt hat. Darnach brachten die Patriarchen und Propheten einen goldenen und wohl= verschlossenen Schrein, um damit ihre verschlossenen und dunklen Prophetien auszudrücken, die uns durch diese Jungfrau und durch Christus erfüllt, und durch den heiligen Geist eröffnet wurden. Die Apostel hatten schimmernde und gezierte Bücher, welche ihre getreue Lehre, die bis zu den Enden der Erde erscholl, andeuteten, und welche Lehre auch die allerschönste Jungfrau durch ihr Beispiel und ihre Tugenden verbreitete. Die Marthrer trugen in ihrer Rechten einen goldenen Schild und Rosen in der Linken, bezeichnend die Ueberwindung des Leidens durch jene standhafte Geduld, mit welcher sie für den Namen und für die Liebe Christi ihr Blut vergossen hatten, welchen ebenfalls die Jungfrau Maria mit ihrer Geduld und Beständigkeit angehört. Die Bekenner brachten Rauchwerk wundervollen Duftes, welches Fleiß und Andacht bedeutete im Ge= bete, in welchem auch als die Erste und Fürtrefflichste erfunden ward die andächtigste Jungfrau. Die Jungfrauen hielten goldene Lilien in Händen zu Ehren der jungfräulichen Mutter, weil durch sie die unvergleichliche Zierde der Jungfrauschaft auf Erden geblüht hat. Nach diesen wurden gerufen alle Heiligen, Himmel und Erde und alle Kreatur, welche sich gegen diese selige Seele neigten, um sich ihr zu Dienst und Hilf zu stellen, auf daß sie mit ihnen die

süße und alles Lobes würdige jungfräuliche Mutter auf das Ehr=
erbietigste grüßen könne.

Sechsundvierzigstes Kapitel.
Von dem Gruße der Jungfrau Maria.

Es kam einstmals der Seele zu Gemüthe, daß sie Unserer
Lieben Frau in all' den Tagen ihres Lebens mit weniger Andacht
als sie sollte, gedient. Von Reue darüber ergriffen, bat sie den
Herrn, daß er ihr fürder verleihen wolle, seiner Mutter treulich zu
dienen mit eifrigem Fleiß und steter Andacht, doch so, daß sie dar=
aus keine Verhinderung der Liebe und der Vereinigung mit ihm
empfände. Zur Stunde sah sie den Herrn Jesum mit der könig=
lichen Mutter in einem hohen Saale herrlich sitzen und hörte ihn
zu der Mutter sprechen: „Stehe auf und bereite dieser eine Stätte
nach ihrem Verlangen, um sie fester an mich zu schließen." Da
die Seele solches hörte, erschrack sie und fing an zu denken, ob dies
nicht eine Phantasie wäre. Aber der Herr sprach zu ihr: „Ich
sage dir, wahrlich, du wirst nicht betrogen und warst nie in einem
einzigen dieser Dinge betrogen." Da hob die seligste Jungfrau
diese Seele in ihre Arme und gesellte sie zu der Umfangung ihres
Geliebten. Der Herr nahm sie mit wunderbarlicher Freundlichkeit
auf, legte ihren Mund an sein Herz und sprach: „Hier wirst du
schöpfen, was du wahrhaft meiner Mutter thun sollst." Und sie
empfand, gleichwie Tropfen ihr eingeflößt, diese Versikel, welche sie
vordem nie gesehen noch gehört hatte, also lautend: „Sei gegrüßt,
o unübertreffliche Jungfrau! mit dem süßesten Thaue, welcher von
Ewigkeit in dich geflossen ist von dem Herzen der allerheiligsten
Dreifaltigkeit bei deiner seligen Auserwählung. Sei gegrüßt, o
allerheiligste Jungfrau! mit dem allersüßesten Thaue, welcher von
dem Herzen der allerheiligsten Dreifaltigkeit geflossen ist in dich
bei deiner seligen Erdenwallfahrt. Sei gegrüßt, o edelste Jung=
frau! mit dem allersüßesten Thaue, welcher geflossen ist in dich aus
der seligsten Dreifaltigkeit durch deines Sohnes heiligste Lehre und
Predigt. Sei gegrüßt, o allerfreundlichste Jungfrau! mit dem
süßesten Thaue, welcher von der heiligsten Dreifaltigkeit in dich

geflossen ist bei deines eingebornen Sohnes Leiden und bitterstem
Tode. Sei gegrüßt, o würdigste Jungfrau! mit dem süßesten
Thaue, welcher aus der seligsten Dreifaltigkeit in dich geflossen ist
bei aller Glorie und Wonne, in welcher du dich nun freuest und
ewig freuen wirst über alle Kreaturen Himmels und der Erde,
erkoren vor Erschaffung der Welt."

Zu einer andern Zeit, als sie eine gleiche Versäumniß von
einer andern Person klagend der Jungfrau Maria dargelegt hatte,
gab diese ihr das Herz Jesu Christi in Gestalt einer brennenden
Lampe, indem sie zu ihr sprach: „Nimm wahr das würdigste und
edelste Herz meines lieben Sohnes! ich gebe es dir, damit Jene
mir es opfere in all' der Treue und Liebe, die es mir auf Erden
erwiesen hat und fortan erzeigen wird ohne Ende. Sie soll es
aufopfern für all' das, was sie in meinem Dienste versäumt hat,
und dann hat sie Alles dankbar genug erfüllt."

Siebenundvierzigstes Kapitel.

**Von den drei Ave Maria, durch welche du die Gegenwart der
glorreichen Jungfrau Maria bei deinem Lebensende erlangen
kannst.**

Da die Seele die gütige Jungfrau Maria bat, daß sie gnä=
diglich bei ihr sein wolle in der Stunde ihres Todes, antwortete
diese: „Dies will ich thun; du aber sollst mir täglich drei Ave
Maria sprechen. Zum Ersten bitte, wie Gott der Vater nach der
Größe seiner Allmacht meine Seele zu sich erhöht hat auf einen
Thron mit Würde und Ehre, daß ich nach Gott die Gewaltigste
sei im Himmel und auf Erde. Bete darum, daß ich also bei dir
sei in der Stunde deines Todes, dich zu stärken und von dir zu
vertreiben alle widerwärtige Gewalt. Zweitens bitte, wie der Sohn
Gottes nach der Absicht seiner unerforschlichen Weisheit mich mit
Wissenschaft und Erkenntniß reich geschmückt und ganz erfüllt hat,
daß ich über alle Heiligen in großer Erkenntniß der heiligsten Drei=
einigkeit genieße, und wie mich Gott mit so großer Klarheit er=
leuchtet, daß ich der Sonne gleich an Kraft den ganzen Himmel

erhelle. Also werde ich in der Zeit deines Todes deine Seele überströmen mit dem Lichte des Glaubens und der Erkenntniß, damit dein Glaube nicht durch Unwissenheit und Irrthum versucht werde. Drittens bitte, wie der heilige Geist die Wonne seiner Liebe mir vollkommen eingegossen und mich so liebreich und gütig gemacht hat, daß ich nach Gott die Süßeste und Gütigste bin. Bete, daß ich dir beistehe in der Stunde deines Todes und deiner Seele die Süßigkeit göttlicher Liebe eingieße, und diese so mächtig in dir walte, daß alle Pein und Bitterkeit des Todes dir aus Liebe süß werde."

Zweites Buch.

Erstes Kapitel.
Wie Gott die Seele einladet.

An einem Sonnabende, an welchem das Gedächtniß der
Jungfrau und Mutter Gottes gefeiert wurde, begehrte diese Die-
nerin Christi, Marien zu loben. Sie wußte aber nicht, mit welchem
Lobe sie selbe besonders erhebe. Da warf sie sich nach gewohnter
Sitte zu den Füßen Jesu, und gewahrte auf seinem rechten Fuße
einen Saphir und auf dem linken einen Granat. Als sie sich
darüber verwunderte, sprach der Herr zu ihr: „Wie der Saphir
durch seine Kraft die böse Feuchtigkeit vertreibt,*) so heilen meine
Wunden das Gift der Seele und reinigen sie von den Makeln.
Wie der Granat das Herz des Menschen fröhlich macht, so machen
meine Wunden, daß sich die Seele nach der Reinigung von der
Sünde in mir freuet." Da ward sie über sich entzückt in die
Höhe, und sah den König der Ehren und zu seiner Rechten seine
königliche Mutter und sich zu der Linken. Sie neigte sich in seinen
Schoß und mit dem lauschenden Ohre des Herzens hörte sie das
süße Herz Jesu ohne Aufhören schlagen. Aber der Puls des göttlichen Herzens lautete, als ob er die Seele einlade, sprechend:
„Komme, daß du Buße thuest! — komme, daß du versöhnt werdest;
— komme, daß du getröstet seiest; — komme, daß du gesegnet
werdest; — komme, meine Freundin, auf daß du alle Dinge empfangest, die ein Freund seinem Freunde geben mag; — komme,

---

*) S. Anmerk. 1.

meine Schwester, auf daß du besitzest das himmlische Erbtheil, welches ich dir mit meinem kostbaren Blute erworben habe; — komme, meine Braut! auf daß du meiner Gottheit genießest!"

Die Jungfrau Maria aber hatte ein Kleid von Saffranfarbe, in welchem rothe und goldene Rosen wundervoll eingewirkt waren. Die Saffranfarbe bedeutete ihre Demuth, in welcher sie sich aller Kreatur unterordnete; die rothen Rosen ihre standhafte Geduld, in der sie immer und überall gütig und geduldig gewesen; die goldenen Rosen ihre Liebe, mit welcher sie alle ihre Werke in der Liebe Gottes gethan. Ihr Schleier war grün, mit goldenen Rosen durch= webt, um anzudeuten, wie sie allzeit in guten Werken und heiligen Tugenden geblüht. Das Kleid aber war aus reinem Golde und hellglänzend und stellte ihre Liebe dar. Gleichwie das Kleid am nächsten ist dem Leibe, so die Liebe dem Herzen.

Da grüßte die Seele die reine Jungfrau durch das Herz ihres Sohnes, und lobte sie durch ihn mit vollkommenerem Lobe, als irgend eine Kreatur sie zu loben fähig ist. Sie bat auch den Herrn, daß er durch ihren Gesang wolle gelobt werden, und daß sie nichts Anderes suche, als sein Lob. Da antwortete der Herr: "Warum meinst du, daß ihr euch beuget, so ihr die Antiphon ein= leget, es sei denn darum, daß ihr mit Lob und Dank die Gnade empfanget, welche Gott den Seelen eingießt?" Und sie sah eine Drommete ausgehen von dem Herzen des Herrn zum Herzen der Seele, und wieder von der Seele zum Herzen Gottes, wodurch angezeigt ward das Lob Gottes. Die Drommete aber war geziert mit goldenen Schnüren; dies waren die Seelen derjenigen, die jetzt im Himmel Gott loben und ehren ohne Ende.

———

Zweites Kapitel.
Von dem Weingarten des Herrn, der da ist die Kirche, und von viererlei Gebet.

An einem Sonntage, da gesungen ward: "Asperges me, Domine,"*) sprach sie zu dem Herrn: "Mein Herr! worin willst

———

*) "Besprenge mich mit Ysop, Herr! 2c." (Ps. 50, 9.) — Antiphone bei der Austheilung des Weihwassers vor Beginn der sonntäglichen Hochmesse.

du mein Herz waschen und reinigen?" Und zur Stunde neigte
sich der Herr zu ihr mit unaussprechlicher Liebe und begegnete ihr
wie eine Mutter ihrem Sohne und umfing sie, indem er zu ihr
sprach: „Ich will dich waschen in der Liebe meines göttlichen
Herzens." Und er eröffnete die Thüre seines honigfließenden Herzens und des göttlichen Schatzes, wohin sie ging als in einen
Weingarten, und sah da einen Quell lebendigen Wassers vom Aufgange bis zum Niedergange,*) und um den Quell zwölf Bäume,
das sind die zwölf Tugenden, welche Sanct Paulus in seiner Epistel
aufzählt, als: Liebe, Freude, Friede, Geduld, Güte, Milde, Langmuth, Sanftmuth, Treue, Bescheidenheit, Enthaltsamkeit, Keuschheit.**)
Das Wasser aber ward genannt „Quell der Liebe". Die Seele
ging hinein und ward gewaschen von aller Makel. In dem Quelle
war auch eine Menge Fische; die hatten goldene Schuppen und bedeuteten die liebenden Seelen, welche abgesondert von aller irdischen
Lust, sich ganz eingesenkt haben in den Born aller Güter, in Jesus.
— In dem Weingarten waren Reben gepflanzt, etliche aufgerichtet,
etliche zur Erde geneigt. Die aufgerichteten Reben sind die, welche
diese Welt mit ihrer Freude verschmäht haben und ihr Gemüth
nur zu dem Himmlischen erheben. Die gebogenen Reben aber sind
die Armen, welche im Staube der Erde und in ihrer Sünde liegen.
Auch grub der Herr die Erde in Gestalt eines Gärtners. Da
sprach sie zu ihm: „O Herr! was ist dein Grabscheit?" Er antwortete: „Meine Furcht." Aber an einigen Stellen war die Erde
hart, an einigen weich. Die Härte bedeutete die Herzen, welche
in der Sünde erhärtet, weder durch Ermahnung, noch durch Strafe
gebessert werden. Die weiche Erde aber bezeichnete jene Herzen,
die durch Zähren und wahre Reue erweicht sind.

Und der Herr sprach: „Dieser mein Weingarten ist die
christliche Kirche, in welcher ich dreiunddreißig Jahre mit vieler
Arbeit geschwitzt habe; in diesem Weingarten arbeite mit mir!"
Sie sprach: „Wie?" Er antwortete: „Wässere denselben!" Sogleich lief die Seele mit Eile zu dem Quelle und nahm auf ihre
Schulter ein Gefäß voll Wasser; und da sie sehr beschwert war,
kam der Herr und trug mit ihr, und ihre Bürde ward leicht; und

*) S. Einleitung II.
**) Gal. 5, 22.

er sprach: „So ich den Menschen meine Gnade leihe, bedünken sie
alle Dinge, die sie um meinetwillen thun oder leiden, leicht und
süße; wenn ich aber meine Gnaden entziehe, so bedünken sie alle
Dinge schwer." Um die Weinreben sah die Seele eine Menge der
Engel wie eine Mauer, eben weil die Engel unter uns und um
uns weilen und die Kirche Gottes beschützen.

Darnach lehrte sie der beste Meister den Psalm: „Miserere".*)
Dieser Psalm hat zwanzig Verse, und sie sollte diese theilen in vier
Theile, mit fünf und fünf, mit der Antiphone: „O selige und
gebenedeite und glorreiche Dreieinigkeit, Vater, Sohn und heiliger
Geist, erbarme, erbarme, erbarme dich unser!" und mit dem Verse
Miserere. Die ersten fünf Verse gelten für alle Sünder, welche
in der Sünde verhärtet sind und sich nicht zu Gott kehren wollen,
auf daß er sie durch seinen bittern Tod zur wahren Buße gnädig=
lich rufe. Die andern fünf Verse für die Büßer, daß sie die ge-
wünschte Vergebung erwerben und fortan nimmermehr zu der Sünde
zurückkehren. Die dritten fünf Verse gelten für die Gerechten, die
jetzt in guten Werken und Tugenden zunehmen, auf daß sie darin
verbleiben. Die vierten fünf Verse für alle Seelen im Fegfeuer,
welche jetzt in der Gewißheit sind, daß sie bald in dem himmlischen
Reiche trunken werden des Trankes des lebendigen Bornes und in
Ewigkeit mit Christo regieren, damit sie, bälder gereinigt, zum
Hochzeitsmahl des Herrn gelangen.

Unter dem stillen Gebete der heiligen Messe, da man die
Hostie erhob, sprach der Herr zu ihr: „Nimm wahr! ich will mich
ganz in die Gewalt deiner Seele geben, mit allem Guten, das in
mir ist; und was du mit mir thun willst, sei ganz in deiner Ge=
walt!" Sie wollte aber solches nicht annehmen, sondern erwählte
in allen Dingen den Willen Jesu. Da sprach der Herr: „Mein
Wille sei in deinem Willen!" Als sie aber den Willen des Herrn
erkannte, sprach sie zu ihm: „Ich begehre nicht meinen Nutzen,
noch suche und will ich Anderes, denn daß du heute also von dir
selbst, in dir selbst und durch dich selbst gelobt werdest, wie du
immer am höchsten und vollkommensten magst gelobt werden." Da
sah sie von dem Herzen Gottes eine Harfe ausgehen, die hatte

---

*) Psl. 50.

viele Saiten. Die Harfe war der Herr Jesus selber, die Saiten aber waren alle Auserwählten, welche in Gott durch Liebe sind. Da schlug der höchste Sänger aller Sänger die Harfe, und es erklang mit süßem Klange die Stimme aller Engel, sprechend: „Den König der Könige loben wir darob, daß er dich aus vielen Anderen erkoren zu einer Braut und zu einer Tochter." Darnach sangen alle Heiligen in Gott mit süßen Tönen: „Nun sagen wir alle Gott dem Vater Dank für die Seele, die er reich gemacht hat mit seiner Gnade. Gebenedeit sei Gott!"

Drittes Kapitel.
Wie der Herr Jesus zu der Seele kam.

In einer Nacht, da sie von dem Schlafe erwachte, und den Herrn aus innerstem Herzen grüßte, sah sie ihn kommen von dem Palaste des Himmels und zu ihr sprechen: „Der Vogel senkt sich nimmer so begierig in das Grüne der Wiese, um die süße Blüthe zu nehmen, als ich bereit bin, zu deiner Seele zu kommen, so sie mich begehrt."

Wie sie in der Liebe Gottes entbrannte.

Wie es ihr oft zu geschehen pflegte, daß sie in der Liebe Gottes hochentzückt war, so geschah es auch, daß, wenn sie minder andächtig sich fühlte, sie das Herz Gottes gleich feurigem Golde dem ihrigen hinzugefügt empfand, aus dessen Glühen sie dann wunderbare Süßigkeit erhielt, und schnell wieder nach ihrer Gewohnheit mit heißer Liebe entzündet ward.

Viertes Kapitel.
Von der Umarmung des Herrn.

An einem Sonnabende sah sie den Bräutigam der Kirche, Jesum, vom Himmel sich neigen und mit ausgestreckten Armen eilen, sie zu empfangen und ganz in sich zu ziehen, so daß sie verschlungen

in Gott schwach ward, und man sie aus dem Chore ohnmächtig
trug. Ihr Geist nämlich war ganz eingegangen in Gott, den sie
aus ganzem Herzen liebte und vor Allem begehrte, und sie war erfüllt mit so unbeschreiblicher Wonne, daß sie diese Süßigkeit eine
ganze Woche empfand. — Indem sie die Lection im Chore lesen
wollte und sich zu dem Pulte neigte, erschien ihr der Schönste an
Gestalt vor den Söhnen der Menschen, das Kind Jesus an sich
ziehend, so daß sie nur mit großer Pein und Beschwerniß sich auf-
richtete und kaum die Lection zu lesen vermochte.

Fünftes Kapitel.
Der Herr hilft ihr bei der Lection.

Indem es ihr oft geschah, daß sie in der Metten von Gott
erfüllt und in seinem Genusse mit Süßigkeit durchdrungen war, so
daß sie bedäuchte, als ob all' ihre Kraft verzehrt sei und sie die
Lection nicht lesen könnte, sprach der Herr zu ihr: „Gehe und lies,
ich will dir helfen." Sie fing dann mit großer Standhaftigkeit die
Lection an und vollendete sie.

Sechstes Kapitel.
Wie der Herr sie am Morgen sanft erweckt.

Als sie einmal in der Mette das Evangelium las: „Maria
machte sich auf und ging über das Gebirge",*) da ward sie mit
solcher Gnade und Süßigkeit vom Herrn erfüllt, daß sie ganz schwach
geworden die Lection unterbrach und ohnmächtig aus dem Chore
getragen wurde. Als man sie nun zur Erholung auf das Bett legte,
bat sie den Herrn, daß er sie zur richtigen Stunde wecken möchte.
Und siehe, bei der Prim hatte sie ein Gesicht von einem sehr schönen
Jüngling, der vor ihr stand und durch dessen Gegenwart ihr Herz
solche Süßigkeit empfand, daß sie davon erwachte.

---

*) Luk. 1, 39. Evangelium am Feste Mariä Heimsuchung.

Siebentes Kapitel.
Von dem Wandern und der Arbeit des Herrn.

Zu einer andern Zeit, da sie aus Gebot nach der Mette schlafen ging, sah sie den Herrn wie auf einem hohen Stuhle sitzen, unter seinen Füßen einen Schemel und hörte ihn zu ihr sprechen: „Hier neige dich zu meinen Füßen!" Sie war ihm augenblicklich gehorsam und neigte sich auf seine Füße so, daß ihr Ohr auf der Wunde seines Fußes lag. Da hörte sie diese Wunde gleich dem Sieden eines Topfes wallen, und der Herr sprach: „Welchen Laut gibt der siedende Topf?" Als sie aber nachdachte und es nicht wußte, antwortete der Herr: „Der siedende Topf klingt, gleich als ob er spräche: Laufe, laufe! So hat auch die heiße Liebe meines Herzens mich allezeit angetrieben, sprechend: Laufe von Arbeit zu Arbeit, von Stadt zu Stadt, von Predigt zu Predigt, und sie hat mich nie ruhen lassen, bis ich alle Dinge, welche zu deinem Heile nothwendig waren, bis zum Ende erfüllt hatte."

Achtes Kapitel.
Vom Kusse des Herrn.

Einstmals voll Herzensbetrübniß nahm sie in gewohnter Weise mittelst des Gebets ihre Zuflucht zum Herrn und bot ihm ihr Herz und ihren Willen dar, so daß sie nicht blos dieses, sondern alles Widrige aus Liebe zu ihm gern ertragen wollte. Hierauf neigte sich der Herr milbiglich zu ihr und bot ihr seinen rosenfarbenen Mund zum Kusse dar. Da bemerkte die Seele, daß er keinen Bart habe, und dachte darüber nach, ob er für das Ausreißen des Bartes bei seinem Leiden von Gott dem Vater einen Lohn empfangen hätte. Da sprach zu ihr der Herr: „Ich, der Schöpfer aller Dinge, bedarf keines Lohnes, sondern du bist mein Lohn. Denn dich hat mein himmlischer Vater mir zur Braut und Tochter geschenkt." Und die Seele: „Warum, liebevollster Herr, thust du dieses an mir, da doch nichts Gutes an mir ist?" Er erwiederte: „Ganz allein wegen meiner Güte, weil ich die Erlustigung meines Herzens in dich gesetzt habe."

Neuntes Kapitel.
Wie ihr der Herr erschien.

Ein anderes Mal erschien ihr der Herr als ein Kind von fünf Jahren. Sie sprach: „Mein Herr, warum erscheinst du mir in solcher Jugend?" Das Kind antwortete: „Du hast jetzt fünfzig Jahre und ich fünf. Aber mein erstes Jahr wird einstehen für die ersten zehn deines Lebens. Das andere Jahr wird gelten für dein zwanzigstes, das dritte Jahr für dein dreißigstes, das vierte Jahr für dein vierzigstes und das fünfte Jahr für dein fünfzigstes. Also werden alle deine Sünden ausgetilgt, werden deine Jahre geheiligt und wird alle deine Wanderung vollkommen aus der meinigen."

Das Kind stand und betrachtete seine Hände. Als sie sich darüber verwunderte, sprach das Kind: „Wie der Mensch, der Erbgeborne, oft seine Hände besieht, so habe ich von meiner Kindheit bis zum Tage meines Leidens täglich meinen Tod in meinem Herzen betrachtet, und habe vorher erkannt alle die Dinge, die über mich kommen würden." Sie nahm es sich daraus zur Lehre, daß es dem Menschen gut sei, den Tod und die zukünftigen Dinge oft zu betrachten.

Zehntes Kapitel.
Wie sie den Herrn sah in Gestalt eines Diakons.

Einstmals sah sie den Herrn stehen bei dem Altare in einer Dalmatica,*) und an seiner Brust funkelte ein hellglänzendes Kreuz. Da sprach sie: „Mein Geliebter! warum zeigst du dich also?" Er antwortete: „Gleichwie der Diakon dient bei dem Altare, so wirke ich alle Dinge mit dem Priester und in dem Priester, welche dieser wirkt." Sie sprach: „Was bedeutet aber das Kreuz, welches du an deiner Brust trägst?" Der Herr erwiederte: „Der Obertheil des Kreuzes bedeutet meine Liebe, welcher der Mensch nichts vorziehen soll. Der untere Theil bedeutet die Demuth, in welcher sich

---

*) S. Anmerk. 2.

der Mensch aller Kreatur unterworfen sollte um meinetwillen. Der rechte Theil bedeutet, daß die Furcht Gottes nicht im Glücke vernachlässigt; der linke Theil bedeutet, daß alle Widerwärtigkeit um meinetwillen geduldig gelitten werden soll. So Jemand dieses Kreuz durch stete Betrachtung trägt, wird der Lohn seiner Mühen sein, daß seine Seele bei dem Ausscheiden aus dem Leibe keine andere Stätte hat, denn in meinem Herzen."

Eilftes Kapitel.

Von der Geißel des Herrn.

Sie sah den Herrn einst stehen, wie er in seiner Hand eine goldene Geißel hielt und ihr damit drohte. Da fiel sie zur Erde und umfing die Geißel des Herrn. Und es ward ihr darin gezeigt, daß der Mensch mit Dankbarkeit annehmen müsse, was Gott gibt, es sei Glück oder Widerwärtigkeit. Der Herr aber hob sie auf und umkleidete sie mit einem Rocke voll Löcher, indem er zu ihr sprach: „So war mein Leib in meinem Leiden allenthalben durchbohrt und durch Schmerzen zerrissen, so daß von der Sohle des Fußes bis zum Scheitel nichts Heiles an ihm war."*) Und in diesem erkannte sie ein Zeichen, daß bald Beschwerde der Krankheit sie niederdrücken würde. Weiters aber gewahrte sie, wie der Herr einen goldenen Kelch hinter ihr halte, und verstand hiedurch, daß die Süßigkeit, welche Gott der Seele eingießen wird, diese für jetzt weder sieht noch kostet, sondern daß dieselbe in Gott verborgen sei, von welchem alles Gute ausgeht.

Zwölftes Kapitel.

Wie die Dienerin Gottes verdient hat, in ihrer Versuchung getröstet zu werden.

Der Teufel focht diese Dienerin Gottes an mit mancherlei Versuchungen, wie er alle die zu betrüben pflegt, welche andächtig

---

*) Vgl Jf. 1, 6.

sind in Gott. Darum geschah es eines Tages, an dem ihr Gott seine Gnade verliehen und ihrer Seele Großes gethan hatte, und sie nun in seiner Gegenwart weilte, daß der Versucher sich einfand und in ihr Herz die Furcht und Traurigkeit legte, wie daß diese Gaben nicht von Gott wären. Als sie nun allzusehr gepeinigt ward, fiel sie zu den Füßen des Herrn Jesus und klagte den Unglauben ihres Herzens, sprechend: „Nimm wahr, mein Herr! diese Gaben opfere ich dir zu einem ewigen Lobe und Ehre und bitte, daß diese Gaben, so sie nicht aus dir sind, mir fortan nimmer gegeben werden; denn gerne will ich jede Süßigkeit und jeglichen Trost außer dir entbehren." Da rief sie der Herr bei ihrem Namen, indem er sprach: „Meine liebe Mechtildis! fürchte dich nicht; ich schwöre dir bei der Wahrheit meines göttlichen Seins, daß diese Furcht und die Traurigkeit dir nicht schaden werden, sondern daß sie dich noch mehr heiligen und für meine Gnade bereiten sollen. Denn wenn diese Dinge deine Freude nicht mäßigten, so müßte dein Herz vom Uebermaße der Süßigkeit aufgelöst werden. Verwundere dich nicht, wenn Gedanken dich anfechten, selbst wenn du in meiner Gegenwart bist, weil auch mich der Teufel versucht hat, als ich für dich das Werk der Erlösung begann."[*])

Dreizehntes Kapitel.
Wie Gott die Seele in ihrer Betrübniß aufrecht erhält.

Zu einer andern Zeit, da sie vielfach recht betrübt war, flüchtete sie zu dem Herrn, dem getreuesten Helfer. Und zur Stunde erschien ihr der Herr und führte sie hin zum Altare. Daraus erkannte sie, wie der Herr ihr Fürsprecher bei seinem Vater sein wolle für alle Versäumnisse guter Werke. Er gab ihr auch einen Stab zur Stütze; doch hatte dieser keine Handhabe, woran sie sich halten konnte. Der Stab aber bedeutete die Menschheit Christi. Wie sie sich nun verwunderte, warum der Stab der Handhabe entbehre, entgegnete ihr der Herr: „Ich will meine Hand auf ihn legen,

---

[*]) S. Matth. 4, 1 ff.

damit du von ihr gehalten werdest. Sofort, wenn ich dir Trost
in Traurigkeit geben werde, wisse, wie du in meiner Hand ruhest.
Empfindest du aber keinen Trost, so wisse, daß ich meine Hand ent=
zogen habe, und dann hange mir an mit gläubigem Herzen."

Vierzehntes Kapitel.
Von der Sehnsucht, welche sie trug nach dem Empfange des heiligsten Sakramentes.

Eines Tages, da sie beichten wollte und keinen Beichtvater
hatte, trauerte sie sehr darob, weil sie den Leib des Herrn ohne
Beichte nicht zu nehmen wagte. Sie fing daher an, im Gebete
mit Bitterkeit Gott dem höchsten Priester ihre Versäumniß und
Schuld zu klagen. Da gab ihr Gott Zuversicht der Erlassung aller
Sünden, wofür sie danksagte und zu dem Herrn sprach: „O aller=
süßester Gott, wie ist es nun um meine Sünde?" Er antwortete:
„Wenn ein mächtiger König in eine Herberge kommen will, wird
das Haus eilends gereinigt, auf daß nichts darin erscheine, was
seinen Augen mißfalle, und falls er so nahe ist, daß Unreines nicht
mag weggeschafft werden, so wird es gesammelt in einen Winkel,
daß man es hernach hinauswerfe. Hast du nun einen ganzen Willen
und rechte Begierde, deine Sünden zu beichten und sie nicht wieder
zu begehen, so werden sie von mir getilgt, daß ich fürderhin ihrer
nimmermehr gedenke, wiewohl sie durch die Beicht wiederholt wer=
den sollen. Der Wille, das Verlangen und der Fleiß, welchen du
hast, die Sünde zu meiden, so viel du weißt und es vermagst, ist
gleichsam ein unzertrennliches Band, welches dich mir verknüpft
und durch Friede und in unauflöslicher Einigkeit verbindet." Als
sie aber immer noch zweifelte und durch mancherlei Gedanken sich
unwürdig achtete, hinzugehen zu dem herrlichen Gastmahle des Kö=
nigs der Engel, und erwog, ob sie ohne Beichte so große Gabe
empfangen möchte, und hinwieder sich selber Hoffnung und Trost
zutrug, sprach der Herr zu ihr: „Bedenke, daß alles Sehnen, welches
immer eine Seele zu mir gehabt hat, ihr von mir gegeben ist, wie
alle Schrift und deren Auslegung durch die Heiligen von meinem

Geiste geflossen ist und ohne Ende fließen wird." Sie erkannte nun, daß auch ihr Verlangen nach dem Empfange des Leibes Christi von dem heiligen Geiste ihr himmlisch eingegeben sei, und ward ihr Herz nach dem Empfange dieses Trostes so gestärkt, daß ihr däuchte, wie nun nichts mehr sie zurückhalten könne.

Da sie nun also ermuthigt war, hörte sie die Chöre der Engel im Himmel vor Freude erschallen: „Befestigt ist das Herz der Jung=frau." Und als sie zu dem Mahle des Leibes und Blutes Jesu Christi hintrat, vernahm sie, wie er zu ihr sprach: „Willst du er=kennen, wie ich bin in deiner Seele?" Sie aber, obwohl sie sich unwürdig erachtete, wollte doch nichts, als Gottes Willen. Da sah sie aus ihren Gliedern einen wunderbaren Glanz ausgehen, heller denn die Strahlen der Sonne, und erkannte hierin die Wirkung der göttlichen Gnade in ihr und den sichersten Beweis der Güte Gottes gegen sie.

Fünfzehntes Kapitel.
Wie die Liebe alle ihre Versäumnisse ergänzte.

Andern Males, da sie in Bitterkeit ihres Herzens betrachtete, wie sie die ihr von Gott verliehene Zeit unnütz verbraucht und die Gnade Gottes undankbar und ohne Frucht verzehrt hätte, sprach zu ihr die Liebe: „Betrübe dich nicht! ich will alle deine Schuld er=setzen und deine Versäumnisse ergänzen." Da ihr diese Gabe über=groß bünkte, konnte sie von ihr nicht getröstet werden, sondern sie ward nur um so trauriger, weil sie ein so hohes Gut verloren und Gott, ihre Liebe, der ihr so unzählig viel Gutes verliehen, nicht inbrünstig geliebt hätte, vielmehr demjenigen so ungetreu gewesen wäre, welcher in allen Dingen allezeit der Getreueste ist. Der Herr aber sprach zu ihr: „Willst du mir vollkommen getreu sein, so sei es dir lieber, daß meine Liebe für dich deine Versäumnisse er=gänze, denn du selber, wenn du es vermöchtest, damit eben der göttlichen Liebe daraus Lob und Ehre zukomme."

Sechszehntes Kapitel.

Wie ihr der Herr die Liebe zur Mutter gab.

Einst umgab sie die Liebe mit einem Kleide, welches klar war wie die Sonne, und beide, die Seele und die Liebe, standen in der Gegenwart Jesu Christi gleich schönen Jungfrauen. Die Seele aber begehrte sehr, näher zu Jesus hinzutreten; denn, wiewohl sie das königliche Angesicht schaute, war es ihr doch nicht genug. Wie sie nun staunend und in großem Verlangen war, winkte ihr der Herr mit der Hand, und die Liebe nahm sie und führte sie hin zu dem Herrn. Die Seele aber neigte sich zu der Wunde des honig= fließenden Herzens ihres einzigen Seligmachers und Schöpfers, und kostete daraus den Trunk aller Süßigkeit und alles Wohlgeschmackes. Da ward alle ihre Bitterkeit in Süße, alle ihre Furcht in Sicher= heit verwandelt. Auch sog sie aus dem Herzen Christi eine liebliche Frucht, welche sie nahm und in ihren Mund legte, nämlich das ewige Lob, welches aus dem Herzen Gottes ausgeht. Alles Lob nämlich, mit welchem Gott gelobt wird, fließt aus ihm, welcher der Anfang ist und das Ende alles Guten. Darnach empfing sie eine andere Frucht, das ist die Frucht der Danksagung. Denn die Seele vermag nichts aus sich selbst, wenn der Herr ihr nicht zu= vorkommt.

Der Herr sprach zu ihr: „Nun begehre auch ich vor allen Dingen eine Frucht von dir." Die Seele antwortete: „O mein allersüßester Gott! welches ist diese Frucht?" Der Herr sprach: „Diese, daß du alle Freude deines Herzens in mich allein setzest." Sie entgegnete: „O einziger Geliebter, wie vermag ich das zu thun?" Und Jesus antwortete: „Meine Liebe wird es in dir vollbringen." Da sprach sie im Hochgefühle der Dankbarkeit: „Eja, Eja! Liebe, Liebe — Mutter!" Der Herr aber sagte: „Du hast die Liebe Mutter geheißen; ja, meine Liebe wird deine Mutter werden, und gleich den Kindern wirst du von ihr saugen die inner= lichen Tröstungen und unaussprechliche Wonne. Sie wird dich speisen, wird dich tränken und kleiden, und wird dir in allen deinen Nöthen fürsorgen, wie eine Mutter fürsorgt ihrer einzigen Tochter."

Siebenzehntes Kapitel.

Wie sie mit dem Geliebten Eins geworden und das aus Liebe.

Indem sie nun in dem Gebete mit aller Glut ihres Herzens begehrte den Lieben ihrer Seele, zog die göttliche Kraft sie eilends in sich, so daß es ihr schien, wie sie an der Seite des Herrn säße, geneigt an sein Herz. Der Herr drückte die Seele durch süßes Um= fangen an sein Herz; da ward sie überströmt und erfüllt so reich mit Jesu Gnade, daß ihr bedäuchte, als ob von ihren Gliedern Bäche in alle Heiligen flößen, die mit neuer und besonderer Freude ihre Herzen erfüllten, so daß sie Alle mit hellglänzenden Lampen in Händen, mit derselben Gabe, welche Gott der Seele eingegossen hatte, Gott danksagten mit großem Lobpreise eben für die Seele.

Darnach sah sie in dem Herzen des Herrn eine anmuthige Jungfrau. Die hielt einen Ring in ihrer Hand, in welchem ein Diamant war, und mit diesem berührte sie ohne Aufhören das Herz Gottes. Als die Seele nun die Jungfrau fragte: warum sie denn das Herz Gottes berührte, antwortete sie: „Ich bin die göttliche Liebe und dieser Stein bedeutet die Schuld Adams. Gleich= wie der Diamant ohne Blut nicht zerbrochen werden mag,*) so vermochte die Schuld Adams ohne die Menschheit und ohne das Blut Christi nicht gelöst zu werden. Zur Stunde aber, da Adam sündigte, trat ich inzwischen und übernahm ganz diese Schuld. Durch stete Berührung des Herzens Gottes bewegte ich ihn zur Güte und ließ ihn nicht ruhen, bis zu dem Augenblicke, in welchem ich den Sohn Gottes von dem Herzen des Vaters in den Schoß der Jungfrau und Mutter gelegt hatte. Als Maria über das Ge= birge eilte, um Elisabeth zu grüßen, wurde Sanct Johannes im Mutterleibe durch die Gegenwart Christi mit so großer Freude er= füllt, daß ihm fortan irdische Freude nimmermehr gefallen mochte. Dann habe ich den Sohn Gottes in Windeln gewickelt in die Krippe gelegt, habe ihn nach Egypten geführt und ihn zu alle dem geleitet, was er für die Menschen gethan und gelitten hat, bis ich ihn an das Kreuz heftete und so den Zorn des Vaters besänftigt

---

*) S. Anmerk. 3.

und den Menschen mit Gott verbunden hatte zu unauflöslicher Einigkeit der Liebe."

Die Seele sprach: „Ich bitte dich, himmlische Liebe! sage mir doch, was hat unter allen Dingen, welche mein Heiland für uns gelitten hat, ihm am allerwehesten gethan?" Die Liebe antwortete: „Dieses, da er an dem Kreuze also ausgestreckt war, daß alle seine Glieder mochten gezählt werden.*) Wer für diesen Schmerz ihm danksagt, der erweist ihm einen so angenehmen Dienst, als ob er ihm alle seine Wunden mit dem lieblichsten Balsam salbte. Auch so Jemand ihm danken wird für den Durst nach dem Heile der Menschen, welcher ihn an dem Kreuze gequält hat, auch das wird Jesus annehmen, als ob er ihn in seinem Durste erquickt hätte. Und wer Jesu danken wird dafür, daß er mit Nägeln angeheftet am Kreuze gehangen, der wird ihm so angenehm sein, als ob er ihn gelöst hätte von dem Kreuze und aus aller Pein desselben."

Und wiederholt sprach die Liebe zu der Seele: „Gehe in die Freude deines Herrn!" Mit diesem Worte ward die Seele gänzlich in Gott gezogen, wie ein Wassertropfen in Wein gegossen, so daß diese selige Seele, da sie in Gott einging, in ihr gleichsam zu nichte ward. Gott aber stärkte sie und sprach: „Alles, was immer ein Mensch ertragen mag, will ich über dich ausströmen, und so viel einem Menschen möglich ist, will ich in dir meine Gnade vervielfältigen." Die Liebe sprach: „Ruhe in dem Herzen deines Geliebten, das heißt, werde nicht unruhig in glückseligen Dingen. Hier ruhe in Betrachtung der Wohlthaten deines Lieben, werde aber auch nicht unruhig in Widerwärtigkeit!"

Achtzehntes Kapitel.
Wie Gott die Seele mit seinen Tugenden ziert.

Als eines Tages der Psalm: „Laudate Dominum"**) gesungen ward, bei dem Worte: „Und die Wasser, welche über den

---

*) S. Pf. 21, 18.
**) Pf. 148, 1 ff.

Himmeln sind, sollen loben den Namen des Herrn!" sprach sie zu dem Herrn: „O Herr! welches sind die Wasser, von denen ge= sungen wird? Ich weiß nämlich, daß du in dir selbst durch be= sondere Weise gelobt wirst von jedem Tröpflein Wasser." Der Herr antwortete: „Es sind die Zähren aller Heiligen, welche sie zu Zeiten aus Liebe, Andacht, Mitleiden und Zerknirschung vergossen haben." Und zur Stunde sah sie ein lauteres Wasser, welches die Thränen der Heiligen bedeutete. Der Boden seiner Quelle war aus reinstem Golde, und statt des Sandes hatte es Perlen und Edelsteine, um die mannigfaltigen Tugenden der Heiligen zu be= zeichnen, in denen diese sich auf Erden geübt hatten, als in Beten, Wachen, Fasten und anderen Werken der Gottseligkeit. Es be= fanden sich in diesem Wasser auch eine Menge spielender Fische, die sich in selbem umhertrieben. Sie sinnbildeten die Begierden, welche die Seelen zu Gott hinziehen, wohl auch die Seufzer der Sehnsucht, mit welchen die Seele Gott zu sich lockt. Denn die Heiligen im Himmel sehen ihre Tugenden und alle ihre guten Werke in Gott vereinigt zur Mehrung der Freude ihres Herzens, wiewohl ein jeder wieder mit seinen eigenthümlichen Tugenden ge= schmückt ist.

Darnach klagte die Seele dem Herrn, daß sie den Tag ihrer geistlichen Hochzeit*) nicht so andächtig gefeiert, noch auch ihm selber mit so großer Treue seitdem angehangen hätte, als es einer Braut geziemte gegen ihren Bräutigam. Da kleidete sie der Herr in das Kleid seiner vollkommensten Tugend, setzte auf ihr Haupt ein golden Diadem, und umfing sie mit bloßem Arme in innigster Liebe. Da sich aber die Seele darüber verwunderte, sprach der Herr zu ihr: „Also ist es dir gegeben, weil zwischen mir und dir keine Trennung ist und ich keines meiner Geheimnisse dir ver= borgen habe." Sie sah auch tausendmal tausend Engel in Ehr= erbietung vor ihrem Könige stehen, und der Herr sprach zu der Seele: „Nimm wahr! ich gebe sie dir alle, damit sie dir dienen." Sie aber begehrte, daß aller Dienst, welchen diese ihr erweisen wollten, ihrem einzig Geliebten zu Lob und Ehre gereiche. Und sie sah zur Stunde von dem Herzen eines jeden Engels eine Drommete

*) D. i. den Tag der Ablegung des feierlichen Gelübdes oder der klöster= lichen Ordensprofeß.

ausgehen zu dem Herzen Gottes und hörte solch' einen süßen Ge=
sang erschallen, daß es Niemand auszusprechen vermag.

Dann that sich das Herz Jesu Christi auf und schloß sie in
sich, sprechend: „Der obere Theil meines Herzens wird dir sein
eine Süßigkeit meines Geistes, welche stets in deine Seele träufeln
wird. Zu dieser Süße sollst du mit Verlangen eilen, und deine
Augen erheben und deinen Mund öffnen, um einzuziehen die Labung
göttlicher Gnade, wie in dem Psalme gesprochen wird: ‚Ich habe
aufgethan meinen Mund und angezogen meinen Geist.'*) In dem
unteren Theile meines Herzens wirst du finden die Schätze aller
Güter und das Uebermaß alles Wünschenswerthen. In der Rich=
tung nach dem Aufgange wirst du gewahren das Licht wahrhafter
Erkenntniß, um meinen Willen zu erkennen und zu vollbringen.
In der Richtung dem Mittage zu wirst du das Paradies ewiger
Wonne sehen, dort allzeit bei mir sein an meinem Tische." Und
sie sah einen Tisch hingestellt und ein glänzend Tuch darauf liegen.
Durch den Tisch ward dargestellt die Freigebigkeit, durch das Tuch
die Güte. Bei diesem Tische saß der Herr, und die Seele diente
ihm mit Freude und setzte ihm viele Gerichte vor, die da sind die
verschiedenen Gaben Gottes. Denn so oft sie der göttlichen Güte
für alle Gaben und unzähligen Wohlthaten danksagte, so oft setzte
sie dem Herrn ein Gericht vor, und sie sprach zu ihm: „Mein
Geliebter! was schenke ich dir, so ich bitte für deine Freunde?"
Er antwortete: „Du schenkest mir einen edlen Wein, der da fröh=
lich macht mein Herz, wie geschrieben steht: „Der Wein erfreut
das Herz des Menschen."**) Die Seele sprach: „Was schenke ich
dir, so ich bitte für die Sünder?" Er entgegnete: „Du schenkest
mir ‛den süßesten Wein, der da Honig und Honigseim übertrifft,
wenn du bittest für meine Feinde, die da im Stande der Gnaden=
losigkeit sind, auf daß sie zu mir bekehrt werden." Die Seele
sprach: „Aber was schenke ich dir, wenn ich für die armen Seelen
bitte?" Der Herr antwortete: „Einen Wein, der mein Herz er=
freut, wenn du für diejenigen bittest, welche auch noch in meiner
Gnade sind, damit sie desto eher aus den Peinen erlöst werden."

Es sprach die Seele: „O Geliebtester! mit welch' glühendem

---

*) S. Pf. 118, 131.
**) S. Sirach 40, 20. Pf. 103, 15.

Verlangen begehre ich nun, dir mein Herz zu opfern!" Da nahm
der Herr zur Stunde ihr Herz in seine Hand, gleichwie eine wohl=
riechende Rose. Da sprach die Seele: „Welches Wohlgefallen hast
du in dem, in welchem nichts Gutes ist?" Der Herr antwortete:
„Wenn ich in deiner Seele bin, so duftet meine Süßigkeit selbst in
dir." Er sprach dann noch zu ihr: „In dem Theile meines
Herzens nach dem Niedergange zu ist die Länge der Tage des ewigen
Friedens *) und ewiger Freude. In der Richtung aber nach Mitter=
nacht empfängst du die ewige Seligkeit mit dem Siege über alle
deine Widersacher, daß keiner fortan wider dich gewinnen wird."

Neunzehntes Kapitel.

Der Herr begräbt sie in ihm selbst an einem Charfreitag.

An einem Charfreitage, da die Priester das Kreuz nach ge=
wohnter Sitte begruben,**) sprach diese andächtige Jungfrau zu
dem Herrn: „O meiner Seele über Alles Geliebter! ich wünschte,
meine Seele wäre Elfenbein, auf daß ich dich in ihr geziemend be=
grabe." Da entgegnete ihr der Herr: „Und ich will dich in mir
begraben. Ueber dir werde ich sein Hoffnung und Freude, und
will wonnereiches Leben in dir herstellen und deine Seele kräftigen.
Hinter dir werde ich sein das Verlangen, dich anzueifern. Vor
dir werde ich die Liebe sein, welche deine Seele locket und fröhlich
macht. Zu deiner Rechten werde ich Lob sein, welches alle deine
Werke vollkommen macht; zu deiner Linken aber eine goldene Lehne,
welche dich in Betrübniß aufrecht hält, und unter dir eine feste
Stütze deiner Seele."

Wie der Herr ihr sein Herz zum Pfand des ewigen Lebens gab.

An dem Mittwoche nach Ostern, da man las: „Veniti benedicti",***) ward sie mit unaussprechlicher und ungewohnter Freude

---

*) S. Pf. 90, 16.
**) S. 1. B. 12. Kap. S. 79. Anm. 7.
***) „Kommet, Gesegnete meines Vaters, empfanget das Reich, Alleluja!" 2c.
(Matth. 25.) — Eingang der heiligen Messe an dem obengenannten Tage.

erfüllt und sprach zu dem Herrn: „O daß ich wäre Eine aus den Hochgesegneten, welche einst hören diese deine süße Stimme!" Darauf antwortete der Herr: „Du magst es auch treulich hoffen*) und ich will dir mein Herz zu einem Pfande geben, das du allzeit bei dir haben sollst; an dem Tage aber, an welchem ich dein Sehnen erfülle, gib mir dessen Zeugniß! Ich gebe dir auch mein Herz zu einem Hause der Zuflucht, damit du in der Stunde deines Todes keinen andern Weg gehest, denn in mein Herz, um da ewiglich zu ruhen." Diese Gabe ist eine der ersten aus den Gaben Gottes.**) Und sie fing an, von wunderbarer Andacht zu dem göttlichen Herzen Jesu ergriffen zu sein, und so oft ihr der Herr erschien, empfing sie eine besondere Gabe aus seinem Herzen, wie in diesem Buche an vielen Stellen bemerkt ist. Sie selbst pflegte zu sagen: Wenn alle Güter sollten beschrieben werden, die mir von dem gütigsten Herzen Gottes verliehen wurden, so überträfe es die Größe eines Mettenbuches.***)

Zwanzigstes Kapitel.
Wie Christus für die Seele das Lob Gott dem Vater erstattet hat.

An einem Tage, da sie nach dem Empfange des Sakramentes des Leibes Jesu Christi Gott dankte, und den Sohn Gottes, Jesum, den blühenden Bräutigam ihrer liebenden Seele, bat, daß er für solch' große und unschätzbare Gabe selbst das lieblichste Lob bezahlen wolle Gott dem Vater, sah sie ihn zur Stunde stehen vor dem himmlischen Vater und vernahm, wie Jesus den Vater mit diesen Worten würdigst erhob: „Dich lobet die Gemeinschaft in der Höhe der Himmel und der sterbliche Mensch mit allen Geschaffenen."†)

---

*) S. B. 3, K. 37, B. 7, K. 11. Gesandt. der göttl. L. B. V, 3.

**) S. Anm. 4.

***) „Mettenbuch", das Buch, welches die Antiphonen, Psalmen, Lectionen der kirchlichen Matutinen enthält, nach Weise der alten Zeit, in größtes Folio weitläufig geschrieben, mit Noten ausgestattet, mithin das riesige Hauptbuch, das zu täglichem Dienste auf dem Pulte des klösterlichen Chores stets bereit lag.

†) Coetus in excelsis te laudat coelicus omnis,
Et mortalis homo, et cuncta creata simul.

Aus dem Hymnus: Gloria laus bei der Prozession am Palmsonntag.

In dem Worte: „Dich lobet" verstand sie, daß ihm der Herr das einstimmige Lob aller Himmlischen darbrachte, und durch das Wort: „der sterbliche Mensch" verstand sie die vereinigte Andacht der Sterblichen. In dem Beisatze aber: „mit allen Geschaffenen" erkannte sie, daß alle geschaffenen Wesen dem Sohne Gottes sich anschließen zum Lobe des Vaters. Und so von allen Himmlischen, Irdischen und Unterirdischen erhallte Lob für sie vor dem Angesichte Gottes des Vaters.

Darnach, als sie sich gleichsam auf die Brust ihres Lieben lehnte, hörte sie in dem Innersten des göttlichen Herzens drei Pulse,*) und als sie verwundert zu wissen begehrte, was durch diese Pulse angedeutet werde, antwortete der Herr: „Diese drei Pulse bedeuten drei Worte, mit welchen ich die liebende Seele anrede. Das erste Wort ist: ‚Komme!' und heißt: ‚Entferne dich von allen Kreaturen!' Das andere Wort ist: ‚Gehe ein!' das heißt: ‚sehnend wie eine Braut!' Das dritte Wort ist: ‚in das Brautgemach!' verstehe: ‚in das göttliche Herz!'" Durch diese Worte vernahm sie, daß der Herr vor allererst jeden Auserwählten auffordert, daß er allem Wohlgefallen, welches er in irgend einer Kreatur finden möchte, mit ganzem und freiem Willen entsage, und allein Gott, seinem Herrn, mit ganzer Andacht diene. Darnach empfahl ihr der Herr Zuversicht; daß nämlich jeder Auserwählte gleich einer Braut, welche keine Zurückweisung zu fürchten hat, allzeit zuversichtlich hinzutrete und eingehe in das Brautgemach seines göttlichen Herzens, in welchem reich und überreichlich ist die Fülle aller Wonne, welche immer das menschliche Herz verlangen mag.

Darauf wünschte sie mit gar sehnsüchtigem Verlangen, daß sie verdienen möchte, einen Laut oder Ton der Stimme des Sohnes Gottes zu vernehmen, mit welchem süßen Tone er Gott dem Vater das Lob anzustimmen pflegt. Der Herr antwortete ihr: „Meine Stimme ist nichts Anderes als nur: Es werde, das ist, die Allmacht meines göttlichen Willens. Denn Himmel, Erde, Meer und Alles, was in ihnen ist, habe ich durch jenes Wort allein erschaffen, wie die Schrift bezeugt, da sie sagt: Es werde Licht, es werde das Firmament, u. s. w. Denn Alles, was im Himmel und

---

*) Vgl. 1. B. 5. K. S. 45 und 5. B. 32. K.

auf Erden ist, wird allein durch meinen göttlichen Willen regiert, und alles Lob, alle Freude und Seligkeit der Heiligen hängen allein von meinem bloßen Winke ab."

Einundzwanzigstes Kapitel.
Wie ihr das Herz des Herrn unter dem Bilde einer Lampe erschien.

Unter einer Messe, da diese andächtige Seele durch mancherlei hindernde Gedanken des Genusses Gottes beraubt war, bat sie die Mittlerin zwischen Jesus und den Menschen, Maria die Jungfrau, daß sie ihr die Gegenwart ihres lieben Sohnes erwerbe. Und wirklich, auf die Fürbitte derselben hin (wie sie glaubte), sah sie Jesum, den König der Herrlichkeit, sitzen auf hohem Throne. Dieser war durchsichtig, rein wie ein Krystall, und aus seiner Vorderseite rieselten zwei Bächlein, lauter und wonniglich anzuschauen.*) In ihnen verstand sie das Bild der Gnade der Vergebung der Sünden und die Gnade des geistlichen Trostes, welche Jeglichem unter der Messe kraft der göttlichen Gegenwart besonders und leichter gegeben werden.

Während der Aufopferung der gebenedeiten Hostie stand der Herr von dem Stuhle auf und ward gesehen, wie er mit seinen eigenen Händen sein heiliges Herz erhob in Gestalt einer durchsichtigen, vollen und überquellenden Lampe. Diese Lampe aber floß allseitig mit solcher Hast über, daß große Tropfen aus ihr herabträufelten, und dennoch ward die Fülle der Lampe nicht gemindert. Darin ward ihr zu erkennen gegeben, daß, wiewohl aus der Fülle des Herzens Jesu Allen genugsame Gnade gespendet wird, so viel Jeder zu fassen vermag; gleichwohl Jesus selbst allezeit vollkommen reich bleibt an aller Seligkeit und er niemals einigen Abbruch leidet. Sie sah auch die Herzen aller Gegenwärtigen gleichsam mit Stricklein ebenfalls in Gestalt von Lampen an das göttliche Herz befestigt. Unter diesen waren einige aufgerichtet, voll von Oel und brennend, einige aber hingen gleichsam lose und umgestürzt. Sie verstand dar-

*) Auf diese zwei Bächlein scheint Dante mit den zwei Flüssen Lethe und Eunoe anzuspielen, Fegfeuer, 33. Gesg.

aus, daß durch die brennenden und aufgerichteten Lampen die Herzen derer bezeichnet waren, die mit Andacht und Begierde der Messe beiwohnten, durch die umgestürzten aber die Herzen derjenigen, welche es versäumten, sich durch Andacht zu erheben.

Und es begehrte die Seele mit großer Sehnsucht, daß ihr Herz gänzlich dem göttlichen Herzen eingegossen werde. Da erkannte sie zur Stunde, wie dasselbe aus der Mitte der andern erhoben und in Gestalt eines Fisches in das göttliche Herz gesenkt wurde. Und als sie mit demüthiger Andacht bat, der Herr wolle sie lehren, auf welche Weise sie das in ihn eingesenkte Herz bereiten solle, damit es allezeit in dieser Vereinigung, die es empfangen hatte, verbliebe; erblickte sie das Herz des Herrn verwandelt in ein großes Haus von der Farbe des Goldes, und sah den Herrn selbst in Mitte seines eigenen Herzens, wie in einer weiten und freundlichen Wohnung umhergehen. Als sie sich dessen verwunderte und bei sich dachte, wie das geschehen möchte, verstand sie, wie der Herr zu ihr sprach: „Gedenkest du nicht, daß geschrieben steht in dem Psalme: ‚Ich wandle in der Unschuld meines Herzens, in der Mitte meines Hauses‘?*) Und wer ist, welcher solches vermöchte, denn ich? Niemand ist unschuldig in sich selbst, denn ich allein.“

In dem Hause gewahrte sie auch vier schöne Jungfrauen und erkannte, daß es Tugenden waren: die Demuth, die Geduld, die Sanftmuth und die Liebe, welche letztere vor allen andern ausgezeichnet erschien in einem grünen Kleide. Da sie dieses bemerkte und gedachte, daß einer andern Person seligen Gedächtnisses die Liebe gleicher Weise einst in grünem Kleide gezeigt worden, fragte sie mit Verwunderung den Herrn: warum die Liebe häufig in Grün erschiene? Da empfing sie von dem Herrn die Antwort: „Weil die Liebe viele dürre Stämme, nämlich die Sünder, durch ihre Kraft grünen und blühen macht zu Früchten guter Werke; darum wird sie mit Recht in Grün gezeigt;“ und der Herr setzte hinzu: „Befleiße dich, dieser Jungfrauen Traulichkeit zu gewinnen und ihrer Freundschaft zu pflegen, so du bei mir in diesem Hause zu bleiben begehrst und den Genuß meiner Gegenwart besitzen willst. Wenn somit etwa die Eitelkeit dein Herz versucht, so gedenke der Kraft der Liebe,

---

*) S. Ps. 100, 2.

die aus der Stille des väterlichen Schoßes mich in den Leib der
Jungfrau herabgeneigt, in verächtliche Windeln mich gewickelt, in
die Krippe gelegt und mich gedrängt hat, so viele Arbeit zu er=
tragen mit Predigen; gedenke jener Liebe, die mich schließlich durch
bittersten Tod getödtet hat. Solche Betrachtung wird dann aus
deinem Herzen gänzlich alle Eitelkeit vertreiben. Gleicherweise, wenn
Hoffart dich ansicht, denke an meine Demuth, wie ich nie auch nur
in mindesten Gedanken, Worten oder Geberden je hoffärtig gewesen
bin, sondern wie ich in allen meinen Werken das Beispiel voll=
kommener Demuth gegeben habe. Also überwinde auch du die
Hoffart durch die Demuth! So dich aber Ungeduld bestürmt, sei
eingedenk meiner Geduld, die ich in Armuth bewiesen, in Hunger,
in Durst, in Wanderung und Mühen, bei Unrecht und Verhöhnung
und am meisten im Tode! Und gleicherweise, so du von Zorn an=
gewandelt bist, erinnere dich meiner Sanftmuth, wie ich mit denen,
welche den Frieden haßten, frieblich war und so sanftmüthig; wie
ich auch meinen Kreuzigern, die wider mich so viele Art der Grau=
samkeit verübt hatten, daß sie nichts mehr derselben zuzusetzen ver=
mochten, vielmehr nach verübtem Zorn über mich mit Zähnen
knirschten, — wie ich diesen mit so großer Herzensmilde Gnade er=
warb und den Vater für sie besänftigte, als ob sie nie gegen mich
gewesen wären. Also wirst auch du vermögen, durch Tugenden alle
Laster zu überwinden."

Zweiundzwanzigstes Kapitel.
Von dem Busche, von dem Zweige der Gerechtigkeit und von den neun Chören der Engel.

Als seliger Gedächtniß Herr B.*) der junge Graf gestorben
war, und die Gemeinde seiner Leiche in Prozession entgegenging,
sah diese Dienerin Gottes ein Stück des weiten freien**) Feldes,
und solches gefiel ihr sehr wohl. Da sie nun in einer Nacht nicht

---

*) Es scheint dies Burchhard XII. von Mansfeld gewesen zu sein,
welcher im Jahre 1294 eines frühen Todes starb. S. 5. B. 11. K.
**) S. Anm. 5.

zu schlafen vermochte und vor Krankheit nicht zum Gebete auf=
stehen konnte, erschien ihr der Herr in einem weißen Kleide. Er
setzte sich vor ihr Bettlein und tröstete sie liebreich ob ihrer mannig=
faltigen Betrübniß und Krankheit. Sie aber sprach zu dem Herrn:
„Eja, mein Herr! daß es mir geziemte, mit dir zu gehen durch die
Weite eines solchen Feldes, wie ich jüngst gegangen bin." Der
Herr antwortete: „Weißt du nicht, was das heißt, wenn gemeiniglich
gesprochen wird: der Wald hat Ohren und das Feld hat Augen?"
und er setzte hinzu: „Das heißt, daß der Wald Ohren hat: wenn
Zwei in einem Busche sitzen und reden miteinander, so mögen die
Vorübergehenden dasselbe hören." Und sofort sah sie einen schönen
Busch, der aus ganz frischen Zweigen erwachsen war, und in wunder=
barer Länge und Schönheit sich erhöhte. In diesem Busche saß
der Herr mit der Seele. Die frischen Zweige aber, aus welchen
der Busch erwachsen war, waren die Eigenschaften Gottes, als:
Weisheit, Güte, Barmherzigkeit, Gerechtigkeit, Liebe, und die übrigen
Tugenden des Herrn, welche gleich Sprossen allezeit in Gott grünen,
blühen und neue Früchte bringen.

Die Seele aber umfing den Zweig der Gerechtigkeit, indem
sie zu dem Herrn sprach: „Mir geziemt jetzt, diesen Zweig mit
Dankbarkeit zu umfangen, weil du so mich mit Betrübniß und
Pein erfülltest und mich durch diese übest." Und nimm wahr! sie
sah, daß dieser Zweig Gott war und die Seele hielt ihn umfangen
und begann, ihn also zu loben: „Ich lobe dich, du Grundveste der
Gerechtigkeit! Ich lobe dich, Sonne der Gerechtigkeit! Ich lobe
dich, Schmuck der Gerechtigkeit!" Aber ein Strahl ging aus dem
Herzen Gottes, strömte in die Seele und durchging alle ihre Glieder,
so daß er sie vollkommen reinigte und alle ihre Trauer, mit welcher
sie vordem heimgesucht gewesen, entfernte. Und der Herr sprach:
„Siehe, der Busch, von welchem die Schrift sagt: Deine Düfte
sind ein Paradies." *) Um den Busch aber standen alle Engel
gleich neun Kreisen, so daß jeder Chor den Busch umringte.

Und der Herr sprach zu ihr, daß die Schrift sagte: „Blicke auf, die
du wohnest in Gärten, Gefährten horchen." **) Die Seele aber ver=
stand durch göttliche Eingebung, daß die Engel den gerechten Menschen

bei allen Werken, welche gut sind, als Gefährten dienen. Darum, wann der Mensch Psalmen oder andere göttliche Schriften liest, oder sonst gute Werke vollbringt, sind die Engel bei ihm und dienen ihm. Wenn er aber im Gebet mit Gott redet, oder das Wort Gottes hört oder von Gott spricht, dann dienen ihm die Erzengel. Wenn er aber über die Eigenschaften Gottes nachdenkt und sie erhebt, nämlich seine Macht, Weisheit, Güte, Gerechtigkeit, Barmherzigkeit, Langmuth und Liebe, und so viel als möglich sich in Tugenden ihm ähnlich zu machen sucht, dann willfahren ihm die Tugenden. So aber der Mensch in Erinnerung an die unaussprechliche und höchste Gottheit vor Gott erzittert und in aller Demuth sich Gott unterwirft, so dienen ihm die Mächte. Wenn er aber in seinem Herzen das alleredelste und vortrefflichste Wesen der Gottheit erhebt und bedenkt, wie die unendliche Majestät sich gewürdiget hat, den Menschen nach ihrem Bild und Gleichniß zu schaffen, wie viel sie für den Menschen gethan und erduldet hat, und wenn er wegen der Ehrerbietung, mit welcher Gott den Menschen liebt, gleichfalls jeden Menschen ehrerbietig liebt, dann dienen ihm die Fürstenthümer. So er aber in der Ruhe des Herzens über Gott nachdenkt, dann willfahren ihm die Throne. Wenn er aber in der Erkenntniß Gottes erleuchtet, und in der Beschaulichkeit zur Forschung der Geheimnisse Gottes erhoben wird, dann dienen ihm die Cherubim. So aber die Seele aus dem Herzen Gottes flammende Liebe schöpft und Gott mit seiner eigenen Liebe liebt und jeglichen Menschen in Gott und wegen Gott, dann dienen ihm die Seraphim.

Darnach sprach der Herr zu ihr: „Willst du wissen, was es heiße, daß das Feld Augen habe? Wo Zwei gehen in einem ebenen Felde, mögen sie sich von ferne schauen, und sind es Liebende, die einander von ferne auf einem Wege kommen sehen, so eilen sie um so heftiger sich entgegen; so zieht auch die liebende Seele, die mein begehrt, mich mit einem Seufzer zu sich, ehe denn ein Wort mag geredet werden. Die Wandrer und Pilgrime pflegen auch auf dem Felde zu rasten; so raste ich mit der Seele, die sich in dieser Welt zur Pilgerin gemacht und ihr Herz entledigt hat von irdischen Dingen. Auch pflegen die Leute auf dem Felde Blumen zu brechen; also lege auch ich in die Seele gerne mancherlei heiliges Streben, mit welchem sie dann gleich einem blühenden Felde geziert ist, und ich mache mir einen Kranz, den ich auf mein Haupt setze, so lange, bis die Seele selbst zu mir kommt, dann gebe ich ihn ihr wieder."

Da sprach sie abermals zu dem Herrn: „Mein Herr! was habe ich dadurch gesündigt, daß ich mich, umschauend in der Weite des Feldes, erlustigt habe?" Er antwortete: „Du hast wider den Gehorsam gehandelt, hast meiner nicht Acht gehabt, und darüber hast du versäumt zu beten für die Seele des Verstorbenen." Sie sprach: „Lehre mich, Allerliebster! wie wir fürderhin thun sollen, so uns auszugehen erlaubt ist?" Er antwortete: „So ihr zum Ersten von dem Chore ausgehet, sprechet mir den Vers: ,Herr, führe mich auf deinen Wegen, und ich werde wandeln in deiner Wahrheit. Es freue sich mein Herz, daß es fürchtet deinen Namen.'*) Und also gehet aus in meiner Furcht und nehmet mich zu einem Genossen des Weges, als einen Stab, an welchem ihr euch haltet, und indem ihr ausgehet, segnet mit meiner Rechten die Häuser, den Weg und Alle, die euch begegnen, und sie werden dadurch gesegnet sein. Derjenige, welcher eine eitle Freude hat, dessen Herz wird alleweg nachmals beschwert; wer aber meine Furcht hat, wird nicht traurig, sondern erwirbt erst wahre Freude. Dann, wenn ihr euch nahet der Leiche, möget ihr die Prozession betrachten, in welcher am Tage des Gerichtes alle Menschen, wieder auferstehend, mit ihrem Leibe zu mir eilen, ich aber mit unaussprechlicher Glorie und Majestät, umgeben von den Scharen der Engel, ihnen entgegen kommen werde. Ihr sollet auch beten für die Seele des Verstorbenen, auf daß, wenn sie in den Peinen ist, sie desto eher befreit, und wenn sie durch einige Hindernisse von mir entfernt ist, desto eher erledigt und mir und meinen Heiligen zugesellt, würdig werde der künftigen Verklärung, auf daß sie mit Freude und Ehre an jenem erschrecklichen Tage mir dargestellt werden."

Dreiundzwanzigstes Kapitel.
Von der Küche des Herrn.

Als sie einst ein gar herrliches Geschenk von der göttlichen Freigebigkeit empfangen hatte, daß sie nämlich ihre eigene Nichtig-

*) Ps. 85, 11.

feit erfannte, da sagte sie mit demüthiger Selbstverachtung: „O
freigebigster König, diese Habe deiner höchsten Majestät geziemt sich
für mich nicht, da ich mich für unwürdig erachte, auch nur in deine
Küche zum Spülen deiner Teller zugelassen zu werden." Der Herr
erwiderte ihr gütig: „Welches ist meine Küche und welches sind
meine Teller, die du spülen möchtest?" Darauf schwieg jene ver=
wirrt, indem sie keine Antwort zu geben wußte. Der Herr nun,
welcher zuweilen eine Frage hervorzurufen pflegt, um sie selber zu
lösen, erfreute sie durch folgende Antwort und folgendes Gesicht
zumal. Er sprach nämlich: „Meine Küche ist mein göttliches Herz,
welches nach Art einer Küche, die der gemeinsame Haustheil und
Durchgang für Alle, Knechte sowohl als Kinder ist, immer Allen
offen steht und Jeglichem gewährt, was ihn erfreut. Der Koch in
dieser Küche ist der heilige Geist, dessen unaussprechliche Süßigkeit sich
unablässig mit überschwenglicher Freigebigkeit in jenes ergießt, es erfüllt
und so zum Ueberfließen bringt. Meine Teller sind die Herzen aller
meiner Heiligen und Auserwählten, welche aus dem Ueberfluß meines
göttlichen Herzens beständig mit wunderbarer Süßigkeit erfüllt werden."

Und siehe! sie sah die seligste Jungfrau zunächst bei Gott
stehen mit der ganzen Menge der Engel und Heiligen. Es schien
als ob die Engel ihre Herzen gleichwie goldene Teller aus ihrer
Brust nahmen und Gott ihrem Herrn darreichten, damit er sie
fülle. Und es war, als ob ein Strom göttlicher Wonne aus der
Quelle des göttlichen Herzens hervorbrechend sich in reichstem Maße
in jedes derselben ergoß; überströmend aber sich in die Herzen der
Heiligen ergießend floß er unter wunderbarem Danke wieder zum
Herzen des Herrn zurück. Da sprach der Herr zu ihr: „Gehe
nun zuerst zu dem reinsten Herzen meiner jungfräulichen Mutter,
und suche dich darin zu waschen, nämlich durch Danksagung, indem
du in ihr jene edelste Treue erhebst, durch welche sie vor aller
Kreatur in allen ihren Werken mir auf's festeste, ja unzertrennlich
vereinigt blieb. Trinke dann das Wasser, womit du dich gewaschen
hast, durch das Verlangen und den Eifer, sie nachzuahmen. Deß=
gleichen thue bei jedem Herzen der andern Heiligen, indem du stets
ihre Tugenden fromm erhebst und nach deinem Vermögen sie
demüthig nachahmest: so wirst du zu ihrer Gemeinschaft in der
Glorie glücklich gelangen können."

Vierundzwanzigstes Kapitel.

Wie die Seele in dem Herzen des Herrn ihre Rast hat.

Zu einer andern Zeit, nach dem Empfange des heiligsten Sakramentes, sprach der Herr zu ihr: „Ich in dir und du in mir in meiner Allmacht, gleich dem Fische in dem Wasser." Sie sprach: „O mein Herr, die Fische werden oft aus dem Wasser mit Netzen gezogen; ob mir vielleicht auch also geschehe?" Der Herr sprach: „Du wirst nicht von mir weggezogen werden können, du wirst ein Nest haben in meinem göttlichen Herzen." Die Seele sprach: „Was soll mein Nest werden?" Der Herr entgegnete: „Demuth bei allen Gaben und Gnaden, welche dir verliehen werden von mir; senke dich allezeit in die Tiefe wahrer Demuth!" Die Seele sprach: „Die Fische bringen Frucht in dem Wasser, und was wird meine Frucht sein?" Der Herr antwortete: „Wenn du mich dem himmlischen Vater zur Freude und Glorie aller Heiligen aufopfern wirst, dann werden ihre Freuden und Verdienste so gemehrt, als ob sie mich leiblich auf Erden empfingen, und das ist auch deine Frucht." Da fing die Seele an zu gedenken, wie solches in den Patriarchen und in den Propheten geschehen möchte, weil diese auf Erden den Leib des Herrn nicht empfangen hatten. Der Herr sprach: „Was die Apostel gehabt, haben auch die Propheten und Patriarchen durch Hoffnung und Glauben erhalten; darum ist jetzt ihr Antheil so wahr, als jener der Zwölf-Boten."

Fünfundzwanzigstes Kapitel.

Von dem Kreuze und dem Seidenkleide des Herrn.

Einstmals war sie im Geiste entzückt und sah sich in einem Hause von wunderbarer Schönheit. Dieses erkannte sie sogleich als das Herz Jesu Christi, da sie oft in gleicher Weise darin eingegangen war, wie oben beschrieben ist. Aber zur Erde niederfallend, entdeckte sie ein großes Kreuz auf dem Boden, auf welches sie sank. Und nimm wahr! von der Mitte des Kreuzes aus ging ein scharfer

Strahl oder ein Geschoß und durchdrang die Seele.*) Dann hörte sie den Herrn zu ihr sprechen: „Alles irdische Wesen vermag nicht eine Seele zu erfreuen; Heil und hohe Glorie hienieden besteht aber auch in Pein und in Kümmerniß." Die Seele jedoch begann traurig und geängstigt zu werden, weil sie ihren einzig Geliebten, wiewohl sie ihn hörte, nicht zu sehen vermochte. Und da sie ihn mit großem Verlangen bat, erschien er ihr zur Stunde in einem rothen seidenen Kleide, ergriff ihre Hand und redete sie freundlich an. Da aber die Seele die Milde und Weiche seines Kleides empfand, fing sie an, zu denken, was das wohl bedeuten möchte. Da antwortete der Herr: „Gleichwie die Seide milde und weich ist, so ist alle Pein und Betrübniß der Seele, welche Gott wahr=haft liebt, süß." Die Seele sprach: „Das ist so am Anfange des Leidens, wenn die Seele mit großer Innigkeit es annimmt; wenn aber das Leiden mächtig wird, dann ist es ihr gar schwer." Da=gegen antwortete Jesus: „Es ist wahr; doch wie ein seiden Kleid, so es mit Gold und Edelsteinen geziert ist, nicht wegen seiner Schwere weggeworfen oder verachtet, sondern eben deßhalb hoch=geschätzt und werth gehalten wird; so wird die gläubige Seele in dem Leiden nicht erniedrigt, sondern gerade durch die Bitterkeit des=selben sind alle ihre Tugenden geadelt und alle ihre Verdienste un=endlich gemehrt."

Diese Erscheinung aber war eine Weissagung zukünftiger Krankheit, von welcher sie hernach ergriffen wurde. Während des Adventes, welchen sie allezeit mit großer Andacht und glühendem Eifer zu feiern gewohnt war, hielt heftiger Schmerz sie darnieder. Das Schmerzlichste aber war ihr, daß sie nicht in den Chor zu gehen, noch mit Fleiß ihrer gewohnten Andacht obzuliegen im Stande sich fühlte.

---

*) Dasselbe wird von der heiligen Theresia berichtet, daß sie nämlich von einem Engel, welcher Christus selbst war, mit dem geistigen Pfeil der Liebe durchbohrt worden sei; ebenso von der heiligen Gertrud d. G. Vgl. Ges. d. g. L. B. II, K. 5 und B. V, K. 25.

Sechsundzwanzigstes Kapitel.
Von ihrer mannigfachen Pein.

Nach dem Maße des Trostes und der Süßigkeit, welche Gott der Seele, die ihn liebt, zu Theil werden läßt, vervielfältigt er auch oft deren Schmerzen und Krankheiten, wie wir bei dieser seiner frommen Dienerin oft erfahren. Denn sie verbrachte lange Zeit der Mühsal in schwerer Krankheit des Hauptes und mehr als einen Monat, daß sie weder Schlaf noch Ruhe haben konnte. Ueberdies verlor sie alle Gnade und gewohnte Süßigkeit, sowie die Heim= suchung Gottes, und mußte sie weinend klagen, daß sie auch keine süßen Gedanken mehr von Gott zu fassen vermöchte. Dadurch kam sie in solche Traurigkeit, daß sie geraume Zeit erbarmungswürdig nach Gott, ihrem Geliebten, rief, und der Laut davon durch das ganze Haus gehört ward. Nachdem sie in dieser Verlassenheit mehr denn sieben Tage geblieben war, überströmte sie der gütige Herr, der da allezeit nahe ist denen, welche betrübten Herzens sind, wieder mit Trost und Wonne. Oft lag sie dann von der Mette bis zur Prima und von der Prima bis zu der Nona mit geschlossenen Augen gleich einer Todten im Genusse Gottes. Zu dieser Zeit offenbarte ihr der gütige Herr die wunderbarsten Geheimnisse und erfreute sie so sehr mit der Lieblichkeit seiner Gegenwart, daß sie gleichsam wie trunken nicht fürder schweigen konnte, sondern die innerlichen Gnaden, die sie so viele Jahre verborgen gehalten hatte, Allen mittheilte, welche zu ihr kamen, selbst Gästen und Fremden. Darum befahlen ihr Viele ihre Anliegen zu Gott; und nachdem sich ihr Gott gnädig erzeigt, eröffnete sie ihnen das Verlangen ihrer Herzen, und sehr erfreut dann dankten diese Gott.

Während der Krankheit nahm ihr auch Gott ihre liebste Schwester seliger Gedächtniß, die Frau Aebtissin, durch den Tod. Aber, wie sie selbst bekannte, diese wie alle ihre andere Verlassen= heit hat ihr der Herr unendlich vergolten, so daß sie deren Seele, wie oft sie wollte, sah, und alle Verdienste derselben erkannte. *)

---

*) S. 6. Buch. Diese schwere Krankheit Mechtilbis' fiel in das Jahr 1291.

Weil sie klagte, daß sie wegen Schmerzen des Hauptes den Schlaf verloren hätte, meinten die Leute, daß sie aus Krankheit irrte; denn man glaubte, sie thue eben nichts Anderes, denn schlafen. Da aber ihre Dienerin sie fragte, was sie denn die Zeit über thue, während welcher sie so unbeweglich mit geschlossenen Augen liege, antwortete sie: „Meine Seele wird erfreut in göttlichem Genusse, in der Gott= heit sich bewegend wie ein Fisch im Wasser oder wie ein Vogel in der Luft; und es ist kein Unterschied zwischen dem Genusse, dessen sich die Heiligen Gottes erfreuen, und zwischen der Vereinigung meiner Seele, ausgenommen, daß jene in der Freude, ich aber in dem Leiden meines Gottes genieße."

Als in diesen Tagen ihrer Krankheit die Fasten kam, und sie sich vorgenommen hatte, bei dem Herrn geistlich in der Wüste zu bleiben, bedäuchte ihr in einer Nacht, wie sie bei dem Herrn in der Wüste wäre. Sie fragte den Herrn, wo er diese Nacht bleiben wolle? Da zeigte ihr der Herr einen hohlen Baum von wunder= barer Schönheit, der genannt war der Baum der Demuth; und er sprach: „Hier will ich über Nacht bleiben." Mit diesen Worten ging der Herr in den hohlen Baum. Da sprach sie: „Und wo werde ich bleiben?" Der Herr sprach: „Kannst du nicht fliegen in meinen Schoß und da bleiben, wie die Vögel pflegen?" Zur Stunde sah sie sich in Gestalt eines Vögleins fliegen in den Schoß des Herrn*) und ruhte dort auf das Ungestörteste. Und sie sprach: „Mildester Herr, lege deinen Finger auf mein Haupt, damit ich viel= leicht so einschlummere." Und der Herr: „Weißt du nicht, daß die Vögelein, wenn sie schlafen wollen, ihr Köpfchen unter ihre Federn stecken?" Und jene: „Herr, welches sind meine Federn?" Er ant= wortete: „Deine Sehnsucht ist eine rothe Feder, weil sie immer glühend ist; deine Liebe ist eine grüne Feder, weil sie immer grünt und wächst; deine Hoffnung ist eine gelbe Feder, weil du beständig nach mir schmachtest."

Und sie sah aus dem Herzen des Herrn Tröpflein träufeln, welche sie mit ihrem Schnabel begierlich auffing und von welchen sie noch nie erfahrene Süßigkeit und Freude schöpfte. Aber es kam auch Sanct Petrus, wie ihr bedäuchte, und verwunderte sich sehr,

---

*) Vgl. Hohes Lied, 2, 14.

daß der Herr der Majestät sich so gnädig zu der Seele neige. Da antwortete ihm der Herr: „Petrus, weißt du nicht, daß die ersten wie die letzten Kinder mir die liebsten sind? Ihr waret meine erstgebornen Jünger, denen ich allezeit Güte erzeigte, und Alles, was ihr nach eurem Verlangen gewollt, das habt ihr von mir empfangen."

Dann ward ihr Geist in den Himmel entzückt, wo sie den Herrn im Osten thronen sah. Die Frau Aebtissin aber, ihre Schwester, wandelte dort mit Personen aus der ganzen Gemeinde mit Todten und mit Lebendigen. Während diese nun sich leichthin bewegte, so ward von all' jenen Personen, welche sie auf Erden durch die Vorsehung Gottes zu regieren gehabt hatte, ein solcher Laut des Entzückens erhoben, daß die Bewohner des Himmels sich mit neuer Wonne freuten, und alle Personen der Gemeinde umschwebten sie in Gestalt weißer Tauben. Hierauf brachten die heiligen Engel alle verdienstlichen Werke der einzelnen Personen Gott dar zur allergrößten Freude genannter Aebtissin. Diese aber betete für die Gemeinde: „Heiliger Vater! behalte sie in deinem Namen, die du mir gegeben hast."*) Da antwortete ihr Gott der Vater: „Dein Wille ist mein Wille; denn ich will sie behalten in Unschuld, bewahrt vor allen bösen Werken." Sie betete auch zu dem Sohne, sprechend: „Ich bitte dich, Herr! daß sie Eins seien in dir, das heißt, daß sie mit vollkommenem Willen in allen Dingen dir geeinigt seien, wie die Heiligen in dem Himmel in Allem vereiniget sind mit dir!"**) Da antwortete ihr der Sohn: „Dein Verlangen ist mein Verlangen; ich in ihnen und sie in mir. Ueberdies will ich alle ihre Werke in mir vollkommen machen und bestätigen." Darnach bat sie den heiligen Geist, sprechend: „Heilige sie in der Wahrheit und sei ihr Tröster in Gnaden."***) Da antwortete ihr der heilige Geist: „Deine Freude ist meine Freude; ich will ihr Tröster sein, ihre Salbung und ihr Erhalter."

Hierauf hörte sie einen gar süßen Ton am Himmel wiederhallen von dem Schall der Disciplin, welche zu jener Stunde die Schwestern für das gemeinschaftliche Heil empfingen. Bei dem Laute dieses Schalles jubelten die Engel Beifall, die Dämonen, welche

*) Joh. 17, 11.
**) Ebend. 17, 22.
***) Ebend. V. 17.

Seelen peinigten, entflohen weithin, die Seelen wurden von ihren Strafen erlöst, und die Ketten ihrer Schuld gebrochen.

Siebenundzwanzigstes Kapitel.
Wie der Herr ihr versprach, durch sich selber ihr ein Kleid zu bereiten.

Auch in einer andern Nacht, da sie vor Schmerzen des Hauptes keine Ruhe zu haben vermochte, bat sie den Herrn, daß er ihr zum wenigsten ein Plätzchen zeige, in welchem sie Ruhe fände. Da zeigte Jesus ihr die Male seiner Wunden, und gebot ihr, daß sie wähle, in welchem sie zu wohnen wünschte. Sie aber wollte nicht wählen, sondern befahl es der göttlichen Güte, daß diese ihr gebe, welches sie wolle. Da zeigte ihr Jesus die Wunde seines Herzens, indem er sprach: „Nimm wahr! hier gehe ein, auf daß du ruhest!" Zur Stunde trat sie mit Freude in das Herz Gottes ein. Es war aber ähnlich einem sehr schönen Hause; in Mitte desselben fand sie den Herrn auf einem Bette liegend mit einem grünen Mantel herr= lich bedeckt. Die Seele legte sich mit großer Freude auf Befehl des Herrn neben ihn, um zu ruhen. Da bedäuchte sie, wie sie nun so viele seidene Kissen hätte, wie viele Stiche der Schmerzen ihr Haupt empfunden hatte. Alle diese legte sie, eines nach dem andern, mit großer Dankbarkeit unter das Haupt ihres göttlichen Liebhabers und sprach: „Allerliebster Gott! wollest du mich Arme gnädiglich an dem Ostertage mit solchen Kleidern schmücken, als da ist die Bedeckung dieses Bettes!" Der Herr antwortete ihr: „Ich will dir solche Kleider bereiten durch mich selber." Wie sie nun zweifelte, was wohl mit diesen Worten gemeint sei, sprach der Herr: „Weißt du nicht, daß die Seidenwürmlein die Seide spinnen? Weil nun von mir geschrieben ist: ‚Ich bin ein Wurm und nicht ein Mensch,'*) deßhalb will ich dir aus den innersten Tiefen meiner Barmherzigkeit ein Kleid bereiten, und will ich es dich tragen lernen, so du nicht verstehst, selbes zu tragen. Bis hieher hast du mir

---

*) S. Pf. 21, 7.

andächtig gedient in Arbeit, fortan wirst du dich befleißen, mir nach meinem Beispiele zu dienen in der Uebung der Tugenden."

Achtundzwanzigstes Kapitel.
Wie sie allen Heiligen kredenzt hat aus dem Borne der Barmherzigkeit.

In einer Nacht fragte sie den Herrn, welche Stätte er sich bereitete, über Nacht zu bleiben?*) Er antwortete: „An dem Fuße dieses einsamen Berges." Und Jesus führte die Seele dahin, wo sie den Born der Barmherzigkeit aus der Wurzel des Berges entspringen sah, und es stand neben dieser Quelle eine silberne Schale. Da sprach der Herr zu ihr: „Aus diesem Borne kredenze Allen und Jedem nach dem Wohlgefallen deines Willens!" Darauf sagte sie: „Mein Herr! ich bitte, ersetze du meine Stelle; denn ich bin nicht geeignet zu dem Werke, weil ich krank und schwach bin." Da gingen die heiligen Engel an ihrer Statt zu der Quelle und schenkten daraus zum Ersten der glorwürdigen Jungfrau Maria zur Mehrung ihrer hohen Seligkeit. Während diese trank, gaben alle Tropfen in ihrem Munde einen Laut von so wunderbarer Lieblichkeit, daß alle Bewohner des seligen Jerusalems in neuem Frohlocken aufjubelten. Darnach kredenzten die Engel den Patriarchen, den Propheten, Aposteln, Märtyrern, Bekennern, den Jungfrauen, den Verehelichten und Wittwen und allen Bewohnern des Himmels. Sie tranken gleicherweise insgesammt daraus, und alle Tröpflein lobten Gott, wie sie zuvor in der seligen Jungfrau mit süßem Tone erklungen.

Darnach schenkten sie auch von dem genannten Borne der Barmherzigkeit den Streitern der Kirche; zum Ersten dem Papste, den Cardinälen, den Erzbischöfen, Bischöfen und allen Geistlichen; darnach dem Kaiser, den Königen, Fürsten und allen Richtern und Regierern der Gläubigen; zuletzt allen Lebenden auf Erden. Die

---

*) Die Beschauende ist zu dieser Frage geführt durch die Betrachtung, welche sie während der heiligen Fastenzeit über den Aufenthalt des Herrn in der Wüste anstellte; s. oben S. 184.

Engel schenkten auch von dem Borne der Barmherzigkeit an Stelle
der Braut Christi den Seelen im Fegfeuer, und diese tranken Alle
daraus; doch sie empfanden nicht Alle jenen Laut und jene Süßig=
keit, wie die triumphirende Kirche. Darnach kredenzte der Herr voll
Wohlwollen auf Bitten seiner Dienerin allen vorgenannten Personen
sowohl der streitenden als der triumphirenden Kirche aus seinem
Herzen einen Nektartrank in einer kleinen Schale.

Neunundzwanzigstes Kapitel.
Wieder vom Born der Barmherzigkeit.

In der folgenden Nacht, da sie abermals im Geiste zu dem
genannten Borne der Barmherzigkeit geführt worden war, sah sie
aus demselben eine gar mächtige Ader der Dankbarkeit heraufquellen,
und diese Ader ging durch das Herz Jesu Christi, um wieder ganz
lauter in den Born zurückzufließen. Dieses aber ist also zu ver=
stehen: da der Gaben Gottes mancherlei sind, und nicht alle Men=
schen ein und dieselbe Gabe besitzen; da ferner auch deren Vertheilung
vielerlei ist, so soll ein Jeder sorgfältig auf die Gabe merken, welche
ihm von Gott verliehen wurde, und soll dieselbe immer wieder auf
Gott zurückführen, sich selber aber unwürdig erachten alles Guten
und selbst des Lebens, und sofort allezeit sprechen: „Ich bin geringer,
denn alle deine Erbarmungen."*) Es soll der Mensch ferner nichts
verlangen, denn allein das Lob Gottes, und Alles, was ihm be=
gegnet, sei es Fröhlichkeit oder Trauer, soll er dafür halten, als sei
es ihm von Gott aus überreicher Liebe gegeben, und sohin Alles
mit Danksagung, in Vereinigung mit der Dankbarkeit Jesu Christi,
wieder ergießen in seinen Ursprung, in das allerheiligste Herz des
ewigen Mittlers.

Von der Beicht.

Ein anderes Mal sah sie den Herrn Jesum zur Rechten der
Majestät Gottes im Himmel sitzen und die Reinigung von Sünden

*) Vergl. 1. Mos. 32, 10.

bewirken. Da nämlich die Schwestern mit zerknirschtem Herzen und reumüthigem Geiste zur Beicht gingen, umfaßte der Herr Jesus jede einzelne mit seiner Rechten und tilgte alle ihre Sünden in sich selbst so vollständig aus, als ob sie gar nie geschehen wären; und so gereinigt stellte er sie alle seinem himmlischen Vater dar. Dieser blickte sie voll Huld an und sprach zu jeder von ihnen: „Es hat dich aufgenommen die Rechte meines Gerechten zur wahren Versöhnung."

Dreißigstes Kapitel.

Wie der Herr seine Dienerin gesund machte.

Als nun sie nahezu vierzig Tage ihrer Krankheit zählte, während welcher sie so viel mit stetem Schmerze des Hauptes ausgestanden hatte, däuchte ihr abermals, wie sie bei dem Herrn in einem blühenden Felde wäre und zu ihm spräche: „Meine süßeste Liebe! gib mir deinen Segen, wie du einst deinem Knechte Jakob gethan hast."*) Da segnete Jesus sie gütig mit seiner Hand, indeß er sprach: „Sei gesund an Leib und an Seele!" Und von Stund an empfand die Dienerin Gottes, daß ihre Schmerzen sanfter wurden. Darob mit großer Freude erfüllt, bat sie die Jungfrau Maria und alle Heiligen, daß sie den Geliebten ihrer Seele loben wollten wegen der erwiesenen Wohlthat, welche Alle auch, angefangen von der Jungfrau Maria, sofort neues Lob Gottes für diese Seele dem Herrn darbrachten. Von da fing sie an, sich besser zu befinden, aber nicht ganz ward sie gesund, und zwar hauptsächlich darum, weil sie alsbald, nachdem sie Besserung verspürte, sich den geistlichen Uebungen mit solchem Eifer unterzog, daß ihre Körperkräfte wieder schwinden mußten.

Einunddreißigstes Kapitel.

Von der Macht der Liebe.

Ein anderes Mal hernach, als sie bei der Danksagung die Macht der göttlichen Liebe bedachte, welche Christum aus dem Schoße

---

*) Vergl. I. Mos. 32, 29.

des Vaters in den Schoß der Mutter herabgezogen, sprach der Herr zu ihr: „Nimm wahr! ich gebe mich in die Gewalt deiner Seele, damit ich dein Gefangener sei, und du in Betreff meiner befehlest, was du willst. Und ich werde wie ein Gefangener, der nichts vermag, als was sein Herr befiehlt, ganz nach deinem Willen bereit sein." Sie aber vernahm gar dankbar die Worte so großer Huld und bedachte bei sich, was sie von der Güte des Herrn am meisten erbitten solle. Sie fand aber in ihrem Herzen, daß sie nichts lieber wünschte, denn Gesundheit, weil die Osterfeier bevorstand und sie vom Advent des Herrn an bis zu jener Zeit, mit Ausnahme des Vorabends und Festtages der Geburt des Herrn, wegen ihrer anhaltenden Krankheit den Chor nicht mehr betreten hatte; doch überlegte sie es wieder, und auf Antrieb der Treue, welche sie stets gegen Gott bezeigte, sprach sie: „O Süßester und Geliebtester meiner Seele, wenn ich auch jetzt alle Kraft und Gesundheit, so ich jemals hatte, wieder erlangen könnte, so möchte ich es keineswegs; sondern das allein wünsche ich von dir, daß ich niemals von deinem Willen abweiche, sondern Alles, was du willst und in mir wirkest, sei es Angenehmes oder Widriges, immer mit dir wolle." Zur Stunde bedäuchte ihr, als ob der Herr sie mit der Linken umfasse und sein Haupt an ihre Brust lehnend zu ihr spreche: „Darum, weil du Alles willst, was ich will, so soll deine Seele stets in meiner Umarmung sein, und allen Schmerz deines Hauptes will ich in mich ziehen und durch mein Leiden heiligen."

Noch viel mehreres könnte darüber geschrieben werden, was der Herr in dieser Krankheit*) an ihr that; wir übergehen es aber darum, weil, wie sie selbst gestand, wenn sie Manches zusammenhangslos bald jetzt, bald später vorbrachte, sie gerade das Beste überging. Sie pflegte nämlich zu sagen: „Alles, was ich euch sage, ist wie eitel Wind im Hinblick auf das, was ich durch keine Worte auszudrücken im Stande bin." Zuweilen sprach sie auch so leise, daß wir sie nicht wohl verstehen konnten; darum haben wir nur das, was wir genau und wirklich gehört haben und behalten konnten; zum Lobe Gottes und Nutzen des Nächsten niedergeschrieben.

*) Von Ende Advent des Jahres 1290 bis Ostern 1291, während welcher Zeit die Aebtissin Gertrud starb.

Zweiunddreißigstes Kapitel.
Von der Umarmung des Herrn.

Ein anderes Mal, als sie in ihrer Krankheit sich bei Gott beklagte, daß sie weder den Chor betreten, noch andere gute Werke thun könne, da bedünkte ihr, als ob sich der Herr in ihr Bettlein neben sie hinneige und sie mit der Linken umfange, so daß die Wunde seines süßesten Herzens gerade an ihr Herz sich anschloß. Dann sprach er zu ihr: „Wenn du krank bist, so umfange ich dich mit meiner Linken, und wenn du gesund bist, mit meiner Rechten; wisse aber, daß, wenn ich dich mit meiner Linken umfange, du meinem Herzen viel näher bist."

Dreiunddreißigstes Kapitel.
Wie der Mensch sein Herz bereite zu einer Wohnung Gottes.

An einem Samstage, da gesungen ward: „Salve sancta parens,"*) sprach sie zu dem Herrn: „O allerliebster Gott! daß ich nun um deiner Liebe willen deine allerwürdigste Mutter mit geziemendem Lobe erheben und mit königlicher Gabe zu ehren vermöchte, so viel als je eine Königin hat geehrt werden können." Und zur Stunde winkte der Herr zwei Engeln, als ob sie ihm etwas bringen sollten. Sie gingen und brachten zur Stelle ein weißes Säcklein, in welchem ihre guten Werke verborgen waren. Aus diesen nahm der Herr unter andern Kleinodien ein golden Kreuzlein, wodurch ihr Seelenleiden angedeutet ward. Auch eine wunderliebliche Lilie nahm er heraus, die er wie ein Kleinod an ihre Brust befestigte. Die Seele aber sprach zu dem Herrn: „Eja, Geliebter vor Allen! daß ich doch in meinem Herzen dir eine angenehme und geziemende Stätte zu bereiten wüßte!" Da antwortete ihr der Herr: „Keine angenehmere und liebere Stätte kannst du mir darin bereiten, als wenn du mir meine Herberge so einrichtest, daß ich ohne Unter-

---

*) Vergl. oben: Erstes Buch, Kap. 36.

laß ich selber wohnen und mich erfreuen mag. Es soll aber diese
Wohnung nur ein einzig Fenster haben, durch welches ich zu
den Menschen rede und ihnen meine Gaben austheile." Dies
Fenster, verstand sie, sei ihr Mund, durch welchen sie das Wort
Gottes durch Lehre und Trost denen mittheilen sollte, welche zu
ihr kämen.

Vierunddreißigstes Kapitel.

Wie Gott seine Sinne der Seele gibt, daß sie dieselben gebrauche.

Sie bat zu einer Zeit den Herrn, daß er ihr etwas schenke,
was stets in ihr das Angedenken an ihn erwecke. Da empfing sie
von dem Herrn folgende Antwort: „Nimm wahr, ich gebe dir
meine Augen, daß du mit ihnen alle Dinge sehest, und meine
Ohren, daß du Alles, was du hörest, mit diesen vernehmest; auch
meinen Mund gebe ich dir, daß du alle Dinge, die du reden sollst,
durch ihn redest, betest oder singest. Ich gebe dir auch mein Herz,
damit du mit ihm denkest und mich selber und alle Dinge nur um
meinetwillen liebest." Mit diesen Worten zog Gott die Seele ganz
zu sich und vereinigte sie so mit sich, daß ihr däuchte, wie sie mit
den Augen Gottes sähe, und mit seinen Ohren hörte, und mit seinem
Munde redete, und sie empfand, daß sie kein anderes Herz hätte,
denn das Herz Gottes, was ihr auch nachmals öfter zu empfinden
gegeben wurde.

Wie der Mensch zur unerreichbaren Höhe der Majestät des Herrn erhoben werde.

Auch sprach der Herr zu ihr: „So viel du dich entfernest
von aller Kreatur und ihren Trost abwirfst, so viel mehr wirst du
erhoben zu der übernatürlichen Höhe meiner Majestät. Auch um
so viel mehr du deine Liebe ausbreitest über die Kreatur und dein
Mitleid und Erbarmen über Alle erdehnest, um so viel näher um-
spannest du meine unerfaßbare Breite, und hinwiederum, so viel du
dich selbst verachtest und unter alle Geschöpfe demüthigest, um so

viel tiefer wirst du eingesenkt in mich, und um so viel lieblicher und
freundlicher wirst du aus dem Strome meiner göttlichen Wonne erquickt werden."

Fünfunddreißigstes Kapitel.
Wie Gott die Seele zu sich rief; von der Liebe und der zehn-
saitigen Harfe.

Als sie einstens nach dem Geliebten ihrer Seele sich gar
minniglich sehnte, da rief er, der das Verlangen des Armen nicht
bloß zu hören, sondern ihm auch zuvorzukommen sich würdigt, mit
gar süßer und lauter Stimme sie zu sich in der Weise: „Komme,
meine Geliebte, zu mir!" Die Stimme des Herrn war aber von
so großem Schalle, daß sie den ganzen Himmel erfüllte, alle Winkel
des Himmels durchbrang und von süßestem Wiederhall ertönen ließ.
Und sie erkannte, daß durch alle Winkel des Himmels die Seelen
bezeichnet werden, welche der Stimme des Herrn dankbar zujauchzten.
Die Seele aber, auf solche Weise gerufen, stand zur Stunde vor
ihrem Geliebten, der auf einem gar wundersamen hochragenden
Throne saß, dessen vordere Säulen aus Bernstein waren, die Kapi-
täle waren von Smaragd, die Füße aber aus Saphir. Durch den
Smaragd wurde ausgedrückt das Grün der Ewigkeit; durch den
Saphir die vortrefflichste Erhabenheit des göttlichen Wesens. Die
Liebe aber in Gestalt einer schönen Jungfrau umschritt den Thron
und sang: „Den Himmelskreis durchwanderte ich allein."*)
Aus diesen Worten erkannte die Seele, daß die Liebe allein die
Allmacht der göttlichen Majestät sich unterworfen, ihre unerforschliche Weisheit gleichsam zur Thörin gemacht, ihre süßeste Güte vollständig ausgegossen, die Strenge der göttlichen Gerechtigkeit vollständig besiegend und in Milde verwandelnd den Herrn der Majestät
in das Elend unserer Verbannung herabgebeugt habe. Auch aus
dem Worte: „Und auf den Fluthen des Meeres wandelte
ich,"**) erkannte sie, wie Alle, welche vor dem Gesetze, unter dem

---

*) Sir. 24, 8.
**) Ebend.

Leben und Offenbarungen der hl. Mechtildis. I.

Gesetze und unter der Gnade in ihren Trübsalen Gott durch die Liebe treu anhingen, über alles Widrige und alle Mängel durch die Liebe triumphirten.

Hierauf sang die Liebe wiederum: „Sie hört ihn rings um den Thron," wodurch die Seele verstand, wie die Heiligen gerade voll Jubel Alles, was Gott an ihnen Großes gethan, preisen, nämlich wie er sie mit unerforschlicher Weisheit auserwählt, sie ohne ihr Verdienst gerechtfertigt und seiner Gnade würdig gemacht, mit mächtiger und starker Liebe von allem Elend befreit, und nicht nur alle ihre guten, sondern auch ihre bösen Werke ihnen zum Guten und zum Heil gewendet hat; welches Lob Gott von den Heiligen so huldvoll annimmt, als ob sie alles dieses Gute nicht von ihm, sondern von sich selbst hätten, und doch ihm allein die Ehre gäben.

Dann hinwiederum bedäuchte ihr, als stehe die Liebe zur Rechten Gottes, aus dessen Herzen ein süßtönendes Instrument hervorging gerade auf das Herz jener Jungfrau zu, nämlich eine Harfe mit zehn Saiten, wie es im Psalme heißt: „Auf einer Harfe von zehn Saiten will ich dich preisen."*) Durch neun dieser Saiten wurden bezeichnet die neun Chöre der Engel, nach welchen auch das Volk der Heiligen geordnet ist; die zehnte Saite bedeutete den Herrn selbst, den König der Engel und Heilig= macher der Heiligen. Nun fiel die Seele vor dem Herrn nieder und die erste Saite leicht berührend, lobte sie den Herrn mit den Worten: „Dich Vater, ungeboren"; bei der zweiten: „Dich Sohn, eingeboren"; bei der dritten: „Dich heiligen Geist, Tröster"; bei der vierten: „Dich, heilige und untheilbare Dreieinigkeit"; bei der fünften: „bekennen wir mit ganzem Herzen und Mund"; bei der sechsten: „loben wir"; bei der siebenten: „und benedeien wir"; bei der achten: „Dir sei Preis"; bei der neunten: „in Ewigkeit"; die zehnte Saite aber konnte sie nicht anschlagen, weil sie zur Höhe Gottes noch nicht hinanreichen konnte.

Hierauf sah sie an der Brust des Herrn einen gar glänzenden Spiegel, in welchem ein menschliches Angesicht war nach Art des

---

*) Ps. 32, 2.

Mondes. Als sie nun anfing, sich zu verwundern, was denn das bedeute, sprach der Herr zu ihr: „Durch dieses sollst du belehrt werden." Zur Stunde erkannte sie, daß durch die Augen bedeutet werde, daß er allein die ewige Weisheit ist, welche Alles weiß im Himmel und auf Erden, und daß er allein vollkommen und klar sich selbst erkennt, den keine Kreatur zu erfassen im Stande ist. Der Herr fragte: „Wer hat dich das gelehrt?" Sie antwortete: „Von dir, dem Geber alles Guten, bin ich belehrt, der du den Menschen Weisheit lehrest und ihm alle Weisheit einhauchst." Durch den Mund, erkannte sie, werde bedeutet, daß Gott unermeßlich und unbegreiflich ist in seiner Allmacht, und daß alle Bewohner des Himmels und der Erde sein Lob nicht genügend verkünden können, sondern daß er allein die Fülle genugsamen Lobes seiner selbst in sich schließt, der allein vollkommen erkennt, mit welcher Größe der Liebe er sich der liebenden Seele hingibt, und der sich täglich auf dem Altare Gott dem Vater als Schlachtopfer darbietet für das Heil der Gläubigen, was weder die Cherubim noch Seraphim, noch alle himmlischen Kräfte genugsam zu erforschen im Stande sind. Und der Herr fragte sie: „Wer hat dich das gelehrt?" Sie ant= wortete: „Du, bester der Lehrer, Quell aller Güte und wahres Licht, das jeden Menschen erleuchtet, der in diese Welt kommt."

Dann lehnte sich die Seele an die Brust ihres Liebhabers und Gottes und lobte ihn mit allen ihren Kräften, Sinnen und Bewegungen in ihm selbst und durch ihn selbst. Und je mehr sie, ihm anhangend, ihn lobte, desto mehr schwand sie in sich selbst zu= sammen und ward ganz zu Nichts. Wie schmelzendes Wachs am Feuer zerschmolz sie in sich selbst und ging in Gott über in seliger Vereinigung mit ihm und durch das Band unauflöslicher Vereinigung mit ihm verbunden. Da wünschte sie nun, daß Alle im Himmel und auf Erden der Gnade Gottes theilhaftig werden möchten. Und sie nahm die Hand des Herrn und machte ein so großes Kreuz, daß Himmel und Erde davon erfüllt zu werden schien. Davon ward nun die Freude der Himmlischen vermehrt, den Schuldigen Verzeihung, den Traurigen Trost, den Gerechten Stärke und Stand= haftigkeit gegeben, und den Seelen im Fegfeuer Lossprechung und Erleichterung der Strafen zu Theil.

Sechsunddreißigstes Kapitel.

Wie der Mensch sein Leiden Gott befehlen soll. Von der Güte des Herzens Gottes und wie Gott die Jungfrauen aufnimmt.

Einstmals, da sie sich recht unnütz erachtete ihrer Krankheit halber, und ihr Leiden für ganz unfruchtbar hielt, sprach der Herr zu ihr: "Lege alle deine Pein in mein Herz, und ich will sie so vollkommen machen, als je ein Leiden hat mögen erhoben werden. Denn wie die Gottheit alles Leiden meiner Menschheit in sich zog und mit ihr vereinigt hat, so will ich deine Pein gänzlich in meine Gottheit aufnehmen und mit meinem Leiden vereinigen, und will die Verklärung, welche Gott der Vater meiner Menschheit für alle meine Leiden verliehen hat, auch dir mittheilen. Befiehl deine Schmerzen ganz der Liebe und sprich: ,O Liebe! in der Meinung, mit welcher du mir die Leiden von dem Herzen Gottes gebracht hast, befehle ich sie dir wieder, bittend, daß du sie in höchster Dankbarkeit vervollkommnest!'

"Begehrest du mich aber zu loben in deinen Leiden und ver= magst solches nicht, so bitte, daß ich mit dem Lobe, mit welchem ich an dem Kreuze Gott den Vater in meinen Peinen gelobt, und in der Dankbarkeit, mit welcher ich ihm gedankt habe, weil er wollte, daß ich all' dieses leide für das Heil der Welt, und in der Liebe, in welcher ich mein Leiden gern und willig litt, nun auch Gott den Vater für deine Schmerzen lobe, liebe und benedeie. Wie mein Leiden dem Himmel und der Erde unendliche Frucht gebracht hat, so wird auch dein Schmerz und wird alle Betrübniß, welche mir auf diese Weise anbefohlen wird, so fruchtbar durch Vereinigung mit meinem Leiden, daß sie Allen, die im Himmel sind, Ehre, und auf Erden den Gerechten Verdienste, den Sündern Gnade, und den Seelen im Fegfeuer Erleichterung erwirbt. Denn was ist, das mein göttliches Herz nicht in Besseres umzuwandeln vermöchte, da ja alles Gute, was Himmel und Erde in sich beschließen, ein Aus= fluß der Güte meines Herzens ist?" — Und Jesus zeigte ihr alle Ordnungen der Heiligen und ihre unschätzbare Ehre und Würde und sprach: "Nimm wahr! wie große Dinge die Milde meines Herzens in den Propheten und Aposteln und in allen Heiligen ge= wirkt hat. Wie herrlich hat sie deren ihre Werke vollkommen ge= macht und hat sie bereichert über alle ihre Verdienste!"

Aber als sie die Glorie eines Jeden mit besonderer Lust erblickte, sah sie auch die Jungfrauen in ihrer Zier und Freude, und zwar ausgezeichnet vor den Andern. Da sagte sie zu dem Herrn: „Eja, mein Herr! weil du so große Ehre aus geheimnißvoller Liebe den Jungfrauen verliehen hast, so bitte ich, lehre mich, welches ist die größte Freude in ihnen?" Der Herr sprach: „Wie willst du wissen das Große, da du das Geringste in diesem Leben nicht zu fassen vermagst? Doch will ich dich etwas von ihnen lehren. Gott, mein Vater, hat jede reine Seele so lieb, und wartet auf ihre Ankunft mit größerer Freude, als je ein König auf die Braut seines einzigen Sohnes, von welcher er einen großen Erben erhofft. Und zur Stunde, wenn im Himmel vernommen wird, daß eine jungfräuliche Seele komme, wird die ganze Herrlichkeit des Himmels in Freude bewegt, und bei dem ersten Eintritte derselben verursachen ihre Schritte durch den ganzen Himmel einen süßen Klang, bei welchem alle Heiligen jubelnd einstimmen in den Lobgruß: ‚Wie schön sind deine Schritte in den Sandalen, o Fürstentochter!'*) Auch stehe ich selbst eilend auf und gehe ihr entgegen mit den Worten: ‚Komme, meine Freundin, komme, meine Braut, komme, du wirst gekrönt!'**) Diese meine Stimme ist von solchem Schalle, daß sie den ganzen Himmel erfüllt, und aller Engel und Heiligen Herzen durchdringend sie gleich wiederhallenden Instrumenten mit meiner Stimme mittönen macht. Steht dann meine Braut vor meinem Angesicht, so sieht sie sich in meinen Augen und ich mich in ihren Augen wie in einem Spiegel, und so betrachten wir uns gegenseitig mit vielem Wohlgefallen. Hierauf drücke ich sie in liebevollster Umarmung an mich, wobei ich mit meiner ganzen Gottheit so in sie ein- und übergehe, daß ich, wohin sie sich auch wenden mag, ganz in ihr zu sein scheine; andererseits ziehe ich sie so in mich ein, daß auch sie ganz herrlich in mir erscheint. Dazu bilde ich für sie aus mir selbst eine Krone, womit ich sie als meine rechtmäßige Braut auf das Würdigste kröne. Auch der heilige Geist durchdringt sie ganz und gar mit seiner überfließenden Süßigkeit und Güte gleich einer in reinen Wein getauchten Brosame, so daß sie Allen im Himmel gar lieblich und angenehm wird."

---

*) S. Hohes Lied 7, 1.
**) Ebend. 4, 8.

Siebenunddreißigstes Kapitel.
Welches die wahren und reinen Jungfrauen sind.

Als sie einst Gott für die Güte danksagte, welche er ihr er=
wiesen, sprach der Herr zu ihr: „Danke zuerst für alle Dinge, welche
ich gethan habe, auch meiner Mutter und den Engeln!" Sie that
dies zur Stunde, und sagte Dank, daß Gott Maria von Ewigkeit
vor Allen auserwählt und sich zu einer würdigsten Mutter bereitet,
sie geheiligt, sie geleitet habe, daß sie nie eine Sünde kannte, und
auf Eingebung des heiligen Geistes zuerst das Gelöbniß der Keusch=
heit Gott darbrachte. Der Herr antwortete: „Keine Kreatur, weder
in dem Himmel noch auf Erden, liebe ich so, als die jungfräulich
Reinen." Die Dienerin Gottes aber fragte: „Ach, mein Herr!
ist es also, so bitte ich dich, sage mir, welche sind nun so jung=
fräulich rein, daß du sie vor Allen liebest?" Er antwortete: „Die=
jenigen, welche weder durch Begierde noch durch Willen, die Jung=
fräulichkeit zu verlassen, sich je entweiht haben." Sie sprach: „Was
werden aber Jene thun, welche etwas hierin versäumten?" Der
Herr antwortete: „Diese sollen durch Beichte und Buße sich
reinigen, und in großer Wonne und Freude werden auch sie in
Gesellschaft der reinen Jungfrauen weilen. Jedoch die volle inner=
liche Lieblichkeit, mit welcher der lautere Quell meiner Gottheit in
Jene fließt, vermögen diese nicht mehr zu empfinden."

Achtunddreißigstes Kapitel.
Von dem Brautgeschenke der Jungfrauen.

Einstmals erschien ihr auch die Königin der Jungfrauen mit
einem goldenen Mantel bekleidet, in welchen rothe Tauben ein=
gewoben waren, von denen je zwei und zwei gegen einander schauten
und in ihren Schnäbeln eine frische Lilie trugen. Durch den
goldenen Mantel, verstand sie, werde die glühendste Liebe Gottes
bezeichnet, durch welche die seligste Jungfrau Alle überragt; durch
die rothen Tauben ihre unbesiegte Taubengeduld, welche sie bei aller

Widrigkeit bewies; durch die Lilie aber die überaus liebliche und edle Frucht ihrer Tugenden und Werke. Sie hatte auch über ihr Kleid einen goldenen Gürtel, von dessen Mitte goldene Ringlein herabhingen, welche mit Kettchen aneinander befestigt waren und alle rothe Edelsteine hatten, die zur Erde schauten. Durch die Ringlein wurden die Brautgeschenke aller Gott durch das Gelübde der Keuschheit verbundenen Jungfrauen bezeichnet. Sie waren darum an dem Gürtel der Mutter des Herrn befestigt, weil die gütigste Jungfrau selbst aus Liebe zu ihrem Sohne den Brautschatz aller ihr fromm dienenden Jungfrauen mit mütterlicher Sorgfalt bewahrt. Zur Stunde ihres Austrittes aus dieser Welt übergibt sie jeder vor dem Angesichte des Herrn ihr unbeflecktes Brautgeschmeide. Durch die rothen Edelsteine aber wurde angedeutet, daß der König der Glorie selbst, Jesus Christus, der Bräutigam der Jungfrauen, mit seinem eigenen Blute den Brautschatz der heiligen Jungfrauen gar sehr schmückt. Dadurch, daß die Edelsteine zur Erde geneigt waren, ward zu verstehen gegeben, daß keine Tugend für verdienstlich erachtet wird, wofern sie nicht durch leibliche Uebung geadelt wird.

Neununddreißigstes Kapitel.

Wie Christus sich mit den Peinen der Seele bekleidet und dieselben vereint mit seinem Leiden Gott dem Vater darbringt.

Als sie einmal in ihrer Krankheit heftige Schmerzen litt, erschien ihr der Herr Jesus Christus mit einem weißen Kleide angethan und mit einem Gürtel von grüner Seide und Goldplättchen umgeben, dessen Länge bis an seine Kniee reichte. Da sie sich darüber wunderte und gern gewußt hätte, was das bedeute, sprach der Herr zu ihr: „Mit deinen Peinen habe ich mich bekleidet. Durch den Gürtel wird aber bedeutet, daß du von Peinen rings umgeben und bis an die Kniee ganz davon erfüllt bist. Ich werde aber so alle deine Peinen in mich hineinziehen und Alles in dir leiden; und so werde ich alle deine Peinen in Vereinigung mit meinem Leiden Gott dem Vater zu seinem höchsten Wohlgefallen aufopfern und werde mit dir sein bis zu deinem letzten Hauch, den du nur in mein Herz ausathmen sollst, um darin ewig zu ruhen.

Und ich werde deine Seele mit so unaussprechlicher Liebe zu mir und in mich aufnehmen, daß das ganze himmlische Heer dort froh= lockend staunen soll."

Vierzigstes Kapitel.
Wie Gott in der Seele wirkt.

Da sie einst in ihrer Krankheit kommunizirt hatte, sprach sie zu dem Herrn: „Eja, mein liebster, süßester Gott! wie habe ich dich jetzund in meine Seele aufgenommen, ohne zuvor anhaltend gebetet oder etwas Gutes gethan zu haben!" Der Herr antwortete: „Mein Vater wirkt bis jetzt, und auch ich wirke.*) Mein Vater wirkt in dir mit seiner Macht und zu solchem Werke, zu welchem deine Kräfte nicht genügen. Und ich wirke mit meiner göttlichen Weisheit in dir ein Werk, welches deine Sinne übertrifft, und der heilige Geist mit seiner unermeßlichen Güte wirkt in dir ein Werk, das du noch nicht zu empfinden vermagst."

Einundvierzigstes Kapitel.
Daß Christus alle ihr erwiesenen Wohlthaten als ihm selbst erwiesen ansieht.

Indem aber die Dienerin Gottes oft so beschwert war, daß sie die Dienste Anderer gebrauchen mußte, fürchtete sie, daß sie mehr Bequemlichkeit, als nothwendig wäre, empfinge. Deßhalb klagte sie vor Gott und rief ihn an. Darauf erhielt sie von dem Herrn die Antwort: „Fürchte dich nicht und sei nicht betrübt! denn Alles, was du leidest, leide ich wahrhaftig in dir. Darum geschehen auch alle Wohlthaten, welche dir die Menschen erzeigen, zugleich mir selber, und ich will sie belohnen mit würdigem Lohne, gleich als ob sie es mir gethan.**) — Auch Allen, welche dir in deiner Todesstunde mit frommem Mitleiden beistehen werden, werde ich

---

*) S. Joh. 5, 17.
**) S. Matth. 25, 40.

es so dankbar anrechnen, als ob sie meinem Leiden mitleidig angewohnt hätten. Deßgleichen, welche deinem Begräbniß mit frommer Andacht anwohnen werden, von diesen werde ich es so annehmen, als ob sie mein Begräbniß mit gebührender Ehre begangen hätten." Und als die Seele besonders für ihre Dienerin bat, sah sie den Herrn, wie er eine Schnur voll goldener Reifchen ihr wies, sprechend: "Nimm wahr! dieß sind alle Fußtapfen derselben, welche sie in deinem Dienste getreten hat; sie alle sind vor meinen Augen in ewigem Gedächtnisse, sammt allen dir erwiesenen Diensten." Und der Herr befahl sie der Liebe an, daß diese für sie Sorge trage und ihr in ihren Krankheiten diene. Daraus erkannte sie, daß die Liebe auf drei Arten der Seele mit Frucht dient. Zum Ersten, indem sie alle von Gott ihr aufgetragenen Geschäfte auf das Getreueste erfüllt. Zum Zweiten, indem sie alles ihr Anvertraute im Schreine des göttlichen Herzens auf das Beste bewahrt, und beim Scheiden der Seele es ihr gemehrt und veredelt mit Sorgfalt wieder zustellt. Zum Dritten, indem sie in Arbeit und Trübsal dem Menschen wohl beisteht, ihn im Guten unterstützend und vor dem Bösen bewahrend. — Wenn also der Mensch sich minder andächtig im Gebete, kalt in der Liebe und gleichsam ferne von Gott fühlt, so soll er die Liebe anrufen und ihr seinen Willen befehlen mit der Bitte, daß sie ihm Gnade und Eifer der Andacht zu erlangen sich würdige. Deßgleichen alles Gute, was eine Seele vollbringt, befehle sie der Liebe zum Aufbehalten, damit sie es seiner Zeit in Besseres verwandelt zurückempfange. Auch in aller Trübsal und Trauer rufe der Leidende die Liebe zu seiner Hilfe, weil, wenn die Liebe gegenwärtig ist, der Mensch seine Mühseligkeit nicht empfindet und in Widerwärtigkeiten nicht wanken wird.

Zweiundvierzigstes Kapitel.
Von dem Throne Gottes, von den neun Chören der Engel und von den vier Küssen.

Dieses Buch wurde gänzlich ohne Vorwissen jener seligen Person geschrieben, von welcher wir reden.*) Da hörte sie nun

---

*) Diese Person scheint, nach der Freundschaft, welche dem „Gesandt. d. g. L." zufolge zwischen Gertrudis und Mechtilbis bestand, Gertrudis gewesen zu sein.

eines Tages in der Messe eine Stimme jene Person, der sie ihre Geheimnisse anzuvertrauen gewohnt war, mit Namen nennen und sagen: „Welches Verdienst, glaubst du, wird jene erlangen für das, was sie schreibt?" Sie aber voll Verwunderung und Staunen fragte ihre Freundin, ob sie das, was sie ihr zu sagen pflegte, niederschreibe. Diese wollte es nicht gestehen, entschuldigte sich nach Kräften und fügte bei, sie solle den Herrn fragen. Des andern Tages nun, als sie nach den Tagzeiten die seligste Jungfrau mit den Worten grüßte: Salve sancta parens,*) sprach zu ihr der Herr: „Schweige, nimm, was ich dir gebe und genieße desselben." Da sie nun so in Erwartung war, fing sie an, dieselben Worte zu wiederholen; ihr Herz aber tadelte sie mit dem Gedanken: Besser ist Gehorsam als Opfer,**) und so wagte sie nicht, weiter zu fragen. Und siehe! zwei Engel kamen und nahmen sie in die Höhe; die Seele aber hielt sich einer solchen Gabe Gottes gänzlich für unwürdig. Die Engel sprachen zu ihr: „Vergiß dein Volk und das Haus deines Vaters."***) Aus diesen Worten erkannte sie, daß, wenn Gott die Seele durch die innerlichste Beschaulichkeit zu erheben sich würdige, diese sich selbst und alle ihre Sünden der Vergessenheit anheimgeben solle, damit sie Gott desto ungehinderter Raum gebe und die ihr zu Theil werdenden Offenbarungen um so klarer und ungetrübter in sich aufnehme. Hierauf nahmen sie die Engel und führten sie zu einem gar schönen Haus von wunderbarer Größe. Da sie in dasselbe eintrat, sah sie darin die neun Chöre der Engel auf wunderbare und unaussprechliche Weise, einen Chor über dem andern, nach Art eines Schilddaches aufgestellt und geordnet. Zu oberst aber über dem Chor der Seraphim ragte der Thron Gottes und der seligsten Jungfrau gar herrlich empor.

Sie sah auch aus dem Herzen Gottes neun Strahlen hervorgehen in die einzelnen Chöre, und jedwelchen Chor seinen Strahl allen andern Chören mittheilen. Denn der unmittelbar von Gott ausgehende Strahl der feurigen Liebe erleuchtete den Chor der Seraphim und durchdrang sodann alle andern Chöre. So theilte jeder einzelne Chor das ihm von Gott unmittelbar eingegossene

*) S. 1. B. 36. K.
**) 1. Kön. 15, 22.
***) Ps. 44, 11.

Licht den andern Chören mit. Da fiel die Seele dem Herrn zu
Füßen und grüßte ihn aus innerstem Herzen. Der Herr sprach:
„Nimm wahr! ich gebe dir meinen Frieden, damit du niemals über
irgend eine Sache so beschwert werdest, daß du an der Vereinigung
mit mir gehindert seiest." Sie war nämlich gar sehr betrübt gewesen, so daß es ihr fast eine Woche lang unmöglich war, in
innerster Herzensruhe zu Gott zu gelangen. Sie erinnerte sich auch
der Stimme, die sie Tags zuvor gehört hatte, und fragte den
Herrn, ob wirklich jene ihre Freundin geschrieben habe, oder was
denn jene Stimme gewollt habe. Der Herr erwiderte ihr: „Fürchte
dich nicht und sei unbekümmert; lasse sie thun, was sie thut, denn
ich bin ihr Helfer und Beistand."

Sie bat nun den Herrn, daß er sie belehre, wie sie die seligste
Jungfrau grüßen möchte. Er zeigte ihr sein Herz und sprach:
„Von da wirst du empfangen, womit du meine Mutter grüßen
sollst." Zur Stunde flog die Seele wie ein Vöglein an die Seite
des Herrn, nahm schneeweiße Körnchen wie Manna aus dem Herzen
Gottes und trug sie in das Herz der seligsten Jungfrau; durch
jedes Körnchen ward eine besondere Freude der seligsten Jungfrau
ausgedrückt.

Da sie während der Sekret die seligste Jungfrau an die
Freude erinnerte, die ihr aus jener Vereinigung zufließt, durch
welche sie mit Gott vor aller Kreatur in innigster Freundschaft lebt,
da neigten sich der Herr und die seligste Jungfrau gegen einander
und küßten sich lange. Und der Herr sprach zur Seele: „Das
wird dein Kuß in Ewigkeit sein, und Alle, die mich oder meine
Mutter in jener Vereinigung, durch welche sie mit mir verbunden
ist, grüßen, werden mit mir in unzertrennlicher Vereinigung verbunden sein."

Darnach wünschte die Seele zu wissen, wo denn die Seele
der verstorbenen Schwester M. jetzt sei; da sah sie dieselbe im Chore
der Seraphim wie ein Vöglein geradenwegs auf das Angesicht des
Herrn zufliegen; dadurch wurde angedeutet jene Erkenntniß, mit
welcher sie auf Erden vor den Uebrigen erleuchtet gewesen war.*)

---

*) Es ist das die Schwester Mechtildis, von welcher „Das fließende
Licht der Gottheit" geschrieben ist. — Statt Seraphim scheint Cherubim stehen
zu sollen.

Sie sah auch die Seele ihrer Freundin M., welche mit der Schwester M. ein Herz und eine Seele in Christo gewesen war, ein wenig niederer stehen, aber jener doch so nahe, daß sie dieselbe bei der Hand halten konnte. Am Schluß der Messe gab der Herr der Seele vier Küsse zum Segen und flößte ihr mit unaussprech= lichen Worten die Gewißheit ein, daß sie niemals von ihm werde getrennt werden können.

Dreiundvierzigstes Kapitel.
Von dem Namen und Nutzen dieses Buches.

Es ist, wie wir bereits gesagt, vornächst dieses Buch ge= schrieben worden, ohne daß es die Dienerin Gottes wußte. Aber nachdem sie es erfahren, ward sie so betrübt, daß sie ganz und gar nicht mochte getröstet werden. Darum flüchtete sie nach gewohnter Sitte zu dem Herrn in das Gebet, und offenbarte ihm kindlich ihre Traurigkeit. Zur Stunde erschien ihr der Herr, hielt dieses Buch in seiner Rechten auf seinem Herzen, küßte sie und sprach: „Alles, was in diesem Buche geschrieben steht, ist aus meinem göttlichen Herzen geflossen und wird in dasselbe zurückfließen." Und er nahm das Buch und hing es der Seele um den Hals über ihre Schulter. Dadurch verstand sie, daß sie sich wegen des Buches keine Sorgen machen soll, gerade als ob es sie gar nichts anginge, weil es durch Fügung Gottes, und nicht mit ihrem Vorwissen geschrieben worden war.

Da sie aber den Herrn fragte, ob sie nunmehr ablassen und die Gaben Gottes den Menschen nicht mehr offenbaren sollte, gab ihr der Herr zur Antwort: „Gib mich nach der Freigebigkeit meines reichlich überströmenden Herzens, und gib mich nach meiner Güte, und nicht nach der deinigen." Sie aber fragte: „Was wird jedoch geschehen nach meinem Tode mit diesem Buche, oder welcher Nutzen wird daraus entstehen?" Der Herr antwortete: „Alle, die mich mit getreuem Herzen suchen, werden dort erfreut; die mich lieben, werden in meiner Liebe mehr entzündet, und die, welche traurig sind, werden Trost darin finden." Wiederum fragte die Seele den Herrn, welches der Name des Buches sein würde. Er erwiderte: „Buch besonderer Gnade wird es genannt werden."

Von da an erkannte sie das Buch, welches sie niemals mit leiblichen Augen gesehen hatte, so gut, daß sie ihrer Freundin die Größe desselben beschrieb, sowie das Aussehen der ledernen Hülle, von welcher es umgeben, und der Schnur, mit welcher es umwunden war. Alles, was darin geschrieben steht, ist nur wenig im Vergleich zu dem Uebergangenen; denn ich wage wirklich zu sagen, daß ihr öfters noch viel mehr geoffenbart wurde, was sie niemals sagen wollte. Das jedoch, worin nach ihrer Meinung Nutzen und Belehrung enthalten war, offenbarte sie zu Gottes Ehre, wobei sie gar oft Worte voll Liebe, welche der Geliebte zu ihr sprach, verschwieg. Zuweilen aber war das, was sie sah, so geistiger Art, daß es nie und nimmer mit Worten ausgedrückt werden mochte.

Drittes Buch.

Erstes Kapitel.
Von dem Ringe, welcher mit sieben Edelsteinen geziert war.

Da diese Christo verlobte Jungfrau eines Tages die Gegen=
wart ihres Heilandes nicht empfand und doch sehr darnach begehrte,
bedäuchte ihr, als ob Jesus vor ihr stünde. Sein Herz ging auf
wie eine Thüre und es schien ihr, als führe es in ein großes Haus
mit goldenem Boden. Das Haus war rund und bedeutete die
Ewigkeit Gottes; und der Herr stand in der Mitte des Hauses und
die Seele mit ihm, und sie redeten viel miteinander.

Als nun in der Messe gesungen wurde: „Und dir werden
geweiht Gelübde in Jerusalem,"*) gedachte sie, in welch' großen
Gelübden die Heiligen in dieser Welt sich Gott geopfert hätten,
Maria die Jungfrau und die übrigen Jungfrauen in Keuschheit,
die Martyrer im Blute ihres Leibes, andere Heilige in vieler Arbeit
und Andacht. Da betrübte sie sich, daß sie nichts hätte, Gott zu
opfern. Und sie sah, wie die Jungfrau Maria ihr zur Rechten
trat und ihr ein golden Ringlein gab. Das opferte sie zur Stunde
Gott dem Herrn, und der Herr nahm selbes dankbar an und steckte
es an seinen Finger. Da sprach sie bei sich selbst mit Begierde:
„O daß es geschehe, daß er dir auch sein Ringlein gäbe, zu einem
Zeichen der Vermählung!" Wohl meinte sie, es wäre ihr genug,

---

*) S. Pf. 64, 2. Eingang der Messe für die Verstorbenen.

wenn ihr nur der Herr in Gnaden an dem Finger, an welchem man die Ringe zu tragen pflegt, Schmerz gäbe; diesen wollte sie alle Tage ihres Lebens leiden, zum Gedächtnisse, daß sie Christo angetraut worden. Der Herr aber sprach zu ihr: „Ich gebe dir ein Ringlein, welches mit sieben Steinen geziert ist. An diese mögen dich die sieben Gelenke deines Fingers erinnern."

„Bei dem ersten Steine betrachte die göttliche Liebe, die mich von dem Schoße meines Vaters herniedergeneigt und zu einem Knechte gemacht hat, während ich dich suchte durch dreiunddreißig Jahre mit vieler Arbeit. Als dann die Zeit der Hochzeit kam, ward ich aus eigner Liebe meines Herzens verkauft als Preis des Brautmahles, und habe mich selbst gegeben, mein Fleisch zum Brode und mein Blut zum Tranke. Ich war auch selber bei diesem Brautmahle Harfner und Lautenschläger durch die süßfließenden Worte meines Mundes, daß ich fröhlich machte meine Gäste; ja gleich den Spielleuten demüthigte ich mich vor die Füße meiner Jünger. Bei dem andern erwäge, wie ich, der Herrlichgestaltete vor den Kindern der Menschen, nach dem Brautmahle den Reigen geführt, da ich zu dreien Malen auf die Erde fiel, als ob ich drei mächtige Sprünge gethan hätte, indeß ich, ganz naß vor Schweiß, blutige Tropfen vergoß. Bei diesem Reigen habe ich dreifach gekleidet Alle, die mit mir es halten, da ich ihnen Vergebung der Sünden erwarb und Heiligung der Seele und meine göttliche Klarheit. Zum dritten Edelsteine gedenke der Liebe, die mich gedemüthigt hat zu bräutlichem Kusse. Denn als Judas nahte, um mich zu küssen, empfand mein Herz bei diesem Kusse solche Liebe, daß ich seine Seele, hätte sie nur noch Reue gehabt, durch diesen Kuß mir zur Braut gewonnen hätte. Seit dieser Zeit verband ich mir die Seelen alle, welche ich mir von Ewigkeit zu Bräuten bestimmt habe. Im vierten Juwele erwäge, welch' Hochzeitlied mein Ohr vernommen, als ich aus Liebe zur Braut vor den Richtern stand und so viele falsche Zeugnisse gegen mich geführt wurden. Zum fünften Steine beschaue, wie geziemend ich mich um deiner Liebe willen geschmückt habe, da ich so oft meine Kleider wechselte, in Weiß, Purpur und Scharlachroth, und überdieß einen Kranz von Rosen trug — meine Dornenkrone. Im sechsten Juwele sei eingedenk, wie ich dich umfangen, als ich, an die Säule gebunden,

um beinetwillen alle Pfeile deiner Feinde in mich empfangen; end=
lich im siebenten erschaue, wie ich in das Brautgemach des Kreuzes
trat, und gleichwie die Bräutigame ihre Kleider an die Gaukler
verschenken, also habe ich meine Kleider gegeben den Soldaten und
meinen Leib den Kreuzigern. Darnach habe ich ausgebreitet meine
Arme an härteste Nägel, dich zu umfangen, und habe dir im Heilig=
thume geheimnißvoller Liebe sieben süße Lieder zugesungen an dem
Kreuze, und nach all' dem bir mein Herz erschlossen, daß du ein=
gehest, während ich sterbend an dem Kreuze in dem Schlummer der
opfernden Liebe entschlief."

Hierauf bedäuchte ihr, als ob mehrere Personen der Genossen=
schaft zum Herrn hinzuträten und ihm goldene Ringe opferten,
welche den guten Willen sinnbildeten. Und es schien ihr, als breche
eine Feuerflamme aus der Brust des Herrn hervor und schmelze die
Münze einer jeglichen in eine goldene Blume um, welche Blume
alsbald an der Brust der Opfernden befestigt war.

Zweites Kapitel.
Von der Rose, welche von dem Herzen Gottes ausging und das Lob Gottes bedeutete.

In einer Messe hörte sie den Herrn zu ihr sagen: „Lasset
uns in eine tiefe Einsamkeit gehen." Zur Stunde bedäuchte ihr,
als gehe sie mit dem Herrn; sie umfaßte ihn gleichsam mit den
Armen und sprach die Worte: „Ich lobe dich in deiner Ewigkeit,
Unermeßlichkeit, Schönheit, Wahrheit, Gerechtigkeit" u. s. w. Dar=
nach kamen sie in eine große Einsamkeit; ein gar lieblicher Ort,
allseitig mit Bäumen bepflanzt, die sich dachförmig zusammenwölbten.
Der Boden war mit dem herrlichsten Grün bekleidet und mit
Blumen geschmückt; darauf ließ sich der Herr nieder. Die Seele
durchwandelte die Trift gleich einem Schäfchen, das an seinem
Hals ein Kettchen, aus goldenen und silbernen Ringlein bestehend,
trug, welches vom Herzen des Herrn ausging und die Liebe Gottes
und des Nächsten bedeutete, ohne welche Niemand Gott wird an=
hangen können.

Da begehrte die Seele sehr, den Herrn zu loben, und sie sprach zu ihm: „O allerliebster Herr, lehre mich dich lieben!" Der Herr antwortete: „Siehe an mein Herz und nimm wahr!" Da ging aus dem Herzen Gottes eine wunderschöne Rose mit fünf Blättern, welche die ganze Brust des Herrn bedeckte. Und der Herr sprach: „Lobe mich in meinen fünf Sinnen, welche durch diese Rose bezeichnet werden!" Sie erkannte aber, daß sie den Herrn loben sollte vornächst um des freundlichen Angesichtes willen, mit welchem er allezeit auf den Menschen blickt, wie ein Vater auf seinen herzeigenen Sohn, nicht zürnend, sondern immerdar mit mildem Auge und voll sehnlichen Verlangens, daß der Mensch zu ihm seine Zuflucht nehme. Zum Andern ward ihr gezeigt, daß sie Gott loben möge für sein Gehör, weil sein Ohr allzeit aufhorcht und geneigt ist, und durch das mindeste Flehen und Seufzen eines Menschen mehr erfreut wird, als durch reichsten Engelgesang. Zum Dritten soll Gott Lob gebracht werden für den Geruch, weil der Herr immerdar ein freundlich Sehnen trägt nach dem Menschen, durch welches er hinwiederum das Herz des Menschen erfrischt und anregt, sich in ihm zu erquicken. Niemand vermag an wahrhaft Gutem sich zu freuen, es sei denn, es komme ihm zuvor von Gott. Das ist's, was geschrieben steht: „Meine Lust ist es, bei den Kindern der Menschen zu sein."*) Zum Vierten lobe die Seele den Herrn für den süßen Geschmack, welcher da gekostet wird in dem heiligsten Sakramente, wo er selbst ist die Speise der Seele, und in jener Speise sich also die Seele einverleibt, daß sie durch die Vereinigung mit Jesus gleichsam selber eine Speise Gottes wird. Zum Fünften endlich werde Gott gelobt für das Gefühl, mit welchem ihn die Liebe gar bitter berührt hat an dem Kreuze, als sie Nägel durch seine Hände und Füße stach und eine Lanze in sein Herz, und wie die Seele damals in unvergleichlichem Schmerze sich an ihn preßte, so umfängt sie jetzt beständig seine Hände und Füße und sein süßestes Herz im Jubel unaussprechlicher Liebe, so daß sie seiner auch nicht einen Augenblick vergessen kann.

---

*) S. Sprichw. 8, 31.

Drittes Kapitel.
Von fünf Worten göttlichen Lobes.

Ein andermal, da sie an schwerer Krankheit litt, sprach sie zum Herrn: „O, wie arm bin ich jetzt im Geiste, da ich weder dich mit Lob zu erheben, noch zu beten im Stande bin." Der Herr erwiderte ihr huldvoll: „Lobe mich mit den Worten: ‚Lob sei dir, o süßeste, edelste, glänzende, stets ruhige und unaussprech= liche Dreifaltigkeit.' Dann werde ich das Wort: süßeste mit meiner göttlichen Süßigkeit vereinigen; das Wort: edelste mit meinem erhabensten Adel; das Wort: glänzende mit meinem un= zugänglichen Lichte; das Wort: ruhige mit meiner rastlosen Ruhe; und das Wort: unaussprechlich werde ich meiner unsäglichen Güte beilegen. So werde ich der anbetungswürdigen Dreifaltigkeit durch mich selbst die wohlgefälligste Verehrung darbringen."

Viertes Kapitel.
Wie der Herr gelobt werden soll in dreifacher Weise.

Abermals sah sie den Herrn, umgeben von unaussprechlicher Klarheit. Auf seiner Brust trug er ein Blatt von durchsichtigem Silber, in dessen Umkreise alle Leiden der Heiligen, welche sie um des Herrn willen gelitten, in herrlicher Fassung eingefügt waren. Dort nämlich sehen die Heiligen in Gott alle ihre Verdienste und Würden; und nie ist etwas so klein, wofür, wenn sie es um seiner Liebe willen gethan oder gelitten, in Gedanken, Worten oder Werken, Gott ihnen nicht ewigen Lohn vergelte, indeß auch sie hinwiederum ohne Ende den Herrn lobpreisen für seine Gaben. Da sprach sie zu dem Herrn: „O Süßester und Liebster! worin soll ich mich üben, daß es dir am meisten genehm sei?" Er antwortete: „In dem Lobpreise." Sie aber sprach: „Eja, lehre mich, daß ich dich würdig lobe." Da lehrte sie der Herr eine dreifache Weise, sprechend: „Zum Ersten wirst du loben die Allmacht Gott des Vaters, jene Allmacht, mit welcher er in dem Sohne und in dem heiligen Geiste nach seinem Willen wirkt, und deren Unermeßlichkeit keine Kreatur weder in dem Himmel noch auf der Erde begreift. Darnach lobe des Sohnes unerforschliche Weisheit, welche er vollkommen mit dem Vater und dem heiligen Geiste gemeinschaftlich hat, nach seinem Willen, ohne alles Hinderniß; die Weisheit, welche keine Kreatur zu ergründen vermag. Lobe sodann des heiligen Geistes Gütigkeit, die Liebe, welche er in unendlicher Fülle mit dem Vater und mit dem Sohne gemeinschaftlich hat, nach allem seinem Willen, die Liebe, welche keiner Kreatur vollkommen mittheilbar ist."

Und da die Seele also an das Herz ihres Geliebten anklopfte und ihn solcher Art lobte, erhallte in diesem Klange der ganze Himmel und der Herr sprach weiter: „Die zweite Weise des Lobes ist, daß du mich ob aller Gaben preisest, die da geflossen sind aus dem Reichthume meiner Gütigkeit in meine jungfräuliche Mutter. Reich nämlich ist sie mit allen Gaben und Gnaden erfüllt, reicher denn je eine Kreatur. Lobpreise mich auch für alle Gnaden, welche gegeben worden den Heiligen, die jetzt mit Freude in meiner Gegenwart stehen und mich, den Bern alles Guten, mit Jubel schauen.

„Die dritte Weise aber ist, daß du mich für alle Gaben und Gnaden lobest, die da ausfließen von mir in alle Menschen; in die Guten, welche ich durch meine Gnade heilig und beständig mache; und in die Sünder, die ich zur Buße lade und auf sie mit Barmherzigkeit warte, wie auch in alle Seelen, die ich durch meine Gnade täglich aus dem Fegfeuer erlöse und zu den himmlischen Freuden führe."

Zu dem ersten Lobe bedünkte ihr, sollte sie sprechen: „Dir sei Zierde und Herrschaft, Ehre und Macht, Lob und Jubel in alle Ewigkeit, o heiligster, dreieiniger Gott." Bei dem andern: „Dich loben mit Recht, dich beten an, dich verherrlichen alle deine Kreaturen, o seligste Dreieinigkeit. Dir sei Lob, Ehre und Dank." Bei dem dritten: „Aus dem Alles, durch den Alles, in dem Alles ist, ihm sei Ehre in Ewigkeit, dir sei Lob."*) Darnach zertheilte sich nach dem Begehren der Seele der Schmuck, welcher auf der Brust Jesu Christi war, und die Seele ging in das heiligste Herz Jesu und wurde da eine Seele mit dem Geliebten, wo sie gekostet und gesehen hat, was zu reden dem Menschen nicht geziemt.

---

*) Vgl. Col. 1, 15.

Fünftes Kapitel.

Von drei Dingen, die der Mensch im Gemüthe wohl erwägen soll.

Einst redete ihr Unterweiser, der höchste Meister unter Allen, und sprach zu ihr: „Ich will dich dreierlei lehren, was du täglich im Gemüthe betrachten sollst, und viel Gutes wird dir daraus kommen. Zum Ersten betrachte mit Danksagung, welch' großes Gut ich dir gegeben habe durch die Schöpfung und Erlösung, daß ich dich, einen Menschen, nach meinem Bilde und Gleichnisse erschaffen habe, und deinetwegen gegangen bin in bittersten Tod. Zum Andern betrachte mit Dankbarkeit, wie viel Gutes ich dir gethan, von der Stunde deiner Geburt an bis auf die Gegenwart, daß ich dich durch besondere Erwählung aus der Welt gerufen, mich oft zu deiner Seele geneigt, sie mit der Süßigkeit meiner göttlichen Gnade erfüllt und entzückt, mit Erkenntniß erleuchtet und mit Liebe entzündet habe, so daß ich noch täglich unter der Messe zu dir komme, bereit, zu erfüllen alle deine Wünsche und all' dein Verlangen. Zum Dritten, in Lob und Danksagung betrachte, welch' große Dinge ich dir im Himmel ewig geben will, Ueberfluß aller Güter, und viel mehr, denn du zu glauben und zu ahnen vermagst, werde ich dich mit allem Guten erfüllen.

„Ich sage dir, daß es mir sehr gefällt, wenn die Menschen getrost von mir große Dinge hoffen. Denn ein Jeder, welcher glaubt, daß ich ihm nach diesem Leben über sein Verdienst wohlthun werde, und mich dafür lobt und mir in diesem Leben dankt, der erzeigt mir solchen Dank, daß ich ihn viel mehr, als er zu glauben und zu hoffen vermag, und weit über sein Verdienst belohnen will. Es ist dem Menschen unmöglich, die Dinge zu begreifen, welche er geglaubt und gehofft hat; aber eben deßhalb wird es ihm nützlich, recht Großes von mir zu hoffen und an mich zu glauben." Da sprach die Seele: „O Allerliebster! ist es dir also angenehm, daß dir die Menschen so innig vertrauen; so bitte ich dich, sage mir, wie soll ich vertrauen deiner unaussprechlichen Güte?" Er antwortete: „Du sollst vertrauen in wahrer Hoffnung, daß ich dich aufnehmen will nach deinem Tode, wie ein Vater sein liebes

Kind, und theilen will mit dir alle meine Güter und mich selbst, wie nie ein Vater seinem einzigen Kind so getreulich das Erbtheil zugetheilt. Zum Andern will ich dich empfangen wie ein Freund empfängt seinen liebsten Freund, und will dir erzeigen so große Freundschaft, als je Einer von seinem Freunde erfahren. Denn es ward nie erfunden ein so treuer Freund, der nicht zu Zeiten hätte getäuscht oder täuschen wollen seinen Freund; nur ich, der ich am höchsten getreu und die Treue selber bin, ich vermag nimmer Trug zu üben gegen meine Freunde. Zum Dritten will ich dich auf= nehmen wie ein Bräutigam seine einzig geliebte Braut mit dem Uebermaße aller Lust und mit der Menge aller Wonne, wie nie ein Bräutigam seine Braut so süß gelockt hat. Mit Wonne werde ich dich erfreuen, und mit dem Strome meiner göttlichen Lust dich berauschen."*)

Die Seele aber sprach: „Was wirst du denen geben, die dir glauben?" Er antwortete: „Ich will ihnen geben ein dankbar Herz, daß sie alle meine Gaben mit Dankbarkeit empfangen. Ich will ihnen geben ein liebend Herz, auf daß sie mich getreu lieben; ich will ihnen geben ein Herz, das mich stetig lobt in Liebe, gleich den Himmlischen, welche mich allzeit in Liebe loben und benedeien."

Sechstes Kapitel.

Wie Christus in seinen einzelnen Gliedern gelobt werden soll.

In einer Nacht, da sie sich durch Gebete und Betrachtungen auf die heilige Kommunion vorbereitete, kam es ihr vor, als stünde sie vor dem Angesichte des Herrn. Da sie ihn mit gar herzlicher Sehnsucht zu loben wünschte, sprach er zu ihr: „Blicke auf mich: in den Formen meines Körpers lobe mich. Lobe mein Haupt, das ist, meine Gottheit, wie geschrieben steht: Das Haupt Christi ist Gott.**) Lobe meine Stirne, das ist, meinen unzerstörbaren Frie= den und meine Ruhe; denn auf der Stirne zeigt es sich, wenn der

---

*) S. Ps. 35, 9.
**) 1. Cor. 11, 3.

314

Mensch in seiner Seele eine Trübung erfährt. Lobe meine Augen,
das ist, die Klarheit meines göttlichen Wesens. Lobe meine Ohren,
das ist, meine Barmherzigkeit, welche ich so oft den Bitten und dem
Elende der Menschen zuneige, und an welchen auch nicht der schwächste
Seufzer ungehört vorübergehen kann. Durch die Geradheit meiner Nase
lobe die Strenge meiner Gerechtigkeit, welcher nichts entzogen wer=
den wird, was ihr mit Recht verfallen ist. - Durch meine Nasen=
löcher lobe die Lieblichkeit meines wonniglichen Wesens; denn kein
Wohlgeruch geht der liebenden Seele über den süßen Duft meiner
Liebe. Durch den Mund verstehe meine Weisheit, die Alles gut
und lieblich angeordnet hat. Durch das Kinn verstehe meine Demuth,
mit welcher ich mich vom Himmel in den Schoß der Jungfrau her=
abgeneigt habe. Durch den Hals verstehe die Freigebigkeit meiner
Geduld, womit ich die Last der Sünden getragen, und nicht nur
der damaligen, sondern aller bis zum Ende der künftigen Zeiten.
Durch meine Schultern preise dazu, daß ich mein Kreuz selbst ge=
tragen. Durch meinen Rücken lobe mich für den heftigen Schmerz,
so ich bei der Geißelung ausgestanden. Durch mein Herz erhebe
meine höchste Liebe und Treue, die ich gegen die Menschen gezeigt.
Durch meine Hände und Arme vernimm die Mühen und Arbeiten
meiner Menschheit, so ich für das Heil der Menschen ertragen oder
vollzogen habe. Durch meine Seiten lobe mich für den unaus=
sprechlichen Schmerz, den ich in den Seiten empfand, und der einer
von meinen größten Schmerzen war, da ich deinetwegen am Kreuze
bin ausgespannt worden. Durch meine Kniee vernimm die Andacht
meines Gebets, und durch meine Füße mein sehnsüchtigstes Ver=
langen, worin ich alle Tage meines Lebens für das Heil der Men=
schen gearbeitet habe und dürstend gegangen bin."

Das Bekenntniß der Sünden ist an Gott allein zu richten nach dem Bekenntniß vor dem Priester.

Wenn Jemand, der gerne beichtet, in Furcht ist, nicht gut
gebeichtet zu haben, aber doch in seinem Gewissen nichts findet, das
er nicht gebeichtet hätte, so mache er Gott dieses Bekenntniß des
Lobes, und wenn er findet, daß er es irgendwo habe mangeln
lassen, so bekenne er es Gott, so nämlich, daß er die Gottheit mit
Lob erhebe, während er sich als schuldig bekenne, daß er dem Herrn

nicht gebührende Ehrfurcht erwiesen, und das Ebenbild Gottes an sich so oft befleckt habe, indem er sein Gedächtniß mit irdischen und unnützen Dingen belastete, seine Vernunft neugieriger Weise zur irdischen Weisheit neigte, und an vergänglichen und nichtigen Dingen sich ergötzte. Ebenso wenn er die Augen der göttlichen Klarheit preist, beklage er sich, daß er die Wissenschaft Gottes und die Erkenntnisse seiner Sinne zum Irdischen gewandt habe. Deßgleichen, wenn er die Ohren seiner Barmherzigkeit lobt, bekenne er sich schuldig, daß er dem Worte Gottes niemals, wie er sollte, Aufmerksamkeit geschenkt, noch sein Ohr zum Flehen des Nächsten geneigt habe. Auch mit dem Munde hat er vielmals gesündigt, durch Murren, durch eitle und unnütze Gespräche und dadurch, daß er ihn dem Worte und der Lehre Gottes, dem Gebete und Gesang verschloß. Auch das Joch, das er in der Taufe auf sich genommen, hat er gar oft aus Ungeduld abgeworfen, indem er, was ihm Widriges begegnete, nicht tragen wollte oder es ungern trug. Insbesondere das Ordensjoch, zu welchem er sich vor Gott und seinen Heiligen bekannte, hat er durch Bruch des Gehorsams und durch Sorglosigkeit gleichsam verlassen. Wenn er aber erwägt, wie unmenschlich Jesus Christus gegeißelt worden ist, so erkenne er darin seine Schuld, weil er seinen Leib nicht gezüchtigt, sondern des Oeftern in seine Trägheit eingewilligt und ihn zu üppig genährt hat. Auch mit dem Herzen hat er gefehlt, weil er Gott nicht aus ganzer Seele geliebt und sich nicht mit der Betrachtung des Gesetzes des Herrn, sondern mehr mit unnützen Gedanken beschäftigt hat. Deßgleichen hat er mit den Händen gesündigt durch Begehen böser und Unterlassen guter Werke, insbesondere der gewöhnlichen Werke der Barmherzigkeit und Nächstenliebe. Auch seine geistigen Füße, das ist, die Bewegungen seines Herzens und Willens, hat er vielfach verderbt, da er sie von Gott abwandte und sich nicht mit ganzem Herzen nach ihm und den himmlischen Dingen sehnte.

Siebentes Kapitel.

Wie der Mensch alle Geschöpfe rufen soll zum Lobe Gottes.

Da sie eines Tages sehr eifrig, wie gewöhnlich, in dem Chore gesungen und nun schwach geworden war, bedäuchte ihr, wie sie allen Athem, welchen sie athmete, von dem Herzen Gottes zöge, und so nicht aus eigener, sondern aus göttlicher Kraft sänge. Sie pflegte nämlich aus allen Kräften vor Gott dem Herrn zu singen und mit so großer Innigkeit, daß sie oft meinte, wenn sie auch daran sterben sollte, würde sie doch nicht vom Gesange lassen. Als sie nun in solcher Vereinigung, wie ihr bäuchte, in Gott und mit Gott sang, sprach der Herr zu ihr: „Wie du jetzt deinen Odem aus meinem Herzen ziehest, so geschieht es einem Jeden, welcher in meiner Liebe oder in Sehnsucht nach mir aufseufzet. Er holt den Odem nicht aus seinem, sondern aus meinem göttlichen Herzen, wie ein Gebläse, das in sich keine andere Luft einschließt, außer so viel es aus derselben zuvor eingesogen."

Sobald nun der Hymnus „Benedicite"*) in dem Chore angestimmt ward, begehrte sie zu wissen, welches Lob Gott daraus empfange, wenn sich also alle Kreaturen seines Lobes beflissen? Darauf antwortete der Herr: „Wenn dieser Hymnus oder ein anderer dem gleich gesungen wird, in welchem die Kreaturen zu Gottes Lob gefordert werden, so loben mich wirklich alle Kreaturen. Sie stehen geistig (ihrer Idee nach) in meiner Gegenwart, gleich Personen, und zwar zunächst wegen des Menschen, und wegen alles Guten, welches ich ihm aus und vor jeglichem Erschaffenen zugetheilt habe."

Es ist nicht zu bezweifeln, daß die (unvernünftigen) Kreaturen nach Art der lebenden Personen vor Gott stehen, da demjenigen nichts unmöglich ist, welcher das, was nicht ist, ruft wie das, was ist, und vor dem keine Kreatur unsichtbar ist. Aber das ist noch bewunderungswürdiger, ja anbetungswürdig, daß der Herr in seiner Milde und Barmherzigkeit den Bitten der ihn liebenden Seele so gnädig willfahrt und all' ihre Sehnsucht weit über das Maß ihrer Natur in seiner Allmacht zu erfüllen geruht.

---

*) D. i der Lobgesang des Daniel, Azarias und Misael in dem Feuerofen; s. Dan 3. Die Kirche singt ihn täglich in den Laudes (Morgenlob).

Achtes Kapitel.

Wie der Mensch grüße das göttliche Herz.

Zu einer Zeit erschien der Dienerin Christi ein Engel des Herrn und stand zu ihrer Rechten in grünem Gewand. Da sie ihn fragte, warum er ein grünes Kleid trage, erwiderte der Engel: „Weil ich stets grüne, und dir tägliche neue Gaben herabbringe." Sie sprach: „Wenn das so ist, so bitte ich, daß du mir wieder etwas Neues bringest." Zur Stunde nahm der Engel, wie ihr schien, etwas aus dem Herzen der Seele und stellte es Gott mit großer Freude vor. Die Seele aber wunderte sich und wünschte zu wissen, was der Engel von ihr genommen habe, weil sie gerade damals nichts von besonderer Andacht oder Herzensgluth verspürte. Da, nimm wahr! sah sie, wie er aus ihrem Herzen etwas genommen hatte, gleichwie ein Blatt, darauf mit ihrem Blute geschrieben stand: „Gott ist getreu und Unrecht ist nicht in ihm;" und weiters noch: „Ich will lieber sterben, als böslich von dir, o mein Gott! jemals getrennt sein." — Des Morgens nämlich, da sie von Gedanken angefochten war, hatte sie denselben durch obige Erwägung widerstanden. Der Engel sprach nun zu ihr: „Dies hast du heute gedacht; wisse aber, so oft der Mensch seinen schlimmen Gedanken und Begierden widersteht und sich in seinem Herzen vorsetzt, eher zu sterben, denn zu sündigen; zu jener Stunde wird er von Gott angenommen, als ob er diese Tugend im Werke erfüllt hätte."

Da fiel sie zu den Füßen des Herrn und klagte, daß sie alle Zeit ihres Lebens so unnütz verzehrt hätte, und setzte sich vor, wenn es möglich wäre, bis zum letzten Tage, ja bis zu dem jüngsten Gerichte in den größten Peinen und Schmerzen, die je auf Erden ein Mensch gelitten hätte, zu leben. Da sprach der Herr: „Auf daß du Alles erfüllest, was du versäumt hast, grüße mein Herz in seiner göttlichen Güte. Denn selbes ist ein Born und Ursprung alles Guten, von welchem alles Gute ausgeht. Zum Andern grüße mein Herz durch das Uebermaß der Gnade, die da ausgeflossen ist, ausfließt und ausfließen wird in alle Heiligen und in alle Seelen, welche selig werden. Zum Dritten grüße die Adern meines gütigsten Herzens, die da so oft ausquellend erquickt und getränkt haben deine Seele mit dem Wasser meiner göttlichen Lust."

Neuntes Kapitel.

Von dem Gruße des Herrn und seinem Troste.

Da sie einstmals den Lieben ihrer Seele herzlich grüßte, ant=
wortete er: „Wenn du mich grüßest, grüße ich dich wieder; wenn
du mich lobest, lobe ich mich selbst in dir, und wenn du mir
dankest, danke ich in dir und für dich Gott dem Vater." Da sprach
sie: „Mein Geliebter, welches ist der Gruß, mit welchem du wieder
grüßest meine Seele, indeß ich's nicht empfinde?" Er antwortete:
„Mein Gruß ist nichts Anderes, als meine Liebe zu der Seele. Denn wie
eine Mutter ihrem lieben Kinde auf dem Schoße freundlich ist, es lehrt,
ihm dann vorsagt, mit welchen Worten es sie grüßen und anreden
soll, und wenn auch das Kind dann nicht aus eigenem Antriebe,
sondern nur, weil es von der Mutter so gelehrt worden, dies thut,
sie es doch aufnimmt mit mütterlichem Herzen und ihr Kind darum
küßt; also lehre auch ich durch göttliche Eingebung und Erweckung
der Liebe die Seele, wie sie mich grüße; und wenn sie dies nach
ihrem Vermögen thut, so nehme ich es auf nach der Größe meiner
väterlichen Liebe, und grüße die Seele hinwieder in Gnaden, wie=
wohl sie es zu Zeiten nicht empfindet."

Wie die guten Werke Gott gefallen, wenn auch der Mensch keinen Geschmack daran findet.

Es ist gleicher Weise zu wissen, wenn der Mensch Gott lobt,
betet oder irgend ein anderes gutes Werk verrichtet, gleichwohl aber
keinen Geschmack daran hat, so gefällt es nichtsdestoweniger Gott
dem Herrn, welcher weder zu= noch abnimmt, sondern unverändert
bleibt. Gott nimmt wirklich ein solches Bestreben nicht minder an,
als das Werk desjenigen, welcher dabei in inniger Liebe bewegt ist.
Er wird stets nur in sich selbst und aus Liebe zur Seele bewegt.
Er lockt die Seele mit seiner Süßigkeit nach seinem Wohlgefallen
und nach dem, was er weiß, daß es der Seele frommt, und läßt
sie in seiner Liebe zerschmelzen. Ja zuweilen nimmt er gerade dann
um so gnädiger an, wenn er die Treue der liebenden Seele gegen
ihn zu erfahren wünscht.

Zehntes Kapitel.

Wie der Mensch sein Herz zu Gott erhebe.

In einer Nacht, da sie nicht schlafen konnte, sprach sie zu dem Herrn: „Eja, mein Gott! wie gut wäre es, in der Stille dieser Zeit mit dir zu reden, höchste Liebe!" Der Herr antwortete: „Du magst nimmer unter einer solchen Menge und ihrem Geräusche sein, daß, so du dich mit ganzem Herzen zu mir wendest, du nicht zugleich allein in der Stille bei mir wärest." Da, nimm wahr! sah sie gleichsam eine Krone wie ein Ciborium vom Himmel auf ihr Bett herabschweben, so daß ihr Bett von der Krone, die aus rothen und weißen Perlen gemacht war, bedeckt ward. Durch die rothen Perlen wurde bedeutet das Blut Christi, das so reichlich vergossen ward, als ob es von gar keinem Werth wäre. Durch die weißen Perlen aber wurde ausgedrückt der unschuldigste und heiligste Wandel seines Lebens. Auch der Herr kam in Mitte der Krone zu der Seele, sie mit den süßesten Umarmungen und unaussprechlichen Worten ergötzend. Das Antlitz des Herrn aber strahlte wie der Blitz von unbeschreiblicher, feuriger Klarheit; darin erkannte sie, wie die Seelen alle ihre Schönheit und Zier von der Klarheit des Angesichtes des Herrn gewinnen.

Sie sah auch ihr Herz geöffnet und in der Größe von zwei Palmen ausgedehnt, gleich einer lohenden Flamme; doch hatte es nicht das Aussehen von Feuer, sondern seine Farbe war ganz wunderbar und unbeschreiblich. Und der Herr sprach: „So wollte ich, daß aller Menschen Herzen in sich selbst vom Feuer der Liebe brennten." Ferner, so ein Mensch allein ist, soll er sein Herz zu Gott erheben, traulich mit ihm reden, innigst seiner begehren und nach ihm aufseufzen, auf daß durch stete Sprache zu Gott sein Gemüth in heiliger Liebe entbrenne. Ist er aber unter andern Menschen, so merke er gleichwohl, so viel er vermag, auf Gott, rede auch gerne mit ihnen von Gott, und entzünde also sich selber und Andere zur Liebe des Herrn. Alle Dinge ferner, welche der Mensch verrichtet, soll er um Gottes willen und zu dessen Lobe verrichten. Deßgleichen, Alles was er thut, thue er wegen Gott zu dessen Lob; was aber nicht erlaubt ist und was er nicht thun kann, das unterlasse er gleichfalls willig aus Liebe zu Gott. Auch alle Widerwärtigkeit und Last, so ihm begegnet, nehme er aus Liebe zu Gott gern auf sich und trage es geduldig."

Eilftes Kapitel.
Daß es das Beste ist, die eingegossene Gnade zu gebrauchen.

Und es lehrte sie der Herr weiter: "Wenn ich dir eine Gnade verleihe, so gehe an allen Dingen vorüber und entledige dich ihrer, auf daß du freier und leichter die eingegossene Gnade gebrauchest. In solcher Stunde vermagst du eben nichts Nützlicheres und Heilsameres zu thun. Wenn du aber Psalmen oder andere Gebete, welche die Heiligen auf Erden gebetet haben, liesest, so bitten mich für dich alle Heiligen. So du aber betrachtest oder mit mir redest, benedeien alle Heiligen mich für dich in Freude."

Zwölftes Kapitel.
Von drei Thätigkeiten des menschlichen Herzens.

Da die Dienerin Gottes betete, sprach sie zu dem Herrn: "O tausendmal Ersehnter, daß ich aus tiefsten Tiefen der Erde zu dir seufzen dürfe!" Er antwortete: "Was nütze wäre dir dies? Sieh', wo du bist, ziehest du mich zu dir durch dein Seufzen. Gleichwie ein menschlich Herz ohne Luft nicht zu leben vermag, so wird die Seele nicht als lebendig geachtet ohne meinen Geist, sondern sie ist dann todt. Gleichwie das Herz des Menschen drei Thätigkeiten hat, eine, durch welche es Luft athmet, die andere, durch welche es mit Speise und Trank gestärkt wird, eine dritte, durch welche es die anderen Glieder in Wirksamkeit setzt, so hat das Herz der Seele auch dreifache Thätigkeit. Durch die erste zieht es in sich meinen göttlichen Geist, auf daß es lebe in der Gnade. Durch eine zweite stärkt es sich aus dem Worte Gottes, aus Predigt und heiligen Schriften, gleich als aus einer kostbaren Speise. Durch die dritte setzt es kräftig die Glieder in Wirksam=

keit, in Werken der Liebe. Und weil die Seele selber keine körper=
lichen Glieder hat, so spendet sie That der Liebe den Gliedern der
Kirche, welche sie als die ihrigen achtet, das heißt, sie opfert für
die Guten und Gerechten Gott dem Herrn Lob und Danksagung,
für die Mittelmäßigen bittet sie, daß sie in der Besserung zunehmen,
für die Bösen, daß sie bekehrt werden, für einen jeden Bekümmerten,
daß er nach seinem Bedürfen getröstet werde; für die Abgeschiedenen,
daß sie desto eher gereinigt, erwerben mögen die Freuden der Himmel.“

Dreizehntes Kapitel.
Dreierlei gute und nützliche Unterweisungen.

Indem sie Gott in dem Gebete für die Werke unserer Er=
lösung danksagte, und zu dem Artikel kam, wo sie dem Herrn dankte,
daß er für uns getauft worden, sprach der Herr zu ihr: „Ich will
dich taufen.“ Zur Stunde ging ein großer Bach mit Eile aus
dem Herzen Gottes und begoß reichlich ihre Seele. Der Herr
sagte: „Ich will auch dein Pathe sein, und gleichwie die Pathen
ihre geistlichen Töchter unterweisen, so will ich dich auch dreierlei
lehren. Zum Ersten, daß du alle Widerwärtigkeiten an Seele und
Leib, die du leidest, nicht dir, sondern mir, als ob ich solches in
dir litte, leidest. Das Andere ist, daß du alle Wohlthaten und
Dienste der Menschen mit Fröhlichkeit und Dankbarkeit empfangest,
als ob sie nicht dir, sondern mir von ihnen geschähen. Das Dritte
ist, daß du mir allein lebest, mithin alle deine Werke nicht dir, sondern
mir zuschreibest, als ob du nichts Anderes seiest, denn ein Kleid,
mit welchem ich alle deine Werke bedecke, die ich in dir vollbringe.“

Vierzehntes Kapitel.
Wie der Mensch den Wandel Christi sich zueigne.

Da sie einstmal unter der heiligen Messe träge war und ein=
schlief, klagte sie mit Trauer Gott dem Herrn ihre Nachlässigkeit.

Er antwortete ihr: „Worin würdest du meine Gütigkeit gegen dich erkennen, wenn du nichts fändest, was mir in dir mißfiele?" Da gedachte sie eines Menschen, welchen sie in Traurigkeit wußte, um für ihn zu beten und von dem Herrn eine gute Antwort zu erhalten. Unter mehreren anderen Worten sprach hierauf der Herr: „Warum wollte dieser Mensch nicht annehmen, was ich ihm zu geben so bereit bin? Gern gebe ich ihm all' meinen heiligen unschuldigen Wandel, in welchem ich auf Erden gelebt habe, damit er denselben sich aneigne und aus dem meinen ergänze alle seine Gebrechen." Da sprach die Dienerin Gottes: „Wenn es dir, allersüßester Gott! so sehr gefällt, daß der Mensch sich das Deine aneigne; sage, wie er das zu thun vermöge?" Er antwortete: „Also, daß eine Seele ihr Verlangen, ihre Meinung und ihre Gebete Gott dem Vater opfere in Vereinigung mit meinen Gebeten. Nur so steigt es in höchster Annehmlichkeit auf vor Gott und wird ganz Eins mit meinem Opfer. Wie wenn verschiedene Kräuter miteinander angezündet werden, deren Rauch gesammelt aufsteigt gen Himmel, so steigt das Gebet empor gleich einem Wohlgeruche und wird Gott angenehm. Alles andere Gebet, wiewohl es den Himmel durchdringt, wird ohne diese Einigung mit meinem Gebete nicht so wohlgefällig von Gott angenommen. Indem der Mensch alle Arbeit und alle seine Werke verrichtet, vereint mit meiner Arbeit und mit meinen Werken, von welchen die seinen geadelt werden, wie das Kupfer mit Gold verschmolzen seinen Unwerth verwandelt in den Adel des Goldes, oder wie eine Hand voll Korn in einen großen Haufen Weizen geworfen gemehrt wird; so werden die Werke des Menschen vermehrt, jene Werke, welche aus sich selbst nichts sind, und nur mit Hinzufügung meiner Werke gut und in Besseres verwandelt werden. Es soll ferner der Mensch sein Leben, das ist, alle Bewegung, alle Kräfte, Sinne, Gedanken und Worte nach der Weise meines Wandels ordnen. Dadurch wird sein Leben und Wandel also erneuert und geadelt, gleichwie ein edler Vogel, der aus einer schmutzigen, übelriechenden Luft in eine gute kömmt, sich erneuert. Der irdische Mensch wird von seinem vorigen Wandel in der Neuheit meines Lebens ganz himmlisch und mir vereinigt."

Darum, Allerliebste! lasset uns diese würdigste Milde göttlicher Gnade mit herzlicher Liebe und Dankbarkeit empfangen, und anziehen den heiligsten Wandel Christi zur Erfüllung aller der Dinge, welche uns an Verdiensten gebrechen; lasset uns auch beflissen sein, so viel wir vermögen, ihm an Tugenden gleichförmig zu werden, denn dies ist die höchste Glorie in der ewigen Seligkeit, daß wir, ihm gleich, nahen dem Glanze dem ewigen Lichtes.

Fünfzehntes Kapitel.
Wie uns die Glieder Christi als ein Spiegel leuchten.

Eines Tages fühlte sich diese Dienerin Gottes angetrieben, der seligsten Jungfrau ein Hinderniß zu klagen, das sie im Dienste Gottes zu erfahren glaubte. Die seligste Jungfrau erwiderte ihr: „Geh' und stelle dich mit Ehrfurcht vor meinen Sohn!“ Aus diesem Wort erkannte sie, daß der Mensch alle Hindernisse, so ihm im Dienste Gottes begegnen können, sei es durch das Verhalten der Menschen, sei es von ihm selber durch das Gesicht, das Gehör, durch ein Verlangen oder die Erinnerung an geschehene Dinge, daß er alle diese Dinge als Boten seines Herrn aufnehmen, ihnen mit Ehrfurcht begegnen und sie durch Lob und Dank zu Gott selbst wieder zurücksenden solle.

Da fiel sie dem Herrn zu Füßen, und als sie sich erhob, bedünkte ihr, sie sehe zwei Spiegel vor den Knieen Gottes, sein Kleid sei bedeckt mit Spiegeln über und über, und auf seiner Brust sei ein gar strahlender Spiegel, von dem alle andern Spiegel, so sie zuerst gesehen, ausgeflossen zu sein schienen.

Sie verstand darin, daß alle Glieder Christi in ihren Werken uns leuchten wie Spiegel, und daß alle seine Werke aus seinem Herzen aus Liebe hervorgegangen sind. Jesu Füße leuchten uns, das ist, es leuchtet uns sein Eifer. In diesem Spiegel erkenne die Seele, wie lau ihr Eifer sei nach göttlichen Dingen, wie vielfach aber die Begierde nach unnützen und menschlichen Sachen. Die Kniee Christi sind uns Spiegel der Demuth, diese Kniee, welche so oft im Gebete für uns sich beugten, zuletzt am demüthigsten in der Fußwaschung seiner Jünger. Also mögen wir erkennen unsere Hoffart, die uns nicht demüthig sein läßt, die wir doch Staub und

Asche sind. Das Herz Christi ist uns ein Spiegel glühender Liebe.
In ihm erschauen wir, wie kalt unsere Herzen sind gegen Gott und
gegen den Nächsten. Der Mund Christi ist uns Spiegel lieblicher
Rede in Lob und Danksagung. Er zeigt uns aber auch die Eitel=
keit unserer Worte und die Versäumniß des Gebetes und göttlichen
Lobes. Des Herrn Augen sind uns ein Spiegel göttlicher Wahr=
heit, welcher uns vorhält die Finsternisse unsers Unglaubens, welcher
uns verhindert in Erkenntniß der Wahrheit. Die Ohren des
Herrn sind uns Spiegel des Gehorsams. Wie Jesus allzeit bereit
war, gehorsam zu sein Gott dem Vater, so ist er auch allzeit ge=
neigt zu unserm Gebete.

Sechszehntes Kapitel.

Wie der Mensch nach dem Wohlgefallen Gottes lebe.

An einem Tage, da diese Seele nach der heiligen Kommunion
zu wissen begehrte, was Gott von ihr haben wollte, empfing sie
von ihm folgende Antwort: „Laß uns ausgehen auf einen Acker!"
Und es bedünkte ihr zur Stunde, wie sie in einem großen Felde
wäre, in welchem da mancherlei Pflanzen sich befanden, Rosen,
Lilien, Veilchen und andere Blumen. Durch die Rosen wurden
bezeichnet die Martyrer, durch die Lilien die Jungfrauen, durch die
Veilchen und die übrigen Blumen die Wittwen und andere Heiligen.
Auch bedünkte ihr, wie da ein Acker voll schönen Getreides sich er=
dehne. In diesem saß der Herr, gleichsam vom Getreide nach allen
Seiten umragt; und es ward ihr offenbar, daß der Acker alle Frucht
bezeichne, welche der Kirche aus der Menschwerdung Christi zu=
gekommen. Es flogen auch Nachtigallen und Lerchen um den Herrn,
und sangen mit gar süßer Stimme. Die Nachtigallen bedeuteten
die liebenden Seelen, die Lerchen aber Jene, welche gute Werke
mit Fröhlichkeit und Süßigkeit des Herzens üben. Es schien ihr
ferner, eine Taube säße in dem Schoße Gottes. Dies war das
Bild der Einfältigen, welche mit einfachem Herzen die Gaben
Gottes aufnehmen, und weder über die Werke Gottes, noch auch
über den Menschen urtheilen, weßwegen Gott an ihnen großes
Wohlgefallen hat.

Da sie aber zu wissen wünschte, was die vier Theile bedeuteten, welche gleich einem Häuschen den Herrn einschlossen, so erkannte sie im Geiste, daß dadurch der Wandel Christi auf Erden bezeichnet werde, der in vier Theile getheilt war, wornach sie selbst ihr Herz regieren sollte. Zum Ersten nämlich war Christus eifrigen Herzens; so auch sollte sie, wenn sie allein wäre, immer nur auf Gott be- dacht sein, sei es durch Betrachtung seiner Gottheit, oder der Werke seiner Menschheit, oder durch Nachdenken über das, was Gott in seinen Heiligen gethan, oder was er ihr selbst durch seine göttliche Barmherzigkeit eingegossen habe. Zum Andern war Christus mit Allen umgänglich und milde; so sollte auch sie freundlich und milde sein, Niemanden mit beißendem Worte verletzend; vielmehr sollten ihre Reden sich nur beziehen auf die Werke Christi, die Beispiele der Heiligen und auf das, was dem Nächsten zum Nutzen und Frommen ist. Zum Dritten war Christus nützlich in allen seinen Werken, sowohl beim Heilen der Leiber, wie der Seelen; so auch sollte sie darnach streben, alle ihre Werke eifrig zu verrichten mit mildem und heiterem Herzen. Zum Vierten war Christus höchst geduldig bei allen seinen Verfolgungen und Leiden; so auch sollte sie bei allen Peinen und Beleidigungen sein, indem sie dieselben sanftmüthig ertrage, wie ein Schäfchen, wenn es auf der Weide ist, öfters schreit; wird es aber zur Schlachtbank geführt, so schweigt es vor dem, der es tödtet. So solle auch die treue Seele, wenn sie keine Beschwerniß empfinde, sich fürchten; wenn sie aber im Herzen oder im Geiste betrübt werde, dann wird sie ganz sicher sein.

Und die Dienerin Christi bat den Herrn, daß er sie unter- weise, wie sie zu allen Stunden nach seinem Wohlgefallen leben möchte. Der Herr antwortete: „Wenn du des Morgens aufstehest, opfere mir dein Herz, damit ich in selbes meine göttliche Gnade ergieße. Während der heiligen Messe sei bei mir, wie bei einem Gastmahle, wo viele Leute zusammenkommen, und von welchem Keiner aus- geschlossen wird, Jedermann aber seine Zeche, das ist, seine Gebete, bringt. Da mache ich aus Milbigkeit meines göttlichen Herzens aller Menschen Wunden heil, erledige die Sünder, bereichere die Armuth mit allen Tugenden und erleichtere die Kümmernisse eines Jeglichen." Da sprach die Seele: „Herr, was thust du, wenn ich bete oder Psalmen lese?" Der Herr antwortete: „Ich höre zu; wenn du aber singst, so schlage ich meine Harfe mit der deinigen; wenn du arbeitest, ruhe ich, und je sorgfältiger und thätiger du bist, so viel süßere Rast halte ich in dir; und wenn du issest, so arbeite ich, weil du in mir Weide hast und ich in dir; wenn du schläfst, so wache ich und ich behüte dich."

Siebenzehntes Kapitel.
Wie der Mensch das Herz Gottes grüße, sein Herz Gott aufopfere und seine Sinne ihm anbefehle.

Wenn du des Morgens aufstehest, grüße das blühende und liebende Herz deines himmlischen Freundes, dies Herz, von welchem alles Gute ausgeflossen ist, alle Freude und alle Seligkeit in dem Himmel und auf der Erde, und noch ausfließt, und ohne Ende ausfließen wird in dein Herz. Du sollst dich befleißen, gänzlich dein Herz in sein Herz zu gießen, indem du sprichst: „Ich lobe, benedeie, verehre und grüße dich, allersüßestes und gütigstes Herz Jesu Christi, meines getreuesten Bräutigams, und danke dir für die liebreiche, unermüdliche Obhut, mit welcher du mich diese Nacht behütet und für mich bezahlt hast unaufhörliches Lob und Danksagung Gott dem Vater. Und nun, o mein einzig Geliebter! opfere ich dir mein Herz, als eine blühende Rose, deren Anblick den ganzen Tag dein Auge und deren Duft dein göttlich Herz erfreue. Ich opfere dir auch mein Herz, daß du es gebrauchest als einen Becher, daraus die Süßigkeit deiner selbst zu trinken; ich opfere es dir sammt all' dem, was du diesen Tag in mir wirken willst. Ueberdies opfere ich dir mein Herz als einen Granatapfel besten Geschmackes, wie er deinem königlichen Gastmahle gebührt, daß du solchen, gleichsam essend, so in dich aufnehmest und er fortan sich selig in dir wisse. Ich bitte auch, daß alle meine Gedanken, Reden, Werke und mein Wollen heute nach dem Wohlgefallen deines göttlichen Willens geordnet bleibe!"

Dann bezeichne dich mit dem Zeichen des Kreuzes, sprechend: „Im Namen des Vaters und des Sohnes und des heiligen Geistes. Heiliger Vater, in Vereinigung mit der Liebe deines Sohnes befehle ich dir meinen Geift!" Diefes Wort follft du auch bei allen deinen Werken, wenn du fie anfangeft, erneuern. So du in den Chor geheft, oder dein Gebet oder die Tagzeiten beginneft, fo habe fefte Zuverficht in Gott, daß das Werk, welches du diefe Zeit ver= richteft, nimmer verloren fein mag. Befiehl auch deine Augen, innere und äußere, der göttlichen Weisheit, indem du bitteft, daß fie dich begabe mit dem Lichte der Erkenntniß, damit du den Willen Gottes und Alles, was ihm gefällig ift, erkenneft. Befiehl auch deine Ohren der göttlichen Barmherzigkeit, und bitte, daß fie dir Verftändniß aller Dinge verleihe, die du den Tag über hören wirft, und daß fie dich befchüße vor fchädlichem Sehen und Hören. Be= fiehl auch der göttlichen Treue deinen Mund und deine Stimme, bittend, daß fie dir den Wohlgefchmack des göttlichen Geiftes ein= gieße, damit dir alle Dinge, die du den Tag über fagen follft, ver= dienftlich bleiben, und fie deinen Mund öffne zu Gottes Lobe und zur Dankfagung, und fie dich befchüße vor aller Sünde. Befiehl auch deine Hände der göttlichen Güte, indem du fleheft, daß fie deine Werke zulege den ihrigen, und in denfelben alle die deinigen heilig und vollkommen mache, und fie dich abziehe von allen böfen Werken. Befiehl auch dein Herz der göttlichen Liebe, bittend, daß diefe Liebe deine Seele hineinziehe mit allem Wohlgefallen in ihr göttliches Herz, und felbes fo in der Liebe entzünde, daß es fortan nimmer irdifche Freude oder Luft empfinden möge. Auf gleiche Weife opfere in der heiligen Meffe Gott dein Herz, und vor der Stillmeffe reinige es von allen irdifchen Dingen, und bereite dich, zu empfangen den Ausfluß der göttlichen Liebe, der fich da in alle Herzen der Gegenwärtigen ergießt und fie unaufhörlich erfüllt!"

So fah denn diefe Dienerin Gottes in der Meffe das füßefte Herz Jefu in Aehnlichkeit einer Lampe, durchfichtig wie Kryftall, glühend gleich einer Feuerflamme und auf allen Seiten ringsum von überreichlicher Süßigkeit überftrömend. In die Herzen Aller, die mit Andacht dem heiligen Opfer anwohnten, träufelte es honig= füße Flüffigkeit. Das Feuer bedeutete die Gluth der göttlichen Liebe, womit fich Chriftus für uns Gott dem Vater auf dem Altare des Kreuzes aufgeopfert hat; die überftrömende Süßigkeit aber den Reichthum und die Fülle alles Guten und alles Glückes, das er uns in feinem Herzen gefchenkt. Denn in diefem haben wir alles

15*

uns Heilsame und Nothwendige, nämlich in Lob und Dank, in Gebet, Liebe, Verlangen, in Genugthuung und Ersatz für alle unsere Säumnisse.

Achtzehntes Kapitel.

Wie der Mensch für seine Versäumnisse genug thue, und wie der Herr in sieben Weisen in der heiligen Messe kömmt.

Zu einer anderen Zeit, da die Dienerin Christi den Herrn für eine Person bat, und forschte, was er annehmen wollte für deren Versäumnisse, empfing sie von dem heiligen Geiste solche Antwort: „Sie sollte täglich lesen die drei Lobpsalmen.*) Den ersten am frühen Morgen, und sollte dabei das Kind Jesus gleichsam in ihre rechte Hand nehmen und es überantworten Gott dem Vater mit allen Werken seiner Kindheit und Unmündigkeit zur Erfüllung all' der guten Werke, welche jene Seele in ihrer Kindheit versäumt hat. Den andern Lobpsalm sollte sie lesen unter der heiligen Messe, und nehmen den Herrn Jesum als den Bräutigam ihrer Seele, und sich schuldig geben vor Gott dem Vater, daß sie einem solchen Bräutigam nicht gebührende Liebe, Treue und Ehrerbietung erzeigt; auch sollte sie betrachten, welch' große Güter sie von ihm empfangen, da sie arm und verächtlich war, und er sie so reich gemacht hat an allem Guten. Auch sollte sie opfern Gott dem Vater die glühende Liebe, in welcher Christus geblüht und in seiner Jugend in aller Tugend gegrünet hat."

Da ward sie eingedenk ihrer eigenen Armuth und sprach zu dem Herrn: „Eja, welch' eine arme, geringe Braut bin ich, die ich nicht einmal ein Ringlein habe, mit welchem ich dir meine Treue verlobte, es sei denn, ich empfinge es von dir!" Und zur Stunde zeigte ihr der Herr einen so großen Ring, daß er den Herrn und die Seele miteinander umgab, und hatte dieser Ring sieben köstliche Edelsteine, durch welche bezeichnet wurde die siebenfache Weise, in welcher der Herr gnädig zu der heiligen Messe kömmt. Die erste ist, daß der Herr kömmt mit so großer Demuth,

---

*) Ps. 145—148.

so daß Keiner so gering dabei ist, zu welchem er sich nicht demüthig neige, wenn der Mensch seiner begehrt. Die andere Weise ist, daß Jesus kömmt mit so großer Gebuld, daß kein Sünder oder Feind da ist, welchen er nicht gedulbig ertrüge, und wenn dieser sich mit ihm versöhnen will, ihm nicht freudigst alle seine Schuld verziehe. Die dritte Weise ist, daß der Herr mit solcher Liebe kömmt, daß Keiner so kalt oder verstockt da ist, welchen er nicht, wenn derselbe nur will, entzünden und dessen Herz weich machen möchte. Die vierte Weise ist, daß Jesus kömmt mit so überfließender Milde, daß Keiner so arm ist, welchen er nicht überreich machte. Die fünfte Weise ist, daß der Herr sich Allen zu einer süßen Lust und genug= samen Speise gibt, so daß Keiner so krank oder hungrig da ist, welcher von ihm nicht erquickt und reichlich erfättigt würde. Die sechste Weise ist, daß der Heiland in solcher Klarheit kömmt, daß kein Herz so blind oder verfinstert ist, welches durch seine Gegen= wart nicht erleuchtet und gereinigt werden könnte. Die siebente Weise endlich ist, daß Jesus so voll Heiligkeit und Gnade kömmt, daß Keiner so träge und unandächtig da ist, welcher von seiner Liebe nicht erweckt und zur Andacht begeistert werden sollte.

Den dritten Lobpsalm aber sollte die Seele lesen zur Besper= zeit, und den Herrn Jesum nehmen mit seinem ganzen vollkommenen Wandel, und ihn Gott dem Vater zeigen für Alles, was Jene versäumt in ihrem Leben, bittend, daß durch ihn all' deren Un= vollkommenheit gänzlich erfüllt werde. Ueberdies lehrte sie der Herr, wenn jene Seele, für welche sie bat, alle ihre verlornen, unvollkommenen oder versäumten Werke genügend ersetzen wolle, möge sie oft gehen zu dem hochheiligen und glorwürdigsten Sakra= mente des Leibes Christi, weil solches alle Güter in sich beschließt und der Inbegriff aller Gnade ist.

Neunzehntes Kapitel.
Daß es gut sei, der Messe anzuwohnen.

An einem Tage, da die Dienerin Christi vor Schwachheit nicht weit zu gehen vermochte, und die Messe von dem Kreuzgange aus hörte, seufzte sie klagend, wie sie so ferne von Gott wäre. Da antwortete ihr zur Stunde der Herr: „Wo du bist, da bin ich." Hierauf fragte sie, ob es etwas schade, wenn die Menschen von ferne Messe hörten? Der Herr antwortete: „Es ist gut, daß der Mensch gegenwärtig ist. Wenn er aber das nicht zu thun vermag, sei er doch nahe, um die Worte zu hören, wie Sanct Paulus sagt: ‚Das Wort Gottes ist lebendig, wirksam und durchdringend.'*) Das Wort Gottes macht lebendig die Seele und gießt ihr geist=liche Freude ein, wie man an den Laien und geistig Schwachen sieht. Wenn diese auch nicht immer verstehen, was gelesen worden, empfinden sie doch eine Freude des Geistes und werden zur Buße angetrieben. Das Wort Gottes kräftigt auch die Seele zu Tugen=den und zu allem Guten, und durchbringt und erleuchtet ihr In=neres. So nun der Mensch verhindert wird, durch Krankheit, durch den Gehorsam oder aus anderer rechtmäßiger Ursache, bei dem Worte Gottes in der Kirche gegenwärtig zu sein; dann, wo immer der Mensch ist, bin auch ich gegenwärtig und bei ihm."

Da sprach die Dienerin Christi: „Eja, mein Herr! gib mir nun etwas aus den Worten dieser heutigen heiligen Messe, daß darin meine Seele geistlich getröstet werde." Der Herr antwortete: „Nimm wahr! jetzt wird mir dreimal gesungen: „Agnus Dei." Bei dem ersten opfere ich mich für euch Gott dem Vater mit aller meiner Demuth und Geduld. Bei dem zweiten opfere ich mich mit aller Bitterkeit meines Leidens zu vollkommener Versöhnung. Bei dem dritten bringe ich mich dar mit ganzer Liebe meines gött=lichen Herzens zur Erfüllung· alles dessen, was dem Menschen mangelt." Der Herr sprach auch: „Wer die Messe andächtig und fleißig hört, dem werde ich in seinen letzten Stunden so viele edle Personen meiner Heiligen zu Trost und Schutz senden, als sie auf Erden Messen gehört hat, damit sie seine Seele mit Ehre zu mir geleiten."

Indem sie einmal zu der Messe ging, sah sie den Herrn in glänzendem Kleide von dem Himmel herabsteigen, und vernahm, wie er sprach: „So die Menschen zur Kirche eilen, sollen sie sich bereiten mit Buße, sollen an ihre Brust schlagen und ihre Sünde

---

*) Hebr. 4, 12.

bekennen; dann mögen sie meiner göttlichen Klarheit entgegengehen und dieselbe in sich aufnehmen; solches wird durch den Glanz dieses Kleides bezeichnet."

Zwanzigstes Kapitel.
Wie der Mensch der Trägheit wehre.

Diese andächtige und gütige Jungfrau, welche wunderbar nach himmlischen Dingen trachtete, sah einmal im Sommer einige ihrer Schwestern unter der heiligen Messe träge und schlafend. Entzündet von gerechtem Eifer, doch voll Güte und Mitleid, sprach sie zu dem Herrn: "Ach, Herr, mein Gott! was ist es doch, daß der arme Mensch so schwach ist, daß er sich des Schlafes nicht zu enthalten vermag, selbst wenn er in Gottes Dienste ist?" Darauf antwortete der Herr: "Würden sie göttliche Dinge oder auch die Peinen der Hölle betrachten, wäre wohl der Schlaf von ihnen verscheucht!" Da sprach sie: "Wem das nicht gegeben ist, wie vermag er es zu thun?" Er antwortete: "Wenn Jemand einen sehr lieben Freund hat, so ist es ihm leid, von dessen Gesellschaft zu scheiden. Gleicherweise betrachte ein Jeder, welcher zu mir kömmt, wie ich sein getreuester Freund bin. Ich will ihm alle meine Geheimnisse eröffnen, so viele, daß er fortan nichts Anderes begehre oder wissen wolle; sofort wird billig sein Herz erweckt, daß es sich in mir erfreue. Auch wenn Jemand erwägt, wie ich ihm alle Süßigkeit sein werde und alle Lust seines Herzens, und wie gewaltig und frei er zu sein vermag in meiner Freiheit, so daß er gleichsam mächtig wird, um alles das, was er begehrt, vollkommen in mir zu vermögen; auch dann würde billig von dem Menschen der Schlaf gewehrt."

Nach diesen süßen und freundlichen Reden sprach der Herr zu der Seele: "Nimm wahr! ich bin dein und in deiner Gewalt, führe mich, wohin du willst!" Sie führte ihn durch den Chor zu den Schwestern, und er verlieh einer Jeden eine süße Bewegung der Seele, als ob er Jeglicher etwas gebe. Da sie ihn aber fragte, was er ihnen gegeben hätte, sprach er: "Das Anhauchen meines Geistes." Sie fragte: "Was wird ihnen das nützen?"

Er antwortete: „Durch den Hauch meines göttlichen Geistes empfindet die Seele eine Lieblichkeit, in welcher sie mich kostet; wenn
der Mensch darin einwilligt und sein Herz fähig macht, mehr zu
empfangen, so entsteht daraus die Dankbarkeit. Uebt er dieselbe,
dadurch daß er alle Gaben Gottes mit Dank annimmt und für
jede einzelne dankt, so gelangt er auf den Weg der Verdienste; und
so wächst der Mensch von Tag zu Tag an Tugenden, bis er an
allem Guten Ueberfluß hat.“

Einundzwanzigstes Kapitel.
Wie der Mensch das Angesicht seiner Seele beschaue, besonders wenn er kommuniziren will.

Da sie eines Tages kommuniziren wollte, und sich gar unwürdig und unvorbereitet erachtete, sprach der Herr zu ihr: „Nimm
wahr! ich gebe mich selbst dir ganz und gar zu aller Vorbereitung.“
Und er legte sein Herz an das Herz der Seele, und neigte sein
Haupt über das ihrige. Da sprach die Seele: „Mein Herr, durch
die Klarheit deines Antlitzes erleuchte das Angesicht meiner Seele.“
Der Herr fragte sie: „Was ist das Angesicht deiner Seele?“ Da
sie darauf schwieg, sprach der Herr: „Das Angesicht deiner Seele ist
das Bild der heiligen Dreifaltigkeit. Dieses Bild betrachte die
Seele in meinem Angesichte beständig, wie in einem Spiegel, da-
mit nicht etwa eine tadelnswerthe Makel darin gefunden werde.“
Aus diesen Worten erkannte sie, daß wenn der Mensch sein
Gedächtniß mit irdischen und unnützen Gedanken erfülle, er dieses
Bild in sich beflecke. Ebenso, wenn er seine Vernunft oder seinen
Verstand zu irdischer Weisheit und Neugier hinwendet, so be-
schmutzt er das Angesicht seiner Seele. Wenn er aber vom Willen
Gottes abweicht, etwas Anderes, außer Gott, liebt und an Ver-
gänglichem sich ergötzt, so verunstaltet er das Bild Gottes in sich.
Weil also die Seele, so lange sie im Leibe ist, häufig von den
irdischen Dingen sich Makeln zuzieht, so muß sie ihr Angesicht des
Oeftern gleichsam in einem Spiegel, das ist im Angesichte Gottes
betrachten, wo sie ihr unentstelltes Bild auf's Deutlichste sieht; be-

sonders soll sie das thun, wenn sie das Sakrament des Herrn em=
pfangen will. Und wie Weiß und Roth das Antlitz einer Braut
sehr schmücken, so sei die Seele bemüht, sich häufig durch die Beicht
abzuwaschen und durch beständiges Gedächtniß des Leidens Christi
ihr Angesicht wie mit Rosenfarbe zu zieren.

Zweiundzwanzigstes Kapitel.
Wie der Mensch sich zur heiligen Kommunion vorbereiten soll.

Als sie ein andermal kommuniziren wollte, sprach sie zu dem
Herrn: „Eja, mein süßester Gott! so lehre mich, wie ich mich
bereite zu dem Mahle deines ehrwürdigen Leibes und Blutes!"
Darauf antwortete der Herr: „Was thaten meine Jünger, da ich
sie vor meinem Angesichte herschickte, um das Osterlamm zu be=
reiten, das ich vor meinem Leiden mit ihnen essen wollte?" Und es
bedünkte sie zur Stunde, als wäre sie in einem Hause von wunder=
barer Größe. Darin war ein goldener Tisch und auf demselben
ein Tischtuch und mancherlei Arten von Gefäßen. Und der Herr
sprach: „Dieses Haus bedeutet den Umfang meiner unermeßlichen
Milde, die da gütig und fröhlich empfängt Alle, welche zu mir
kommen. Darum sollen die, welche kommuniziren wollen, bei meiner
Güte Zuflucht suchen. Wie eine Mutter wird diese sie empfangen
und beschützen vor allem Uebel. Der Tisch aber ist die Liebe, zu
welchem Jeder, welcher kommuniziren will, sichern Zutritt hat, und
welcher alle Armuth der Seele durch Mittheilung des Guten reich
machen will. Das Tischtuch ist meine Barmherzigkeit, welche, wie
das Linnen weich und biegsam ist, sich zu den Menschen neigt. Bei
ihr wird der Mensch getreue Zuflucht haben. Denn der Anblick
meiner Barmherzigkeit wird den Menschen Muth machen, Alles zu
erringen, was zu seinem Heile nothwendig ist." Auf dem Tische
ward ein Lamm gesehen. Es war weißer denn der Schnee, und
als dasselbe die Gefäße mit seinem Fuße berührte, wurden sie alle
zur Stunde erfüllt mit mancherlei Speise und Trank. Das Lamm
aber war Christus, welcher allein wahre Speise und Erquickung
der Seelen ist. In diesem Hause befanden sich auch zwei schöne

Jungfrauen, die da dienten, die Barmherzigkeit nämlich und die Liebe. Die Barmherzigkeit war die Thorwärterin, welche freundlich einließ, die da kamen, und ihnen Platz anwies an dem Tische. Die Liebe aber diente den zu Tische Sitzenden und war freigebige Mundschenkin Allen, welche hier Einkehr genommen.

Dreiundzwanzigstes Kapitel.

Mit welchem Verlangen der Mensch zu dem heiligen Sakramente gehen soll.

Indem sie ein Zeichen legte,*) daß sie zur heiligen Kommunion gehen wolle, sprach sie zu dem Herrn: „Allersüßester Herr! schreibe meinen Namen in dein Herz und deinen honigsüßen Namen durch beständige Erinnerung in mein Herz!" Da sprach der Herr zu ihr: „Wenn du kommuniziren willst, so empfange mich mit solcher Meinung, als ob du allen Eifer und alle Liebe hättest, in welcher je ein menschlich Herz entzündet war, und so sollst du zu mir gehen in höchster Liebe, als einem menschlichen Herzen zu haben möglich ist. Diese Liebe will ich von dir annehmen, nicht wie sie in dir ist, sondern als ob sie wirklich so groß wäre, als du sie zu haben verlangest."

Von sieben kostbaren Edelsteinen.

Zu einer andern Zeit, da sie dasselbe Zeichen legte, sprach sie: „Schreibe meinen Namen in dein Herz!" Und zur Stunde bedünkte ihr, wie der Herr an seiner Brust gleichsam goldene Buchstaben trüge, welche mit sieben Edelsteinen verziert waren. Und sie sah den ersten Buchstaben ihres Namens und erkannte dessen Bedeutung. Darnach, als sie die Namen Einiger suchte, welche sich in ihr Gebet empfohlen hatten, fand sie auch die ersten Buchstaben dieser Namen, mit sieben Edelsteinen geziert. Der erste bedeutete Reinigkeit des Herzens, der andere stete Betrachtung

---

*) D. i. ein Zeichen für den am Altare functionirenden Priester, daß eine Klosterfrau die heilige Kommunion zu empfangen wünsche.

des Wandels und der Worte Christi, der dritte Demuth, der vierte Wachsthum in guten Werken, der fünfte Geduld in der Widerwärtigkeit, der sechste Hoffnung, der siebente himmlische Liebe. Jeder, welcher kommuniziren will, soll mit diesen sieben Juwelen geschmückt sein.

Vierundzwanzigstes Kapitel.

Wie der Mensch zur heiligen Kommunion hinzutreten soll.

Auch hatte die Dienerin Christi die Gewohnheit, wenn sie zu dem heiligsten Sakramente gehen wollte, daß sie fleißig das Leiden Christi betrachtete, und hatte sie das zu Zeiten versäumt, so fürchtete sie sich schwerer Sünde, weil der Herr gesprochen hatte: „Thuet dies zu meinem Gedächtnisse!" Darum, als sie den Herrn bat, daß er ihr den Sinn dieses Wortes auslege, ward sie von dem heiligen Geiste also gelehrt: „Das Wort: ‚Thuet dies zu meinem Gedächtnisse!' ist so zu verstehen: Es sei uns in der Zeit des Empfanges des Leibes Christi gut, dreierlei zu bedenken. Erstens: die ewige Liebe, mit welcher uns Gott, da wir nicht waren, geliebt hat; Gott, welcher, all' unsere Gebrechen und Untreuen vorhersehend, dennoch uns gnädig nach seinem Bilde und Gleichnisse erschaffen hat, wofür wir billig Dank sagen sollen. Zweitens: die unermeßliche Liebe, mit welcher der Sohn Gottes, welcher in der Herrlichkeit des Vaters war, seine unendliche Majestät zu unserer Dürftigkeit, die wir in den Banden Adams leiden, herabgeneigt und Hunger, Kälte, Hitze, Müdigkeit, Trauer, Verhöhnung und schmachvollsten Tod gelitten hat mit unaussprechlicher Geduld, auf daß er uns befreie aus unserer Armuth. Drittens: die unergründliche Liebe, mit welcher Gott uns jeden Augenblick ansieht und erhält in väterlicher Sorgfalt, so daß der, welcher unser Schöpfer und Herr, unser Erlöser und süßester Bruder ist, allzeit für uns bei seinem Vater fürspricht und unsere Anliegen vertritt als ein getreuester Advokat und Sachwalter."*) An diese drei Dinge sollen wir uns billig zu jeder Stunde erinnern, ganz

---

*) S. I. Joh. 2, 1.

besonders aber dann, wenn wir jenem himmlischen Gastmahle an=
wohnen, das uns unser gütigster Liebhaber geschenkt hat als ewig
zu feierndes Vermächtniß seiner unschätzbaren Liebe.

Fünfundzwanzigstes Kapitel.
Von dreierlei Salben der Seele.

Da sie für eine Person gebetet hatte, welche ihr klagte, daß
sie keine Andacht fühle, auch wenn sie das heiligste Sakrament
empfing, gab sie ihr aus Gott diese Lehre: „Wenn du das hei=
ligste Sakrament empfangen willst und du findest dein Herz träge
zum Gebete und hast nicht solches Verlangen und solche Liebe, als
billig ist, so rufe mit ganzem Herzen zu Gott und sprich: ‚Ziehe
mich nach dir, und laß uns laufen in dem Geruche deiner Salben!'*)
In dem Worte „Ziehe" betrachte, wie mächtig und unermeßlich die
Liebe gewesen ist, welche den allmächtigen, ewigen Gott gezogen
hat zu der so schmachvollen Pein des Kreuzes, und bitte, daß er,
welcher sprach: ‚Wenn ich erhöht sein werde von der Erde, werde
ich Alle zu mir ziehen,'**) auch dein Herz mit allen Kräften deiner
Seele an sich ziehe, und dich laufen mache mit Liebe und Eifer
nach dem Geruche deiner Salben, welche aus der edeln Apotheke
seines Herzens so reichlich geflossen sind, daß sie Himmel und Erde
erfüllt haben. Die erste dieser Salben ist das rosenfarbene Wasser,
welches die göttliche Liebe aus der Rose der Herzenswunde Jesu
gewonnen und am Feuer der Liebe bereitet hat. Diese Salbe ge=
brauche zur Abwaschung des Angesichtes deiner Seele. Forsche
fleißig und wenn du eine Makel der Sünde findest, bitte, dieselbe
abwaschen zu dürfen aus dem Borne der Barmherzigkeit, aus
welchem Jesus den Schächer am Kreuze rein gewaschen hat. Die
andere Salbe ist rother Wein, das ist das heilige Blut, welches
am Kreuze ausgepreßt wurde und zugleich mit Wasser aus der
rosenfarbenen Wunde seines Herzens geflossen ist. Bitte, daß mit

---

*) Hohes Lied 1, 3.
**) S. Joh. 12, 32.

diesem gefärbt werde dein Angesicht, auf daß du mögest würdig
werden eines so großen Gastmahles. Die dritte Salbe ist die un=
übertreffliche und unschätzbare Süßigkeit des göttlichen Herzens,
welche nicht vermindert werden konnte durch die Bitterkeit des
Todes und genannt wird die Salbe des Balsams. Sie übertrifft
den Duft aller Kräuter und Wohlgerüche und ist heilsam für alle
Krankheiten der Seele. Bitte denn, daß dieser Balsam deiner
Seele eingeträufelt werde, damit sie koste und empfinde, wie süß
der Herr sei, damit sie gestärkt und vereinigt werde mit dem, wel=
cher sich dir also aus Liebe gegeben hat. Und empfindest du aus
all' dem Vorgezeichneten keinen Trost, so bitte, daß es in deinem
getreuesten Bräutigam erfüllt werde, und daß ihn erquicke deine
Unlust, daß deine Lauheit in ihm erwärmt und er allein in allen
deinen Werken geehret werde hier und in Ewigkeit."

Sechsundzwanzigstes Kapitel.
Daß es gut ist, wenn der Mensch oft kommunizirt.

Da sie für eine Seele bat, welche sich fürchtete, oft zu kom=
munizieren, antwortete der Herr: „Je öfter der Mensch sich mit
Wasser wäscht, desto reiner wird er. Je öfter Jemand kommunizirt,
so viel mehr wirke ich in ihm und er in mir, und werden groß
gemacht seine Werke. Je fleißiger der Mensch kommunizirt, so
viel tiefer wird er in mich gesenkt, so viel reiner wird seine Seele.
Je öfter die Tiefe der Gottheit seine Seele durchdringt, um so
mehr wird sie ausgebreitet und vermag sie die Gottheit aufzunehmen,
wie das Wasser, welches abfließt an einem Gestade, dasselbe immer
mehr vertieft und es nun um so leichter hineinfließt."

Siebenundzwanzigstes Kapitel.
Wie das Herz des Menschen vereinigt sei mit dem Herzen Gottes.

Da sie einstmals das Sakrament des heiligsten Leibes Christi
empfangen hatte, bedünkte ihr nach süßer Rede mit dem Herrn

als nähme er das Herz der Seele und drückte es in sein Herz. Und er sprach: „Also wünschte ich, daß die Herzen der Menschen durch Begierde mit mir vereinigt würden, daß der Mensch nicht mehr sich selbst begehrt, sondern all' sein Verlangen nach meinem Herzen ordnet, gleichwie zwei Winde, die zusammenblasen, eine Strömung bewirken. Es soll aber des Menschen Herz mir auch in allen seinen Werken vereinigt werden. Er mag essen oder schlafen, soll er allezeit in seinem Herzen sprechen: ,Herr, in Ver= einigung der Liebe, in welcher du mir diese Bequemlichkeit verliehen und deren du dich selbst auf Erden bedient hast, empfange ich sie, dir zu ewigem Lobe und zu meines Leibes Nothwendigkeit.' Gleicher= weise soll er thun und sprechen, wenn ihm irgend ein Werk auf= getragen wird: ,Herr! in Vereinigung der Liebe, in welcher du selbst dich in Arbeit üben gewollt, und du noch immer ohne Auf= hören in den Seelen wirkest, weil du mir jetzt dieses Werk auf= gelegt, so verrichte ich es dir zu Lobe und zu Nutzen meines Nächsten. Weil du gesprochen hast: „Ohne mich könnet ihr nichts thun,"*) bitte ich, daß dieses mein Werk mit deinen vollkommensten Werken vereinigt und dadurch vollkommen werde, wie ein Tropfen Wasser in einen großen Fluß gesenkt all' die Wirkungen desselben theilt.' Endlich soll des Menschen Herz mit mir vereinigt werden durch die Uebereinstimmung der Willen, so daß Alles, was ich will, auch er wolle sowohl im Unglück, wie im Glück. Gleichwie der am Feuer zusammengeschmolzene Bernstein sich nicht mehr theilt, so wird ein solcher Mensch durch die Liebe eine Seele mit mir, was das Zeichen der höchsten Vollkommenheit oder Tugend in diesem Leben ist."

Achtundzwanzigstes Kapitel.
Von dem dreitheiligen Schrank, der das Herz des Menschen bedeutete.

Nach dem Empfang des Leibes des Herrn sah sie vor sich einen Schrank, der mit Gold und Edelsteinen wunderbar geschmückt,

---

*) S. Joh. 15, 5.

innen von glänzend weißer Farbe und in drei Fächer getheilt war. Im oberen Fach waren enthalten goldene Gefäße; im mittleren kostbare Gewänder, im unteren aber gar köstliche Speise. Durch den Schrein wurde bedeutet das Herz des Menschen, das durch die Liebe zu den Tugenden und durch gute Werke geschmückt ist. Durch die goldenen Gefäße, die im oberen Fache standen, wurden versinnbildet die Herzen der Heiligen, welche bereit waren, die Gnade des heiligen Geistes aufzunehmen. Ihnen sollen wir stets nachahmen, dadurch, daß wir unsere Herzen für die Gnade desselben heiligen Geistes tauglich machen. Durch die glänzend weiße Farbe des Innern wird versinnbildet, daß die Seele, die Gott gefallen will, ein reines und von allem Irdischen freies Herz haben soll, ohne über die Werke der Menschen zu urtheilen. Durch die Kleider im zweiten Fache wurden bedeutet die Werke der Menschheit Christi. Diese Kleider waren vierfacher Art: die ersten waren purpurn, mit goldenen Kleeblättern geschmückt; die andern waren grün, darin goldene Rosen eingewoben; die dritten waren von himmelblauer Farbe mit goldenen Sternen besät; die vierten waren rubinroth, mit goldenen Lilien geziert.

Da sie sich nun wunderte, was denn diese Gewänder bedeuten möchten, erhielt sie vom Herrn die Antwort: „Wie du mich in deinem Herzen haben willst, mit solchem Gewand wirst du mich bekleiden. Wenn du nämlich meine Kindheit lobest, welche die Majestät der ganzen Dreifaltigkeit in sich enthält, so wirst du mich mit dem Purpurgewand bekleiden, so mit goldenen Kleeblättern verziert ist. Gedenkst du aber meiner Jugend, so ziehst du mir das mit goldenen Rosen geschmückte grüne Kleid an, das die Wonne meiner Gottheit bedeutet, die ich den Menschen mitzutheilen gekommen bin, nach dem Worte: „Meine Wonne ist es, bei den Menschenkindern zu sein."*) Denn ich, der Sohn Gottes, bin mit der ganzen Fülle der Gottheit der Sohn der Jungfrau und der Menschensohn geworden, und meiner jungfräulichen Mutter allein habe ich die Wonne meiner Gottheit ganz und voll mitgetheilt." Da fragte die Seele: „Warum, o liebevollster Herr, haben die Menschen zu deinen Lebzeiten so wenig von dieser Wonne empfangen?" Und

---

*) Sprüchw. 8, 31.

er: „Sie konnten nicht, bis ich sie ihnen durch mein Leiden und
Sterben erworben hatte." Und sie: „Was, o Herr, wird durch die
rubinrothen Kleider bedeutet?" Der Herr erwiederte ihr: „Mein
blutgetränktes Leiden; und mein unschuldigster Tod ist ausgedrückt
durch die goldenen Lilien; wenn du daran dich erinnerst, wirst
du mich mit solchem Gewande bekleiden." Und jene: „Was wird
aber durch die Speise im untersten Fache bezeichnet?" Er ant=
wortete: „Aller Gnade Wohlgeschmack und Lieblichkeit, so die Seele
in dieser Zeitlichkeit im Sakramente der Eucharistie empfangen kann,
das alle Gnade und Süßigkeit in sich enthält. Und Jeglicher, der
dieses Sakrament empfängt, genießt mich, und ich genieße ihn."
Und die Seele: „Warum, Herr, ist diese Speise im unteren Fache?"
Der Herr: „Weil ich dir näher bin, als dein innerstes Wesen."*)

Neunundzwanzigstes Kapitel.
Von den sieben kanonischen Stunden oder Tagzeiten.

Als die Dienerin Christi einst von der Hochzeit predigen
hörte, sprach sie zum Herrn: „Eja, mein süßester Bräutigam, als
welch' untreue Braut habe ich mich dir alle Tage erwiesen, weil
ich die bräutliche Liebe dir, meinem wahren Bräutigam, niemals, wie
ich hätte sollen, entgegengebracht habe." Zur Stunde erschien ihr
der Herr in unbeschreiblicher Glorie und Wonne und sprach: „Es
pflegt zuweilen zu geschehen, wenn die Gatten in eine ferne Gegend
eilen, daß bei ihrer Rückkehr ihre Gattinnen die Hochzeit wieder
feiern. So muß auch ich thun; denn der liebenden Seele erscheint
eine Stunde Fernseins von mir drückender, als einer irdischen
Braut tausend Jahre Harrens auf ihren Geliebten."

Und er legte sein göttliches Herz an das Herz der Seele

---

*) Diese Stelle ist schwer verständlich. Der lateinische Text lautet:
Quia sum inferior (interior, Cod. Guelferbyt.) omni intimo tuo. Die
französische Ausgabe der Patres von Solesmes übersetzt: Parceque je suis
plus intime que tout ce qu'il y a de plus intime en toi; folgt also der
Lesart des Wolfenb. Textes. — Anm. d. Uebers.

und sprach zu ihr: „Nun ist mein Herz das deinige, und dein Herz das meinige.“ Und mit süßester Umarmung und mit seiner ganzen göttlichen Kraft zog er die Seele so in sich, daß sie ein Geist mit ihm zu werden schien.

Darnach sprach die Seele zum Herrn: „Die Braut pflegt ihrem Bräutigam Frucht zu bringen; welche Frucht also, o blühender Geliebter, werde ich dir bringen?“ Der Herr erwiederte ihr: „Täglich wirst du mir sieben Kinder gebären. Wenn du nämlich des Nachts zur Mette aufstehest zur Verehrung der Liebe, in welcher ich mich gebunden in die Hände der Unguten gegeben habe, und gehorsam geworden bin bis zum Tode; so bereite dein Herz zu Allem, was dir wird auferlegt werden, solltest du auch den Tag über vollbringen müssen allen Gehorsam, welchen je ein Heiliger vollbracht hat. Zu der Prim aber gehe in Verehrung der Demuth, in welcher ich vor dem unwürdigen Richter wie ein Lamm zur Verurtheilung gestanden bin. Unterwirf auch du dich jeder Kreatur um meinetwillen, und sei bereit zu allen geringen und bemüthigen Werken. Halte die Tertia in Betrachtung der Liebe, in welcher ich geschmäht und verspieen und mit aller Lästerung gesättigt worden bin; auch du wirst dich selbst verschmähen und gering achten. Zu der Sexta kreuzige dir die Welt und dich der Welt*) und betrachte, wie ich, dein Bräutigam, um deiner willen an das Kreuz geheftet worden. Deßhalb soll dir alle Lust und Süße dieser Welt bitterer sein, als das Kreuz. Zu der Nona stirb der Welt ab, auf daß mein bitterer Tod deinem Herzen lieblich und dir entleidet werde alle Kreatur. Zu der Vesper, da ich von dem Kreuze genommen ward, betrachte mit Freuden, wie du nach dem Tode von aller deiner Arbeit in seliger Ruhe ruhen wirst in meinem Schoße. Zu der Complet sei eingedenk der seligen Einigung, in welcher du, mit mir vereinigt, meiner selbst in höchster Weise genießest in jener Einigung, welche hienieden anfängt durch Einheit meines und deines Willens in allen widerwärtigen und in glückseligen Dingen und welche erfüllt wird in der Zukunft durch Glorie ohne Ende.“

*) Galat. 6, 14.

Dreißigstes Kapitel.

Von drei Dingen, worauf der Mensch bei den Tagzeiten merken soll.

So aber Jemand die Tagzeiten andächtig singen will, soll er auf drei Dinge merken. Bei dem Beginne derselben bis zu den Psalmen erhebe er mit Lob die Tiefe der Demuth, in welcher die höchste Majestät der Gottheit von der Höhe des Himmels sich in das Thal der Erdenarmuth geneigt, und in dieser Demuth der Gott und Herr der Engel, ein Bruder und Genosse der Menschen geworden ist und ein bemüthiger Diener, wie er spricht: „Ich bin nicht gekommen, daß man mir diene, sondern daß ich diene."*) In Verehrung dieser Demuth soll er ehrfurchtsvoll sich beugen. Unter den Psalmen feiere der Betende die unerforschliche Weisheit Gottes, die so gnädig mit dem Menschen gehandelt, und durch sich selbst in Gnade ihn mit heilsamen Worten und Ermahnungen unterwiesen hat. Deßhalb werde ihr gedankt bei dem Neigen des Hauptes für alle Lehre und alle Worte, die aus Jesu Mund und Herzen geflossen sind. Danket auch für alle Worte der Propheten, der Prediger und für alle Aussprüche der Heiligen, weil sie dieselben aus Eingebung des heiligen Geistes empfangen haben. Auch saget Dank für alle Gnaden und geistlichen Einsprechungen, welche Gott durch sich selbst dem Menschen nach seinem Willen und Wohlgefallen gnädig zukommen läßt. Nach den Psalmen bis zu dem Ende der Tagzeiten erhebet das liebreiche Erbarmen, mit welchem der Herr Alles gethan und gelitten hat. Danket für allen Eifer, für alle Gebete und Alles, was er für uns vollbracht oder gelitten hat, zumal in jener Stunde, in welcher euer Gebet es gedenket.

Einunddreißigstes Kapitel.

Wie der Mensch seine Tagzeiten beginne, und was das geringste Gute sei, das er thun könne.

Es erschien auch zu einer Zeit der Herr seiner Dienerin im Traume. Da fragte sie unter Anderm: „Man liest von den Lastern,

---

*) Matth. 20, 28.

wie keine Sünde so leicht sei, die nicht tödtlich würde, wenn sie fortwährend begangen werde. Nun denn, sind etwa deßgleichen auch die Tugenden aus Gewohnheit vor Gott von größeren Verdiensten?" Der Herr antwortete: "Ja, es ist nichts Gutes so klein, das nicht durch gute Gewohnheit groß erschiene." Da sprach sie: "Welches ist das kleinste Gute, in welchem sich der Mensch stets und nützlich übt?" Der Herr erwiederte: "Dieses, daß der Mensch aufmerksam und andächtig seine Tagzeiten lese, nicht, als ob solches das kleinste Gute wäre, sondern weil es nicht geringer sein kann, als daß darin der Betende seiner Verpflichtung nachkömmt. Deßhalb spreche er bei Anfang der Tagzeiten in seinem Herzen oder auch mit dem Munde: "Herr, in der Vereinigung, in welcher du selbst auf Erden Gott dem Vater die heiligen Gezeiten gehalten hast, weihe ich sie dir;" und sei so nach Kräften auf Gott aufmerksam. Und so nun der Betende dieses mit stetem Fleiß übt, wird sein Gebet so sehr geadelt vor meinem Vater, daß es gleichsam meinen Uebungen gleich geachtet wird." —

An einem anderen Tage, da der Herr ihr im Gebete erschien, fragte sie ihn, ob er wirklich die Gezeiten auf Erden gehalten hätte? Er antwortete ihr gnädig: "Ich hielt sie nicht nach euerer Weise Psalmen und Gebete lesend; doch habe ich täglich und stündlich das Lob Gott dem Vater dargebracht. Alle Satzungen, welche meine Gläubigen zu beobachten verpflichtet sind, habe ich, von der Taufe angefangen, an mir selbst und für sie gehalten und erfüllt, und dadurch im Voraus heilig und vollkommen gemacht alle Werke derer, welche an mich glauben. Darum sprach ich zu dem Vater: "Ich heilige mich selbst für sie, auf daß sie heilig seien in mir."*) Gleichwie ihr in den sieben Tagzeiten das Gedächtniß dessen feiert, was ich in denselben Stunden gelitten habe, so wußte ich Alles, was ich leiden würde, in meiner Weisheit vorher, wie der Evangelist bezeugt, der da sagt: "Jesus nun wußte Alles, was über ihn kommen würde."**)

*) S. Joh. 17, 19.
**) Joh. 18, 4.

Zweiunddreißigstes Kapitel.
Wie der Mensch seine Versäumnisse ersetze.

Da sie für Jemanden bat, der ihr geklagt hatte, daß er die Tagzeiten häufig unandächtig und mit zerstreuten Gedanken bete, da erhielt sie vom Herrn diese Antwort: Stets füge er am Ende der Tagzeiten bei: „Gott sei mir Sünder gnädig!" oder: „O mildestes Lamm, erbarme dich meiner!" um dadurch sein Versäumniß zu ersetzen. Da sprach sie: „Wenn er aber versäumen sollte, dies zu thun, indem er es nämlich nicht bei allen Tagzeiten sagte?" Der Herr antwortete ihr: „Sollte er unterlassen, es nach den Tagzeiten zu sagen, so sage er es im Tage wenigstens siebenmal für seine Ver-säumniß, zu welcher Stunde er will. Denn wenn das Wort: „Gott sei mir Sünder gnädig"*) bei dem Zöllner so viel vermochte, daß er dadurch Rechtfertigung von allen seinen Sünden verdiente, warum sollte nicht ein Anderer dadurch Verzeihung für seine Versäumniß erlangen? Denn meine Barmherzigkeit ist jetzt von noch ebenso großer Milde, wie damals."

Dreiunddreißigstes Kapitel.
Wie der Mensch seinen Glauben Gott anempfehle.

So Jemand seinen Glauben in folgender Weise Gott an-empfiehlt, wird er von ihm die Gnade erlangen, daß er am Ende seines Lebens niemals im wahren Glauben versucht werden wird. Zum Ersten empfehle der Mensch seinen Glauben der Allmacht des Vaters, indem er bitte, daß derselbe durch die Kraft der Gottheit so befestigt werde, daß der Mensch niemals vom rechten Glauben abzuweichen vermöge. Zum Andern übergebe er ihn der unerforsch-lichen Weisheit des Sohnes, indem er bitte, daß derselbe ihn mit dem Lichte der göttlichen Erkenntniß erleuchte, so daß der Mensch niemals vom Geiste des Irrthums verführt werden möge. Zum Dritten anempfehle er ihn der Güte des heiligen Geistes, indem er

---

*) Luc. 18, 13.

bitte, daß sein Glaube durch die Liebe Alles in ihm so wirke, daß er in der Stunde des Todes als vollkommen erfunden zu werden verdienen möge.

Vierunddreißigstes Kapitel.

Von fünf Seufzern, unter welchen der Mensch einschlafen soll.

Die Dienerin Gottes sah zu einer Zeit ihre Seele in Gestalt eines Häschens in dem Schoße des Herrn schlafen mit offenen Augen. Sie sprach zu dem Herrn: „Mein Herr und Gott! verleihe mir, daß ich nach der Art dieses Thierchens mit dem Gemüthe zu dir wache, während ich mit dem Leibe schlafe!" Da antwortete ihr der Herr: „Wie man von dem Häschen sagt, daß es wiederkauend und mit offenen Augen schlafe, so sollst du, wenn du schlafen gehest, etwa den Spruch dir wiederholen: Die Augen suchen den Schlummer, das Herz jedoch bleibe wach vor dir, o Herr! Deine Hand schirme deine Diener, die dich lieben u. s. w. Also richte sich Geist und Gemüth zu Gott, und in diesen Gedanken einschlummernd, wird das Herz meines Dieners wach bleiben vor mir, und wird kein Leid ihm widerfahren. Und sollte ihm im Schlafe etwas Böses begegnen, und er fühlt, daß es ihm lästig und beschwerlich ist, so ist das ein Zeichen, daß er niemals von mir wird getrennt werden. Ebenso schöpfe die Seele, ehe der Leib einschläft, gleichsam ein Seufzen aus meinem göttlichen Herzen in Vereinigung mit dem Lobe, welches aus mir in alle Heiligen fließt zur Erfüllung des Lobes, mit welchem alle Kreatur Gott zu loben verpflichtet ist. Zum Andern möge sie aufseufzen in Vereinigung mit der Dankbarkeit, welche die Heiligen von meinem Herzen schöpfen, und mir wieder geben für alle in sie gelegten Gaben. Zum Dritten erseufze sie ob ihrer Sünden und ob der Sünden allzumal, in Vereinigung mit dem Mitleiden, mit welchem ich aller Menschen Sünde auf mich genommen habe. Zum Vierten seufze du auf im Verlangen nach allem Guten, dessen die Menschen bedürfen zu Gottes Lobe und zu ihrem Heile, in Vereinigung mit meinem göttlichen Verlangen, welches ich auf Erden trug nach der Menschheit

Heil. Zum Fünften endlich seufze auf in Vereinigung mit all' dem Gebete, welches aus meinem Herzen und aus den Seelen aller meiner Heiligen entströmt für die Seligkeit der Todten und der Lebendigen, und begehre, daß ich jeglichen Athemzug, welchen der Schlafende die Nacht hindurch athmet, aufnehme, als sei es ein Seufzen der Liebe und heiliger Sehnsucht nach mir. Und also werde ich, welcher ich dem Begehren einer liebenden Seele nichts versagen kann, jene erfüllen nach meiner göttlichen Wahrheit."

Fünfunddreißigstes Kapitel.
Wie Christus bei dem Seufzen des Armen sich erhebt.

An einem heiligen Tage, da die Klostergemeinde kommunizirte, diese Dienerin Christi aber im Bette krank lag, und in der Armuth ihres Geistes aus innerstem Herzen zu dem Herrn seufzte, sah sie den Herrn eilend von dem Throne aufstehen, und hörte ihn sprechen: "Wegen des Elendes der Armen und dem Seufzen der Dürftigen stehe ich auf."*) Als jedoch der Herr sich erhob, standen zugleich mit ihm alle Heiligen auf und opferten Gott zum Troste der Seele allen Dienst, welchen sie ihm auf Erde erzeigt, und Alles, was sie zu seinem ewigen Lobe gelitten hatten. Und der Herr Jesus opferte Gott, seinem Vater, alle seine Verdienste, sprechend: "Ich will es ihr zum Heile rechnen,"**) das ist, in mir selbst und durch mich selbst will ich erfüllen all' ihr Begehren. Und so entrichtete Jesus für die Seele Lob Gott dem Vater.

Sie verstand auch durch göttliche Eingebung, daß, wie oft eine Seele in Armuth des Geistes zu Gott erseufze und ihn zu loben oder Gnade zu erwerben Sehnsucht trage, also oft stehen gleichsam zur Stunde alle Heiligen auf und loben mit einander Gott für die Seele oder erflehen ihr Gnade. Wenn aber ein Herz erseufzet aus Leid, über die Sünde, so erwerben sie ihm Vergebung. Und nicht genug. Christus selbst erhebt sich und spricht: Ich will sein

---

*) Pf. 11, 6.
**) Ebend. (nach Vulg.).

ihr Heil, das ist, durch mich selbst will ich genug thun ihrem Ver=
langen und will Gott dem Vater Lob opfern für sie, und ihr Be=
gehren würdig erfüllen. Darnach sprach der Herr: „Sieh! wenn
solch' ein Seufzen so angenehm ist, wie kann irgend eine Traurig=
keit bleiben in der Seele des Armen?"

Ein andermal, da sie voll Sehnsucht nach dem Herrn seufzte,
sprach er zu ihr: „Was hast du jetzt? Siehe, so oft du nach mir
seufzest, ziehst du mich in dich; denn ich habe mich leichter erreich=
bar gemacht, als alle Dinge. Kein Ding ist nämlich so klein und
unscheinbar, nicht einmal ein Fädchen oder Strohhälmchen, daß
es durch den bloßen Willen erlangt werden könnte; mich aber
kann der Mensch mit dem Willen allein oder mit einem Seuf=
zer haben."

Sechsunddreißigstes Kapitel.
Wie Christus die Glut seines göttlichen Herzens in der Seele wieder anfachte.

Eines Tages seufzte sie betrübt, da sie sich als unnütz vor=
kam, weil sie, durch Krankheit verhindert, ihrer Ordenspflicht nicht
nachzukommen vermochte. Da hörte sie, wie der Herr zu ihr sprach:
„Eja, sei mir gut, auf daß ich die Glut meines göttlichen Herzens
in dir wieder anfache." In diesem Wort erkannte sie, wie Jeglicher,
so die Schmerzen und Leiden des Herzens, Traurigkeit und Nieder=
geschlagenheit oder jedwelche Trübsal in Vereinigung mit der Liebe,
womit Christus auf Erden vielerlei Leiden und Beschwernisse und
endlich den schmachvollsten Tod erduldet hat, willig und gern auf
sich nimmt, dadurch gewissermaßen in sich die Glut des göttlichen
Herzens wieder anfacht, jenes Herzens, das mit so unbeschreiblichem
Verlangen das Heil des Menschen sucht. Und da der Herr jetzt
solcher Leiden nicht mehr fähig ist, so würdigt er sich, sie in seinen
Liebhabern, die ihm in treuer Liebe anhangen, zu ergänzen. Und
wie sein Leiden der ganzen Welt heilsam war, und nicht blos den
Menschen seiner Zeit, sondern Allen, die bis zum Ende der Welt
an ihn glauben werden; so werden auch die Leiden und Trübsale

der ihn Liebenden den Gerechten zum Verdienste gereichen, den Schuldigen zur Verzeihung, den Abgestorbenen zur ewigen Freude. Wenn dann jene Seele, welche so auf Erden die Erquickung des göttlichen Herzens war, in den Himmel kommt, so fliegt sie alsbald auf das Herz Gottes zu, und von der Gottheit wie vom köstlichsten Oel durchtränkt zerschmilzt sie gleichsam vollständig mit Allem, was sie hienieden für Christus gelitten, in der Glut des flammenden Herzens Jesu; und gleich wohlriechendstem Thymian oder Balsam erfüllt sie den ganzen Himmel mit ihrem süßesten Wohlgeruch, so daß alle Heiligen mit neuer Freude und Wonne durchströmt werden. Das ist es, was im Psalm gesagt ist: „Dich, o Gott, hat dein Gott mit Freudenöl gesalbt vor deinen Genossen."*)

Siebenunddreißigstes Kapitel.
Daß die Menschen das Pfand Gottes seien.

Da sie einmal den Vers singen hörte: „Die Gerechten werden eine süße Stimme hören", erinnerte sie sich ihres Pfandes, das ihr Gott einstmals gegeben hatte, und brachte ihm darum mit süßem Gefühl Dank dar. Der Herr erwiederte ihr: „Ich bin dein Pfand und du bist das meinige." Da sie nun darüber nachdachte, wie sie, die ohne alles Verdienst sei, ein Pfand Gottes sein könne, antwortete ihr der Herr: „Alle Menschen sind mein Pfand und sind schuldig, mir meinen Tod zu vergelten nach dem Worte des Apostels: „Ertödtet eure Glieder, die da irdisch sind."**) Denn Jeglicher soll, was in ihm fehlerhaft ist, ertödten, damit er vor dem Tode, oder wenigstens beim Tode frei von Sünde mein Pfand, das er selbst ist, mir froh zurückgeben möge. Besonders sind die geistlichen Menschen mein Pfand, so ich zu ganz einziger und vorzüglicher Glorie berufen habe. So oft dieselben ihren Willen in irgend einer ihnen zustoßenden Schwierigkeit mir aufopfern, eben so oft stellen sie mir mein Pfand mehr geschmückt vor, gerade als

*) Pf. 44, 8.
**) Coloss. 3, 5.

ob einer das Pfand seines Freundes bei sich hätte und dasselbe, so oft er es anblickte, mit Gold oder kostbaren Edelsteinen mehr und mehr schmückte."

Achtunddreißigstes Kapitel.
Von dem hochzeitlichen Kleide.

Da die Dienerin Christi in dem Evangelium lesen hörte: „Freund! wie bist du hereingekommen, und hast kein hochzeitlich Kleid an?"*) sprach sie zu dem Herrn: „Liebe meiner Seele! welches ist das Kleid, ohne welches Keiner zu deiner Hochzeit kommen darf?" Zur Stunde wies ihr der Herr ein Kleid, das wundervoll gewirkt war in Violet, gestickt mit weißer und goldener Farbe, und er sprach: „Dies ist das hochzeitliche Kleid. Es ist gemacht aus weißen, das ist aus reinen Herzen, aus dem Violet der Demuth und aus dem Golde der Liebe Gottes. Jeder, welcher dieses Kleid haben will, muß reinen Herzens sein. Kein böser Gedanke darf mit Willen in seinem Herzen haften, und Alles, was er sieht und hört, sei ihm nicht zum Bösen, sondern zum Guten. Auch soll er sich demüthig und mit liebevollem Herzen seinen Obern und jeder Kreatur um Gottes willen unterwerfen; soll Gott aus ganzem Gemüthe lieben, und alles Erschaffene im Vergleiche zu Gott gering achten; endlich nichts lieben, was ihn von Gott entferne, sondern solches wegweisen und fliehen."

Neununddreißigstes Kapitel.
Worin die Seele Gott ähnlich werde.

Da gesungen ward die Messe: „Es spricht der Herr, ich denke Gedanken des Friedens und nicht des Unheils; ihr werdet mich anrufen und ich will euch erhören, und werde zurückführen euere Gefangenen aus allen Orten",*) sprach der Herr zu ihr:

---

*) S. Matth. 22, 11 f.
**) Jerem. 29, 11—13. (Eingang der heiligen Messe am XXII. Sonntag nach Pfingsten.)

„Wenn du meine liebste Tochter sein und mir ähnlich werden willst, so folge mir nach gemäß diesen Worten. Denn wie ich denke Gedanken des Friedens und nicht des Unheils; so sollst auch du dich befleißen, allzeit ein ruhiges Herz und friedliche Gedanken zu haben. Du sollst mit Niemanden streiten, sondern geduldig und demüthig ausweichen, und wie ich diejenigen erhöre, welche mich anrufen, so sollst auch du dich freundlich und gutwillig gegen Jedermann erzeigen; sollst dich auch befleißen, die Gefangenschaft Aller zu lösen, das ist, du mußt Sorge tragen, allen Bekümmerten und Versuchten Hilfe und Trost mitzutheilen."

Vierzigstes Kapitel.
Daß Gott unser Herz verlange.

Einstmals sah sie in der Messe den Herrn in Gestalt eines goldenen Adlers und erkannte, daß, gleichwie der Adler den erhabensten Flug hat, so auch ein Auge, das in die größte Tiefe dringt, nämlich bis zu einem demüthigen Herzen. Und es bedünkte ihr, jener Adler habe einen gekrümmten Schnabel und eine gar süße Zunge. Durch den Schnabel wurden bedeutet die Worte des Herrn, die das Herz der Seele treffend, es mit frommem Sinn erfüllen; durch die Zunge aber ward die Süßigkeit versinnbildet, weil, wie der Adler stets das Süßeste in der Beute sucht, nämlich das Herz, so auch Gott stets nach unserm Herzen Verlangen trägt, daß wir es ihm als süßes Opfer darbringen.

Einundvierzigstes Kapitel.
Wie der Mensch sein Gedächtniß übe.

Diese fromme Jungfrau bat einst den Herrn, er möge sich würdigen, ihr die Gabe zu verleihen, daß sein Gedächtniß ihrem Herzen beständig eingeprägt bleibe. Und nimm wahr! der Herr zeigte ihr sein Herz in Aehnlichkeit eines Hauses, durch dessen Thüre die Seele wie eine Taube hineinflog und darin einen Waizen-

haufen fand. Und der Herr sprach: „Wenn die Taube einen Wai=
zenhaufen gefunden hat, so trägt sie ihn nicht ganz fort, sondern
liest sich heraus, was ihr am meisten gefällt; so mache es auch du.
Wenn du das Wort Gottes hörst oder liesest, so kannst du nicht
Alles mit dem Verstand erfassen, aber doch lies dir Einiges aus,
worin du dein Gedächtniß übest, indem du bei dir denkst: „Eja,
was sagt oder befiehlt dir nun dein Liebhaber in dieser Lesung?“

Da sie an demselben Tage in der Messe das Evangelium
lesen hörte: „Das Himmelreich ist gleich einem verborgenen Schatz
im Acker, welchen ein Mensch fand und verbarg“,*) sagte sie zum
Herrn: „Mein süßester Meister, was soll ich aus diesem Evangelium
nach deiner Vorschrift auswählen?“ Der Herr antwortete ihr: „Was
ist ein Schatz? Ein Schatz ist eine Aufhäufung von Gold, Silber
und kostbaren Steinen. Durch das Gold wird die Liebe, durch das
Silber werden die guten Werke, durch die Edelsteine die Tugenden
bezeichnet. Und wie das Silber ein sehr wohltönendes Metall ist,
so geben die guten Werke in meinen Ohren den süßesten Wohlklang.
Wer immer also in dieser Absicht gute Werke thut, daß er denkt:
Dein Gott hat sich verdemüthigt und sich gewürdigt, zu demüthigen
Werken und Knechtsdiensten sich herabzulassen; um wie viel mehr
geziemt es sich also, daß du, Menschenwurm, dich verdemüthigest
und unterwürfig seiest! der denke ebenso von der Geduld und den
andern Tugenden, und was immer er zu meinem Gedächtnisse thut,
dafür werde ich sein Gedächtniß meinem Herzen einschreiben, daß
es niemals daraus ausgelöscht werden möge.“

Zweiundvierzigstes Kapitel.
Wie sie Gott bei allen ihren Handlungen um Rath fragte.

Als sie eines Tages eine Taube im Nest sitzen sah, sprach
sie zum Herrn: „Mein Geliebter, was wird mein Ei sein, über
welchem ich durch Betrachtung gleichsam sitze?“ Der Herr ant=
wortete: „Das Wort Ei (Ovum) ist (im Lateinischen) ein zwei=
silbiges Wort. Die Silbe O bezeichnet die Höhe meiner vortreff=

---

*) Matth. 13, 44.

lichsten Gottheit, und die Silbe vum die Tiefe deines Nichts. In=
dem du diese beiden Silben vereinigst, wirst du gleichsam auf einem
Ei sitzen, dadurch, daß du nämlich erwägst, wie ich die Größe
meiner göttlichen Majestät herabneigend zu deinem Nichts hernieder=
gestiegen bin, indem ich durch die Eingießung der göttlichen Gnade
das innerste Mark deiner Seele durchdringend dich mir durch ein
seliges Band vereinigt habe. Das wird dein Ei sein." Auf ähn=
liche Weise pflegte sie bei allen ihren Handlungen, auch den kleinen
und geringfügigen, den Herrn um Rath zu fragen, indem sie bei
Allem sein Wohlgefallen suchte.

Dreiundvierzigstes Kapitel.
Was dir mißfällt, überwinde in Gott.

Einmal sah sie an einem Menschen eine Geberde, über welche
sie sich ärgerte. Zur Stunde sah sie ihre Schuld ein und bekannte
sie Gott. Darauf sprach der Herr zu ihr: „Wenn du irgend eine
Geberde bemerkst, welche dich ärgert, so sollst du mich loben in dem
Adel und der Ehrwürdigkeit meines göttlichen Benehmens. Wenn
du also Jemanden von hoffärtigem Benehmen siehst, so lobe mich
im Grunde meiner Demuth, mit welcher ich mich, obwohl der Herr
Aller, Allen unterworfen habe. Siehst du aber einen Zornigen, so
lobe mich in der Sanftmuth, mit welcher ich wie ein Lamm vor
dem Richter gestanden bin. Siehst du einen Ungeduldigen, so lobe
mich in der Geduld, womit ich Alles ertragen habe. So kannst du
alles dir Mißfällige überwinden in mir, in welchem dir Alles auf's
Höchste gefallen wird."

Vierundvierzigstes Kapitel.
Wie du Gott mit deinen fünf Sinnen suchest.

Einstmals sprach der Herr zu ihr: „Suche mich mit deinen
Sinnen, und mache es wie ein Wirth, welcher da bei naher An=
kunft seines gar lieben Gastes stets durch Fenster und Thüre schaut,

ob er nicht irgend seines Freundes gewahr werde. So soll auch mich eine getreue Seele suchen mit ihren fünf Sinnen, die da ihre Fenster sind. Sieht sie schöne und liebliche Dinge, so gedenke sie, wie schön, lieblich und gut derjenige ist, welcher sie gemacht hat. Hört sie einen lieblichen Ton, oder Anderes, was sie erfreut, so gedenke sie: Ei, wie süß wird die Stimme dessen sein, der dich anrufen wird, und von welchem ausgegangen ist die Anmuth und der Wohlklang aller Stimme! Auch wenn sie hört, wie die Menschen etwas reden oder lesen, soll sie allzeit darauf merken, ob sie nicht etwas vernehme, darin sie Gott, ihre Liebe, finde. Deßgleichen suche die Seele in all' ihren Worten nur das Wort Gottes und das Heil des Nächsten. Wenn sie aber liest oder singt, da gedenke sie: „Ei, was sagt oder gebeut dir jetzt in diesem Verse oder in dieser Lesung Gott, dein Herr?" und also soll sie in allen Dingen so lange suchen, bis sie empfinde den Geschmack göttlicher Tröstung. Gleicherweise verfahre sie bei dem Riechen und Fühlen, und betrachte, wie lieblich der Geist Gottes sei, und wie süß seine Küsse und Umarmungen sein werden. Und wie immer sie an erschaffenen Dingen Freude hat, betrachte sie allzeit die Wonne Gottes, welche alle diese schönen Dinge herrlich und erfreulich uns dazu erschaffen hat, daß er uns zur Erkenntniß und Liebe seiner Güte locke und bewege. Auch handle die Seele wie eine Hausmutter, die ihrem Gemahle in allen Werken hilft, und ihn in keinerlei Arbeit allein arbeiten läßt. So soll auch die getreue Braut Gottes in ihrem Herzen sich vornehmen, den Werken der Kirche Gottes, in welcher Jesus bis nun wirkt, hilfreich zu sein, so daß, wenn es möglich wäre, alles Lob, alle Danksagungen und alle Gebete, durch welche Gott von Jedermann gelobt oder gebeten sein will, sie am liebsten zu entrichten und allen Dienst zu erweisen wünsche, welchen Jeglicher zu erzeigen schuldig ist. Deßgleichen auch sei sie bereit, Pein, Betrübniß, Schmerzen und Arbeit, die Jeder um Gottes willen getragen, zu übernehmen."

Fünfundvierzigstes Kapitel.
Vom Gehorsam und der Furcht, und wie der Mensch die Arbeit der ihm Dienenden annehmen solle.

Als sie einmal die Pförtnerin gar beschwert sah wegen An=
kunft vieler Gäste, ward sie von Mitleiden gerührt und bat den
Herrn für sie. Da antwortete der Herr: „Alle Fußstapfen, die der
Mensch des Gehorsams wegen tritt, werden ihm seine Verdienste
mehren so, als ob er allzeit einen Pfennig in meine Hand sammle.“
Da sprach sie: „Süßester Gott! wiewohl es mir sehr schwer ist,
daß ich, gefangen in meiner Krankheit, der Gemeinde nicht zu folgen
vermag, sage ich dir doch großen Dank, daß du mich von vieler
Kümmerniß erledigt hast.“ Darauf erwiederte der Herr: „Als du
thateifrig für die Nothdurft des Klosters sorgtest, da fürchtetest du,
in geistlicher Uebung und in der Gabe, welche dir gegeben worden,
verhindert zu werden. Nun fürchtest du in deiner Krankheit, daß
du mehr Bequemlichkeit empfangest, als die Noth erfordert. So
fürchtet sich allzeit ein gerechter Mensch in allen seinen Werken, wie
von Job gelesen wird, dem ich das Zeugniß gegeben habe, daß ihm
Keiner auf Erden gleich gewesen sei in der Furcht Gottes und in
Meidung des Bösen, der aber von sich selbst sagt: „Ich fürchte
alle meine Werke.“*)

„Der Mensch soll Nothdurft und Bequemlichkeit seines Leibes
empfangen in Vereinigung mit der Liebe, mit welcher ich ihm alle
Dinge zu Nutzen erschaffen habe; zum Andern in Vereinigung mit
der Liebe, in welcher ich auf Erden zur Ehre meines Vaters und
zum Heile der Menschen der Geschöpfe mich bedient habe. Zum
Dritten empfange er die Dienste seiner Diener in Vereinigung mit
derselben Liebe, in welcher ihm Gott zu Ehren gedient wird, auf
daß die Diener davon geheiligt und belohnt werden.“

Sechsundvierzigstes Kapitel.
Von Christi Verlangen.

Indem sie zu einer andern Zeit Gott dankte für das Ver=
langen, welches er gehabt, da er sprach: „Mit Sehnsucht hat mich

---

*) S. Buch Job 9, 28 (1, 8 f.)

verlangt, dieses Oſtermahl mit euch zu eſſen,"*) empfing ſie eine Antwort von dem Herrn: „Ich wünſchte, daß Alle dieſer meiner Sehnſucht gedenken möchten, und wie dieſes mein Sehnen ſo lange verzögert wurde; dann würden auch ſie nicht ermüden, wenn durch göttliche Fügung hie und da ihr Sehnen oft lange verzögert wird und der Erfüllung warten muß."

Siebenundvierzigſtes Kapitel.
Von viererlei Gebeten.

Während ſie einſt ein Reſponſorium ſingen hörte: „Ich ſah die Stadt Jeruſalem geziert und erbaut von dem Gebete der Heiligen", gedachte ſie, wie doch eine Stadt geziert und gebaut werden könnte von Gebeten. Darauf antwortete der Herr: „Dieſe Stadt iſt auf das Geziemendſte geziert mit vier Arten von Gebeten, wie mit Gold und Edelſteinen. Das Erſte iſt, wenn die Auserwählten für ihre Sünden mit demüthigem und reumüthigem Herzen Verzeihung erflehen. Das Andere iſt, wenn die Menſchen in Betrübniß im Gebete zu Gott fliehen und Erleichterung verlangen. Das Dritte iſt, wenn Jemand im Eifer brüderlicher Liebe für die Bedürfniſſe und die Armuth eines Andern bittet. Gerade dieſes Gebet iſt Gott ſehr angenehm, und wird die himmliſche Stadt Jeruſalem davon nicht wenig geziert. Das Vierte iſt, wenn Jemand in lauterer Liebe, in welcher er Gott liebt, für die ganze Kirche wie für ſich ſelbſt fleht. Solche Gebete erleuchten das Jeruſalem oben, wie der Aufgang einer neuen Sonne."

Achtundvierzigſtes Kapitel.
Was das Beſte ſei, das ein Menſch mit ſeinem Leibe zu thun vermag.

Zu einer Zeit ſprach der Herr zu ſeiner Dienerin: „Das größte und nützlichſte Gute, welches der Menſch mit ſeinem Munde

---

*) S. Luc. 22, 15.

zu thun vermag, ist das Lob Gottes, und beständige Rede mit Gott
im Gebete. Das Löblichste, was Jemand Gott mit den Augen
zu thun vermag, sind die Zähren der Liebe, und stete Lesung der
heiligen Schrift. Das beste Werk der Ohren ist, gerne das Wort
Gottes zu hören und geneigt und bereit zu sein zum Gehorsame.
Das fruchtbarste Werk der Hände ist ihre Erhebung in lauterem
Gebete und Heiliges und Geistliches zu schreiben. Das erhabenste
Werk des Herzens ist, Gott aus ganzem Herzen stetig lieben und
an ihn gedenken in beständiger Betrachtung. Die nutzbarste Uebung
des ganzen Leibes ist Kniebeugung, Begehren der Gnaden und
Werke der Liebe."

Neunundvierzigstes Kapitel.

Von dem Adel und der Kostbarkeit der Seele, und was der Leib des Menschen sei.

Einstmals erschien ihr der König der Glorie, Christus, an
einem erhabenen Ort, von unbeschreiblicher Herrlichkeit umgeben,
voll Wonne, mit einem goldenen Gewand bekleidet, in welches
Tauben eingewoben waren, darüber ein rother Mantel. Dieses
Kleid war auf beiden Seiten offen, zum Zeichen, daß der Seele
der Zutritt zu Gott von allen Seiten offen stehe. Durch den rothen
Mantel wurde bedeutet das Leiden Christi, das er stets in seinem
Herzen trug und das er stetsfort seinem Vater darstellt, unablässig
für den Menschen Fürsprache einlegend. Die eingewobenen Tauben
drückten aus die Einfachheit seines göttlichen Herzens, das dem
Menschen gegenüber stets unveränderlich bleibt, obwohl der Mensch
gar oft von seiner Treue abweicht. Da aber die Seele sich in gar
weiter Entfernung bemerkte, dachte sie bei sich an das Wort des
Propheten: „Von Ferne ist mir der Herr erschienen."*) Er antwortete ihr: „Was nun? Wo immer du bist, da ist mein Himmel.
Ob du issest, oder schläfst oder etwas Anderes thuest, immer ist
meine Wohnung in dir." Da dachte sie nach, was denn ihr Leib

---

*) Jerem. 31, 3.

in Wahrheit sei. Der Herr antwortete ihr: „Dein Leib ist nichts Anderes, als ein gemeiner Sack, in welchem ein Kryftallglas mit einer koftbaren Flüssigkeit aufgehoben ist. Wie ein solcher Sack mit großer Vorsicht behandelt wird, damit er nicht da und dorthin geworfen werde und so etwa das Kryftallglas zerbreche und die Flüssigkeit herausfließe; so soll der Mensch wegen seiner Seele, welche die Flüssigkeit der göttlichen Gnade und die Salbung des heiligen Geistes in sich enthält, auf seinen Leib Acht haben und seine fünf Sinne bewahren, damit er nicht etwas sehe, höre oder rede, wodurch er die geistige Salbung meiner Gnade verschütten oder meinen in ihm herrschenden Geist vertreiben könnte.“

Fünfzigstes Kapitel.
Von dem Garten und den Bäumen der Tugenden.

Einstmals nach Ablegung der Beicht und Verrichtung der auferlegten Buße bat sie die glorreiche Jungfrau, daß sie den Herrn für sie bitten möge. Und es bedünkte ihr, die Jungfrau Maria führe sie in einen gar anmuthigen Garten, in welchem sehr schöne und durchsichtige Bäume waren, glänzend wie die durch Kryftall scheinende Sonne. Sie bat nun, zum Baume der Barmherzigkeit geführt zu werden, von welchem Adam so lange Zeit fern gehalten war. Es war aber dieser Baum sehr groß und von wunderbarer Höhe, wurzelnd in goldenem Grunde, mit goldenen Blättern und goldener Frucht, und es entströmten ihm drei Bächlein. Das erste war reinigend, das andere erleuchtend, das dritte einströmend und tränkend. Unter diesem Baum lag niedergeworfen die selige Maria Magdalena, und Zachäus kniete anbetend da. Zwischen ihnen warf auch die Seele, anbetend und um Verzeihung bittend, sich nieder. Sie sah auch einen gar hohen und schönen Baum, durch welchen Gottes Geduld bedeutet wurde. Seine Blätter waren silbern und die Frucht roth, außen an der Schale etwas bitter und hart, innen aber im Kern gar süß. Es war auch ein niederer Baum da, Allen leicht erreichbar. Beim Hauche des Süd-

windes neigte er sich sanft zu Allen nieder, und es wurde durch ihn
die Sanftmuth des Herrn dargestellt. Seine Blätter waren von
herrlichster grüner Farbe, alles Grün übertreffend; Frucht war aber
keine an ihm, weil alle Blätter auch die Eigenschaft von Früchten
hatten.

Sie sah auch einen Baum, gar reizend und wonnevoll anzu=
sehen, so rein und klar, wie Krystall. Seine Blätter waren golden
und auf jedem ein goldenes Ringlein, seine Frucht war von schnee=
weißer Farbe, gar süß und mild. Durch diesen Baum ward be=
zeichnet die lichtvollste Reinheit des göttlichen Wesens, die der Herr
Allen mitzutheilen wünscht. Dieser Baum öffnete sich, der Herr
trat in ihn ein und verband die Seele in solcher Einigung mit
sich, daß ihr nun das Wort des Psalms erfüllt schien: Ich sprach:
„Ihr seid Götter." *) Unter dem Baum waren Rosen, Veilchen,
goldgelbe Blumen und die Pflanze, welche die gesegnete genannt
wird. An diesen Blumen ergötzte sich der Herr, nämlich an der
Nächstenliebe, der Demuth, der Erniedrigung und Danksagung, so=
wie daran, daß der Mensch bei Allem, was ihm begegnet, oft sage:
„Der Name des Herrn sei gebenedeit", daß er Gott danke und
allezeit den Herrn benedeie.

Einundfünfzigstes Kapitel.
Wie sich der Mensch vor der Beicht erforsche.

Vor der Beicht soll sich der Mensch entblößen durch Erforsch=
ung seines eigenen Zustandes, gleichwie sich Christus entblößt hat
vor der Geiselung und vor dem Kreuze. Wie Christus sich ent=
blößte zu den Schlägen, so soll der Mensch es billig zu den Worten.
Es beschaue vor der Beicht der Mensch das Angesicht seiner Seele
in dem Spiegel der Tugenden Christi. In dem Spiegel der Demuth
Christi betrachte er sorgsam seine Demuth, ob er nicht in irgend
etwas sie verletzt habe durch Hoffart und Ueberhebung. In dem

---

*) Ps. 81, 6.

Spiegel der Geduld Christi prüfe der Mensch seine Geduld, ob er
nicht in sich finde Makel der Ungeduld. In dem Spiegel des
Gehorsams Christi betrachte die Seele ihr Angesicht, ob sie nicht
die Schuld des Ungehorsams entdecke. In dem Spiegel der Liebe
Christi suche sie, ob sie freundlich gegen die Oberen und Vorsteher,
gütig gegen ihres Gleichen, sanftmüthig auch gegen den Mindesten
oder Geringsten sei. Und so die Seele in diesen oder ähnlichen
Dingen Strafwürdiges gewahrt, befleiße sie sich, ihr Angesicht zu
reinigen mit dem zarten Tuche der Herablassung Jesu Christi, be=
trachtend, wie Christus unser Bruder und so gütig ist, daß er die
Sünde barmherzig vergibt, wenn der Mensch sie erkennt und beichtet.
Mithin hüte sich auch die Seele, daß sie nicht allzu rauh ihre
Makel behandle, das ist, ohne Vertrauen auf die Güte Gottes.
Denn wenn ein Mensch also hart verfährt, zerreißt er mehr, als
er gesund macht.

Zweiundfünfzigstes Kapitel.
Von der Reinheit der allerseligsten Jungfrau Maria, und wie das Kleid der Unschuld bewahrt werden soll.

Da sie in einer Predigt hörte, wie die Reinheit der seligsten
Jungfrau gar sehr empfohlen wurde, fing sie an, die jungfräuliche
Mutter zu bitten, daß sie ihr wahre Reinheit der Seele und des
Leibes erlangen möchte. Zur Stunde bedünkte ihr, als stünde die
seligste Jungfrau vor dem Herrn, zöge ein weißes Kleid aus seinem
Herzen und gebe es ihr. Als sie dasselbe anziehen wollte, sah sie
zu ihrer Rechten und Linken eine Schar Dämonen stehen, welche
sie hindern wollten, das Kleid anzuziehen. Sie aber rief die seligste
Jungfrau an und bat sie, ihr zu helfen. Zur Stunde stellte diese
sich den Dämonen entgegen, die Seele beschirmend, und sie erschienen
nicht mehr. Jene aber, mit dem Kleide angethan, bat die glor=
reiche Jungfrau, sie zu lehren, wie sie dieses Kleid unbefleckt be=
wahren möge. Sie antwortete ihr: „Gib Acht, daß nicht etwas
aus den Augen, der Nase oder dem Munde auf das Kleid herab=
fließe, noch auch berühre mit den Händen etwas Garstiges, wodurch)

es befleckt werden könnte." Aus diesen Worten erkannte sie, daß sie die Augen bewahren solle vor aller Eitelkeit, besonders vor den männlichen Personen, damit sie dieselben nicht vorsätzlich anblicke. Bezüglich der Nase verstand sie, daß sie alle Ergötzung, die nicht aus Gott kommt, fliehen solle. Deßgleichen betreffs des Mundes, daß alle eiteln, besonders herabsetzenden, mürrischen und lügenhaften Worte die Seele sehr beflecken. Durch die Hände aber wurden bedeutet alle Werke und Arbeiten, so nicht wegen Gott und aus Nothwendigkeit geschahen.

Viertes Buch.

Dieses handelt von den Menschen, und zwar zuerst im Allgemeinen, und dann im Besondern.

Erstes Kapitel.

Von der Collation des Herrn und den drei Zuständen seines Herzens, und wie alle Heiligen und die Congregation aus dem Herzen des Herrn tranken.

Die fromme und gottinnige Dienerin hörte eines Tages nach der heiligen Kommunion den Herrn sagen: „Wir wollen eine Collation miteinander halten." Und zur Stunde bedäuchte es ihr, als sitze der Herr auf einem Throne vor dem Altäre, und als verlassen alle Seelen der Congregation ihre Leiber in Gestalt von Jungfrauen, mit schneeweißen wallenden Gewändern bekleidet. Und sie gingen und setzten sich zu den Füßen des Herrn. Die Obern aber saßen auf ihren Sitzen dem Herrn gegenüber, und der Herr sprach zu ihnen: „Ich bin in eurer Mitte wie der, so dienet. Ihr seid es, die ihr mit mir beharrt seid in meinen Prüfungen, und ich bescheide euch das Reich, wie mein Vater es mir beschieden hat, daß ihr essen und trinken sollet an meinem Tische in meinem Reiche."*)

---

*) Luc. 22, 28—30.

Durch das Wort: „Ich bin in eurer Mitte wie der, so dienet", verstand sie, daß der Herr auf dreifache Weise in der Congregation wohne: in einigen durch den Wohlgeschmack der Gnade; in andern durch das Verständniß der Schrift; wieder in andern durch die Aufnahme der Lehre. Dann fragte sie, was das Wort bedeute: „wie der, so dienet." Der Herr antwortete: „Ich bediene euch mit meinem Herzen." Und zur Stunde hatte der Herr sein Herz in seiner Brust gleich einem Kelche mit drei Röhren, welche die drei Zustände des göttlichen Herzens bedeuteten, wie er sie auf Erden empfunden hatte, und nach diesen drei Zuständen wollte er, daß Alle ihr Herz einrichten. Zum Ersten nämlich war das Herz Christi gegen seinen Vater voll Ehrfurcht und Liebe; zum Andern gegen alle Menschen voll Mitleid und Erbarmen; zum Dritten gegen sich selbst voll Demuth und Selbsterniedrigung.

Mit dem Worte aber: „Ihr seid es, die ihr mit mir beharrt seid in meinen Prüfungen", schien sich der Herr zu beklagen, daß er von der Kirche so vielfach verunehrt werde, und besonders durch folgende drei Dinge: daß nämlich der Klerus nicht auf die heilige Schrift Acht habe, sondern sie in nutzloser Weise gebrauche; daß die Ordensleute das Innerliche vernachlässigten und sich den Aeußerlichkeiten ganz und gar hingeben; und endlich, daß das gemeine Volk sich um das Wort Gottes und die Sakramente der Kirche nicht kümmere. Aus dem Worte: „Ich bescheide euch das Reich" erkannte sie, daß der Herr besonders darin sich erfreue, wenn die Congregation öfters zum Tische seines Leibes und Blutes hinzutrete.

Darauf bedäuchte ihr, daß der Herr allen Hinzutretenden aus den drei Röhren seines Herzens zu trinken reiche mit den Worten: „Trinket und berauschet euch, Geliebteste." *) Da wünschte sie, daß Alle, im Himmel, und auf Erden und im Fegfeuer, jener Gnade theilhaftig würden. Zur Stunde sah sie die seligste Jungfrau zur Rechten ihres Sohnes sitzen, mit großer Ehrfurcht sich zu jenen Röhrchen neigen und eine so wunderbare und unbeschreibliche Süßigkeit daraus ziehen, daß der süßeste Wohlgeruch aus ihrem Munde strömte und alle Anwesenden erfüllte. Darauf traten alle Ordnungen der Heiligen herzu und tranken mit gebührender Ehrfurcht.

---

*) Hohes Lied 5, 1.

Darnach sprach der Herr: „Alle, welche aus meinem Herzen getrunken haben, deren Herzen werde ich trinken."

Zweites Kapitel.
Von dem weißen Kleide und der Krone des Reiches.

Zu einer anderen Zeit, als die Klostergemeinde kommunizirte,
sah sie, wie der Herr mit einem weißen Kleide in der Hand ba-
stand, und jede, die hinzutrat, empfing dasselbe. Es bedeutete die
Unschuld Christi, die er allen wahrhaft Reumüthigen schenkt, wenn
sie zum Sakrament seines Leibes hinzutreten. Darauf umgab er
sie mit einem Mantel, der mit wunderbarer Mannigfaltigkeit gewoben war, und an welchem alle Werke seiner seligsten Menschheit
leuchteten. Daraus erkannte sie, daß er alle Werke seiner Menschheit und sein Leiden der ihn empfangenden Seele in diesem Sakramente gibt. Dazu setzte er jeder eine gar zierliche Krone auf
das Haupt, welche Krone des Reiches hieß. Unter andern Zier-
rathen hatte dieselbe besonders vier Steine gleich sehr hellen Spiegeln. Der erste Stein auf der Vorderseite bedeutete jene ewige und
unbeschreibliche Liebe, die das göttliche Herz zu jeder Seele hat,
und welche die Seele im Himmel so vollkommen empfinden wird,
daß es ihr innerstes Wesen durchdringen wird. Der zweite Stein
auf der rechten Seite der Krone bedeutete jenen göttlichen Genuß
der Liebe, durch welchen man ohne Unterbrechung und nach Weg-
räumung jeglichen Hindernisses Gottes und aller Güter genießt.
Der dritte bedeutete jene unzertrennliche Vereinigung, durch welche
wir Gott gänzlich gleichförmig werden. Der letzte Stein auf der
Rückseite drückte jene unbeschreibliche Erkenntniß aus, mittelst welcher
wir jenes unbegrenzte Licht und den leuchtendsten Spiegel der anbetungswürdigen Dreifaltigkeit beständig anschauen werden. Mit
diesen Gewändern schmückt Gott die zerknirschte und gedemüthigte
Seele, die mit Verlangen zu ihm kommt.

Drittes Kapitel.

Wie die Tugenden in der Krone des Herrn leuchten.

In einer Messe, da man das Offertorium sang: „Domine Jesu Christe, rex Gloriae, Herr Jesu Christe, König der Glorie"*) erschien ihr der Herr zur Rechten des Altares mit einer Krone auf dem Haupt und mit königlichem Schmuck angethan. Und sie verwunderte sich und wünschte zu wissen, was die Tauben, Adler und kostbaren Steine an der Krone des Herrn bedeuteten. Der Herr sprach zu ihr: „Aller Demuth, Aller Glaube, Aller Geduld, Aller Hoffnung leuchten wie Edelsteine an meiner Krone. Durch die Tauben und Adler aber, welche die Krone überragen, werden die einfältigen und liebenden Seelen bezeichnet."

Während der Sekret sah sie einen goldenen Aufsatz, der an den Altar reichte. Auf diesen ließ sich der Herr herab und stand auf dem Altar; vor seinem Mantel hatte er eine lange Schürze, die ihm bis an die Kniee reichte. Als sie sich darüber wunderte, ward ihr gesagt, dies bedeute, daß alle Haare der Menschen, Thiere und Pflanzen durch die Menschheit Christi in der heiligsten Dreifaltigkeit schimmerten, darum, weil der Sohn Gottes seine Menschheit von der Erde, aus welcher jene hervorgegangen, angenommen hätte. Aller Menschen Seelen aber leuchteten in jenem Mantel von wunderbarem Schmuck. Der Herr stand auf dem Altare und bedeckte mit seinem Mantel den Priester. Die von Priester consecrirte Hostie ward in das Herz des Herrn aufgenommen und in ihn selbst verwandelt. Da fiel die Seele dem Herrn zu Füßen und küßte seine Wunden. Der Herr aber neigte sich liebevoll zu ihr und sprach: „Mein Verlangen hat sich zu euch geneigt und alles Gute, so in mir ist."

---

*) In der Messe für die Abgestorbenen.

Viertes Kapitel.

Wie sie die Klostergemeinde zur Kommunion gehen sah.

Einstmals, da die Klostergemeinde zum Mahle des Lammes hinzutrat, sah sie den König der Glorie, den Herrn Jesum Christum auf dem Throne der Herrlichkeit, von der Menge der Engel und dem ruhmreichen Heere der Heiligen umgeben. Sie sah auch die Himmelskönigin, die Mutter des Königs der Engel, anwesend in einem Gewande, in welches der heiligste Wandel ihres geliebten Sohnes in wunderbarer Mannigfaltigkeit eingewoben war. Die Klostergemeinde aber stand vor dem Könige gleich anmuthigen Jung-frauen in festlichem Schmuck. Die Jungfrau Maria schritt von ihrem Throne und reichte Allen ein Lamm, weißer denn Schnee, zum Kusse. Als sie aber vom Throne wegschritt, rief die Menge der Heiligen mit lautem Jubel: „Ehre und Freude der Mutter!"

Fünftes Kapitel.

Was den Menschen am meisten im geistlichen Leben befördere.

Die fromme und andächtige Dienerin Gottes sah an einem Freitage den Herrn Jesus mit ausgespannten Händen vor dem Altare stehen. Aus seinen heiligsten Wunden, welche gleichsam noch ganz frisch waren, floß reichliches Blut. Und Jesus sprach zu der Seele: „Nimm wahr! aufgebrochen sind alle meine Wunden, um zu versöhnen Gott den Vater für euch." Auch die glorwürdige Jungfrau Maria stund zu der Rechten ihres Sohnes, und hatte eine Krone von wunderbarer Größe, in welcher alle ihre Tugenden, Verdienste und alle großen Werke, welche Gott durch sie gewirkt, in herrlicher Weise erschienen. Aber die Seele trat zu ihr und flehte, Maria möge für sie und die Gemeinde bitten. Sofort beugte die seligste Jungfrau mit vieler Ehrerbietung vor dem Sohne ihre Kniee, grüßte auf's Andächtigste seine Wunden, und gebot dann der Seele, ein Gleiches zu thun, indem sie sprach: „Tritt auch du heran, und

grüße die Wunden meines Sohnes, zumal die Wunde seines mil=
desten Herzens, welches alle Wunden seines Leibes getragen hat."
Als diese nun Solches dankbar gethan, bat sie den Herrn, er möge
ihr offenbaren, was er am meisten von ihnen allen gehalten wünsche
zur Vermehrung des geistlichen Lebens. Jesus antwortete: „Wer
da wahrhaft geistlich zu werden begehrt, bewahre seine Augen vor
allem ungeziemlichen und unnützen Sehen; enthalte seine Ohren,
daß sie nicht hören, was sein Herz beflecke; verbiete auch seinem
Munde alle unnützen Worte, und sollte er etwas gesehen oder gehört
haben, rede sein Mund nicht davon. Sein Herz aber bewahre er
am meisten, daß er nimmer in bösen Gedanken erlustigt werde oder
willig darin weile. So auch der Mensch nicht den Gedanken ver=
bieten kann, in sein Herz zu kommen; so vermag er doch dies, daß
er nicht in selbe willige oder sie willig zulasse. Er habe auch
fleißig Acht auf alle seine Werke, und so oft er in etwas sündigt,
ruhe sein Herz nicht, bis er Gnade von Gott erbitte, und sobald
er vermag, dasselbe beichte."

Sechstes Kapitel.
Was den Menschen im geistlichen Leben erhalte.

Darnach zu einer andern Zeit, da sie fleißig gebetet hatte für
die Gemeinde, daß Gott selbe in seinem Dienste allzeit bewahre,
seine Gnade in ihr mehre, sie blühen mache in allen Tugenden, und
gedeihen in allem Guten, empfing sie folgende Antwort von Gott:
„So lange ich in ihnen demüthige Unterwerfung, Liebe der jung=
fräulichen Keuschheit, Dankbarkeit und Frieden finde; so lange werde
ich die Augen meines väterlichen Schutzes nimmer von ihnen wen=
den, noch auch werde ich sie in ihren Nöthen verlassen; so lange
ich in ihnen finde: demüthige Unterwürfigkeit, so daß sie ihren
Obern und sich gegenseitig in Demuth und Einfalt gehorchen; Liebe
zur Jungfräulichkeit, das ist, daß sie nicht nur die Jungfräulichkeit
halten, sondern auch aus der Liebe, so sie zur Reinigkeit tragen,
ihr Herz und ihre Sinne von Allem, was sie beflecken könnte, be=
wahren, gleichwie Jemand, so ein gar theures und überaus nützliches

Kleinod hätte, mit aller Sorgfalt Acht geben würde, es nicht zu
verlieren oder zu verderben; frohe Dankbarkeit, so daß sie nicht nur
die geistigen Gaben Gottes, sondern auch die leiblichen Bedürfnisse,
Nahrung und Kleidung dankbaren Herzens und mit fröhlicher Ge=
nügsamkeit unter Dankesbezeigung empfangen, und dabei sich dieser
Wohlthaten nicht für würdig halten; freundschaftliche Liebe, so daß
sie nicht nur Gott mit aufrichtigem Herzen, sondern auch sich gegen=
seitig in Gott lieben und einander in Allem wetteifernd Werke der
Nächstenliebe erweisen."

Siebentes Kapitel.
Von den drei Dingen, so Gott sehr angenehm.

So mir aber Jemand eine besonders angenehme Gabe opfern
will, der übe sich fleißig in diesen drei Dingen: Erstens, daß er
seinem Nächsten getreu sei in aller Noth und Angst desselben, so
daß er dessen Gebrechen und Sünden, so viel er vermag, mindere
und entschuldige. Wer solches thut, dem werde auch ich getreu
sein in Allem, was er bedarf, werde alle seine Sünden und Ver=
säumnisse tilgen, und ihn bei meinem Vater entschuldigen. Das
Zweite ist, daß der Mensch in jeglicher Betrübniß zu mir allein
seine Zuflucht nehme, und vorerst Niemanden sein Anliegen und
seine Noth klage, sondern mir allein alle Beschwerniß seines Her=
zens mit Vertrauen eröffne; darob will ich solchen in seinen Nöthen
nimmer verlassen. Das Dritte ist, daß er mit mir in Wahrheit
wandle. Dann will ich an seinem letzten Ende ihn, wie eine
Mutter ihren liebsten Sohn, mit väterlicher Umarmung empfangen,
damit er ewig ruhe. Wer das Erste gethan haben wird, hat mir
eine so angenehme Gabe geopfert, als ob er alle seine Pflichten
gegen den Nächsten gethan hätte; wer das Zweite, als ob er alle
seine Pflichten gegen sich selbst erfüllt hätte; wer das Dritte, den
werde ich so erachten, als ob er allen seinen Pflichten gegen Gott
genügt hätte."

Achtes Kapitel.

Wie die Heiligen für die Genossenschaft baten.

Da sie einst die Nähe Gottes fast gar nicht, wie gewöhnlich, durch ihre Gnadengabe verspürte, so bemühte sie sich, ihn mit großer Herzensbetrübniß zu suchen. Da nimm wahr! sah sie gleichsam eine silberne und glänzende Thüre, und unter der Thüre den Herrn stehen, der zu ihr sprach: „Gehe ein in die Freude deines Herrn."*) Hierauf begab sich der Herr an einen lieblichen Ort, wo ein Tisch bereitet war, mit Brob darauf. An diesen Tisch setzte sich der Herr, und neben ihn seine Mutter, hierauf die Propheten, Apostel, Martyrer, Bekenner und Jungfrauen. Sie alle hielten goldene Becher in ihren Händen, unter ihnen aber hatte die seligste Jungfrau den schönsten, mit golden Edelsteinen geschmückt. Auch die Klostergemeinde ward dort gesehen; sie saß nahe bei dem Herrn auf der Erde; dieser nahm das Brob, brach es und gab es ihnen Allen. Einige aßen es mit gar süßem Wohlgeschmack; Andere aber bedäuchte es fade und geschmacklos. Die es mit Wohlgeschmack aßen, waren diejenigen, so dem Herrn mit Verlangen und Eifer dienten; die es aber ohne Geschmack fanden, das waren die Andachtslosen.

Die Seele aber stand vor dem Herrn. Dieser sprach zu ihr: „Warum bittest du nun nicht, wie du wünschest, bei diesen Allen für eure Betrübniß?" Und die Seele: „O Herr, lehre mich, wie ich deine seligste Mutter bitten soll." Der Herr: „Du sollst sie bitten durch das Licht, so ihr vor allen anderen Kreaturen eingegossen worden, daß sie dir eine lichtvolle Seele erlange, in der auch nicht der kleinste Raum für die Sünde sei. Du sollst sie bitten durch die Einigung mit der Gottheit, durch welche sie vor allen Kreaturen mit mir verbunden war, daß sie dir wahre Einigung mit meinem Willen erlange. Deßgleichen sollst du bitten um der Erkenntniß und des Genusses willen, durch welche sie meine Gottheit genießt, daß sie dir den Genuß aller Gaben und Gnaden nach meinem Willen erlange." Als sie diese Bitte der seligsten

---

*) Matth. 21, 23.

Jungfrau Maria ganz vorgebracht hatte, wandte sich die Seele an die Patriarchen und Propheten, und bat diese. Mit Gott zuge-wandtem Antlitz und ausgespannten Armen sprachen sie: „Heiliger Gott, heiliger Starker, erbarme dich ihrer!" Hierauf trat sie zu den Aposteln, und sich verwundernd, warum diese einen niederern Platz einnahmen, als jene, welche Frauen und weltliche Habe be-sessen hatten, sprach sie darüber mit dem heiligen Evangelisten Johannes. Dieser sprach zu ihr: „Wir sind darum nicht ferner von Gott, weil er selbst in uns wohnt, wie ich geschrieben habe: „Das Wort ist Fleisch geworden und hat unter uns gewohnt." Und er fügte bei: „Bist etwa du, weil du hier stehst, Gott ferner?" Dann baten auch die Apostel mit ausgebreiteten Händen den Herrn und sprachen: „Vater und Bruder, Lehrer und Herr, erbarme dich ihrer!" Darnach bat sie die Marthyrer, unter welchen sie besonders den heiligen Stephanus sah, der eine mit Edelsteinen geschmückte Krone trug, weil er den Steinhagel freudig für Christi Namen ertragen hatte. Auch sie wandten sich zum Herrn und sprachen: „O Herr, dein unschuldigstes Blut, das unser Blut geheiligt hat, komme ihnen zu Hilfe!" Hierauf trat sie zu den Bekennern, unter welchen sie den heiligen Benedikt mit dem Hirtenstab sah, welcher aus seinem Kelche Allen, die aus seinem Orden da waren, kre-denzte. Und auch die Bekenner baten alle und sprachen: „O Herr, unsere Mühen opfern wir dir für sie zum Erfolge auf!" Zuletzt bat sie die heiligen Jungfrauen, wobei sie sich wunderte, daß diese auf dem letzten Platze sich befanden. Die Jungfrauen erwiederten ihr: „Du mußt sehen, daß wir Gott nicht ferner sind." Dann baten die Jungfrauen und sprachen: „Wir bitten dich, Bräuti-gam, König und sanftmüthigstes Lamm, für die Gemeinschaft der Jungfrauen!"

Nachdem der Tisch entfernt war, erhoben sich die Jungfrauen und standen vor dem Herrn; der Herr erhob sich gleichfalls zu ihnen und führte mit ihnen einen gar lieblichen Reigen, wobei sie neue Lieder mit gar süßen Weisen sangen; in diesen Liedern geschah der Klostergemeinde Erwähnung. Sie sah auch die Schwester M.*)

---

*) Es ist dies wahrscheinlich die Schwester Mechtildis, von welcher das Buch herrührt: Das fließende Licht der Gottheit.

vor dem Herrn stehen, und aus dem Herzen des Herrn ging ein Strahl aus in ihr Herz, wegen der besondern Gabe der Liebe, die sie hatte.

Neuntes Kapitel.
Wie auch die noch Lebenden gar glücklich sind.

Einstmals, da die Gemeinde kommunizirte, und diese Dienerin Gottes wegen Krankheit nicht mit ihnen hinzugehen vermochte, bat sie den Herrn, daß er ihr etwas von den Brosamen seines Tisches schenke. Und alsbald bedäuchte ihr, sie sehe, wie der Herr an einem großen Tische mit den Heiligen säße und von demselben ihr in Gestalt von kleinen Juwelen Brosamen darreichte, nämlich Mittheilung seiner eignen Freude und Seligkeit. Hierauf nahm die Königin und Mutter des Herrn beide Hände voll und gab der Seele; beßgleichen thaten darnach Alle mit großer Freude. Die Jungfrauen aber saßen an jenem Tische, zufolge eines besondern Vorrechtes, dem Herrn zugewandt, so daß sie das Antlitz und die Zierde ihres Bräutigams mit süßerem Gefühl betrachten und seine Wonne traulicher genießen konnten. Da nun die Seele zu ihnen trat, um sie zu befragen, sagten sie zu ihr: „Eja, wie glücklich seid auch ihr, die ihr noch lebet auf Erden, und wie viele Verdienste könnet ihr euch sammeln! Wenn ein Mensch wüßte, wie Großes er an Einem Tag zu verdienen vermöchte, würde zur Stunde, sobald er vom Schlafe erwachte, sein Herz sich in Freude erschließen, dieweil wieder ein Tag erschienen, an welchem er aus Gnade Gottes zum Lobe des Herrn und für Gott leben und seine Verdienste mehren kann; und also würde er den ganzen Tag über bei allen Dingen, welche er wirkt oder leidet, gar fröhlich und starkmüthig bleiben."

Zehntes Kapitel.
Wie Gott auf ihre Bitten Regen gab.

Da einst die ganze Erde von großer Trockenheit litt, weil es schon lange Zeit nicht mehr geregnet hatte, bat sie den Herrn, daß

ein fruchtbarer Regen das Angesicht der Erde erfrischen möge. Der
Herr erwiederte ihr: „Heute werde ich euch Regen geben." Da sie
aber den heiteren Himmel und unveränderlichen Sonnenschein sah,
fing sie an zu zweifeln. Nachdem aber der Tag bis zur Vesperzeit vorgerückt war, ergoß sich der Verheißung des Herrn gemäß
ein fruchtbarer Regen.

Eilftes Kapitel.
Daß Gott um ihrer Verdienste willen das Kloster verschonte.

Zu einer andern Zeit, da wir gar Vieles vom Könige fürchteten, weil er sich unfern des Klosters*) befand, bat sie den Herrn,
daß er, der König und Herr aller Könige, uns mit seiner väterlichen
Güte beschützen möchte, damit wir nicht von des Königs Heer
Schaden erlitten. Der Herr antwortete ihr: „Du wirst keinen
Mann von seinem Heere je sehen." Sie aber dachte, wenn sie
dieselben auch nicht zu sehen bekäme, möchte doch das Kloster von
ihnen beschädigt werden. Der Herr sprach zu ihr: „Keiner von
ihnen wird sich eurem Kloster nahen, sondern ich werde euch gegen
sie Alle gnädig vertheidigen." Dies traf auch ein; denn so barmherzig beschützte uns der Herr, daß wir gar keinen Schaden von
ihnen erlitten, obschon viele Klöster durch sie zu gar großem Schaden gekommen waren.

Zwölftes Kapitel.
Daß der Herr um ihretwillen den Frieden wieder verlieh.

Als einst unter unseren Freiherren ein großer Streit entstan-
den war, und das Kloster in Folge dessen nicht wenig litt, bat sie
den Herrn, er möchte dies Alles schlichten und zum Bessern wen-

---

*) Wahrscheinlich König Adolph, der gegen die Söhne Albert's in der
Gegend von Eisleben ein Heer zusammenzog, das ringsum plünderte (September
1294).

ben. Der Herr gab ihr zur Antwort: „Alles das werde ich zum Guten wenden." Dies geschah auch; denn nachdem der Friede in Bälde wiederhergestellt war, wurde jene ganze Wirrsal durch die gnädige Fügung des Herrn beigelegt.

Dreizehntes Kapitel.
Wie Gott die Seele rief.

An einem Sonntage, da sie wieder Krankheit halber nicht kommuniziren konnte, und darum nicht wenig trauerte, sprach sie zu dem Herrn: „Mein Herr, was willst du, daß ich nun thue?" Er antwortete: „Komme, komme, komme!" Sie aber verstand nicht, was er damit wollte; worauf der Herr sprach: „Komme mit dem Herzen zu dem Herzen in Liebe! Komme mit dem Munde zu dem Munde mit dem Kusse! Komme mit dem Geiste zu dem Geiste durch Vereinigung!" Aber sie fing an, zu überdenken, was das wäre, mit dem Geiste zu dem Geiste kommen. Der Herr erwie= derte: „Wer all' seinem Willen entsagt, in Allem, und sowohl im Glücke als in Widerwärtigkeit meinen Willen als den seinigen er= wählt; der kömmt mit dem Geiste zu dem Geiste durch Einigung, und in ihm wird erfüllt werden, was geschrieben ist: Diejenigen, welche Gott anhangen, werden Ein Geist mit ihm."*) Dann bat sie den Herrn wegen einer Bedrängniß, deren Eintreten sie für das Kloster befürchtete, daß er in seiner Milde dieselbe fernhalten möchte. Der Herr antwortete ihr: „Du bist meine Freude und ich bin die Deinige, und so lange du leben wirst und ich meines Herzens Er= götzung an dir haben werde, wird Solches niemals über das Klo= ster kommen." Und die Seele: „Eja, Liebster, warum sprichst du so zu mir, da doch nichts Gutes in mir ist?" Er antwortete: „Wenn Honig unter Essig gemischt wird, so verliert er seine Sü= ßigkeit; meine Süßigkeit aber mag niemals so gemischt werden, daß sie ihren Wohlgeschmack verliere."

Merket, Geliebteste, wie viel das beständige Gebet des Ge=

---

*) S. I. Cor. 6, 17.

rechten vermag, wie viel Gnade Gott um seiner Liebhaber willen den Menschen verleiht! Wahrhaft gar sehr zu ehren sind deine Freunde, o Gott, gar eifrig zu suchen, gar innig zu lieben und zu verehren; sie, die deinen Zorn gegen uns so oftmals besänftigen und dazu uns mit vielen Gütern überhäufen. „Wer wird unserm Haupte Wasser geben und unsern Augen eine Thränenquelle,"*) daß wir eine solche Mittlerin, wenn wir sie verloren haben wer= den, würdig beweinen, um deren Liebe willen der allmächtige Gott unser so oft geschont hat; deren Gebetsfrucht wir oftmals so wirk= sam an uns erfahren haben? Sie selbst, brennend vom Feuer der göttlichen Liebe, entzündete Andere gleich einer glühenden Kohle, und entflammte gar Viele durch ihr Beispiel zur Liebe Gottes: Ach! wo werden wir eine Solche finden, wenn sie in die Macht des Herrn eingegangen sein wird, wenn sie eingeführt sein wird in das Brautgemach des höchsten Königs, um im Schatten ihres Ge= liebten zu ruhen? **)

Vierzehntes Kapitel.
Wie die Aebtissin zu wählen sei.

Es geschah, als die Aebtissin des Klosters,***) eine Frau wahr= haft nach dem Herzen Gottes, alt geworden war, da bat diese fromme und treue Jungfrau Gott, daß er dem Kloster eine andere ihm wohlgefällige Aebtissin geben möchte. Und der Herr sprach: „Am Tage, da ihr eine Aebtissin wählen wollet, lasset eine Messe vom heiligen Geist singen, und die ganze Gemeinde ohne Ausnahme sei im Gebete, und sie sollen Gott bitten, daß er, der Alles weiß, ehedenn es geschieht, ihnen diejenige zu wählen eingebe, welche er selbst von Ewigkeit her dazu bestimmt hat. Eine verständige und

---

*) Jerem. 9, 1.

**) Diese rührenden Worte scheinen von der heiligen Gertrudis, der vertrauten Freundin Mechtildis' zu stammen. So verdemüthigt sich die viel= leicht noch höher Begnadigte unter ihre begnadete Mitschwester!

***) Es ist dies die Aebtissin Sophia von Mansfeld, welche wegen Krank= heit und hohen Alters ihr Amt niederlegte und 1303 starb.

gottesfürchtige Person aber werde dazu aufgestellt, daß ihr nach Ver=
richtung des Gebets jede Einzelne sage, welche sie wähle; diese
schreibe sie sorgfältig auf. Die Schwestern sollen aber untereinander
nicht festsetzen, welche sie wollen, noch auch sollen sie aus Freund=
schaft eine nicht Taugliche wählen, sondern sie sollen wählen nach
dem Wohlgefallen Gottes, insoweit sie es einzusehen vermögen. Her=
nach sollen sieben verständige und gottesfürchtige Personen dazu
aufgestellt worden, daß sie von allen Gewählten Eine auswählen;
unterdessen verharre der ganze Convent in andächtigem Gebet, daß
sie nach dem Wohlgefallen Gottes auf Eine übereinstimmen mögen.
Wenn jene sieben sich nicht auf Eine zu vereinigen vermögen, so
werde die Sache an den Propst gebracht, der dann als Stellver=
treter Gottes den Vorsitz führe; und welche immer er ihnen als
Vorsteherin gebe, diese werde aufgenommen und bestätigt, als wäre
sie von Gott gegeben. In gleicher Weise können die höhern Vor=
gesetzten, nämlich der Propst und die Priorin gewählt werden.“

Fünfzehntes Kapitel.
Von Erneuerung des Gelöbnisses.

Da diese Dienerin Christi einstmal vor Gott in der Bitterkeit
ihrer Seele ihre Jahre betrachtete, wie saumselig sie gelebt, und
wie viel Gutes sie ohne Erfolg von Gott empfangen, wie der
Herr sie zu seiner Braut geweiht, sie selber aber diesen Vorzug
mit ihren Sünden befleckt hätte; sprach der Herr zu ihr: „Wenn
dir die Wahl gegeben würde, entweder daß du alle Güter, welche
ich dir verliehen habe, durch dich selbst mit Werken und Tugenden
erworben hättest, oder daß ich sie dir alle umsonst gegeben hätte,
was würdest du erwählen?“ Die Seele antwortete: „Mein Herr!
die kleinste Gabe, mir von dir umsonst verliehen, rechne ich höher
und nehme sie lieber an, als wenn ich die Verdienste aller Heiligen
mit den größten Tugenden und Arbeiten verdienen könnte.“ Hier=
auf sprach der Herr: „Dafür sei in Ewigkeit gesegnet,“ und er
setzte hinzu: „Willst du dein Gelübde erneuen, so gehe zu meinen
Füßen, Dank sagend für das Kleid der Unschuld, welches ich dir

umsonst verliehen habe, dieweil du solches durch keine Verdienste verdienen konntest. Bitte ferner, daß durch meine vollkommene Unschuld, was in dir versehrt ist, gebessert werde. Dann gehe zu meinen Händen, Dank sagend für alle meine Werke, welche ich dir verdient, und auch für die deinen, welche ich in dir gewirkt habe. Dann schmiede in dem Glutofen meines göttlichen Herzens dir auf's Neue den Ring der geistlichen Vermählung, deiner Treue und deiner Liebe, und wasche den Juwel dieses Trauringes in dem Wasser und dem Blute meines Herzens, auf daß er davon neue Kraft und Schönheit empfange." Die Seele aber wünschte Gott in unaussprechlicher Weise zu loben und bat Gott den Vater, daß er sich würdigen möge, sein eigenes höchstes Lob zu werden, in der Weise, wie die seligste Dreieinigkeit sich selbst auf das Würdigste lobt und gelobt wird. Der Herr wollte ihrem Verlangen willfahren und nahm das Herz der Seele ähnlich einem dreiseitigen, mit Gold und Edelsteinen auf's beste geschmückten Kryrtallglas, wodurch das unaussprechliche Lob der anbetungswürdigen Dreifaltigkeit bezeichnet wurde, und er trank daraus mit Freude sein eigenes Lob. Darauf reichte er es allen seinen Heiligen hin, um auch daraus zu trinken. Da fing sie an, für die Seelen der Gläubigen zu bitten, daß auch sie an dieser Gabe Theil haben möchten. Und zur Stunde sah sie eine Menge derselben kommen und mit Freude aus jenem Glas trinken. Sie sah darunter auch solche trinken, welche noch nicht vollständig gereinigt waren. Als sie sich darüber wunderte, sprach der Herr: „Was du jetzt siehst, das ist nicht im wirklichen Himmel; sondern weil du mich siehst, der ich alle Kreatur in mir enthalte, so erscheint dir auch Alles, als ob es da sei." Darauf sah die Dienerin Gottes die Seele eines Laienbruders in der Pein des Fegfeuers, und sie fragte, warum dieselbe noch nicht in dem Himmel wäre? Der Herr antwortete: „Er achtete sich weiser, denn seine Vorgesetzten, und Alles, was seine Obern thaten, gefiel ihm nicht, sondern er meinte, er wolle es besser machen. Dies ist das größte Hinderniß gewesen nach seinem Tode. Denn eine geistliche Person mag nimmer so weise sein, daß sie sich nicht ihren Vorgesetzten unterwerfe und deren Willen in allem Guten zustimme." Darnach, da sie abermals für die Seele desselben Laienbruders den Herrn bat, sah sie dessen Seele in gar großer Klarheit und die andern

Laienbrüder so sehr an Glorie übertreffen, als die Priester das ge=
wöhnliche Volk an Würde überragen. Und es ward ihr kund,
wie er diesen Vorzug dadurch gewonnen, daß er mit besonderer
Andacht und großem Fleiße am Altare gedient und der Priester
Andacht mit Gesang und Dienst zu fördern sich beflissen habe.

Sechszehntes Kapitel.

Wie die Dienerin Christi eifrig bat für die neuen Bräute, so noch in dem Probe-Jahre waren.

In der zarten Liebe, in welcher sie Aller eingedenk war, bat
die Seele den Herrn auch für die Novizen, auf daß er sie im Be=
kenntniß des Glaubens und in wahrer Heiligkeit stärke und erhalte.
Hierauf ward ihr folgende Antwort: „Ich werde in ihnen wandern
und wohnen und sie werden mein Volk sein.*) Ich werde in sie
einziehen durch den heiligen Eifer und ihren guten Willen, und
werde wohnen in ihnen in Einigung der Liebe, und sie werden durch
ihren frommen und löblichen Wandel mein Volk sein, ein Wachs=
thum der heiligen Kirche, wenn sie durch ihre guten Beispiele, durch
Tugend und Lehre auch Andere herbeiziehen und durch ihr Gebet
gewinnen. Auch alle Seelen, welche durch deren Fürbitte zur
Besserung gewonnen, die Sünder, welche zur Bekehrung gebracht
und die Seelen der Abgeschiedenen, welche durch deren Gebete von
den Peinen erledigt werden, auch sie werden in die Zahl ihres
Volkes gerechnet sein. Sie sollen sich besonders auch in folgenden
Dingen üben: oft und andächtig beten; die heilige Schrift gern
lesen und hören; fleißig arbeiten; den Gehorsam und die Ordens=
regel mit allen ihren Satzungen eifrig beobachten; in Allem voll=
kommener Demuth sich befleißen; mit Niemandem sich vergleichen
und gar Niemanden verachten. Und so werde ich sie, während sie
beten, meinen Willen und Alles, was sie bedürfen, lehren, und bei
der Lesung werde ich sie meine Süßigkeit kosten lassen. Auch in

*) S. II. Cor. 6, 16 (III. Mos. 26, 11, f.).

ihren Arbeiten werde ich sie heiligen; in der Beobachtung des Gehorsams und der Ordensregel will ich mit ihnen das Joch tragen und sie stärken und unterstützen, und in ihrer Demuth will ich meine Rast nehmen."

Siebenzehntes Kapitel.
Wie Christus die Gelobenden in seine Arme aufnimmt.

Wie nun die Dienerin Christi an dem Tage der Gelübde= ablegung ihrer neuen Schwestern abermals für selbe gebetet hatte, sprach der Herr zu ihr: "Sie sollen bitten, daß ich ihnen Augen des Verständnisses gebe, durch welche sie mich und alle heilsamen Dinge zu sehen und wahrhaft zu erkennen vermögen; Ohren des Gehorsams, bereit zu allen Geboten und allem Willen ihrer Obern; einen Mund der Weisheit, damit sie mein Lob allzeit aussprechen, und was dem Nächsten frommt, lehren und reden können. Sie sollen auch bitten, daß ihnen ein liebend Herz gegeben werde, damit sie mich und alle Dinge in mir und um meinetwillen lauter lieben; eben so sollen sie beten um die Hände guter Werke, auf daß sie Alles fleißig und emsig verrichten."

Als die Litanei für sie gebetet wurde, sah sie Maria, die selige Jungfrau, und jene Heiligen, die da genannt wurden, mit gebogenen Knieen in Ehrfurcht den Herrn für sie bitten. Und als sie die Gelübde ablegten, nahm sie der Herr Jesus liebevollst in seine Arme auf, reichte einer Jeden seine rechte Hand zur Stütze ihres Gelübdes und zum Schutze vor jedem Uebel. Da sie sodann zur heiligen Kommunion gingen, gab er Jeglicher den Kuß, damit sie Eins mit ihm durch selige Vereinigung sein würden.

Achtzehntes Kapitel.
Von der Umarmung des Herrn.

Für eine Person, die in einer gewissen Angelegenheit mit dem Willen ihrer Obern nicht ganz übereinstimmte, bat sie einst

voll Mitleid den Herrn, er möchte doch ihren Sinn mit seiner
Gnade erleuchten und zum Gehorsam hinneigen. Und nimm wahr!
sie sah den Herrn Jesum, wie er dastand und die Person, für
welche sie bat, mit der Rechten umfing und sprach: „Von der
Stunde an, da sie ihren eigenen Willen in die Hände ihrer Vor=
gesetzten niederlegend ihn mir weihte, habe ich sie in meine Arme
aufgenommen und werde meine Rechte niemals öffnen, um sie zu
entlassen, wenn sie nicht etwa selbst freiwillig sich mir entzieht;
und wenn sie dieses thut, so kann sie ferner nicht mehr an ihren
früheren Ort zurückkehren, außer wenn sie sich beugt.“ Aus diesen
Worten erkannte sie, daß Gott am Tage der Gelübbeablegung einer
jeden Ordensperson dieselbe in seine Arme aufnimmt und sie nicht
mehr daraus entläßt, bis der Mensch, was fern sei! aus freier Er=
wägung dem Gehorsam widerspricht. Dann entzieht er sich gleichsam
der Rechten Gottes und kann ferner nicht mehr dahin zurückkehren,
bis er sich durch wahre Buße und würdige Genugthuung be=
müthig vor Gott niederwirft und das Gelöbniß künftigen willigen
Gehorsams erneuert.

Neunzehntes Kapitel.
Wie nützlich es sei, daß der Mensch den Eigenwillen breche.

Einst wurde sie von Jemand gebeten, Gott eine schwere Sache
aufzuopfern, die sie aus Liebe zu Gott vollbracht hatte, indem sie
ihrem eigenen Willen widerstand. Während sie nun dies that,
bedeuchte ihr in der Messe, als ob aus dem Gefäß, welches den
Leib Christi enthielt, ein gar kleines Kindlein heraustrete, das im
Augenblick zu einer höchst anmuthigen Jungfrau heranwuchs, durch
welche der Wille Gottes bedeutet wurde. Einige Personen traten
zu ihr hinzu, betrachteten sie mit zärtlichen Blicken, umarmten sie
und redeten mit ihr; durch diese, bedünkte ihr, wurden diejenigen
bezeichnet, welche ihren Willen in allen Dingen, den widrigen sowohl
wie den günstigen, dem göttlichen Willen gleichförmig zu machen
und den Geboten der Obern zu gehorchen suchen. Darauf sah sie
auf der andern Seite einen Küchenknecht stehen mit ganz rußigen

Kleidern angethan; durch diesen wurde der Eigenwille und Eigensinn
dargestellt. Dieser verächtliche Knecht suchte die oben bezeichneten
Personen von jener lieblichen Jungfrau abwendig zu machen und
ihre Blicke auf sich zu ziehen. Einige achteten gar nicht darauf
und blickten sogleich wieder auf die Jungfrau; andere aber wandten
sich ihm zu, scherzten mit ihm plaudernd und schäckernd. Durch
diese wurden diejenigen bezeichnet, welche sich zuweilen vom Willen
Gottes abwendend ihrem eigenen Willen folgen und mehr ihrem
Eigensinn willfahren, als den Mahnungen der Obern gehorchen.
Wofern sich diese nicht durch Buße zu der oben genannten Jung=
frau, das ist dem Willen Gottes bekehren, so müssen sie mit eben
jenem Knecht durch beständigen Mangel gequält werden, dieweil der
Eigenwille in geistigen Dingen nur fortdauernde Armuth erzeugt.

Zwanzigstes Kapitel.
Von dem freien Willen des Menschen.

Einstmals sah sie den Herrn Jesum und einen Menschen vor
ihm stehen. Im Herzen Gottes war ein Rad, das sich beständig
drehte, sowie ein langes Seil, so sich aus dem Herzen Gottes
zum Herzen des Menschen erstreckte, in welchem gleichfalls ein sich
drehendes Rad befand. Durch jenen Menschen werden alle Menschen
bezeichnet; durch das Rad aber wird bezeichnet, daß Gott aus seinem
freien Willen dem Menschen die freie Selbstbestimmung verliehen
hat, wodurch er sich zum Guten oder zum Bösen hinwenden mag.
Durch das Seil aber wird der Wille Gottes versinnbildet, der den
Menschen stets zum Guten und nicht zum Bösen hinzieht. Das
Seil erstreckt sich also vom Herzen Gottes zum Herzen des Menschen,
und je mehr das Rad sich dreht, um so mehr wird der Mensch
Gott nahe gebracht. Wenn er aber das Böse erwählt, so dreht sich
das Rad nach der andern Seite und der Mensch wird von Gott
entfernt. Verharrt der Mensch aber im Bösen bis zum Tode,
dann zerreißt das Seil und der Mensch stürzt in die ewige Ver=
dammniß. Wenn er aber (vorher) durch die Buße sich erhebt, so
nimmt Gott, der stetsfort zum Verzeihen bereit ist, den Menschen

wiederum in seine Gnade auf, das Rad dreht sich, wie zuvor, und der Mensch wird durch die Gnade Gott nahe gebracht.

Einundzwanzigstes Kapitel.
Wie nützlich es dem Menschen sei, seine Sinne zu bewahren.

Da die Seele einmal in dem Eifer ihres Gemüthes zu Gott unter andern Worten auch sprach, wie sie so gerne seine Gefangene sein wolle, antwortete ihr der Herr: „Wer mein Gefangener auf Erden sein will, nämlich so, daß er seine Augen allen unziemlichen Dingen und unnützem Schauen entzieht, dessen Augen will ich in himmlischer Glorie zur Offenbarung der Klarheit meines Angesichtes eröffnen, und will in so großer Freude mich selbst ihm zeigen, daß alle Heerscharen des Himmels sich mit Frohlocken verwundern werden. Gleicherweise wer seine Ohren fern hält von unnützem und von schädlichem Hören, dem will ich mit den Tönen meiner Stimme lieblichen Gesang zu besonderer Glorie in Ewigkeit singen. Wer seinen Mund von müßigen und schädlichen Worten frei bewahrt, dessen Mund will ich zu meinem Lob so vortrefflich erschließen, daß er selbes mit besonderem Vorzuge vor Andern feiere. Wer sein Herz von eitlen und bösen Gedanken und schlimmen Begierden zurückhält, dem will ich so große Freiheit geben, daß er meiner und alles dessen, was er will, mächtig sei, und wird sein Herz in meinem göttlichen Herzen in absonderlicher Freiheit und Wonne ewig frohlocken. Wer aber seine Hände bindet, daß er nicht Werke der Sünde vollbringe, den will ich von aller Arbeit herrlich entbinden und will ihn mit ewiger Ruhe begnaben; auch will ich seine Werke mit den meinen vereint zu so großer Würde erheben, daß der ganze himmlische Hof darob mit neuer Freude beglückt wird."

Zweiundzwanzigstes Kapitel.
Wie gut ein gemeinsames Gebet sei.

In einer großen Noth des Klosters, da die Klostergemeinde den Psalter, welchen sie gelesen hatte, der Dienerin Christi empfahl, um ihn besonders Gott dem Herrn aufzuopfern, sprach sie zu ihrem Schutzengel: „Eja, lieber Engel! der du erkennest, wie du erkannt bist,*) ich, die ich nur theilweise erkenne, bitte dich, dieses Gebet deinem Könige zu überantworten, vor welchem du in Herrlichkeit und Wonne stehst." Hierauf entgegnete der Engel: „Mit nichten erkenne ich, wie ich erkannt bin; denn derjenige, welcher mich geschaffen hat, erkennt mich so, wie die höchste Allmacht, die höchste Weisheit und die höchste Liebe erkennt. Ich aber erkenne allein in dem Maße, als ich geschaffen bin; freue mich jedoch mehr, daß ich deine Botschaft meinem Gott überantworten darf, als je eine Mutter um die Ehre und um des Reichthumes ihres einzigen Sohnes willen sich freut." Dann stellte der Engel jenes Gebet dar in Gestalt lebender Lerchen, wie auf einem weißen Tischtuch, mit vieler Ehrfurcht und Freude. Einige von den Lerchen nun erhoben sich, gleich als ob sie emporfliegen wollten, setzten sich aber wieder nieder; andere jedoch flogen auf und setzten sich auf die Brust des Herrn, und wieder andere flogen zum Munde des Herrn hinauf und küßten ihn. Und der Herr sprach: „So viele Personen dieses Gebet verrichtet haben, so oftmals will ich mit den Augen meiner Barmherzigkeit auf sie hernieder blicken und das Ohr meiner Milde ihnen zuneigen."

Dreiundzwanzigstes Kapitel.
Wie Christus aus dem Seinigen der Seele Gebrechen erfüllt.

Es hat diese Dienerin Gottes für eine Person, welche ihr die Traurigkeit ihres Herzens geklagt, nämlich, daß sie Gott zu

---

*) Vgl. I. Cor. 13, 12.

wenig liebte, und ihm minder andächtig diente. Darüber verlor sich die Selige selbst in tiefes Trauern, und dünkte sich allerseits unnütz, da ja auch sie selber für so große Gutthaten Gott, ihren Herrn, keineswegs sattsam liebe. Der Herr aber antwortete ihr: „Eja, meine Liebe! du sollst nicht trauern; denn alles Meine ist dein." Darauf sprach die Seele: „Nun denn es wahr ist, daß alles Deine mein; so ist auch deine Liebe mein, die Liebe, welche du selber bist, wie Johannes sagt: Gott ist Liebe.*) Darum opfere ich dir diese Liebe, daß durch dich selbst Alles, was mir gebricht, erfüllt werde." Solches nahm der Herr in Gnaden an, und sprach: „Immerhin wirst du so am besten thun, sobald du mich zu loben oder zu lieben begehrest, und nach deinem Begehren das nicht zu erfüllen vermagst. Sprich denn also: Guter Jesus! ich lobe dich; und was zu wenig ist in mir, bitte ich, daß du er= füllest für mich. Wenn dich Liebe zu mir zieht, sprich: Guter Jesus! ich liebe dich; und was zu wenig ist in mir, bitte ich, daß du die Liebe deines Herzens dem Vater opferst für mich. Und Gleiches sage auch der Person, für welche du bittest, damit auch sie dasselbe thue; und wenn sie mich des Tages tausendmal also bitten wird, will ich mich so oft für sie dem Vater opfern, weil ich weder müde noch verdrossen werden mag."

Vierundzwanzigstes Kapitel.
Was der Mensch in der Traurigkeit thun soll.

Da sie einst für eine andere Person bat, erhielt sie von Gott die Antwort: „Dieselbe lese öfters den Vers: „Gepriesen bist du, o Herr, am Firmamente des Himmels, lobwürdig und glorreich und hochgerühmt in Ewigkeit; der du Himmel und Erde, das Meer und Alles, was darin ist, gemacht hast, lobwürdig und glorreich und hochgerühmt in Ewigkeit, Alleluja!" — Und wenn ihr in den Sinn kommen sollte, daß sie dächte, sie gehöre nicht zu den Auser= wählten, so mache sie es, wie ein Mensch in einem finstern Thale

---

*) S. I. Joh. 4, 8.

thun würde. Wenn dieser gern die Sonne sähe, so würde er aus dem Thale auf einen Berg steigen und so der Finsterniß entgehen. So auch sie; wenn sie von den Nebeln der Traurigkeit eingehüllt wird, so steige sie auf den Berg der Hoffnung und schaue mit den Augen des Glaubens auf mich, das himmlische Firmament, dem aller Auserwählten Seelen gleich Sternen eingefügt sind. Mögen diese Sterne auch durch den Nebel der Sünden und die Düfte der Unwissenheit verdunkelt werden, so können sie doch an ihrem Firmament, das ist in meiner göttlichen Klarheit nicht ausgelöscht werden; denn wenn auch die Auserwählten zuweilen in große Sünden fallen, so blicke ich sie doch immer in der Liebe an, in welcher ich sie auserwählt habe, und in seiner Klarheit, zu welcher sie einst gelangen werden. Daher ist es gut für den Menschen, daß er oft bedenke, mit welch' unverdienter Güte ich ihn erwählt habe, durch welch' wunderbare und verborgene Gerichte ich den in Sünden Befindlichen für gerecht angesehen, und wie liebevoll von ihm denkend ich Alles, auch das Böse ihm zum Guten gewandt habe, und er benedeie mich, die ewige Stärke der Auserwählten. In dem Worte aber: „Alle Engel und Heiligen benedeien dich", wünsche er, daß alle Engel und Heiligen gleicherweise mit ihm mich loben mögen."

Fünfundzwanzigstes Kapitel.
Wie der Mensch seine Beschwernisse Gott befehlen soll.

Da die Dienerin Christi wieder einmal für eine andere Person bat, hörte sie diese Antwort von Gott: „Wenn der Mensch in irgend etwas beschwert worden, soll er sich zu meinen Füßen knieen, und da alle seine Bürde bei mir niederlegen und das Gebet sprechen: „O Herr, heiliger Vater! sieh auf mich, deine Dienerin, für welche unser Herr Jesus Christus sich nicht geweigert hat, in die Hände der Sünder gegeben und der Pein des Kreuzes unterworfen zu werden." Darin bitte sie, daß ich sie mit den Augen der Barmherzigkeit ansehe und ihre Seele erleuchte, damit sie erkenne, wozu und aus wie großer Liebe diese oder jene Trübsal ihr zu ertragen zugelassen worden, und sie sofort alle widerwärtigen Dinge zu meinem Lobe geduldig ertrage. Darnach nahe sie sich meinen Händen und bete das Responsorium: „O Herr, sende aus die Weisheit von dem Throne deiner Majestät, daß sie mit mir sei und mit mir arbeite, damit ich wissen möge, was angenehm sei vor dir, zu aller Zeit. Gib mir, o Herr, deines Thrones Beisitzerin, die Weisheit, damit ich wissen möge ꝛc. Ehre sei dem Vater ꝛc., damit ich wissen möge ꝛc."*) Fleißig möge sie bitten, daß die göttliche Weisheit ihr eine Helferin und Mitwirkerin sei, damit sie diese Beschwerniß zur Ehre Gottes und ihr zur Seligkeit verdienstlich ertragen und leiden könne. Zum dritten aber gehe sie zu meinem Herzen, und spreche: „O wunderbare Herablassung deiner Milde gegen uns; o unschätzbare Wahl der Liebe, die du den Sohn hingabst, um den Knecht zu erlösen!" und: „O wunderbarer Preis, durch dessen Gewicht die Gefangenschaft der Welt ist aufgehoben, das harte Gefängniß der Unterwelt zertrümmert und die Thüre des Lebens uns ist geöffnet worden."**) Und dann bitte sie, daß ich durch die Liebe meines göttlichen Herzens, in welchem ich aller Menschen Bürde getragen habe, ihr verleihe, die Bürde ihrer Traurigkeit mit Dankbarkeit lieblich tragen zu dürfen."

Sechsundzwanzigstes Kapitel.
Wie der Mensch sein Herz in jeder Trübsal Gott darbringe.

Ein anderes Mal, da dieselbe Dienerin Gottes für eine Person betete, welche Zuversicht zu gewinnen verlangte, ob sie bei Gott ausharren würde, sah sie die Seele derselben vor dem Herrn mit gebogenen Knieen, wie sie ihm ihr Herz schenkte in Gestalt eines Kelches, welcher zwei Handhaben hatte. Letztere bedeuteten den Willen und den Eifer, in welchen sie ihr Herz Gott aufopferte. Der Herr nahm diesen Kelch freundlich an und setzte selben in seinen Schoß. Er selbst hatte zwei Krüge, einen goldenen in der Rechten, und einen silbernen in der Linken. Aus dem einen nun

*) Weish. 9, 10.
**) Alte Antiphon bei der Verehrung des Kreuzes am Charfreitag.

und aus dem andern goß er in den Kelch). In dem goldenen Kruge aber war seine göttliche Huld, in dem silbernen die Verdienste seiner Menschheit. Diese gießt Jesus mit einander dem Herzen des Menschen ein, so daß er ihm in seiner Betrübniß die Tröstungen seiner göttlichen Huld zu empfinden und die Verdienste seiner Menschheit zur Erquickung gibt.

Und der Herr sprach: „Wenn der Mensch betrübt wird, und er opfert mir seinen Leidenskelch also bald, daß gleichsam ich zuerst davon trinke; so werde ich ihm so viele Süßigkeit darein gießen, daß solcher Kelch davon gar edel wird, auch nimmermehr verderben kann. Wenn aber der Mensch zuerst davon trinkt, so vergiftet er gleichsam seinen Kelch; und je mehr er trinkt, desto mehr wird er bitter, so daß es dann mir nicht mehr ziemt, davon zu trinken, es sei denn, er werde durch Buße und Beicht wieder gereinigt." Dies ist aber des Näheren also zu fassen: „Wenn ein Mensch betrübt ist, soll er zur Stunde alle seine Beschwerniß Gott opfern. Gott wird ihm dann die Süßigkeit seiner Tröstung einflößen, wird ihn herzhaft machen in der Geduld und nimmer zulassen, daß diese Beschwerniß vorübergehe ohne Nutzen und großes Frommen. Wenn es aber dem Menschen nach seiner Gebrechlichkeit widerfährt, daß er es wieder anfängt, das heißt, indem er daran denkt oder davon redet; so soll dies alsbald durch Buße gesühnt werden. So aber ein Mensch seine Beschwerniß selber tragen will, da geräth er in Ungeduld; und je mehr er sich abmüht, jetzt davon redend, jetzt daran denkend, um so viel schwerer und bitterer wird ihm sein Leiden; und wenn er hernach wieder zu sich kömmt, darf er dann dasselbe Gott· nicht mehr geradezu opfern; denn es ziemt dem Herrn nicht mehr. Jedoch soll der Leidende auch dann nicht mißtrauen, sondern seine Trübsal durch Beicht und Buße gereinigt Gott mit demüthigem Geiste und reuigem Herzen wieder schenken."

Darnach hat der Herr jene Person gütig umfangen, sprechend: „Niemand wird deine Seele von mir wegnehmen." Und Jesus segnete sie und drückte das Zeichen des heiligen Kreuzes ihr ein, und sprach: „Meine Gottheit segne dich; meine Menschheit stärke dich; meine Güte erquicke dich; meine Liebe erhalte dich!"

Siebenundzwanzigstes Kapitel.

Wie die Seele mit Christo spielt; von den Würfeln.

Als sie ein anderes Mal für dieselbe Person die glorreiche Jungfrau bat, bedäuchte ihr, daß die seligste Jungfrau ihr drei Würfel gebe mit den Worten: „Gib ihr diese von mir, daß sie mittelst derselben mit meinem Sohn spiele; denn es pflegt der Bräutigam der mit ihm spielenden Braut Ringe, Schmucksachen und zierliche Handarbeiten abzugewinnen; deßgleichen die Braut, das was ihr Bräutigam hat, so zu bekommen." Da verstand sie durch gött= liche Erleuchtung, daß durch ein Auge des Würfels die Werthlosigkeit und Nichtigkeit des Menschen bedeutet werde, welche die Seele Christo gleichsam im Spiele auswirft, da sie mit aller Verdemüthigung alle Unannehmlichkeit ihm willig aufopfert und freiwillig wünscht, aller Kreatur unterworfen zu werden; sie selbst aber gewinnt Christo das Seinige ab, wenn Christus ihr hingegen seine Erhöhung und ge= bührende Ehre schenkt, welche Gott der Vater ihm gab dafür, daß er sich selbst für den Menschen auf Erden erniedrigte mit den Worten: „Ich bin ein Wurm und kein Mensch, der Leute Spott und die Verachtung des Volkes." *)

Zwei Augen bedeuten Leib und Seele, welche die Seele dann einsetzt, wenn sie alle ihre Werke, sowohl die geistigen wie leiblichen, aus Liebe, Christo zum Lobe verrichtet; dafür gibt er ihr hinwieder alle Werke seiner Gottheit und Menschheit. Drei Augen sind die drei Kräfte der Seele, nämlich Gedächtniß, Verstand und Wille, welche die Seele dann im Spiele wirft, wenn sie darin nach dem Willen Gottes sich regiert; sie aber erlangt, was ihrem Bräutigam gehört, wenn sie das Bild der heiligsten Dreifaltigkeit, wornach sie erschaffen ist durch die Gnade Christi untadelhaft in sich darstellt. Vier Augen wirft die Seele dann, wenn sie sich ganz Gott hingibt im Glück wie im Unglück, für die Gegenwart, wie für die Zukunft; Christus hingegen wirft ihr das Seinige, wenn er die vier Theile der Welt mit Allem, was darin ist, das er durch seine Weisheit mächtig regiert, der Seele unterwirft und dienstbar macht. Fünf

*) Psalm 21, 6.

Augen sind die fünf Sinne der Seele, welche sie dann wirft, wenn sie ihre fünf Sinne nach Gottes Wohlgefallen gebraucht; Christus hingegen gibt ihr seine fünf Wunden, so er aus Liebe zu ihr und für ihr Heil erlitten, mit der Wirksamkeit seines Leidens. Sechs Augen sind die sechs Alter des Menschen, welche der Mensch dann wirft, wenn er bekennt, daß er alle Tage seines Lebens böse und nachlässig erlebt habe; Christus hingegen setzt ihm voll Güte seinen heiligsten Wandel und sein ganzes Leben mit aller Vollkommenheit seiner Tugenden in diesem Spiel zum Gewinn aus.

Achtundzwanzigstes Kapitel.

Alles, was die Seele zu haben begehrt, soll sie in Gottes Herzen suchen.

Als die Dienerin Christi auf Ansuchen für eine Person betete, daß der Herr ihr ein reines, demüthiges, eifriges, liebendes und geistliches Herz gebe, hörte sie solche Antwort: „Alle Dinge, welche sie will und bedarf, suche sie in meinem Herzen. Nach der Weise eines Kindes, welches Alles von dem Vater erbittet, fordere sie, daß ihr von mir gegeben werde. Verlangt sie Reinheit, so nehme sie ihre Zuflucht zu meiner Unschuld. Will sie Demuth, so schöpfe sie selbe aus der meinen; ebenso Eifer, Vervollkommnung und Liebe eigne sie sich kühnlich an aus meinem geistlichen und göttlichen Wandel."

Da sprach die Seele: „Mein Herr! ich bitte dich auch, daß du an deren letztem Ende barmherzig mit ihr verfahrest, und ihr Gewißheit gebest, bei dir zu bleiben!" Darauf sprach der Herr: „Welcher Weise wirft einen von ihm geliebten, mit großer Mühe und Arbeit erworbenen Schatz gerne weg, oder verlöre ihn? Ich habe alle ihre irdischen Anliegen in meiner Menschheit geheiligt, habe auch ihr geistlich Leben in meinem Geiste durch die Taufe lebendig gemacht. Ob dieser beiden Thatsachen soll sie mir anhangen, und Alles, was menschlich ist, alle Anfechtungen und Widerwärtigkeiten, meiner Menschlichkeit befehlen und vereinigen; Alles aber, was geistig ist, wie Hoffnung, Freude und Liebe, einzig und allein in mich versenken, und so will ich sie in Ewigkeit nicht verlassen." —

Neunundzwanzigstes Kapitel.
Wie man Versäumnisse mit Lob ergänzen soll.

Und da die Seele zu anderer Zeit für einen Betrübten betete, sah sie denjenigen, für welchen sie bat, vor dem Herrn stehen, und hörte den Herrn sprechen: „Nimm wahr! dem werde ich alle seine Sünden vergeben; er aber soll seine Sünden und Versäumnisse mit Lob ergänzen. Unter der Präfation bei dem Worte: „Durch welchen deine Majestät loben die Engel," lobe er mich in Vereinigung mit jenem überhimmlischen Lobe, mit welchem die glorwürdige Dreifaltigkeit sich einander lobt und gelobt wird, und welches sich dann ausgießt in die seligste Jungfrau und in alle Engel und alle Heiligen. Und er bete ein Vaterunser, und opfere es vereint mit dem Lobe, mit welchem Himmel und Erde und alle Kreatur mich lobt und benedeiet. Auch bitte er, daß durch mich, Jesus Christus den Sohn Gottes, sein Gebet aufgenommen werde, durch mich, durch welchen Alles, was Gott dem Vater geopfert wird, in höchstem Wohlgefallen aufsteigt. So werden alle Sünden desselben und alle Versäumnisse durch mich ergänzt sein."

Wenn Jemand dasselbe thun wird, der glaube zuversichtlich, daß er dieselbe Gnade empfangen werde; denn der Herr spricht: „Es ist unmöglich, daß der Mensch nicht erlange, was er geglaubt und gehofft hat."

Dreißigstes Kapitel.
Wie sich Gott mit der Seele kleidet, und von der Frucht der Seufzer.

Da eine Schwester an einem Feste krank war, bat diese Braut Christi aus Eifer ihres mitleidigen Herzens den Herrn für die Kranke, mit wehmüthigen Klagen ihm vorhaltend, warum er seine treue Freundin, die ihr in dem Chore, wie er wußte, so eifrig beistand, krank werden ließe. Darauf antwortete der Herr: „Und warum geziemt mir nicht, mit meiner Freundin, wenn ich will, fröhlich zu sein? Denn wenn der Mensch krank ist, so ziehe ich mich an mit seiner Seele, wie mit einem Kleide der Zierde, und in Frohlocken meines Herzens trete ich vor meinen Vater, ihn lobend und danksagend für allen Schmerz, welchen der Mensch um meinetwillen geduldig leidet.“ Und der Herr sprach weiter: „Wer da begehrt, daß ich mich bekleide mit seiner Seele, der soll schon des Morgens, wenn er aufsteht, aus ganzem Herzen zu mir seufzen und flehen, daß ich alle Werke in ihm diesen Tag wirke. So wird er werden mein Kleid, und wird mich durch Seufzen zu sich ziehen. Und wie der Leib lebt, und von der Seele regiert wird, so lebt die Seele aus mir und wirkt alle Dinge durch mich.“

Und abermal sprach der Herr: „Groß sind die Wirkungen des Seufzens; denn nimmer seufzt der Mensch zu Gott, ohne daß Gott ihm näher, denn zuvor, werde. Ein Seufzen, welches, aus meiner Liebe, aus Verlangen nach mir oder nach meiner Gnade kömmt, wirkt dreierlei Gutes in der Seele. Erstens stärkt es die Seele gleich einem guten und lieblichen Dufte, der den Menschen erquickt und kräftigt. Zum Andern erleuchtet es sie, wie die Sonne ein vorher finsteres Haus. Zum Dritten macht es die Seele süß, so daß Alles, was sie thut und leidet, ihr süße schmeckt. Jenes Seufzen aber, welches da kömmt aus Reue und Leid über die Sünde, versöhnt die Seele mit Gott, wie ein guter Friedensbote; es erwirbt dem Sünder Gnade, und erhellt das betrübte Gewissen.“ — Da gedachte sie bei sich, wie wohl das zu verstehen sei, wo gesprochen wird: „Zu welcher Stunde der Sünder seufzt, will ich all' seiner Bosheit nicht mehr gedenken;“ *) da doch der Mensch seine Sünde noch beichten müsse; es sei denn, daß eine wahre Noth die Beicht ausschließe? Darauf antwortete der Herr: „Wenn Einer für einen Schuldigen bittet, so darf gleichwohl der Knecht nicht zur Stunde vor das Angesicht seines Herrn, bis er sich zuvor von allem Unsaubern gereinigt und reine Kleider sich angezogen hat.

---

*) Ezechiel 18, 23.

So muß der Sünder, wiewohl ich in meiner Gnade selben angenommen habe, zuvor alles Unreine von sich entfernen und mit dem
Schmucke der Tugenden sich kleiden."

Einunddreißigstes Kapitel.
Wie der Mensch nach dem Wohlgefallen Gottes lebe.

Auf Ansuchen bat sie den Herrn für eine Person, daß er
dieselbe lehren möge, wie sie nach dem Wohlgefallen seines Willens
leben könnte. Darauf erhielt sie von Gott folgende Antwort: „Sie
schmücke gleich einer Braut ihr Haupt, ihre Hände, Arme und
Brust, und umhülle sich mit einem Mantel. Ihr Haupt, das ist
meine Gottheit, welche sie durch Lob und Ehrfurchtsbezeugung wie
mit einem Diadem schmücke. Auch die Hände und Arme ziere sie
mit Ringen, Armspangen und andern Schmucksachen: das nämlich,
indem sie alle ihre Werke und Mühen in Vereinigung mit meinen
Werken und Mühen und in deren Meinung vollbringe. Sie habe
auch den Ring der Weisheit, das ist, sie lese die heilige Schrift
fleißig und behalte sie im Gedächtniß, weil es sich geziemt, daß die
Braut der Weisheit in den göttlichen Dingen unterrichtet sei. Sie
habe auch den Ring der Liebe dadurch, daß sie Gott aus ganzem
Herzen und mit allen Kräften einzig liebe; außerdem halte sie fest
den Ring der Treue, das ist, sie bewahre die Treue, so sie mir
gelobet, mit aller Sorgfalt; auch habe sie den Ring des Adels,
das ist, sie ahme nach die Beispiele meiner Tugenden, nämlich
meine Demuth, meinen Gehorsam, meine Geduld, meine freiwillige
Armuth und meine übrigen Tugenden; denn die durch dieselben
geadelte Seele genießt würdig meine Umarmungen. Sie schmücke
ihre Brust, indem sie nämlich süße Liebesgedanken zu mir erwecke
und alle meine Worte, Werke und Leiden, die durch beständige Erinnerung nicht aus ihrem Herzen schwinden sollen, gleichsam zu
einem Büschlein für sich sammle. Sie umgebe sich auch mit einem
Mantel, das ist, sie erweise sich Allen als Vorbild durch die Zier
verschiedener Tugenden."

Ein anderesmal, da sie für dieselbe Person bat, bedäuchte

ihr, der Herr strecke seine Hand zu Jener aus, für welche sie bat, und Jene küsse seine einzelnen Finger. Von Gott erleuchtet erkannte sie, daß dadurch bedeutet werde: durch den äußersten Finger, daß sie alle Werke der Menschheit Christi, so er gethan oder erlitten, verehren und lieben solle; durch den Ringfinger wurde bedeutet die trauliche Liebe und Treue, so sie zu ihrem Bräutigam Christus haben solle; durch den Mittelfinger die hohe Bedeutung der Erkenntniß und Beschaulichkeit; durch den Zeigefinger die Weisheit und Lehre, welche sie den Unwissenden zuwenden solle; durch den Daumen die Kraft und Beharrlichkeit der göttlichen Liebe und alles Guten. Dadurch, daß sie die Finger Gottes küßte, wurde bedeutet, daß sie diese Tugenden nicht nur haben, sondern auch lieben solle, dieweilen in dem Maße, als der Mensch Tugend besitzt, er auch in der Liebe zu derselben ergötzt wird.

Zweiunddreißigstes Kapitel.

Daß der Mensch zu Gott Zuflucht nehmen darf, wie ein Kind zu seinem Vater.

Einstmals betete diese Braut Christi für eine Mitschwester, welche zu wissen verlangte, was Gott der Herr am meisten von ihr begehre? Und sie hörte für selbe folgende Antwort: „Sie halte sich zu mir, wie ein Kind, welches zutraulich seinen Vater liebt, und allezeit zu ihm läuft, auf daß er ihm etwas gebe. Und Jegliches, was ihm der Vater gibt, hält es, weil es ihn liebt, für eine große Liebesgabe. So soll auch Jene allzeit zu meiner Gnade eilen, und soll kein Ding, welches ich ihr geben werde, jemals gering achten, sondern es aus Liebe mit großer Innigkeit annehmen und dafür Dank sagen. Dann halte sie sich zu mir gleich einer Braut, welche weder um Reichthum, noch um Schönheit, noch des Adels wegen, sondern allein aus Liebe erwählt und geliebt wird. Und eine solche Braut zu einem Reiche der Herrlichkeit erhoben, wird mit Recht dankbarer und getreuer und liebender sich wissen, und so sie auch von dem Bräutigame oder um seinetwillen etwas leiden muß, wird

19*

sie es mit mehr Geduld ertragen. So soll auch jene Seele immerdar in Dankbarkeit gedenken, wie ich sie aus freier Wahl von der Schöpfung der Welt an erwählt, wie ich mit dem theueren Preise meines Blutes sie erlöst und überdies zu meiner besonderen Liebe und Freundschaft gerufen habe. Weiters verhalte sie sich zu mir wie ein Freund zu einem Freunde, welcher alle Angelegenheiten des Freundes gleich achtet den seinigen. So soll auch Jene in allen Dingen die Ehre Gottes suchen, und so viel sie vermag, dieselbe zu vermehren trachten, und nie etwas, was wider Gott ist, irgendwie gleichgiltig gedulden. Nach diesem allen aber, wenn sie zu Zeiten irgend etwas, was sie begehrt, nicht erhält, oder wenn göttliche Tröstung ihr entzogen wird, soll sie nicht gleich trauern, als geschehe dies aus Ungnade oder als sei sie von Gott verlassen; sondern wie ein getreuer Vater seinem Sohne das nicht gibt, was ihm nur bequem ist, und wie der Bräutigam zu Zeiten einen Ernst zeigt seiner Braut, nicht aus Zorn, vielmehr zu ihrer Unterweisung; so wünscht auch Gott die Treue der Seele zu prüfen, nicht zwar, als ob er das nicht wisse, er, welcher alle Dinge weiß, ehe denn sie geschehen; sondern damit er eine begnadigte Seele noch mehr der Herrlichkeit würdig mache."

Von drei Arten, in denen der Mensch an Gott sich halten kann, wenn er unter Menschen ist.

Ebenso sprach der Herr bezüglich einer andern Person: „Auf drei Arten soll sie sich an mich halten. Unter den Menschen halte sie sich zu mir wie ein Hündchen, das, wenn auch öfters fortgejagt, doch aus treuer Anhänglichkeit immer wieder seinem Herrn folgt. So auch jene Seele; wenn sie unter Menschen ist und durch irgend ein Wort verletzt wird, soll sie sich nicht gleich durch Ungeduld vertreiben lassen. Sollte dies aber zuweilen geschehen, so kehre sie bald durch Buße zurück, vertrauend auf mein Erbarmen, daß ich ihr um eines einzigen Seufzers willen Alles nachlassen werde. Im Chor und im Gebet halte sie sich zu mir wie eine Braut zu ihrem Bräutigam, indem sie mir Liebe und süße Vertraulichkeit erzeige. So sie kommunizieren will, da halte sie sich zu mir, wie eine Königin zu ihrem königlichen Gemahl; denn die Königin ist beim Mahle des Königs freigebig, spendet Gaben und theilt Almosen aus. So theile jene Seele die ihr verliehenen Gaben ihres Königs Allen freigebig mit und komme ihnen mit ihrem Gebet zu Hilfe."

Dreiunddreißigstes Kapitel.

Wie die Seele mit Christo vereinigt werden soll.

Als diese Dienerin Christi sich einst der glorreichen Jungfrau Maria anempfahl, bedäuchte ihr, als ob dieselbe sie unter ihren Mantel nehme und spreche: „Die Seele, welche mit meinem Sohne vereinigt zu werden verlangt, verhalte sich gleich einer edeln Braut, die einen Bräutigam weit über ihre Würde hat und aus Ehrfurcht gegen ihren Bräutigam in großer Züchtigkeit und Scheu sich hütet, etwas zu thun, das ihres Bräutigams unwürdig wäre oder in seinen Augen mißfällig sein möchte. So auch soll jene Seele nie= mals freiwillig auch nur zur kleinsten Sünde sich hinneigen.

„Zum Andern, in Allem, was sie bedarf oder wünscht, nehme sie ihre sichere Zuflucht zu Gott, einzig bei ihm Trost und Hilfe suchend. Sollte er sie nicht zur Stunde trösten wollen, so trage sie es geduldig, wie eine treue Braut, welche alle ihre Geheimnisse und Bedürfnisse ihrem Bräutigam vertrauensvoll darlegt, es für unwürdig erachtend, sich von einem Andern trösten zu lassen. Zum Dritten mache sie sich so viel als möglich Christo an Tugenden ähnlich, so nämlich, daß sie suche, gleichwie Christus demüthig und gehorsam war, aller Kreatur sich zu unterwerfen, und falls es nöthig sein sollte, bis zum Tode gehorsam zu sein. Eine solche Tugend wird in Vereinigung mit Christi Tugend edler sein, als tausend Tugenden, die nicht in dieser Meinung geübt werden."

Vierunddreißigstes Kapitel.

Wie Gott seine Werke dem Menschen mittheilt.

Einstmals bat sie für eine Person, die gar williglich war zu Arbeiten, insbesondere zu niedrigen Verrichtungen; und sie sah dieselbe

vor Gott mit gebogenen Knieen und erhobenen Händen, als ob sie
betete. Der Herr legte seine Hände, von welchen balsamische
Flüssigkeit ausging, in ihre Hände, ließ jene Flüssigkeit darein träufeln,
während er sprach: „Nimm wahr! ich gebe dir alle meine Werke
zur Heiligung und Ergänzung der Deinigen.“ Und sie erkannte,
daß die Werke und Arbeiten dieser Person Gott gar sehr wohlge=
fällig seien. Der Herr sprach: „Wenn sie durch Arbeiten gehindert
ihre Aufmerksamkeit nicht auf mich zu richten vermag, so spreche sie
die Antiphon: „Dank sei dir, o Gott, Dank sei dir, wahrhaftige
einige Dreiheit und dreifache Einheit, dreifache und eine Einheit,“
oder: „Aus welchem Alles, durch welchen Alles, in welchem Alles,
ihm sei Ehre in Ewigkeit,“ und sie befleiße sich, den Leuten sanfte
Antwort zu geben.“

Fünfunddreißigstes Kapitel.
Von süßer Tröstung des Herrn, womit er den Menschen tröstet.

Da sie wiederum für eine Person bat, sah sie den Herrn
jene, für welche sie bat, an der Rechten halten und über eine an=
muthige, blumenreiche Wiese führen. Daraus erkannte sie, daß er
sie vor ihrem Tode mit verschiedenen Krankheiten beschweren wolle.
Der Herr hatte auch an seiner Brust Lilien, Rosen und golbene
Schildchen. Diese empfing sie traulich mit großer Freude und steckte
sie spielend an die Brust. Durch die Schildchen, erkannte sie,
werde bezeichnet Standhaftigkeit und Sieg; durch die Rosen die
Geduld, durch welche sie in ihren Krankheiten triumphiren solle;
durch die Lilien aber wurde bedeutet die Reinheit des Herzens,
durch welche sie Christo gleichförmig werden solle. Da sprach jene,
welche dieses sah, zum Herrn: „Süßester Gott, ich bitte dich, daß
du ihr in ihren letzten Augenblicken einen Vorgeschmack des ewigen
Lebens gebest, nämlich die Gewißheit, niemals von dir getrennt
zu werden.“ Gott antwortete ihr: „Welcher Schiffsmann, der
seine Güter in ruhiger Fahrt bis zum Hafen gebracht hätte, würde
sie freiwillig in das Meer werfen? So werde ich ihre Seele, die
ich von Kindheit an durch das Ordensgelübde mir erwählt, deren

Rechte ich gehalten, und die ich nach meinem Willen geführt, wenn ich mein Werk in ihr nach meinem Wohlgefallen vollendet haben werde, mit Herrlichkeit zu mir nehmen."

Sechsunddreißigstes Kapitel.
Von drei Wegen des Herrn.

Als die Dienerin Christi für einen betrübten Menschen bat, bekam sie diese Antwort von Gott: "Drei Wege bin ich in dieser Welt gewandelt, auf welchen Jeglicher, der mir vollkommen nach= folgen will, mir nachgehen muß. Der erste Weg war dürr und enge; der andere blühend und fruchtbar, mit Bäumen bepflanzt; der dritte aber war voll Dornen und Disteln. Der erste Weg ist die willige Armuth, die ich alle Tage meines Lebens hoch gehalten und treu geliebt habe. Der andere Weg ist mein tugendsamer, löblicher Wandel; der dritte aber mein hartes und herbes Leiden. So ist also einem Jeglichen, welcher mir nachfolgen will, noth= wendig, daß er die Armuth umfange, und Nichts in dieser Welt zu besitzen begehre. Dann soll er zweitens ein tugendsames und löb= liches Leben führen, und drittens auch Pein und Aengsten um meiner Liebe willen gerne leiden."

Siebenunddreißigstes Kapitel.
Wie der Mensch zu Gott fliehe.

Ein anderesmal sah die Seele sich vor dem Herrn stehen, und dessen süßeste Wunden grüßen. Aber die Wunden Jesu waren mit kostbaren Juwelen umkränzt. Als sie sich nun dessen ver= wunderte, sprach der Herr zu ihr: "Wie die Edelsteine eine große Kraft in sich haben, auch einige Krankheiten der Menschen zu ver= treiben;*) so enthalten meine Wunden die große Wirkung, alle

---

*) S. Anmerkungen, 2. B. Anm. 1.

Krankheiten der Seelen zu heilen. Es gibt Einige, die so furcht=
samen Herzens sind, daß sie sich nicht getrauen, meine Barmher=
zigkeit zu suchen, sondern eher wünschen, aus Furcht vor meinem
Angesichte zu fliehen. Von diesen mag gesagt werden, daß sie die
zitternde Gicht haben. Solche, wenn sie zu meinem Leiden fliehen,
und meine Wunden oft andächtig grüßen, werden gänzlich aller un=
geziemenden Furcht erledigt werden. Es sind hinwiederum Einige
von flüchtigen und unsteten Herzen; deren Gedanken allenthalben
umherfliegen, und die durch ein einzig Wort zu Zeiten in Zorn
und Ungeduld gerathen. So nun solche herzlich mein Leiden be=
trachten und meine Wunden ihrem Herzen eindrücken würden,
möchten sie daraus Beständigkeit des Herzens erwerben und Geduld
finden. Auch gibt es Einige, welche gleichsam die schlafende Gicht
haben, das heißt Seelen, welches Alles lau und träge thun. Wür=
den diese andächtig mein Leiden betrachten und meine Wunden an=
schauen, wie tief und mit welch' großem Schmerze sie mir eingedrückt
wurden, würden sie durch dieselben aus ihrer Trägheit erweckt
werden."

Dann bat sie für eine Person und sah sie zur Stunde in
einem weißen Kleide in der Gegenwart des Herrn stehen, und der
Herr legte seine Hände in ihre Hände. Daraus erkannte sie, daß
er mit seiner Rechten ihr Beistand und Kraft gewähre zu jedem
guten Werke, mit seiner Linken aber Schutz in Widrigkeiten.

Als sie darüber nachdachte, was die Aermel des Leibrockes
bedeuten möchten, und warum die Ordensleute sich derselben be=
dienten, sprach der Herr zu ihr: "Durch die Weite der Aermel
wird bezeichnet, daß die Ordensleute stets weite und bereitwillige
Herzen für jedes Gebot haben sollen." Und der Herr sprach: "Sage
das der Person, für welche du betest, daß sie sich in den Thränen
mäßige. Kann sie aber ganz und gar nicht, so vereinige sie ihre
Thränen mit den meinigen und bereue, daß sie dieselben nicht für
die Sünder und aus Liebe vergossen habe; dann werde ich sie in
Vereinigung mit meinen Thränen nach ihrem Willen meinem Vater
zum Lobe darbringen."

Ein andermal, da sie für Jemand Fürbitte that, sah sie dessen
Seele in dem Herzen Gottes einem Kindlein gleich stehen, und
das Herz Gottes mit den Händen umfassen. Und der Herr sprach:

„So soll diese Seele zu mir kommen in all' ihrer Betrübniß, und soll an mein göttlich Herz sich halten, suchend, daselbst getröstet zu werden; und so will ich sie in Ewigkeit nicht verlassen."

Achtunddreißigstes Kapitel.
Vom Nutzen der Thränen und von ihrer Verwandlung.

Da war auch eine Person gar viel beschwert, weil sie ihre Thränen wegen Krankheit nicht zu mäßigen vermochte. Denn fünf ganze Jahre hatte sie so sehr geweint, daß sie billig, wenn die göttliche Barmherzigkeit ihr nicht beigestanden wäre, davon blind und geistesschwach geworden sein mochte. Darum ersuchte diese Leidende die Jungfrau Mechtildis und auch andere fromme Leute, für sie zu beten, damit sie von dieser Art Trübsal durch Gottes Güte erlöst würde. Und die gütige Jungfrau tröstete sie auch gar mitleidig, und ergoß ihr Gebet recht fleißig vor dem Herrn, so daß Jene auch in kurzer Zeit ihres Leidens ledig wurde. Da nun Mechtildis darüber den Herrn fragte, wie die so große Traurigkeit jener Person sich so schnell verwandelt hätte, antwortete er ihr: „Einzig durch meine Güte habe ich sie erlöst. Sage ihr aber in meinem Namen, sie möge mich bitten, daß ich durch meine Güte auch alle die Thränen, die sie vergossen hat, verwandle, als ob sie dieselben aus Liebe zu mir und aus Andacht und Reue über ihre Sünden vergossen hätte." Als jene dies hörte, fing sie an, sich zu verwundern, wie so unnütz vergossene Thränen in so heilige möchten verwandelt werden? Hierauf sprach der Herr: „Möge sie einzig meiner Güte glauben! So viel sie mir glaubt, so viel werde ich ihr erfüllen."

O wundersame Größe der göttlichen Güte, mit welcher sie so milde durch solche und so große Tröstungen geruht, Dürftigen zu Hilfe zu kommen! Wer immer du dieses liesest oder hörst, daß nämlich solche Tröstungen von Gott durch Vermittlung seiner geliebten Braut den Menschen zu Theil geworden sind, ich rathe dir, daß auch du dieselben dir gewinnen mögest; dieweilen Gott ihr offenbarte, daß es ihm gar wohlgefällig sei, wenn, was er dem Einen thue, ein Anderer

als sich selbst geschehen betrachte oder wünsche, daß es auch ihm
geschehen möge. Viele andere geistliche Tröstungen haben gar Viele
von ihr erlangt; zumeist gab sie ihnen dieselben in Form einer
Belehrung, und zuweilen ertheilte sie dieselben so, als ob sie dieselben von einem Andern empfangen hätte. Gepriesen sei also Gott
in Allem, der uns eine solche Mittlerin bei ihm gab, die durch
ihre anhaltenden Gebete und eifrigen Unterweisungen und Tröstungen sich als gütige Mutter der Elenden erwies!

Neununddreißigstes Kapitel.
Von einem, der versucht war und durch sie befreit wurde.

Ein Mensch, der weit her kam, eröffnete ihr seine Versuchung, welche er schon vielen, sowohl Ordensbrüdern, als andern
Gottesmännern geklagt hatte, wodurch ihm aber noch nie Trost zu
Theil geworden war. Sie tröstete ihn gütig und bat inständig den
Herrn für ihn. Am andern Tage dankte ihr jener Mensch gar
sehr und sprach: jene Versuchung sei gänzlich von ihm gewichen und
noch nie sei er von Jemandem so getröstet worden.

Vierzigstes Kapitel.
Von einem Bruder des Predigerordens.

Einst, als sie für einen Betrübten betete, erschien der Herr
wieder seiner Dienerin. Er stand bei einem frischbegrünten Berge,
und die Rechte des Herrn wies gegen den Berg. An dem Berge
aber sah sie Würmchen, wie Mücken, und der Herr sprach: „Wie
ein Mensch diese Würmchen leicht mit seiner Hand wegstreifen mag,
um so leichter vermöchte ich von dem, für welchen du bittest, ab-
zuwenden seine Hindernisse, so es mir gefiele. Aber ich will, daß
er, im Kleinsten und Geringsten versucht, lerne durch meine Gnade,
die er anruft, Andern in großen Versuchungen Rath und Hilfe zu
erzeigen. Alle die Hindernisse aber, mit denen er beschwert wird,

werden ihm so wenig zu schaden vermögen, als diese Würmchen den Berg, den du siehst, zu zerstören im Stande sind." — Ein andermal, da Mechtilbis für denselben Bruder betete, sprach zu ihr der Herr: „Ich habe ihn erwählt, um meiner selbst willen, und in Ewigkeit werde ich ihn bewahren. Wo er sein wird, werde ich ihn leiten, mit ihm mit= wirken in allen seinen Werken, werde der Beschützer, Tröster und Für= sorger des Hauses sein, darin er wohnt. Wenn er predigt, soll er mein Herz haben als Quell seiner Worte; wenn er lehrt, sei mein Geist ihm sein Buch. Aber in drei Dingen soll er Fleiß anwenden und seine Brüder ermahnen. Zum Ersten, daß sie irdisches Begehren fliehen sollen, gleichwie das selbstische; zum Zweiten, daß sie meiden Ehr= sucht und Erhebung; zum Dritten, daß sie über die Nothwendigkeit Nichts suchen in zeitlichen Dingen. Wenn auch die Brüder diesen Ermahnungen nicht folgen, soll er dennoch nicht aufhören, sie zu lehren, damit er mit dem Propheten sagen könne: „Deine Ge= rechtigkeit habe ich nicht verborgen." *) Alle ihm selbst erzeigte Ehre schreibe er nicht sich, sondern mir zu, und nehme alle Be= quemlichkeit seines Leibes so auf, als ob er sie meinem Leibe erzeige."

Einundvierzigstes Kapitel.
Von einem andern Bruder des Predigerordens.

Ebenso erhielt sie im Gebete vom Herrn in Betreff eines Bruders folgende Antwort: „Ich habe mich in seine Gewalt gegeben, so daß ich gegen seinen Willen keinen Sünder strafen will; über= dieß will ich Allen, für welche er betet, soviel an meiner Gnade zuwenden, als ihm wohlgefällig sein wird."

Zweiundvierzigstes Kapitel.
Wie sie für einen andern Menschen betete.

Ein anderesmal, da sie für einen Bruder betete; begann der Herr folgendermaßen: „Gleichwie eine leichte Feder von einem sehr

---

*) S. Pf. 39, 11.

starfen Wind emporgehoben an einer balfamischen Flüffigkeit hängen
bleibt, so wird seine Seele an meinem göttlichen Herzen bleiben."

Dreiundvierzigstes Kapitel.
Wie der Herr sich mit einer Biene vergleicht.

Da sie einmal einen Menschen sah, der sich im Dienste Gottes
faft gänzlich aufgerieben hatte, sprach sie zum Herrn: „Eja, mein
Herr, wie haft du seine Kraft ganz in dich gezogen und gleichsam,
wie eine Biene eine Blume, ganz ausgesogen?" Der Herr er=
widerte ihr: „Ich bin eine Biene, die ich meine eigene Süßigkeit
in mich sauge." Da sah sie gleichsam eine Biene aus dem Munde
Gottes fliegen und wieder in denselben zurückkehren. Sie dachte
aber, was denn das wäre; und der Herr sprach: „Diese Biene ist
mein Geift. Wenn ich den Menschen meine Gnade eingieße und
wieder von ihnen empfange, so bereite ich in meinem göttlichen
Herzen Honig von ewiger Süßigkeit."

Vierundvierzigstes Kapitel.
Wie der Herr Jesus Christus den ihm Dienenden dient.

Als einst eine Schwester im Chor die Collekte las, sah sie
den Herrn Jesum in Gestalt eines sehr schönen Jünglings vor ihr
stehen, ihr das Buch halten, über ihre Brust sich neigen zu ihr
sprechend: „Ich werde dir folgen, wohin immer du gehen wirst;
du kannst mir nicht genommen werden." Die Seele fing an sich
zu verwundern, warum der Herr jener so viele Freundschaft bezeigte.
Der Herr antwortete ihr: „Ich weiß, was ich in ihr vermag, und
ich werde ihr die Kraft der Sinne in Allem verdoppeln."

Fünfundvierzigstes Kapitel.

Daß der Herr Jesus sich über die Buße des Sünders freut.

Da sie für eine andere Person bat, erhielt sie die Antwort: „Ich folge ihr ohne Unterlaß, und wenn sie durch Buße oder Verlangen oder Liebe sich zu mir bekehrt, so freue ich mich unsäglich. Denn dem Schuldner macht keiner eine größere Freude, als der ihm den Schatz gibt, durch welchen er sich auslösen mag. Ich habe mich aber meinem Vater gegenüber gewissermaßen zum Schuldner gemacht, da ich versprochen habe, für die Schuld des Menschen genug zu thun; darum erachte ich mir Nichts für wünschenswerther und angenehmer, als daß der Mensch durch Buße und Liebe sich zu mir bekehre."

Sechsundvierzigstes Kapitel.

Daß der Herr Jesus sich der treuen Seele gibt.

Als eine kranke Schwester kommunizirte, sah die Seele den Herrn der Majestät, Jesum, als blumengeschmückten Bräutigam vor dem Bettlein der Kranken wie auf einem erhabenen Thron. Während nun der Priester die heilige Hostie der Kranken in den Mund legte, gab Jesus Christus selbst, das lebendige Brod und die unvergängliche Speise der Engel, sich jener Seele ganz hin: seinen rosenfarbenen Mund zum Küssen, seine Arme zum Umfangen. So ward jene glückliche Seele gleich einer schneeweißen Taube mit ihrem Geliebten vereinigt, so daß Nichts in ihr erschien, als Gott.

Siebenundvierzigstes Kapitel.

Von einer Person, welche sich scheute, öfters zu kommuniciren.

Da sie einst für eine Person bat, welche aus Lauheit und Gleichgiltigkeit öfters unterließ, den Leib des Herrn zu empfangen, sah die Seele, wie dieselbe Person vor dem Herrn stand und der

Herr zu ihr sprach: „Meine Theuerste, warum fliehst du mich?"
Die Seele aber wunderte sich, warum er jene mit so freundschaft=
lichem Namen rief; der Herr aber sprach zu ihr: „Alle Tage ihres
Lebens wird sie mit diesem Namen genannt werden." Die Seele
fürchtete nun aber, jene möchte nach ihrem Leben diesen Namen
verlieren. Der Herr entgegnete: „In Ewigkeit wird dieser Name
ihr bleiben." Die Seele jener Person stand nun vor Gott in
Gestalt einer sehr schönen Jungfrau. Der Herr aber wandte sich
zu ihr und sprach: „Nahe dich vertrauensvoll der Allmacht des
Vaters, damit sie dich stärke; der Weisheit des Sohnes, damit sie
dich erleuchte; der Güte des heiligen Geistes, damit sie dich mit
Süßigkeit erfülle."

Achtundvierzigstes Kapitel.
Von einer andern Person, welche die gleiche Scheu hatte.

Eine andere Person ward darin versucht, daß sie, wenn sie zu
den lebendigmachenden Sakramenten Christi ging, obwohl an sich
Niemand ganz würdig hinzutreten kann, doch fürchtete, sie empfange
dieselben ganz besonders unwürdig. Als nun die Seele mit ver=
trauensvollem Herzen den Herrn für diese Person anrief, erhielt sie
von ihm diese Antwort: „Sie nahe sich mir öfters, und so oft sie
zu mir kommt, werde ich sie als meine rechtmäßige Königin auf=
nehmen." Durch dieses Wort ward jene in ihrer Versuchung gar
sehr getröstet und brachte der göttlichen Güte ihren Dank dar.

Neunundvierzigstes Kapitel.
Daß der Mensch Alles das Gott erweist, was er um Gottes willen dem Nebenmenschen thut.

Einstmals war sie ermüdet, da sie einem Menschen in seiner
Dürftigkeit des öftern Dienste leistete, und fürchtete sich nun, sie
möchte sich mit ihm mehr beschäftigen, als sich geziemte. Da er=

schien ihr der Herr, wie er das Kleid jenes Menschen auf seinem Schoß hatte und es nähte, und er sprach zu ihr: „Fürchte dich nicht; was du jenem Menschen thust, das thust du mir." Da sie aber diese Furcht nicht zu überwinden vermochte, bat sie den Herrn, daß er diese Versuchung von ihr hinwegnehmen möchte. Der Herr that es voll Güte und zwar so, daß sie von demselben Menschen öfters gekränkt wurde; sie nahm dies aber dankbar aus Liebe zu Gott an und bat den Herrn, daß sie keine Abneigung des Herzens gegen jenen Menschen fühlen möchte, damit sie nicht sündige. Der Herr erhob nun den kleinen Finger gegen sie; da sie aber darüber nachdachte, was das bedeute, antwortete ihr der Herr: „Öfters habe ich dir gezeigt, daß durch diesen Finger meine Menschheit dargestellt werde." Und er fügte bei: „Was siehst du an ihm?" Und jene: „Drei Glieder." Der Herr sprach zu ihr: „Das größte Glied bedeutet die Demuth, weil ich den Menschen meistens durch die Demuth für meine Gnade vorbereite. Das mittlere Glied bedeutet die Geduld, weil der Mensch alles Widrige um meinetwillen geduldig tragen soll. Das oberste Glied, welches das schwächste ist und sich Allem anschmiegt, ist die Liebe. In diesen dreien übe dich, und du wirst alles Widrige in meiner Liebe überwinden."

Fünfzigstes Kapitel.
Von einer Trauernden.

Da eine fromme Seele gar viel trauerte, bat die Dienerin Gottes mitleidend den Herrn, daß er, der allzeit Gütige, geruhe, durch die Tröstung seines heiligen Geistes jener Seele zu Hilfe zu kommen. Hierauf sprach der Herr: „Warum ist diese Seele in Schwermuth? Ich habe sie mir geschaffen und habe mich ihr gegeben zu allen Dingen, welche sie von mir begehrt. Ich bin ihr Vater in der Erschaffung, ihre Mutter in der Erlösung; bin ihr Bruder in der Theilung des Reiches, bin Schwester ihr in süßer Gesellschaft."

Einundfünfzigstes Kapitel.
Daß der Mensch seine Feinde Gott geben solle.

Und wieder da eine andere Seele ihre Trauer und Betrübniß der Dienerin Gottes klagte, redete sie den Herrn für selbe an. Und Jesus entgegnete: „Sage ihr, daß sie mir ihre Feinde gebe, und ich selber will ihr dann mich geben mit allen meinen Heiligen, zu ewigem Lohne."

Zweiundfünfzigstes Kapitel.
Daß Gott den Willen für das Werk nimmt.

Und da sie ferner für einen Betrübten betete, sprach der Herr: „Wenn Jemand also trauert, daß ihm bedünkt, er wolle lieber sterben, denn die Trauer ertragen, er aber gleichwohl mir diese Beschwerniß aufopfert, mit dem guten Willen, in diesem Leiden auszuharren; dann nehme ich sein Opfer so auf, als ob er wirklich um meinetwillen gelitten."

Dreiundfünfzigstes Kapitel.
Wie Gott verlangt, daß die Sünder bekehrt werden.

Da Mechtildis mehrfach für einen Bekümmerten, welchen sie aber in keinem guten Stande wußte, beten sollte, wurde sie von Unwillen gegen ihn bewegt, weil sie oft diesen Menschen mit heilsamen Worten gestraft hatte, er jedoch unverbesserlich geblieben war. Da sprach der Herr zu ihr: „Eja, habe Mitleid mit mir, und bitte für die armen Sünder, welche ich mit so theurem Preise erkauft habe, und nach denen ich so sehnlich begehre, daß sie sich zu mir bekehren."

Vierundfünfzigstes Kapitel.

Wie Gott sich am Herzen des Menschen am meisten erfreue.

Ein andermal sprach der Herr zu ihr: „Kein Ding erfreut mich so hoch, als das Herz des Menschen, das ich doch so selten zu Dienst gewinne. Denn in allen Gütern bin ich überreich, ausgenommen das Herz des Menschen, dessen ich gar so oft beraubt werde." —

Fünfundfünfzigstes Kapitel.

Wie der Herr Jesus Christus vor Gott dem Vater steht und sich für die Sünder aufopfert.

Einstmals, da sie eben betete, sah sie den Herrn in einem blutbesprengten Kleide, und hörte ihn also sprechen: „Wie meine Menschheit ganz mit Blut begossen in unaussprechlicher Liebe sich Gott dem Vater als ein Opfer an dem Altare des Kreuzes aufgeopfert hat; in derselben Innigkeit der Liebe stehe ich vor dem himmlischen Vater immerdar und opfere für die Sünder alle Art meines Leidens auf, und ist es mein größtes Sehnen, daß der Sünder durch wahre Reue zu mir sich bekehre und lebe."

Sechsundfünfzigstes Kapitel.

Von den fünftausend vierhundert und sechzig Vaterunsern.

Und als sie Gott fünftausend, vierhundert und sechzig Vaterunser, die von der ganzen Klostergemeinde zu Ehren der heiligsten Wunden Jesu gebetet worden waren, aufopferte, erschien ihr der Herr. Seine Hände waren ausgebreitet und alle seine Wunden waren offen. Und er sprach: „Als ich an dem Kreuze hing, waren alle meine Wunden offen, und jede einzelne aus ihnen rief zu Gott dem Vater fürsprechend für das Heil der Menschen; und bis heute

noch besänftigen sie mit starkem Rufen den Zorn des Vaters gegen=
über dem Sünder. Und ich sage dir, nie wohl konnte ein Bettler
durch ein Almosen, welches er mit ungestümem Schreien erworben
hat, so erfreut werden, als ich, der reiche Gott, frohlockend aufnehme
das Gebet, das zu Ehren meiner Wunden verrichtet wird. Und auch
dies sage ich dir, ein solch Gebet mag nimmer für eine andere
Seele andächtig und aufmerksam gesprochen werden, daß es ihr
nicht ein Heil erwerbe." Da sprach die Dienerin: „Mein Herr,
welches ist etwa die Meinung, in welcher du willst, daß es ge=
sprochen werde?" Er antwortete: „Diese, daß der Mensch nicht
allein mit dem Munde, sondern auch mit dem Herzen die Worte
aufmerksam spreche, und mir nach wenigstens fünf Vaterunsern auch
im mündlichen Gebete befehle."

Da ward ihr noch göttlich eingegeben der Vers, der zu den
fünf Vaterunsern zu Jesu Wunden möchte gesprochen werden: „Herr
Jesus Christus, Sohn des lebendigen Gottes, nimm dieses Gebet
auf in der unendlichen Liebe, mit welcher du alle Wunden deines
heiligsten Leibes ertragen hast, und erbarme dich meiner, aller Sünder
und aller Gläubigen, sowohl der lebenden als der abgestorbenen,
und gib ihnen Gnade, Barmherzigkeit, Vergebung aller Sünden
und ewiges Leben, Amen." Und der Herr sprach abermals: „So
lange der Sünder in Sünden ist, hält er mich gleichsam an dem
Kreuze ausgespannt gebunden. Sobald er durch Buße zu mir bekehrt
wird, zur Stunde erlöst er mich. Ich aber mit meiner Gnade
und Barmherzigkeit gleichsam von dem Kreuze gelöst, senke mich
ganz mit meiner Gnadenfülle über ihn, wie ich auf Joseph von
Arimathäa herabgesunken bin, da er mich von dem Kreuze löste,
und ich gebe mich ganz in seine Gewalt, so daß er mit mir machen
kann, was er will. Verharrt jedoch ein Sünder in der Sünde bis
in den Tod, dann wird meine Gerechtigkeit auf ihn fallen und
wird ihn richten, wie er es verdient hat."

Siebenundfünfzigstes Kapitel.
Wie Gott ihr hundert Sünder schenkte.

Da sie im Evangelium lesen hörte: „Der Menschensohn wird kommen in großer Macht und Herrlichkeit",*) sprach sie von geistiger Freude überströmt zum Herrn: „Eja, komme gut!" Und der Herr: „Erwäge wohl, was du sprichst; wenn du sagst: „gut", so merke, daß ich jenes Gut bin, von welchem alles Gute ausgegangen ist und ohne Ende ausgehen wird. Wenn du sagst: „komme", so habe Acht auf jene göttliche Liebe des Wohlwollens, womit ich zu der Seele komme, ganz trunken vom Weine der Liebe." Da bat sie den Herrn für Alle, die im Stande der Sünde sind, daß er sie bekehren möge. Der Herr erwiderte ihr: „Nimm wahr! Auf dein Gebet hin will ich hundert Sünder bekehren."

Achtundfünfzigstes Kapitel.
Wie bereit Gott sei, die Sünder aufzunehmen.

Da sie lange unter schweren Leiden des Hauptes sich abgemüht, opferte sie eines Tages unter der feierlichen Messe ihre Schmerzen mit dem Opfer der heiligen Hostie dem Herrn zu ewigem Lobe. Zur Stunde erschien ihr der Herr, in seinen lieblichen Händen einen Reifen von dürrem Holze haltend, an welchen er gar schöne Rosen knüpfte. Aber da die Seele sich verwunderte, was es wohl bedeute, daß der Herr um das dürre Holz so blühende Rosen binde, hörte sie ihn sprechen: „Nimm wahr! dadurch, daß ich diesem dürren Holze blühende Rosen anbinde, sollst du verstehen, wie nie eines Sünders Herz durch den Rost der Sünde so verdorrt ist, daß, wenn er einen Schmerz leiblicher Krankheit, wie klein solcher auch sein mag, in der Meinung leidet, er wolle zu Lieb und Lob meines Namens gerne noch größere leiden, wenn es mir gefiele; daß zur

---

*) Wörtlich: Sie werden den Menschensohn kommen sehen auf der Wolke mit großer Macht und Herrlichkeit. Luk. 21, 27.

ſelben Stunde ſeine Seele nicht durch dieſe Betrachtung aufgrünen und meiner göttlichen Gnade ſodann wieder zugänglich werden könnte. —

„Ich ſage dir, kein Sünder iſt ſo arg, daß, wenn er wahrhaft bereut, ich nicht in derſelben Stunde ihm alle ſeine Sünden voll= kommen verzeihe. Ja, mit ſo großer Güte und Süßigkeit neige ich mein Herz zu ihm, als ob er nie geſündigt hätte.“ Sie ſprach: „Wenn es alſo iſt, liebſter Gott, wie kömmt es denn, daß der arme Menſch ſolches am wenigſten empfindet?“ Worauf der Herr ent= gegnete: „Es kömmt daher, weil er den inneren Geſchmack der Sünde noch nicht verloren hat. Wenn nun ein Menſch nach der Buße ſo ſtarkmüthig widerſteht, daß er allen Geſchmack und alle Luſt der Sünde gänzlich ausrottet, dann ſonder Zweifel empfindet er auch die Süßigkeit des göttlichen Geiſtes.“

O wahrlich, eine unerforſchliche Höhe deiner Weisheit und Barmherzigkeit, ſüßeſter Gott! der du durch ſolche wunderbare und ſeltſame Wege das Herz des Sünders zu dir ziehen willſt, damit ihm keine Urſache gegeben werde zur Verzweiflung, und er ſo großer Güte und väterlichem Rufe folge!

Neunundfünfzigſtes Kapitel.

Folgendes hat Mechtildis einer weltlichen Frau, ihrer Freundin, geſchrieben, welche ſie ſich zu einer Tochter erwählt hatte.

Mir gar liebe Tochter in Chriſtus! Der Liebhaber deiner Seele hält deine Hand in ſeiner Rechten, jeden deiner Finger mit den ſeinigen berührend, um dir damit zu zeigen, wie er in deiner Seele wirke, und wie du ihm nach ſeinem Beiſpiele nach= folgen ſollſt.

Sein äußerſter Finger bedeutet ſeinen demuthvollen Wandel, in welchem er auf die Erde gekommen iſt, nicht daß ihm gedient werde, ſondern daß er diene und ſich unterwerfe aller Kreatur. Zu dieſem Finger ſollſt du den deinen legen; das heißt, ſo du von Hoffart angemuthet wirſt, betrachte die Demuth und Unterwerfung deines Gottes, damit du durch ſeine Demuth alle Hoffart und eigenen Willen, der da kömmt aus der besonderen Liebe, mit welcher der Mensch sich selbst liebt, überwindest.

Durch den Ringfinger wird dargestellt die Treue seines Herzens, mit welcher er sorglich über uns Obhut hält, wie eine getreueste Mutter, indem er unsere Bürde und Beschwerniß mitträgt und in unaussprechlicher Treue seines Herzens uns von allem Uebel beschützet. Zu diesem Finger füge auch du den deinen, erkennend, welch' große Untreue du deinem süßesten und getreuesten Liebhaber bewiesen hast, als du von ihm deine Seele, die er sich zu Lieb' und Lob erschaffen hat, daß er ihrer in ewiger Wonne genieße, sündhaft entferntest und gar selten und saumselig seiner gedachtest.

Sein Mittelfinger bedeutet seine höchste ewige göttliche Liebe, welche ihn so wunderbar und kräftiglich der Seele zuneigt und sein Herz nicht ruhen läßt, so lange er sich nicht ganz der Seele einsenkt, wie Wasser mit Ungestüm ausfließen und suchen, wohin sie sich ergießen mögen. Zu diesem Finger lege auch den deinen, das ist, deinen Willen. Merke also: Vermagst du Jesum nicht alle Stunden zu lieben, so gib den Willen für die That, so daß, wenn du aller Heiligen und aller Kreaturen Liebe besäßest, du selbe ihm allein schenken wolltest.

Sein Zeigefinger bedeutet die wunderbare und unerforschliche Ordnung der göttlichen Fürsicht, mit welcher er alle zukünftigen Dinge des Menschen barmherzig voraussieht, und wenn eine Seele irrt, sie mit so großer Weisheit und Begnadigung zurückruft, zuweilen durch Glück und oft auch durch Widerwärtigkeit. Zu diesem Finger sollst du gerne legen den deinen, das heißt, du sollst es vollkommen glauben, daß Alles, was dir widerfährt, Fröhliches oder Trauriges, nur aus seiner großen Liebe und zu deinem Nutzen dir zukomme, und du daher für jedes ihm Lob und Dank sagen sollest.

Sein Daumen bedeutet seine göttliche Allmacht, und die Macht seines väterlichen, liebevollen Schutzes, mit welcher er den getreuen Seelen alle Widerwärtigkeit abwendet oder verringert, und ihnen nur soviel davon zukommen läßt, als zu ihrem Heile und zur Uebung in der Tugend nothwendig ist. Zu diesem Finger sollst auch du den deinen fügen, das heißt, auch du sollst stark sein in Ausübung der Tugenden, und sollst mannhaft den Lastern widerstehen, nie der Barmherzigkeit Gottes mißtrauend, wenn er dich etwa geängstigt werden läßt, oder wenn er dir zeitweise seiner Gnaben Erleuchtung entzieht.

An dieselbe.

O getreue und Gott liebende Seele! Achte fleißig und mit liebendem Herzen auf das Gesetz, welches dir dein herrlicher Bräutigam Jesus Christus, der Sohn der väterlichen Gütigkeit, gegeben hat, da er dich zu einer Braut sich erwählte, aus sich selbst und durch sich selbst gar selige Hochzeit feiernd. An dem Tage dieser Herrlichkeit und Freude seines Herzens kleidete er sich um deiner Liebe willen mit einem rosenfarbenen Kleide, welches die Liebe mit seines Herzens Blut gefärbt hat. Auch setzte er auf sein Haupt einen Kranz von Rosen und Lilien, allenthalben umreiht mit den edelsten Perlen, den Tropfen seines Blutes. Handschuhe trägt er an seinen Händen, wohl durchlöchert, daß er ganz und gar nichts darin behalten könne, sondern daß er alle Dinge dir gebe, welche er sonst vor der ganzen Welt verborgen hatte. Sein edles Bett war das harte Kreuz, zu welchem er so fröhlich und mit gar inniger Liebe geschritten ist, wie noch nie ein Bräutigam sich an seinem Bett aus Elfenbein und Seide erfreute. Auf diesem Bette seiner himmlischen Minne wartet er deiner mit unendlichem Verlangen. So du nun seine Braut sein willst, mußt du aller Lustbarkeit gänzlich entsagen und allein zu ihm, zu dem Bette der Schmerzen und der Verhöhnung hinzutreten und dich an seine durchstochene Seite schmiegen. Und merke fleißig, welch' ein kostbar Pfand er dir eingesetzt, da er dir sein süßestes Herz, die Schatzkammer der Gottheit geöffnet hat, um dir den Born göttlicher Liebe zu schenken, welcher da heil macht alle Krankheit deiner Seele. Dieses hochedle Pfand ist unschätzbaren Werthes, weil es aller Gnaden, aller Tugenden und alles Guten Urquell ist. Dieses Pfand, sage ich, will er nimmer von dir nehmen. Denn durch selbes hat er deinen Glauben befestigt, gleichwie ein König, der seine Braut noch nicht in sein Haus geführt hat, ihren Freunden eine Stadt voll Reichthum zum Pfande setzt. So hat dieser Bräutigam, beine Liebe, Gott dem Vater das kostbarste, fürnehmste Haus, hat sein göttlich Herz zu einem Pfande gegeben, daß er dich, seine Braut, nimmer verlassen wolle. Dasselbe opfert er auch täglich für dich auf dem Altare, zum Beweise der Liebe, mit welcher er dir von Ewigkeit zuvorgekommen ist.

Darum, Tochter des ewigen Vaters und seines einigen, ewigen Sohnes, auserwählte Braut und Freundin des heiligen Geistes! liebe den herzlich Geliebten, von welchem du geliebt worden bist, und welcher selber auch Liebe, ganz Liebe ist. Sei ihm getreu, der die Treue ist; und wenn dir irgend eine Trübsal begegnet, so nimm dieselbe als ein goldenes Band, welches Gott dir angelegt hat, um dich an die Liebe seines Sohnes zu ziehen und zu fesseln. Du aber, zur Stunde gleichsam diesem Zuge voraneilend, erhebe dich und dein Herz, daß es noch mehr gezogen, und durch Dankbarkeit und Beharrlichkeit geschickt werde, das Heil zu erkennen, welches Gott dadurch in deiner Seele wirken will.

Merke auch, was dir an Tugenden gebreche! Bedarfst du Demuth oder eine andere Tugend, so schließe dir mit dem Schlüssel der Liebe den köstlichsten Schrein aller Tugenden auf, das ist, das Herz des Herrn, den Herrn der Tugenden bittend, daß er dir zur Hilfe seine edlen Tugenden gebe, damit du alle Versuchungen über= windest. So aber die Räuberbande böser Gedanken an dich kommt, lauf zu dem Harnischkasten, dir von da die blanken Waffen zu nehmen, das ist, deines Herrn Leiden und Tod, welche du geschärft durch stete Betrachtung deinem Herzen einstecken sollst, damit dadurch all' die Schaaren dieser Gedanken vernichtet und verjagt werden. Wenn aber Gedanken der Verzweiflung dich anfechten, fliehe zu dem Schreine der unerschöpflichen Gütigkeit, welche keinen verderben, sondern ihn zur Erkenntniß und Liebe der Wahrheit führen will, den nur ausgenommen, welcher freiwillig die Verdammniß wählt. Betrachte auch, wie Gott mehr bereit ist, den Menschen aufzunehmen, als ein Mensch bereit sein kann, zu Gott zu kommen. Gott aber verlangt am meisten, daß der Mensch so sich erzeige, daß er ihm seine Gnade ohne Unterlaß eingießen und alle Güter in ihm allezeit mehren möge.

Eine sehr gute Lehre an dieselbe Frau.

Der Liebhaber der Menschen, der Herr Jesus begehrt mit Eifer, daß die Seele mit ihm vereinigt werde, besonders die Seele, welche von ihm getröstet werden will, und sich sehnt, seine Wonne zu kosten. Jesus will aber, daß sie alle die Erlustigung und Tröst= ung der Kreaturen verwerfe, welche sie zu Gottes Liebe nicht treibt oder lockt. Besitzt der Mensch irgend etwas, was er liebt, und woran er seine Lust hat, soll er bei sich gedenken, daß Gott ihm selbes gegeben hat nur darum, damit er dadurch zu Gottes Liebe bewegt werde. Empfindet aber ein Mensch, daß er dadurch nicht zu Gottes Liebe aufgefordert werde, sondern daß dasjenige, was er liebt, öfter als Gott in sein Herz komme; dann soll er dasselbe ernstlich wegthun, es sei ein Mensch oder eine andere Kreatur, so er der Freundlichkeit Gottes nicht entbehren will. Denn diese ist gar zart, und geduldet nichts über sich oder neben sich. Jesus, der Sohn der väterlichen Liebe, will allein sein, allein der Geliebteste und Innerste deinem Herzen.

Noch eine nützliche Ermahnung an dieselbe Frau.

Gott hat sein göttliches Herz der Seele gegeben, daß sie ihr Herz wiederum ihm gebe. So sie dieses dankbar und mit Vertrauen thut, wird Gott es durch seine Gewalt also erhalten, daß es nimmer zu einer großen Sünde geneigt zu werden vermag. Der Mensch soll auch Acht haben des Herzens Gottes, und soll fleißig aufmerken, was demselben am meisten gefalle. Ist er traurig, zur Stunde fliehe er zu dem Schatze göttlicher Minne, suchend, daselbst getröstet zu werden. Wird aber die Seele durch Schickung göttlicher Weisheit nicht getröstet, soll sie nichts desto minder Gott aus ganzem Herzen Dank sagen und loben. Solches gefällt Gott an der gläubigen Seele sehr wohl, daß sie nicht suche das Ihre, sondern die Ehre Gottes und was Jesu Christo ist, und daß sie seine Tröstungen nicht vorsetzt seiner göttlichen Herrlichkeit.

Sechszigstes Kapitel.
Von dreifacher Frage des Herrn.

Da die Dienerin Gottes in dem Evangelium lesen hörte: „Simon, liebst du mich?" *) ward sie, auf diese Worte merkend, in Entzückung des Gemüthes versetzt, und sah sich vor dem Herrn, welcher zu ihr sprach: „Ich frage auch dich, worauf du mir nach

---

*) Joh. 21, 15. 16.

der Wahrheit deines Gewissens antworten sollst. Ist vielleicht etwas in der Welt dir so lieb, daß du selbes um meinetwillen, wenn es in deiner Gewalt wäre, nicht wolltest verlassen?" Sie aber antwortete: „Du weißt, Herr! wenn mein wäre die ganze Welt, mit Allem, was in ihr ist, um deinetwillen wollte ich sie völlig verlassen;" was der Herr von Stund an so aufnahm, als ob sie Alles, was ihr eigen, verlassen hätte.

Abermals fragte sie der Herr: „Ist vielleicht eine Arbeit oder ein Joch des Gehorsams so groß, daß du um meiner Liebe willen es nicht wolltest übernehmen?" Sie antwortete: „Ich bin auch bereit, alle Dinge um deines Namens willen zu leiden."

Abermals sprach der Herr: „Ist vielleicht eine Pein so groß, die du um meinetwillen zu leiden ausschlügest?" Sie antwortete: „Mein Herr, mit dir und mit deiner Hilfe bin ich bereit, allen Peinen mich zu untergeben;" welches der Herr so aufnahm, als ob sie es im Werke erfüllt hätte.

Und abermals sprach der Herr: „Nimm wahr! ich befehle dir dreierlei Arten der Menschen; erstens: Kindliche, Unschuldige und Einfältige, die da bezeichnet sind durch des Lammes Unschuld, daß du sie unterweisest und zu meiner Erkenntniß und Liebe führest; zum Andern: die Betrübten und Bedürftigen, die gleicherweise durch des Lammes Sanftmuth bezeichnet werden, daß du sie tröstest, und ihnen Hilfe, so viel du vermagst, erzeigest; zum Dritten: die ganze Kirche, die durch des Lammes Nutzbarkeit dargestellt ist, welche du mit stetem Eifer und unermüdetem Gebete den Augen meiner Barmherzigkeit überantworten sollst."

Fünftes Buch.

Gar milden Wesens trug diese Jungfrau mit den Bekümmerten herzliches Mitleid, und wie sie der Lebenden allzeit vor dem Herrn eingedenk gewesen, so nicht weniger hat sie den armen Seelen mit ihrem andächtigen Gebete zu helfen sich beflissen. Darum ist es geschehen, daß oftmals, wenn sie für Seelen bat, die der Hilfe des Gebetes nicht bedurften, ihr der gütige und barmherzige Gott derselben Verdienste zeigte.

Erstes Kapitel.

Von der Seele der Frau Gertrudis, der Aebtissin, und daß das Verlangen des Menschen auch nach seinem Tode noch lebendig ist.

Da an einem Tage die Messe für die Abgestorbenen in einer Kapelle gesungen ward, und Mechtildis für die Seele ihrer Schwester seligen Gedächtnisses, Frauen Gertrudis, der Aebtissin, deren Verherrlichung sie vormals oft im Geiste gesehen hatte, das Lob der heiligen Dreifaltigkeit zur Danksagung darbrachte, sprach zu ihr der Herr: „Säheft du sie jetzt abermals gerne?" Und zur Stunde sah sie diese Seele in großer Glorie. Auf ihrem Haupte hatte sie einen schimmernden Schleier, und als die Dienerin Gottes die Seele fragte, was durch diesen Schleier angedeutet werde, antwortete sie: „Er bedeutet meine Gewohnheit. Alle Fäden dieser

Bedeckung durchleuchtet die Gottheit mit besonderer Ehre und mit Glanz." In diesen Worten verstand sie, daß nichts so klein ist, was der Mensch aus Andacht und Gewohnheit seiner Kleidung thut, wie das ist, daß er Bedeckung und Krone trägt, daß es vor Gott vergessen wäre, und wofür die Seele nicht besondere Ehre erlange. Und sie sprach: „Wo ist deine Krone?" Sie antwortete: „Meine Krone ist von so unschätzbarer Glorie, daß sie von der Erde bis zum Throne Gottes erhöht ist, und die vier Enden der Welt berührt, und welche darum auf Erden angefangen hat, weil ich mein Andenken und Beispiel den Menschen auf Erden zurück= gelassen habe. Aber bis zum Throne Gottes ist sie erhöht; denn Gott hat Lob und Ehre, und alle Heiligen haben Freude an meinen Tugenden. Die vier Theile der Welt umfängt sie darum, weil mein Wandel nutzbar war der ganzen Kirche, und es sein wird bis zum Ende der Welt.".

Als nun die Dienerin Gottes die Seele um eine Sache be= fragte, um welche diese den Herrn, da sie noch lebte, gebeten hatte, antwortete sie: „Mein Gebet ist von gar großer Wirkung, und er= langt nützlichere und fruchtbarere Dinge, als zur Zeit, da ich auf Erden war." Worauf Mechtildis verwundert sprach: „Wie das wohl geschehen möchte?" Sie antwortete: „Es ist so: weil das Gebet des Gerechten, wenn er stirbt, nicht mit ihm stirbt, noch auch abnimmt. Wer für die Sünder in seinem Leben gebetet hat, daß sie nicht verderben, dessen Gebet und Begehren wird den Sün= dern nützlich auch nach seinem Tode, und so auch alles andere."

Deßgleichen haben wir im Buche der Machabäer, wo gelesen wird: Onias, der da war ein höchster Priester, und Jeremias der Prophet erschienen dem Judas Machabäus. Onias sprach von Jeremias, dem heiligen Propheten: „Das ist der, welcher groß und viel bittet für das Volk," da doch gewiß war, daß die Seele des Jeremias jener Zeit in der Vorhölle gewesen; da er aber in den Tagen seines Lebens als ein wahrer Priester Gottes durch sein Gebet Gott mit dem Volke versöhnt hat, so ist von ihm gesprochen, daß er auch nach dem Tode für das Volk bitte. *) Daraus kann ersehen werden, daß, wer immer sein Verlangen bis zum Ende der

---

*) S. II. Mach. 15, 12—15.

Welt ausdehnt, so daß er, wenn es möglich wäre, mit Gebet, innigem Verlangen, Arbeit und Ertragung für alle Menschen und die Seelen im Fegfeuer Gott zu Liebe und zu Ehren leben und wirken wollte, daß Gott ohne Zweifel seinen Wunsch für die That annehmen würde.

Zweites Kapitel.

Wieder von der Seele ihrer Schwester, und daß die Seelen der Seligen alle Worte, welche für sie gesprochen werden, Gott aufopfern.

Ein andermal, als die Klostergemeinde kommunizirte, sah sie die Seele derselben Schwester in unvergleichlicher Schönheit stehend bei der Rechten Gottes, und so viele Personen kommunizirten, so oft blickte der Herr die Seele freundlich an. Daburch ward ausgedrückt das besondere Verdienst, welches die selige Aebtissin darin erworben, daß sie so getreulich ihre Schwestern angehalten, oft und gerne zu kommuniziren. Da Mechtildis dies mit Verwunderung und Frohlocken sah, begehrte sie auch zu wissen, ob der Priester irgend ein Verdienst daraus gewinne, daß er den Hinzugehenden das Sakrament des heiligsten Frohnleichnams reiche? Hierauf antwortete der Herr: „Wie ein Ritter reich würde, wenn er den einzigen Sohn seines Königs in seinen Armen zu allen Fürsten trüge, und ein Jeder dem Sohne des Königs hundert Mark opferte, der König aber dies Alles dem Ritter, wenn dieser mit dem Sohne wiedergekommen, schenkte; so wird das Verdienst des Priesters gemehrt, welcher mit Andacht und Frohlocken den Gläubigen das Sakrament des Leibes Christi darreicht."

Darnach sprach die Dienerin Gottes zu ihrer Schwester: „Sage mir, liebste Schwester! welches Frommen kömmt dir davon, wenn wir für dich lesen die Gezeiten von der heiligsten Dreieinigkeit oder andere Gebete?" Sie antwortete: „Ich nehme alle Worte von euerem Munde wie Rosen, welche ich meinem Geliebten mit Freude opfere." Und die Selige zeigte Mechtilden in ihrem Mantel schöne Rosen in der Mitte mit einem goldenen Blatte, und sie sprach: „Das goldene Blatt ist das Blatt des Herzens, das ist die

Liebe, von welcher die Wirkung des Gebetes ausgeht, wenn ihr mir solches aus Liebe und nicht aus Pflicht aufopfert." Da sprach Mechtildis: „Was geschieht aber mit den Andachten, die wir den Heiligen aufopfern?" Die Selige antwortete: „Die Heiligen empfangen gleicherweise die ihnen aufgeopferten Gebete, und mit Dankbarkeit und Freude überantworten sie dieselben Gott ihrem Könige. Auch ob du allen Heiligen allein ein Vaterunser sprächest, in der Meinung, es einem jeden sonderheitlich zu sprechen, was du gerne thun wolltest, wenn du es vermöchtest; so nehmen sie Alle und Jeder das an, als ob du es Jedem besonders gesprochen hättest."

Drittes Kapitel.
Von der Seele der Schwester Mechtildis.

Als eine Schwester gleichen Namens Mechtildis, seligen Gedächtnisses, gestorben war, ward derselben Seele der Dienerin Gottes also geoffenbart. Sie sah dieselbe in Gestalt einer schönen Jungfrau, in ein grünes Kleid gekleidet, eine goldene Krone auf ihrem Haupte, in Mitten einer Menge der Jungfrauen und Heiligen stehend, die sie mit überaus großer Freundlichkeit zwischen sich führten. Und sie erkannte im Geiste, daß diese Seele ihre Verklärung erwartete. Da nun bei der heiligen Messe, welche für diese Seele gefeiert wurde, die Hostie aufgeopfert ward, schien es, als wollte der Herr in besonderer Weise sich selbst dieser Seele schenken, weil dieselbe zu einer Zeit ihres Lebens durch Krankheit des Leibes verhindert gewesen, das heiligste Sakrament des Leibes Christi zu empfangen.

Als man dann das Offertorium der Todtenmesse sang, und Niemand gegenwärtig war, welcher unter demselben für die Armen ein Opfer auf den Altar legte; bedünkte es Mechtilden, als ob der König der Herrlichkeit und der Bräutigam der Jungfrauen selbst hinzuträte zu Gott dem Vater, und alle die Werke, Gebete, Mühen und Leiden seiner heiligsten Menschheit mit sammt der Glorie seiner herrlichen Gottheit zur Mehrung der Glorie und Freude seiner neuen Braut dem himmlischen Vater opferte. Darnach trat die

allerseligste Jungfrau Maria ihrer Seits hervor und opferte alle
Gaben, Begnadigungen und Tugenden, welche ihr verliehen worden
waren, zur Mehrung der Glorie der Braut ihres Sohnes; ihr
folgten die Patriarchen, die Propheten, die Zwölfboten, die Märtyrer,
Beichtiger, die Jungfrauen und alle Ordnungen der Heiligen; sie
traten hinzu und opferten deßgleichen. Als aber die heilige Hostie
erhoben ward, erschien in der Richtung des Sonnenaufganges ein
wunderbares und unbeschreibliches Licht. Es bedeutet die göttliche
Herrlichkeit, in welche nun die selige Seele aufgenommen ward,
um darin zu empfangen die glückselige Kommunion, die ewige
Einigung und den Genuß Gottes; auch den vollen und überreichen
Lohn aller Arbeit und Schmerzen, von welchem das menschliche
Herz mehr zu glauben, denn zu denken und sprechen vermag.

Viertes Kapitel.
Von der Seele der gütigen eingeschlossenen Eisentrudis.

Auch erkannte Mechtildis, daß die Seele der eingeschlossenen*)
Eisentrud, seligen Gedächtnisses, zu dem Herrn in dieser Weise
heimgegangen sei: es bedünkte ihr nämlich, wie alle Ordnungen
der Engel, gleich als ob sie dieser Seele dienten, derselben voran=
gingen, ihr zu ehrenreicher Geleitschaft, weil sie durch besonderen
Vorzug die Aehnlichkeit und Gemeinschaft mit ihnen allen erlangte.
War die Hingeschiedene ja wirklich den englischen Geistern zu ver=
gleichen gewesen in lebendiger und demüthiger Dienstbarkeit, welche
sie Allen, die zu ihr kamen, erzeigte.
Den Erzengeln aber war sie ähnlich in traulicher Freundschaft
Gottes und in Tugenden, dieweil sie in allem Guten und in
tugendhaftem Beispiel sich starkmüthig geübt hatte, ja auch vom
Eifer für Gott entbrannt Viele durch Zurechtweisungen zu Gott
bekehrte. Deßgleichen ward sie den andern drei Ordnungen der
Engel ähnlich erfunden, dieweil sie tapfer und kräftig den Dä=
monen und Lastern entgegentrat und das Ebenbild Gottes, so sie

*) S. Anmerk. 1 zum 5. Buch.

unbefleckt in sich darstellte, sowohl an sich selbst; wie an andern Menschen ehrte und hochschätzte, und mit andächtiger und frommer Anbetung den Herrn Tag und Nacht ehrte. Auch den höchsten Ordnungen der Engel ward sie gleich erfunden, sowohl weil der Herr seine liebliche und wonnevolle Rast in ihr nahm, als auch wegen der Fülle der Erkenntniß Gottes in ihr und der fürnehmlichen Glut ihrer Liebe zu Gott. Dann stellte die seligste Jungfrau Maria und der heilige Johannes der Evangelist diese Seele vor den Thron der Glorie, und der Herr Jesus nahm sie freundlichst auf, und stellte sie vor das Angesicht des Vaters, indem er mildiglich sprach: „Diese ist es, welche nicht gekannt hat sündliche Gemeinschaft, und also soll sie empfangen den Lohn der heiligen Seelen.*) Diese ist es, welche mich aus ganzem Herzen und aus allen Kräften liebte, welche mir aus reinem Herzen anhing."

In ihrer Krone ragten auch das Leiden Christi, das sie gar sehr verehrte, sowie ihre Liebe und Keuschheit in besonderer Würde hervor. Deßgleichen erscheinen diese drei Tugenden an ihren Kleidern besonders glänzend und allen ihren Schmuck durchleuchtend.

Fünftes Kapitel.
Von der Seele einer Kloster-Jungfrau.

Während eine geistliche Person in den letzten Zügen lag, sah Mechtildis den Herrn Jesum gegenwärtig, wie er ein schönes weißes Tuch an den Mund der Kranken hielt, als ob er ihre Seele in demselben empfangen wollte. Sobald nun diese Jungfrau gestorben war, wurde für ihre Seele eine heilige Messe dargebracht. Bei deren Anfang ward der Herr Jesus, der Bräutigam der Jungfrauen gesehen, wie er hinging zu dem Altare, und darauf einen großen Schatz ausgoß, durch welchen bezeichnet wurde, daß Jesus seinen Wandel und sein heiligstes Leiden Gott dem Vater für die Seele opfere. Auch die seligste Jungfrau, die Mutter des Herrn, opferte

----

*) Nach der kirchlichen Antiphone aus den Tagzeiten von den heiligen Jungfrauen.

mancherlei Schmuck, mit welchem die Bräute zur Hochzeit pflegen geziert zu werden, und welche alle die Werke bedeuteten, die der Herr in dieser Seele gewirkt hatte. Maria opferte selbe der heiligsten Dreieinigkeit zu Lob und Glorie, so wie zur Verherrlichung und Zierde der neuen Braut ihres Sohnes, zur Freude ihrer Ankunft. Als die heilige Hostie emporgehoben ward, wurde der Herr gesehen, wie er schwebte über dem Altare, und er sprach, sich zu dem Priester neigend: „Dein Wille ist mein Wille." Aus diesen Worten erkannte Mechtildis, das Begehren des Priesters in dieser Stunde sei gewesen, es möge die Seele der Abgeschiedenen vollkommen entsündigt werden; was auch geschehen ist. Und als man zum Agnus Dei gekommen war, und der Priester den Leib des Herrn empfangen hatte, kam die Seele in Gestalt einer anmuthigen Jungfrau zu dem Altare, und der Herr küßte sie, sich zur ihr neigend, damit sie durch diesen süßesten Kuß die Gemeinschaft des himmlischen Lebens erwerbe.

Nach beendigter Messe, als der Priester den Segen gab, wurden Stimmen in der Luft gehört, Gesang, Pauken, Harfen und alle Arten Saitenspiel, wie solche ertönen bei königlichen Hochzeiten. Und die Seele ward aufgenommen in die Gesellschaft der Engel und Heiligen mit unaussprechlicher Freude. Dieselbe hielt sich aber noch über dem Hause auf, in welchem der Leichnam lag, bis nach Gewohnheit die Begräbniß geschähe. Dann führten sie frohlockend die Seele zu den himmlischen Freuden.

Dieses andern Tages, da der Leichnam der Erde übergeben wurde, ward der Herr abermals gesehen in der Messe, und die abgeschiedene Seele kam in großer Gesellschaft von Jungfrauen, geziert mit goldenen Rosen wie eine Braut, die man erst in das Haus eingeführt. Bei dem Offertorium sprach der Herr freundlich zu der Seele gewandt: „Gehe nun, und opfere meinem Vater alle Dinge, welche ich am gestrigen Tage für dich mit meiner Mutter geopfert habe; denn sie sind alle dein, zu deiner ewigen Seligkeit." Da opferte sie, hinzutretend mit der Menge der Jungfrauen, den kostbaren, ihr vom Herrn gegebenen Schmuck. Auch die Jungfrauen opferten zugleich alle die großen Dinge, welche die heilige Dreieinigkeit für ihre Mitgenossin gewirkt. Und die Jungfrauen umgaben so den Altar, in ihrer Mitte diese neue Braut, und umwandelten ihn gleichsam in fröhlichen Reigen, bis die Messe geendet. Darnach sangen sie dem Herrn Lobgesänge und erhoben sich in die Luft über der Stätte, wo der Leichnam begraben ward, bis dort Alles vollbracht war. Und die Pauken schlagend, führten sie unter himmlischen Liedern die Braut, die selige Seele, in das hochzeitliche Gemach ihres unsterblichen Bräutigams, dem da ist Ehre und Glorie in ewige Zeiten.

O selige Seele, wahrhaft durch die Gnade Gottes selig, welche du ob der besondern Reinheit deines unschuldigen Lebens dem Herrn der Engel mit dem Bande unauflöslicher Liebe zugesellt bist, dem Lamme folgend, wohin es geht; wir bitten dich, gedenke unser in dem Reichthume deiner Wonne!

Gleichwie gesehen wurde, daß der Herr sich für diese Seele Gott dem Vater aufopferte, so opfert er sich auch für alle geistlichen Personen auf, welche hienieden aus Liebe zu ihm Alles verlassen haben, wenn sie nach ihrem Tode Niemanden haben, der für sie das Opfer darbringt, weil der Herr in seiner Güte sich würdigt, es durch sich selbst zu ersetzen.

Sechstes Kapitel.

Von der Seele, welche bei ihrem Scheiden aus dem Leibe auf die Arme der Jungfrau Maria flog.

Eine Schwester,*) welche alle Tage ihres Lebens Gott in heiligem geistlichem Wandel andächtig gedient, fing an, krank zu werden, und Mechtildis rief für dieselbe innig zu dem Herrn. Da sah sie deren Seele, wie sie gleichsam vor dem Herrn niederkniete, und den Herrn, wie er ihr seine rosenfarbenen Wunden zeigte. Die Seele grüßte sie mit einem Verse, den sie vormals nie gehört hatte: „O heilbringende Wunden meines geliebten Bräutigams Jesu Christi, seid gegrüßt! Seid gegrüßt in der Allmacht des Vaters, der euch gegeben, in der Weisheit des Sohnes, der euch gelitten, in der Güte des heiligen Geistes, der durch euch das Werk unserer Erlösung vollbracht hat!"

---

*) Es ist dies, wie am Schlusse dieses Kapitels ersichtlich, eine Schwester Mechtildis, wahrscheinlich die Urheberin des Buches: Das fließende Licht der Gottheit.

Als nun die Kranke die Salbung des heiligen Oeles empfangen sollte, und die Gemeinde in dem Gemache, wo die Kranke lag, zusammenkam, sah Mechtildis zwei Engel, welche Becken trugen. Das Wasser in den Becken aber bedeutete die Barmherzigkeit und die Wahrheit, in welchen die Seele sollte gewaschen werden von allen Makeln, nach dem Ausspruche: „Barmherzigkeit und Wahrheit werden hergehen vor deinem Angesichte."*) Dann wurde sie gewahr, wie vier Engel kamen, und über dem Bette der Kranken einen rothen Baldachin ausspannten. Durch diesen wurden die Verdienste und die Würde bezeichnet, welche die Sterbende nach diesem Leben empfangen sollte. So lange nämlich die Seele in dem Leibe weilt, vermag sie nicht die Glorie zu erkennen, mit welcher sie Gott im Himmel krönen will. Nun aber fing Mechtildis an, sehr zu trauern, daß der Herr nicht bei der Seele seiner Lieben wäre; denn die Gegenwart der Engel vermochte sie nicht zu trösten. Und da sie den, welchen sie allein liebte, von Engel zu Engel mit den Augen des Herzens suchte; fand sie ihn nach dem Verlangen ihres Herzens stehend in Mitte des Gemaches in einem glänzenden Kleide, das mit goldenen Schilden prangte. Durch diesen Glanz ward dargestellt die Reinheit der Kranken, in den Schilden aber die Beständigkeit ihrer Geduld, in welcher sie um des Herrn willen viele Schmerzen und Krankheit geduldig erlitten hatte. Darum hatte der Herr sich mit diesen Kleidern seiner Braut zu Ehren geziert.

Und der Herr setzte sich zu der Kranken, an Stelle des Priesters, und die seligste Jungfrau saß bei dem Haupte. Da nun die Priester die Litanei lasen, bezeichnete der Herr die Sterbende dreimal mit dem Zeichen des heiligen Kreuzes, sprechend: „Ich segne dich zu Gesundheit der Seele und zu Heiligung des Leibes." Und als in der Litanei Maria die Jungfrau genannt ward, hob diese die Kranke auf, sprechend: „Nimm wahr, mein Sohn! diese Braut gebe ich dir ewiglich zu eigen." Auch alle aus den Heiligen baten bei Nennung ihres Namens den Herrn mit gebogenen Knieen für die Kranke und gingen an deren Bette in Prozession vorüber; darunter waren es die Jungfrauen, welche dem Heilande zunächst gingen. Da denn so die heilige Oelung beendet war, sprach der Herr zu seiner

*) Pf. 88, 15.

gebenedeiten Mutter: „Sieh, ich befehle dir diese Seele, daß du sie ohne Makel überantwortest meinem Angesichte."

Da nun die Stunde ihres seligsten Hinscheidens bevorstand und sie schon in den letzten Zügen lag, bat Mechtildis, vom Gefühle des Mitleidens bewegt, den Herrn inständiger für sie. Und es bedünkte ihr, als ob ein unzählbares Heer von Heiligen sich nahe. Die Martyrer stellten sich zu ihren Häupten auf; sie waren bekleidet mit rothen Gewändern und hatten goldene Schilde an ihren Kleidern. Und sie sprachen zu einander: „Laßt uns unsere Schilde bewegen!" Und da sie dieselben bewegten, gaben sie einen so süßen Klang von sich, daß der Schmerz der Kranken in Freude verwandelt wurde. Auch der treueste Liebhaber der Seele, Jesus, stand vor dem Bette der Kranken und seine Mutter neben ihm. Da flog jene selige Seele, der Bande des Leibes entledigt, fröhlich auf die Arme der Jungfrau Maria, um von allem Schmerze befreit für ewig gekrönt zu werden. Maria aber übergab sie ihrem Sohne. Dieser nahm sie mit wundersamer Zärtlichkeit auf seine Arme und lehnte sie an seine Brust, um da zu ruhen, bis die Messe gefeiert und das Osterlamm für sie dargebracht würde.

Der Herr aber hatte der Person, welche dieses sah, aufgetragen, dafür zu sorgen, daß die Messe bälder für die Verstorbene gesungen werde. Dies geschah auch, und vor der Prim ward die Messe für sie gefeiert. Der Herr hatte zu Ehren seiner neuen Braut ein weißes Kleid angethan, auf welchem Adler waren. Die weiße Farbe bedeutete die Reinheit und Keuschheit jener Kranken; die Adler hingegen ihr betrachtendes Herz. Als aber die Messe begann, feierte der höchste Priester und wahre Bischof selber die Messe für sie. Auf dem Altar war hinterlegt ein gar kostbarer Schatz, nämlich alles Gute, so der Sohn Gottes auf Erden für das Heil der Menschen gewirkt hat; dieses opferte er seinem himmlischen Vater auf für die Seele zur Ergänzung ihrer Verdienste. Dann führte die ruhmvollste Jungfrau Maria die Seele zum Altare und gab ihr einen goldenen Schrein, in welchem gleichfalls hinterlegt war der Schatz aller Tugenden und guten Werke, so die seligste Jungfrau auf Erden vollbracht, und auch ihrer eigenen guten Werke, worin sie sich auf Erden geübt hatte, damit sie dies Alles Gott darbringe für alle Versäumnisse. Beim Evangelium aber

21*

nahm sie der Herr bei den Händen und sprach: „Ich verspreche dir, meine Geliebte, daß dein Fleisch, das sich in meinem Dienste ganz verzehrte, am Tage der künftigen Auferstehung glorreich aus dem Grabe hervorgehen wird." Die Seele aber, gleich einer Braut auf das zierlichste geschmückt, trug an ihrer Hand einen Ring, dessen Stein ein menschliches Angesicht zeigte, während ihr Herz wie ein durchsichtiger Spiegel erglänzte. Als aber das Lamm Gottes für sie geopfert wurde, strahlte ein Licht von solcher Klarheit aus dem Herzen Gottes hervor, daß die Seele davon ganz um= flossen wurde und nicht mehr sichtbar war. So vom Glanze der Gottheit umstrahlt, von wunderbarer Süßigkeit des heiligen Geistes durchströmt und mit allen himmlischen Gaben überreich geschmückt, ward sie durch das Band unzertrennlicher Einheit gleichsam eine Seele mit Gott.

Als aber der Leichnam zu Grabe getragen wurde, hörte sie süßen Wohlklang der Heiligen ertönen zu Ehren des Leichenbe= gängnisses der Braut des unsterblichen Königs. Sie sangen: „Selig bist du und wohl wirst du dich befinden, herrliche Braut Christi, Mechtildis; denn mit den Heiligen wirst du dich freuen und mit den Engeln frohlocken in Ewigkeit." Auch viele Lichter, welche starke Flammen entsandten, gingen dem Leichnam voran; sie be= deuteten die guten Werke, welche sie mit Gottes Hilfe vollbracht hatte, und welche ihrer Seele nun vorangingen, um ihr den ewigen Lohn zu bereiten. Darnach empfing der König der Könige und Herr der Herren seine Braut und schloß sie in seine Arme. Zur Stunde ward sie Gottes mächtig, ergriff die Hand des Herrn und segnete die anwesende Klostergemeinde. So führte der Herr mit unaussprechlicher Freude seine Geliebte in sein himmlisches Reich ein, und es folgte ihr das glorreiche Heer der Heiligen. Und sie sah die glückselige Seele in Gegenwart der allzeit anbetungswürdigen Dreifaltigkeit in unaussprechlicher Zier erglänzen. Der Herr aber neigte sich über sie, als ob er sie küssen wolle, doch küßte er sie nicht. Da sich nun jene über das, was sie sah, wunderte, gab ihr der Herr die Antwort „Durch den Kuß wird der Friede verstanden, und weil im Himmel der Friede nicht gegeben wird, sondern der ewige Friede dort herrscht, darum bedarf sie des Friedenskusses nicht." Und er sprach zur Seele: „Stehe auf und wirf dich wie eine Tochter in die Arme deines Vaters," und jene umarmte ihn mit Freuden. Und der Herr sprach: „Durch die Umarmung wird verstanden die Einigung, durch welche die Seele mit dem ewigen Bande unauflöslicher Liebe mit mir verbunden wird."

Siebentes Kapitel.
Von der Seele des Bruders Nicolaus, Prediger-Ordens.

Nach dem Tode des Bruders Nicolaus, welcher gar gutherzig und ein getreuer Freund des Klosters gewesen, ward innerhalb acht Tagen dessen Seele dieser begnadigten Jungfrau in nachfolgender Weise geoffenbart. Unter der heiligen Messe erblickte sie die Seele dieses Bruders in der Luft, beschuht mit reich geschmückten Schuhen, so daß sie begehrte, es möge ihr etwas von dem Schmucke dieser Schuhe geschenkt werden. Hierauf sprach er: „Nimm den edlen Stein der Geduld!" Diese Schuhe nämlich bedeuteten die Mühe der Wege, welche er in dem Orden gehabt hatte. Und er sprach, indem er sie bei ihrem eigenen Namen rief: „Eja, Eja, welche Dinge habet ihr mir verborgen? Sieh, nun weiß ich's gar." Da sprach sie: „O Herr, bittet für uns!" Und er entgegnete: „Du sollst mich nicht Herr nennen, sondern Bruder; denn wir Alle sind Brüder in Christo, unserm Herrn." Da sprach sie: „Ich bitte dich, bitte für uns, auf daß wir nicht von dem Feinde versucht werden in der Gabe, welche uns gegeben ist." Hinwiederum entgegnete er: „Ihr sollt anziehen die Waffen des Glaubens, als Erwählte Gottes, damit ihr wahrhaft und lauter glaubet, daß dies aus Gott sei."

Als man nun zu dem Offertorium der heiligen Messe gekommen war, hörte sie eine Stimme sprechen: „Es sind geöffnet die Thüren des Himmels." Und die Dienerin Gottes sah eine übergroße Pforte eilend aufgethan werden, in welche die Seele des obengenannten Bruders mit unnennbarer Wonne einging. Der Herr aber kam ihr entgegen mit ausgestreckten Händen, führte sie hin bis zu dem Throne der Glorie, und kleidete selbe mit so wunderbarer und unvergleichlicher Zierde, daß menschliche Zunge es nicht auszusprechen vermag. Unter Anderm gab er ihr glänzend weiße Handschuhe an die Hände und noch viel lichtere Schuhe, als die vorigen, und sprach: „Bringet sofort die erste Stola,"*) welche Stola der Herr gleichsam aus sich selbst gemacht hatte, sofern sie darin erkannte, wie Gott ein Kleid der Seele ist, weil er ist ein Wirker und Geber aller Gnaden auf Erden. Also ist er denn auch der Heiligen Schmuck, Glorie und reicher Lohn in dem Himmel, indem er sie schmückt mit sich selbst, und sie belohnt für alle guten Werke und Tugenden, die sie auf Erden vollbracht haben. Dann wurde dem seligen Bruder aufgesetzt eine übergroße Krone von rothem Golde und edlem Gesteine, welche er nahm, und zu den Füßen des Herrn danksagend niederlegte, anerkennend, daß er diese allein aus der Güte Gottes und nicht durch sein Verdienst empfangen hätte.

Da begehrte die Dienerin Gottes zu wissen, was der Bruder damit verdient hätte, daß er die Gaben Gottes mit so getreuem Herzen in der Schwester Mechtildis geliebt hatte. Und sie sah einen Quell aus dem Herzen Gottes in besonderer Weise sich der Seele eingießen, eine Gnade, welche, wie sie erkannte, auch allen denen verliehen wird, welche die besonderen Gaben Gottes in Anderen lieben, wiewohl sie selbst dieselben nicht empfangen haben. In diesem Augenblicke erschien ihr auch in großer Freude, umgeben von Glorie und Klarheit, Schwester Mechtildis, zu welcher diese verwundert sprach: „Ich bitte dich, lasse mich etwas von dieser deiner so unaussprechlichen Zierde erkennen." Hierauf antwortete diese: „Du vermagst es nicht zu begreifen; denn mannigfaltiger und mehr ist meine Zierde, als in irgend einem irdischen Kleide Fäden eingewirkt sind; all dieses habe ich aber umsonst empfangen von dem Herrn, meinem Bräutigam." In diesem Worte verstand die Dienerin Gottes, daß die Heiligen nichts ihren Verdiensten, sondern Alles, was sie an Verdienst und Glorie besitzen, einzig der göttlichen Gnade und Barmherzigkeit zuschreiben.

---

*) Vgl. Luc. 15, 22. (Sirach 6, 30 f.)

Achtes Kapitel.

Von der Seele des Bruders Heinrich von Plauen.

Von einem Predigerbruder wurde sie gebeten, für die Seele eines andern Bruders den Herrn zu bitten; sie verschob es aber. Da sie nun einmal sich im Gebete befand, ward ihr eingegeben, daß sie für jene Seele beten sollte; als sie aber noch zögerte, vernahm sie den Herrn, wie er mit einem gewissen Ernste zu ihr sprach: „Werde ich dem Verlangen meines Freundes durch dich nicht genügen können?" Und er nahm sie bei der Hand und sprach zu ihr: „Komm, ich werde dich an den Ort eines wundersamen Zeltes bis zu meinem Hause führen." Zur Stunde ward sie in den Himmel entrückt, wo sie die Seele jenes Bruders sah, als stünde sie vor dem Herrn. Fünf Strahlen gingen aus dem Herzen des Herrn hervor und schmückten jene Seele gar herrlich. Der erste Strahl trat in seine Augen ein und bezeichnete jene gar liebliche Erkenntniß, in welcher er Gott unabläſſig in der Glorie seiner Gottheit schaut. Der zweite Strahl trat in seine Ohren ein und bedeutete die Freude, welche er an den süßen Worten und dem honigfließenden Gruße hat, so er beständig aus dem Munde Gottes hört. Der dritte erfüllte seinen Mund und bedeutete jenes unaussprechliche Lob, womit er Gott unaufhörlich preist. Der vierte erfüllte sein Herz und bedeutete die unaussprechliche Süßigkeit, Freude und Ergötzlichkeit, so er aus dem Zuströmen der göttlichen Wonne empfindet. Der fünfte bedeckte und ließ erglänzen alle seine Glieder in unbegreiflichem Schmuck und bezeichnete, daß er mit allen Gliedern und Kräften der Uebung guter Werke und Tugenden hingegeben war.

Er trug auch auf seinem Haupte eine wundersam gezierte Krone, an welcher sie besonders den Schmuck des Leidens des Herrn sah. Daraus erkannte sie, daß er insonderheit vom Leiden des Herrn gerührt gewesen. Da sprach sie voll Verwunderung zum Herrn: „O mein süßester Gott, warum hast du doch so schnell von der Welt diese Seele zu dir genommen, die doch so Vielen durch Wort und Beispiel hätte nützen können?" Und der Herr: „Sein heftiges Verlangen hat mich gezwungen; denn wie das entwöhnte

Kind an der Mutter, so hing seine Seele an mir, und darum ver=
diente er, in mir Ruhe zu finden. Sein Verdienst und seine Glorie,
so er empfangen sollte, waren so groß, daß einige Zeit des Harrens
vorangehen mußte; während dieser Erwartung ließ ich ihn an
meiner Brust ruhen." Sie fragte: „O liebevollster Herr, wie
lange hat er so geruht?" Er erwiederte: „So lange, wie die
Frühe eines Morgens dauert, bis die Liebe Alles für ihn vollendete,
was sie von Ewigkeit für ihn vorausbestimmt hatte."

Neuntes Kapitel.
Von den Seelen des hochwürdigsten Herrn Albertus und des heiligen Thomas, Prediger-Ordens.

Die Seelen des hochwürdigsten Herrn Albertus und des Bru=
ders Thomas, Predigerordens, ehrwürdigen Andenkens, sah sie gleich
zwei überaus edeln Fürsten in folgender Weise in das himmlische
Reich eingehen. Jedem schritten zwei große Engel mit wunder=
samen Leuchtern voran; der eine war aus der Ordnung der Seraphim,
der andere aus jener der Cherubim. Durch die Cherubim wurde
bedeutet, daß sie auf Erden durch göttliche Erkenntniß erleuchtet ge=
wesen. Durch die Seraphim ward versinnbilet die besondere Liebe,
von der sie zu Gott entbrannten und durch welche sie die ihnen
von Gott verliehene Einsicht und Erkenntniß als eine ausnehmende
Gabe Gottes hochschätzten. Als sie aber vor den Thron Gottes
gelangt waren, erschienen alle Worte, so sie geschrieben hatten, wie
mit goldenen Buchstaben auf ihren Kleidern geschrieben, und ein
Strahl der Gottheit, gleich dem blitzenden Widerschein der Sonne
auf Gold, erleuchtete sie, so daß die einzelnen Worte einen wunder=
samen Widerschein auf die Gottheit selbst ergossen. Auch eine höchst
liebliche Süßigkeit strömte aus eben den Worten in alle ihre Glie=
der ein und erfüllte ihre Seelen mit wundersamer Fröhlichkeit.
Alle Worte aber, so sie über das vortrefflichste Wesen der Gottheit
oder Menschheit Christi geschrieben hatten, strahlten auf ihre Seelen
eine besondere Glorie aus, so daß sie daraus gleichsam eine Aehn=
lichkeit mit der Gottheit in sich zu ziehen schienen. In dem Maße

aber, als sie über die Glorie und das Glück der Engel, oder der Propheten oder Apostel Lichtvolles gesagt hatten, oder den Triumph der Martyrer dargestellt und die Verdienste anderer Heiligen durch Wort und Schrift erklärt hatten, in demselben Maße stellten sie gewissermaßen die Glorie der einzelnen in sich dar: nämlich die Klarheit der Engel, die Verdienste der Propheten, die Würde und Vortrefflichkeit der Apostel, den glorreichen Triumph der Martyrer, die Lehre und das heilige Leben der Martyrer, sowie die Verherrlichung aller Heiligen vereinigten sie in gewisser Aehnlichkeit in sich.

Zehntes Kapitel.
Von der Seele des Grafen, welcher St. Mechtildens Kloster gestiftet.

Bei dem Jahrtage des gütigen und gnädigen Herrn Burchard, des Grafen und Stifters unsers Klosters, seligen Gedächtnisses, sah diese Dienerin Gottes, als die Messe für ihn gehalten ward, dessen Seele vor Gott stehen. An deren Kleide erschienen die Seelen der ganzen Gemeinde des Klosters, welches er gestiftet hatte, wie in einem schönen Gemälde; die Seelen sowohl derer, welche jetzt in dem Himmel thronen, als auch derer, die noch dahin kommen werden. Auch hatte diese Seele in ihrer Krone so viele goldene Blumen, als viele Seelen er Gott in dem Kloster gewonnen. Zwei Aebtissinnen*) ferner, welche dasselbe Kloster regiert hatten, standen in großer Glorie, eine zu der Rechten, die andere zu der Linken. Ihnen sagte der Herr mit gar zarten Worten Dank, daß von seinen ihnen befohlenen Schäflein keines verloren gegangen wäre. Viele Personen der Klostergemeinde und viele der Erben des Grafen, die seine Güter auf Erden wohl gebraucht hatten, reihten sich um ihn, und von jeglicher Person ging ein Strahl in seine Seele, welcher dieselbe mit wunderbarer Klarheit erleuchtete. Auch sangen einige Personen dem Heilande ein süßes Lied, in welchem sie all des Guten, was ihnen Gott durch den seligen Stifter gethan, gedachten,

*) Kunigundis von Halberstadt und Gertrudis von Hackeborn, Schwester der heiligen Mechtildis.

und solches vernahm seine Seele mit Frohlocken und in wunder=
barer Freude des Herzens. Daraus erkannte sie, daß er um jede
derselben ein Verdienst habe, und über alle guten Werke, so Gott
in ihnen gewirkt hatte, als über seine eigenen frohlockte.

Sie sah unter ihnen auch die Seele des Herrn Propstes Otto,
mit wundersamer und unsäglicher Zier geschmückt; er hatte, wie
ein Kloster, sehr schöne Fensterchen, in deren Rahmen Bilder von
Seelen waren, darunter standen geschrieben alle Observanzen und
alles Gute, so er zu seiner Zeit eingeführt hatte.

Von der Seele des Herrn Pfarrers C. in Osterhausen.

Auch die Seele des Herrn Pfarrers C. von Osterhausen*)
sah sie daselbst; dieselbe trug ein Kleid voll goldener Kreise, in
welchen Heilige dargestellt waren; dadurch wurde versinnbildet, daß
er gegen die Heiligen große Verehrung getragen hatte. Sie sah,
auch, wie der Priester, welcher damals die Messe für ihn feierte,
seiner Seele goldene Kelche, einen nach dem andern, kredenzte; dar=
aus erkannte sie, daß er, in frommer Dankbarkeit mit dessen Seele
sich freuend, Gott für dieselbe Bitten und Danksagung darbrachte.

Als nun die heilbringende Hostie geopfert wurde, öffnete der
Herr Jesus sein süßestes Herz; daraus strömte ein unsagbar süßer
Wohlgeruch, der seine Seele, sowie die der Anwesenden mit neuem
Frohlocken erfüllte. Die Jungfrau aber, welche diese Dinge sah,
sprach zu dem Herrn: „Und womit, mein Herr! hat diese Seele
verdient, daß du ihr den Willen zu einem so großen und löblichen
Werke gegeben hast?“ Der Herr antwortete: „Er war eines
milden Herzens und ein gutwilliger Mann, und was er gesündigt,
hat er nicht mit Bosheit gethan; darum hat ihm meine Weisheit
diesen Weg des Heiles erfunden, weil mir ein gutwilliges Herz
gefällt. Hingegen sehr beschwert eine Seele die Sünde, welche aus
Bosheit vollbracht wird. Und weil dieser nicht um der Gunst der
Menschen willen, sondern zu meiner Ehre und zu seiner Seele
Heil das Kloster gestiftet und die Gemeinde so geliebt hat, wurde
ihm das Verdienst jedes Einzelnen zum besonderen Eigenthume, und
also frohlockt er nun ob ihren guten Werken, als über die seinigen.“

*) Osterhausen, 3 Stunden südlich von Kloster Helfeda.

Eilftes Kapitel.

Von der Seele des Grafen B., der neunzehn Jahre alt wurde.

Da, seligen Gedächtnisses, Graf B.*) gestorben war, erblickte an dem folgenden Tage diese Jungfrau, im Gebete versenkt, dessen Seele, wie sie vor den Füßen des Herrn lag und bitterlich und über Maßen weinte, weil sie an dem Ende ihres Lebens mehr aus Furcht vor der Strafe, denn aus Liebe zu Gott Reue erweckt, nie aber im Leben auf Erden Thränen göttlicher Minne vergossen hatte. Ob dieser Armuth der Seele fühlte die Jungfrau Mitleid, und sie bat den Herrn, daß er alle lieblichen und unschuldigen Zähren, die er selbst auf Erden dereinst vergossen, dieser Seele zur Verzeihung und Genugthuung schenke. Da dieses der gütige Herr gnädiglich gethan, da ward die Seele sehr erfreut und getröstet.

Mechtildis aber sprach zu dem Herrn: „Mein Herr! warum hast du die Seele dieses Mannes durch so frühzeitigen Tod weggenommen, da er doch einen so guten Geist empfangen hatte und er bei längerem Leben viel Gutes gethan haben würde?" Und der Herr erwiederte: „Weißt du nicht, daß die guten Werke desjenigen, welcher in tödtlicher Sünde ist, sammt und sonders nichts werth sind?" Aber sie sprach: „Frommt es etwas, daß die Menschen dieses Hingeschiedenen Milde, daß sie seine Tugenden und die Wohlgestalt seiner Sitten annoch im Angedenken haben und loben?" Jesus entgegnete: „Ja, denn so oft die Menschen auf Erden die Schönheit seiner Tugenden und die Unschuld seines Lebens erwähnen und preisen, so oft sagen mir alle Heiligen besonders Lob für die natürlichen Tugenden, mit welchen ich diese Seele geschmückt habe; und überdies, so oft die Leute noch Gutes von ihr reden, so oft lobt auch diese Seele mich, und ist getröstet, wiewohl sie noch nicht in der Freude weilt." Darnach beim Dreißigsten, als die Messe in der Kapelle, wo er beigesetzt war, für ihn gefeiert wurde und

---

*) Wahrscheinlich Burchard XII., Sohn Gebhards XX., welch letzterer 1285 im Banne starb und erst 1290 auf Bitten seiner Gattin Irmenegardis von Schwartzburg in der Kapelle zu Helfeda beigesetzt wurde. Dieser Burchard starb 1294.

ter Priester das Evangelium las, sah sie, wie der Herr dem Priester gegenüber stand und wie alle Worte, so der Herr im Evangelium gesprochen hatte, gleich glänzenden Strahlen auf den Priester übergingen. Und der Herr sprach: „Alle Worte, so ich auf Erden gesprochen habe, sind von derselben Wirksamkeit und Kraft in dem Munde desjenigen, der sie mit frommer Gesinnung ausspricht, wie damals, als sie aus meinem Munde hervorgingen. Denn meine Worte gehen nicht vorüber, wie Menschenworte, sondern gleichwie ich der Ewige bin, also haben auch meine Worte ewige Wirksamkeit."

Als nun das Offertorium gesungen wurde, sprach der Herr: „Die Gabe der Gläubigen, so der Priester mit Freude, nicht aus Liebe zum Geld, sondern einzig für das Heil der Seelen annimmt, und mir willig aufopfert, nützt den Seelen viel." Da sah Mechtildis die Seele des Verstorbenen an dem Altare vorübergehen und hörte selbe singen: „Ich weiß, o Herr, als du mich dem Tode übergeben hattest, hast du es gethan zu Heil und Freude und zu Tröstung meiner Seele." Und die Jungfrau sprach: „Wer hat dich gelehrt singen?" Die Seele antwortete: „Alle Dinge gehören zum Lobe meines Schöpfers; und ich weiß nun, mit welchen ich ihn loben soll und kann." Mechtildis fragte: „Hast du nicht einige Pein?" Und die Seele erwiederte: „Ich habe keine, als die einzige, daß ich meinen liebsten Gott noch nicht schaue. Gott, welchen ich mit so großem Verlangen zu sehen begehre, daß alle Begierde, mit welcher wer immer auf Erden nach Gott begehrt hat, wenn solche in Einen Menschen vereint ergossen würde, im Vergleiche zu der meinen noch nichts wäre." Da sprach Mechtildis: „Wie ist das wahr, da doch so viele der Seligen Gott mit so unnennbarem Verlangen begehrt haben?" Die Seele antwortete: „So lange die Seele mit der Bürde des Leibes beschwert ist, wird sie oft durch leibliche Noth gehindert, als mit Essen, Schlafen, Arbeiten und durch Verkehr mit den Menschen, so daß sie nicht mit so großer Begierde nach Gott brennen mag, wie die Seele, welche aus dem Fleische erlöst und von allen Hindernissen frei, nach Gott, ihrem Schöpfer, unaufhörlich sich sehnt."

Im dritten Monate aber nach dem Tode des vorgenannten Grafen erschien seine Seele abermals dieser Dienerin Christi. Zwei glänzende Jünglinge führten die Seele, und er trug einen grauen

Rock und darüber ein Panzerhemd, in welchem er den Ritterschlag empfangen hatte. Und die Jungfrau sprach: „Warum legst du dies weltliche Kleid an?" Er antwortete: „Meine Mutter hat es mir so löblich und so dankenswerth gegeben, daß ich darum in demselben erscheine." Darauf sprach die Jungfrau: „Und hat deine Mutter nicht deine anderen Sachen auch so wohl gerichtet?" Er entgegnete: „Auch alle andern Sachen hat meine Mutter wohl und lobesam gerichtet; jedoch vor andern hat sie dies Kleid nützlich und genehm mir angelegt; darum bitte ich, daß du den Eltern und meinen Freunden dafür dankest, daß sie so gütig und freundlich gegen mich gehandelt haben." Und Mechtildis sprach: „Ist es dir vielleicht ein Hinderniß, daß dich deine Eltern und dein Gesinde so schmerzlich beweinen?" Er antwortete: „Nein; sondern einzig wünsche ich, daß sie das Gute erkennen möchten, was Gott meiner Seele damit gethan, daß er mich von der Welt wandern ließ." Mechtildis aber sprach: „Warum doch gebrauchst du gerade des grauen Kleides?" Er erwiederte: „Weil ich an dem letzten Ende nach dem Empfange des heiligsten Frohnleichnams mir mit festem Willen vornahm, ein Ritter Jesu Christi zu werden, wofern ich am Leben bliebe." Darauf sagte die Jungfrau: „Hast du vielleicht die Würde jungfräulichen Verdienstes?" Er antwortete: „Ich habe sie nicht vollkommen; denn ich gehorchte der Einflüsterung meiner bösen Begier und dem Willen zu weltlichen Dingen; dadurch hat meine Seele eine Makel empfangen." Und Mechtildis sprach: „Was hat dir aber am meisten Nutzen gebracht?" Die Seele erwiederte: „Das heilige Meßopfer und Almosengeben und reines Gebet." Und sie fragte: „Was ist doch reines Gebet?" Die Seele antwortete: „Reines Gebet ist jenes, welches aus reinem Herzen kömmt, und wenn der Betende rein von Sünden ist. So er aber das Bewußtsein einer Missethat in seinem Herzen trägt, und sich vornimmt, dieselbe zu beichten, oder er bekennt Gott dieselbe im Gebete; so wird auch das Gebet, welches dann der Mensch Gott opfert, in das Herz Gottes fließen wie reines Wasser, und wird große Kraft wirken. Hingegen das Gebet des Sünders steigt auf wie trübes Wasser." Mechtildis sprach hierauf: „Wer hat dich diese Dinge gelehrt?" Und die Seele antwortete: „Alle Dinge, die wir wissen wollen, lehrt uns Gott." Und sie sprach: „Wer sind die Jünglinge, welche dich begleiten?" Die Seele antwortete: „Der Eine ist mein Engel, welchem ich durch Gott auf Erden anbefohlen war; der andere ist von dem Chore, in welchen ich nun eingeführt bin."

Zwölftes Kapitel.
Von der Seele des Kindleins, mit Namen Franziska von Orlem.

Es hatte eine Matrone gelobt, ihr noch ungebornes Kindlein Gott zu heiligen, und das Kind, wenn es geboren und ein Mägdlein wäre, Christo anzutrauen. Das Mägdlein aber starb noch unter dem zweiten Jahre. Deren Seele erschien der Dienerin Gottes in Gestalt einer schönen Jungfrau, angethan mit rosenfarbenem Kleide und einem goldenen, mit weißen Lilien wunderbar gezierten Mantel darüber. Und sie sprach zu dem Kinde: „Wovon ist dir diese große Glorie?" Es antwortete: „Der Herr hat sie mir in seiner Güte verliehen. Dies rothe Kleid bedeutet, daß ich von Natur liebreich war. Das goldene Kleid aber bedeutet das geistliche Kleid, welches mir der Herr darum verliehen hat, weil meine Mutter mich bestimmen wollte, ein geistliches Leben zu führen. Ebenso hat Gott nach der Größe seiner Freigebigkeit mir all' das gegeben, was er hätte mir geben wollen, wenn ich die vollkommene geistliche Kleidung getragen haben würde. Auch ward es mir zu besonderem Verdienste, daß ich im Mutterleibe Christo geweiht ward." Da sich Mechtildis ob all diesem sehr verwunderte, empfing sie von dem Herrn diese Antwort: „Was verwunderst du dich? Werden nicht die getauften Kinder selig im fremden Glauben? Wenn also eine christliche Mutter das Gelübde des christlichen Glaubens für das Kind gelobt, und es geschieht, daß das Kind stirbt, so wird es selig durch das Gelübde der Mutter. Ich nehme den ganzen Willen der Mutter an für die That, und alle Güter, die sie für das Kind gewünscht, habe ich in ihm belohnt." Da fragte die Dienerin Christi noch weiter, sprechend: „Und warum hast du, allerliebster Gott! das Kind so frühzeitig aufgenommen?" Der Herr antwortete: „Das Kind war so liebreich, daß es ihm nicht nützlich war, auf Erden zu leben. Ueberdies hätte sein Vater nach dem Tode seiner Erstgebornen das Gelübde der Mutter vernichtet, und dieses Kind in der Welt zurückbehalten."

Dreizehntes Kapitel.
Von der Seele eines andern Menschen.

Als sie für Jemandens Seele den Herrn gebeten hatte, redete der Herr jene Seele folgendermaßen an: „Trinke Freude aus dem Marke meines Herzens um aller derer willen, welche für dich beten."

Vierzehntes Kapitel.
Von der zukünftigen Auferstehung.

Unter der Messe, da sie im Evangelium lesen hörte: „Und am dritten Tage wird er wieder auferstehen,"*) fiel die Dienerin Christi auf die Erde, Gott danksagend für die Auferweckung und zukünftige Verklärung des Menschen. Und nimm wahr! sie sah in der Kapelle, in welcher sie betete, drei heilige Leichname, welche vor dem Altare begraben waren, sich aus den Gräbern mit ausgestreckten Händen gleichsam zu dem Himmel emporheben, und Gott Dank sagen. Ihre Herzen waren geschmückt mit kostbaren Edelsteinen, und wunderbar sich spiegelnd bewegten sie sich, gleichsam als frohlockten sie ob der guten Werke und Tugenden, die sie in ihrem Leibe vollbracht hatten. Da sprach diese Jungfrau zu dem Herrn: „Eja, mein Herr! wie werden diese Leichname ihre Seelen wieder an sich nehmen? Oder wie wird die Klarheit sein, wenn die Seele dem Leibe wieder zugesellt wird?" Hierauf antwortete der Herr: „In der zukünftigen Auferstehung wird der Leib siebenmal klarer denn die Sonne, und wird die Seele siebenmal klarer sein denn der Leib; und wird scheinen durch alle Glieder des Leibes

---

*) Matth. 16, 21.

wie die Sonne. Wenn die Seele wieder den Leib anziehen wird gleichwie ein Kleid, werde ich all ihr Innerstes durchleuchten mit unaussprechlichem Lichte, und so werden in der himmlischen Woh=nung die Auferstandenen glänzen mit Leib und Seele ohne Ende."

Fünfzehntes Kapitel.
Von der Seele des Herrn Grafen B.

Da in einem Jahrgedächtnisse eines der Verstorbenen, nämlich des Herrn Grafen B.*), die Frau Aebtissin die Dienerin Gottes gleichsam unter dem Gehorsame gebeten hatte, ihr von dem Zustande ihres Vaters einige Offenbarung zu erwerben, und sie säumte, solches zu thun (denn gar selten wollte sie es thun, nämlich geradezu den Herrn bitten, ihr etwas zu offenbaren; sondern sie überließ dies dem Willen Gottes, und nur was er ihr gegeben, hielt sie für angenehm); sprach der Herr in der Messe unter dem Stillgebete zu ihr: „Erfülle deinen Gehorsam!" Dieses vernehmend sprach Mechtildis: „Ich habe Solches nicht angenommen als ein Gebot des Gehorsams." Hierauf sprach der Herr: „Thue, wie ich gethan habe, da ich nach dem Gebote meines Vaters auf die Erde kam." Aus diesem Worte erkannte sie durch göttliche Eingebung, daß Christus, als er vom Vater ausging, mit so großer Ehrfurcht und Unterwürfigkeit zu jeglichem Gehorsam gegen denselben sich neigte, wie niemals ein Sohn seinem Vater oder ein Knecht seinem Herrn sich also demüthig unterworfen hat, da er bereit war, aller Menschen Lasten, Elend und Mühen zu ertragen und Aller Fehler und Mängel durch sich selber zu ersetzen. Die Jungfrau sprach nun: „Mein Herr! erhöre denn das Verlangen deiner Dienerin."

Und zur Stunde sah sie die Seele des genannten Grafen vor

---

*) Dieser Graf, Vater der Aebtissin Sophia, war Burchard VIII. von Auerfurt, oder II. von Mansfeld, dessen Tochter Sophia nach Gertrudis als dritte Aebtissin seit Gründung des Klosters gewählt wurde (1291). Wegen Kopfleiden resignirte sie vor ihrem Tode und es folgte ihr Jutta um das Jahr 1303. Burchard starb 1273.

dem Herrn in einem grünen Kleide, gegürtet mit einem festen und
schimmernden Gürtel, dessen Länge sich bis auf die Füße erstreckte.
Durch die grüne Farbe des Kleides verstand sie die Grüne der
Ewigkeit; in dem Gürtel den katholischen Glauben, welchen er
stark und unverrückt, geziert mit guten Werken, bis zum Ende seines
Lebens bewahrt hatte. Auch an der Brust hatte er ein reiches
Geschmeide, welches seinen Leib vom Halse bis zum Gürtel bedeckte.
In diesem glänzten alle seine guten Werke und Tugenden, besonders
jene, daß er eines demüthigen Herzens gewesen, und durch sein
gütiges Wesen sich erbarmend und gutwillig den Menschen, zumal
den Armen und Dürftigen erzeigt, und daß er Gott seine Tochter
mit vieler Andacht aufgeopfert hatte. Diese Jungfrau sprach nun
zu der Seele: „Was willst du deiner Tochter entbieten?" Die
Seele antwortete: „Dieses, daß sie sich mit ganzer Treue an den
Herrn halte und sich seinem Willen unterwerfe, ihm, der sich ge=
würdigt hat, mit aller Treue ihr Bräutigam zu sein."

Sie erkannte auch, daß die Seele der Gräfin*) große Freude
im Himmel habe, darum, weil sie aus eigenem, wohlwollendem
Antrieb und Entschluß für das Seelenheil des schon genannten
Grafen den Armen ein jährliches Almosen bestimmt hatte. Darnach
sprach die Jungfrau zu dem Herrn: „Mein Herr! ich bitte dich
durch die Gnade, mit welcher du aller Menschen Bürde getragen
hast, und statt unser gehorsam bis in den Tod gewesen bist, sage
du dem Vater Dank für diesen Gehorsam, welchen du auch meinet=
wegen erfüllt hast;" worauf der Herr antwortete: „Wie ich gehorsam
gewesen bin meinem Vater, so bin ich noch allen Gehorsamen ge=
horsam. Diejenigen nämlich, welche hier ihrem Willen entsagen
um meinetwillen, werden nach diesem Leben in besonderer Freiheit
und Wonne in mir ewiglich erfreut. Ich will in ihnen auf be=
sondere Weise mich freuen; so daß es Allen in dem Himmel bekannt
werde, welch' ein angenehmer Dienst es mir sei, wenn der Mensch
durch wahren Gehorsam seinen eigenen Willen verläßt."

---

*) Diese Gräfin, Wittwe Burchard's VIII., hieß Oda von Reinstein;
ihr Sohn Gebhard vergewaltigte im Jahre 1284 das Kloster Helfeda, wofür
er in den Bann kam; im folgenden Jahr starb er von einem Steinwurf getroffen.

Sechszehntes Kapitel.

Von den Seelen des Salomon, des Samson, des Origenes und des Trajanus.

Von einem Bruder darum gebeten, fragte die Dienerin Gottes den Herrn, wo denn die Seelen des Salomon, des Samson, des Origenes und des Trajanus wären. Der Herr antwortete: „Was ich in Barmherzigkeit gethan mit der Seele des Salomon, will ich, es solle dem Menschen verborgen sein, auf daß fleischliche Sünde von den Menschen desto mehr vermieden werde. Was meine Güte mit der Seele des Samson verfügt, so will ich, sei auch dieses unbekannt, damit die Menschen fortan sich fürchten, sich an ihren Feinden zu rächen. Was aber meine Güte mit des Origenes Seele vollbracht, das bleibe verborgen, damit Niemand sich erhebe, auf seine Kunst vertrauend.*) Endlich was meine Mildigkeit über die Seele des Trajanus beschlossen, so ist gleichfalls mein Wille, daß der Mensch es nicht wisse, auf daß der christliche Glaube daraus mehr erhoben werde. Denn wiewohl dieser Fürst in vielen Tugenden glänzte, so entbehrte er doch des christlichen Glaubens und der heiligen Taufe."

Siebenzehntes Kapitel.

Von den Seelen, welche durch Mechtildens Gebet erlöst worden.

An dem Tage des Gedächtnisses der christgläubig verstorbenen Seelen,**) da Mechtildis dem Gebete für die gläubig Verstorbenen oblag, ward sie sehr durch den Gedanken an einen Menschen beunruhigt, von welchem sie vermuthete, daß er wohl nicht in einem guten Stande sei. Und nimm wahr! Sie sah den Herrn gleichsam

---

*) Die St. Galler Ausgabe hat hier folgende Randbemerkung: „Was aber meine Güte mit der Seele des Aristoteles gethan hat, will ich verbergen, damit nicht der Natur-Philosoph sich um das Himmlische und Uebernatürliche weniger kümmere."

**) D. i. am 2. November, dem Gedächtnißtage der armen Seelen.

in der Luft schweben, an Händen und Füßen gebunden, und sie hörte ihn zu ihr sprechen: „So oft der Mensch tödtlich sündigt, so oft bindet er mich also, und hält mich so lange gebunden, als lange er in der Sünde verharrt." Darnach abermal erschien ihr der Herr als ein schöner Jüngling und als blühender Bräutigam. Er war wunderbar geschmückt, und trug an seiner Brust drei kost= bare Geschmeide. Durch das erste ward bezeichnet das ewige Sehnen, in welchem Gott nach den Seelen stets begehrt. Durch das andere war gesinnbildet die Liebe des göttlichen Herzens, in welcher der Herr allezeit den Menschen liebt. Wenn auch der Mensch selber lau wird, und keine Liebe mehr empfindet, so bleibt doch zu ihm die Liebe des göttlichen Herzens brennend und unwandelbar. Durch das dritte Geschmeide ward ausgedrückt die Erlustigung des Herzens Gottes, von welcher die Schrift sagt: „Meine Freude ist, bei den Söhnen der Menschen zu sein."*) Der Herr hatte auch einen goldenen Gürtel um die Brust, durch welchen das Band der Liebe versinnbildet wurde, womit er jene Seele auf unbeschreibliche Weise der Einigung mit sich verband. Und er sprach zu seiner Dienerin: „In solcher Weise bin ich auch mit den liebenden Seelen verbunden." Und er nahm ihre Seele und führte sie in einen ganz fröhlichen Garten. Dieser war in der Luft, nahe bei dem Himmel, und in ihm befand sich eine Menge Seelen, die alle an einem großen Tische in der Richtung gen Mitternacht saßen. Der Herr aber trat zu ihnen und spendete ihnen alle Worte, welche bei den Vigilien durch die ganze Kirche hin für die Seelen an diesem Tage gebetet worden, gleichsam verschiedene Gerichte, und schenkte sie ihnen. Die Seele, welche diese Dinge sah, wartete ihnen auf zugleich mit dem Herrn.

Als aber in der Vigilie der Vers gesungen ward: „Befreie „mich, Herr! von den Wegen des Abgrundes, der du zerbrachest die „ehernen Thore, und heimgesucht hast die Tiefe und ihnen Licht „gabst, daß sie dich sahen, die da in den Peinen der Finsterniß „waren,"**) sprach Mechtildis zu dem Herrn: „O mein Herr! was frommen solche Worte diesen Seelen, welche in großer Freude

---

*) S. Sprüchw. 8, 31.

**) Responsorium zur neunten Lesung in dem Todten=Amte (officium defunctorum).

sind?" Sieh, da thaten sich die Herzen aller Seelen auf, und Mechtildis sah in dem Herzen einer Jeglichen gleichsam einen Wurm, welcher ein Haupt in Form eines Hundes und vier Füße hatte, und der diese Herzen unaufhörlich benagte und mit den Klauen peinigte. Dieser Wurm war das eigene Gewissen einer Jeglichen, welches darum das Gesicht eines Hundes zeigte, weil ein Hund ein getreues Thier ist, und ebenso treu das Gewissen allzeit wacht und die Seele, die ihrem gütigen Gott ungetreu gewesen und nicht verdient hat, zu ihm nach dem Tode ohne Hinderniß zu eilen, deßhalb benagt und bestraft. Durch des Thieres vordere Füße aber schienen ausgedrückt alle Werke, welche der Mensch gegen die Gebote Gottes thut, und durch die er verdient, nach dem Tode gepeinigt zu werden. Durch die hinteren Füße des Hundes sind gesinnbildet böse Begierden und verkehrter Wille, welche die Seele von Gott, ihrem Herrn, entfernen. Auch hatte dieser Wurm einen langen Schweif, der bei einigen Seelen glatt war, bei einigen aber stachlicht und rauh. Durch diesen Schweif ward dargestellt der Ruf, welchen eine Seele auf Erden zurückgelassen hatte. Diejenigen, bei denen des Thieres Schweif glatt war, hatten einen guten Ruf hinterlassen und dadurch auch für sich noch einige Heilung und Trost gerettet. Jene hingegen, welche bösen Ruf nach dem Tode zurückgelassen, trugen den Wurm in sich mit stachlichtem und scorpionartig gekrümmtem Schweife, der die Seele heftig peinigte. Und dieser Wurm stirbt nicht,[*] und die Seele wird seiner nicht ledig, bis sie eingeht in die Freude ihres Herrn.

Da bat die Dienerin den Herrn aus allen Kräften, daß er diesen Seelen die Erlösung gebe und sie aufnehme zum Lichte seiner Herrlichkeit. Und, nimm wahr! viele Würmer starben und fielen ab, und die erlösten Seelen flogen mit großem Frohlocken empor zu den himmlischen Freuden. Sodann nahm der Herr seine Dienerin im Geiste mit sich, und zeigte ihr das Fegfeuer. In demselben erblickte sie mancherlei Pein. Denn einige Seelen sah sie herausgehen wie vom Wasser feucht und naß; andere waren vom Feuer gleichsam verbrannt, unförmliche Gestalt tragend. Und Mechtildis betete für dieselben. Da empfingen sie zur Stunde

---

[*] Vgl. Marc. 6, 43.

Form und Gestalt, so wie sie auf Erden gewesen waren; und er=
ledigt von den Peinen, wanderten sie mit Freuden in den Garten,
aus welchem die Seelen, von denen oben erzählt ist, entnommen
worden waren.

Achtzehntes Kapitel.

Von dem Gebet, welches genannt wird „der lebende Brunnen".

Da nun die Obern der andächtigen Dienerin Gottes verboten,
daß sie nicht aussagen sollte, was ihr von den Seelen geoffenbart
würde, weil man fürchtete, es möchte großer Zulauf werden, und
das Kloster dadurch in Beschwer gerathen, da sprach sie mitleidend
mit den Seelen zu dem Herrn: „Eja, süßester Tröster und Helfer
der Betrübten! was sollen wir nun thun für die Seelen, besonders
wenn wir Almosen für sie empfangen, auf daß sie desto eher erlöst
werden?" Hierauf antwortete der Herr voll Güte: „Sprechet oft
das Gebet, welches genannt wird der lebende Brunnen: „Beati
immaculati" *) — Selig die Unbefleckten ꝛc. mit dem nachfolgenden
Gebet, und ihr werdet ihnen große Hilfe erzeigen, auch manch'
Almosen ersetzen können."

Wie für die Seelen fruchtbar zu beten sei.

Da Mechtildis an einem heiligen Tage kommunizirt und
dann Gott die hochwürdigste Hostie aufgeopfert hatte für die Er=
lösung der armen Seelen, das heißt zu deren Befreiung von Schuld
und zur Ergänzung aller Versäumnisse, sprach zu ihr der Herr:
„Bete für selbe ein Vaterunser, in Vereinigung mit der Meinung,
in welcher ich aus meinem Herzen dieses Gebet den Menschen über=
geben habe, daß sie es sprechen sollen." Aus diesen Worten verstand
die andächtige Dienerin durch Gott, daß sie es in nachfolgender
Erwägung sprechen sollte.

Bei dem Worte: „Vaterunser, der du bist in dem Himmel,"
sollte sie erwägen und begehren, es möge den Seelen verziehen

---

*) Pf. 118, 1 ff. (— der Psalm, welcher durch die canonischen Tag=
zeiten hindurch geht).

werden, daß sie einen so ehrwürdigen und liebreichen Vater, welcher einzig aus Gnaden sie zu der Ehre erhöht hat, Kinder Gottes genannt zu werden und zu sein, nicht entgegen mit größter Innigkeit geliebt, noch auch ihm gebührende Ehrfurcht erwiesen; vielmehr mit ihren Sünden ihn so oft gereizt, und aus ihren Herzen, in welchen er wie in seinem Himmel wohnen und regieren wollte, so oft hinausgewiesen haben. Nun denn in Vereinigung mit der lieblichen Buße und der reichen Genugthuung, welche dieser Seelen unschuldiger Bruder Christus Jesus für sie bezahlt hat, werde der Vater im Himmel gebeten, daß er die Liebe des Herzens Jesu aufnehme zur Ergänzung der Liebe dieser Geliebten seines allerheiligsten Sohnes.

„Geheiligt werde dein Name," dieses Wort gelte zum Ersatze dafür, daß die Seelen den Namen Gottes und eines so großen Vaters nie würdig und sattsam geehrt, daß sie ihn vielmehr oft eitel ausgesprochen, gar selten dieses Namens eifrig gedacht, auch sich des eigenen würdigsten Namens, da sie als Christen von Christus genannt worden, durch böses Leben unwürdig gemacht hatten. So sei es denn ihr Begehren, Gott möge aufnehmen seines Sohnes vollkommenste Heiligkeit, jene Ehrfurcht und Liebe, mit welcher dieser den gebenedeiten Namen des Vaters in seiner Predigt erhoben und in allen Werken seiner Menschheit verherrlicht hat.

„Zukomme dein Reich" — dies Gebet wirke Verzeihung den Seelen, so sie das Reich Gottes und Gott selber, in welchem allein wahre Ruhe und ewige Freude ist, nicht mit recht heißem Verlangen ersehnt, noch auch mit getreuem Fleiße gesucht haben. O daß Gott der Vater die allheilige Begierde seines geliebten Sohnes, mit welcher dieser die erlösten Seelen zu Miterben seines Reiches erheben will, annehme zur Genugthuung für alle Trägheit, welche die Lebenden zu allem Guten gehabt haben.

„Dein Wille geschehe" — es sei auch diese Bitte ein Sühnegebet der abgeschiedenen Seelen, daß ihnen verziehen werde, wenn und wie sie Gottes Willen nicht ihrem Willen vorgesetzt, und diesen allerheiligsten Willen ihres Herrn nicht in Allem gepriesen haben. Darum sei Gott der Vater inständigst gebeten, daß er die Einigung des süßesten Herzens seines Sohnes und dessen bereitwilligen Gehorsam, in welchem er gehorsam gewesen bis zum Tode, empfange zur Heilung all des Ungehorsams der Seelen.

Besonders ward in dem Worte: „Dein Wille geschehe,“ der Dienerin Gottes gezeigt, daß die Gottverlobten, welche ihren Willen selten ganz opfern, und überdies den geopferten wieder wegnehmen, sehr sündigen, und es somit gar nothwendig sei, daß bei diesen Worten besonders auch ihrer gedacht werde. Durch solches Versäumniß nämlich sind Viele derselben nach dem Tode noch weit von Gott entfernt.

„Unser täglich Brod gib uns heute“ — bei dieser Bitte gedenke die Seele, wie Manche ihrer hingeschiedenen Brüder und Schwestern das hochheilige und ihnen heilbringende Sakrament nie mit rechter Sehnsucht, Andacht und Liebe empfangen, auch Viele sich dessen unwerth gemacht haben, so daß sie es niemals oder gar selten erhielten. Deßhalb sei Gott der Vater mit dieser Bitte angerufen, er wolle annehmen die glühende Liebe und die unaussprechliche Sehnsucht, die Heiligkeit und Andacht Jesu Christi, seines Sohnes, in welcher er diese unübertreffliche Gabe den Menschen dargereicht hat. —

„Und vergib uns unsere Schulden“ — bei diesen Worten begehre, wer sie spricht für die armen Seelen, daß ihnen alle ihre Sünden vergeben werden, welche sie verwirkt durch die sieben Todsünden und durch alle andern Sünden, die aus denselben kommen; ferner, daß ihnen nicht ewig zur Schuld falle, wenn sie nicht denen verziehen, die gegen sie gesündigt hatten, und wenn sie ihre Feinde nicht geliebt. Darum möge Gott für sie empfangen das liebreiche Gebet seines Sohnes, welches er am Kreuze für seine Feinde verrichtet hat. —

„Und führe uns nicht in Versuchung.“ Da die armen Seelen in ihrem Leben den Begierlichkeiten und den Lastern nicht immerbar widerstanden, sondern sie so oft dem Teufel und dem Fleische zu Willen gelebt und sich in viel Uebles verstrickt haben, so bitten für sie diese Worte, daß Gott den Triumph Jesu Christi, in welchem er die Welt und den Teufel überwunden hat, den Seelen verleihe, zur Ergänzung all' der Versäumnisse, und in Barmherzigkeit sie befreie von allem Uebel, sie führend zu dem Reiche der Glorie, welches Gott selber ist.

Und als die Dienerin Christi solches Gebet mit dieser Meinung gesprochen hatte, sah sie eine große Menge der Seelen in großer Fröhlichkeit Gott Dank sagen für die gewährte Erlösung.

Neunzehntes Kapitel.

Von den fünf Vaterunsern, welche zur Stunde gebetet werden sollen, da Jemand stirbt.

Einstmals auch betete Mechtildis fünf Vaterunser zu den heiligsten Wunden Jesu Christi für einen Verstorbenen, nach des Klosters Brauche, gemäß welchem zur Stunde, da das Hinscheiden einer Person verkündet wird, diese fünf Vaterunser gesprochen werden. Und sie begehrte, zu wissen, welche Erquickung die Seele davon hätte, worauf der Herr antwortete: „Die Seele erwirbt davon fünf Wohlthaten. Die Engel zur Rechten reichen ihr Beschützung, die Engel zur Linken Tröstung und Hoffnung, Engel unter ihr halten sie aufrecht im Vertrauen, Engel über ihr zeigen auf himmlische Freude. Wer aber," sprach der Herr weiter, „aus Mitleiden oder aus Eifer der Liebe für einen Todten bittet, der wird auch seiner Seits theilhaftig alles Guten, das durch die Kirche für diesen Verstorbenen geschieht, und am Tage seines eigenen Hinscheidens wird er diese für sich bereit finden zu Arznei und zum Heile seiner Seele."

Zwanzigstes Kapitel.
Von der Hölle und dem Fegfeuer.

Es war in einer Stunde des Gebetes, da erblickte die Dienerin Gottes unter ihr die Hölle geöffnet, und darin unnennbare Armuth und Düsterkeit und gleichsam grausame Schlangen, Kröten, Wölfe und Hunde, überhaupt Gestalten wilder Thiere, welche sich gräulich gegenseitig zerrissen. Da sprach Mechtildis: „O Herr! wer sind diese Armen?" Der Herr antwortete ihr: „Es sind diejenigen, welche nie eine Stunde meiner süßiglich gedacht haben."

Auch das Fegfeuer sah die Dienerin Christi. Darin waren so viele Arten der Pein, als vielen Lastern sich die Seelen während dieses Lebens hingegeben hatten. Die, welche hier hoffärtig gewesen waren, fielen in dem Fegfeuer gleichsam von einer Pfütze in die

andere. Jene, welche die Regel und gelobten Gehorsam nicht
hielten, gingen niedergedrückt und gebeugt, als hätten sie einen
Mühlstein auf sich. Die durch Fraß und Trunkenheit gesündigt,
sie lagen auf den Rücken hingestreckt gleichsam ohnmächtig und wie
vor Hunger und Durst ganz erschöpft. Andere, welche der Lust
der Sinne gehuldigt, zerschmolzen durch Feuer, und so für jegliche
ungebüßte Sünde bezahlten die Seelen durch Strafen in dem Feg=
feuer, je nachdem sie es verdient hatten. Da nun diese Jungfrau ihr
Gebet für diese Seelen ergoß, befreite der Herr eine Menge derselben.

Einundzwanzigstes Kapitel.
Wie der Herr die Seele des Gerechten bei ihrem Hinscheiden erfüllt.

Wenn die Seele des Gerechten von dem Leibe scheidet, und
sie frei ist von allen Sünden, so daß sie gewürdigt werden kann,
zur Stunde einzugehen in die Heimlichkeit des Himmels; da durch=
geht Gott die selige Seele bei ihrem Austritte aus dieser Welt
also mit seiner göttlichen Kraft und erfüllt und nimmt in Besitz
deren sämmtliche Empfindungen und Sinne, daß Gott gleichsam
das Auge der Seele ist, mit welchem, und das Licht, durch welches
sie nun sieht, zugleich auch die Schönheit, die von ihr gesehen wird,
so daß auf gar wunderbare und fröhliche Weise Gott in der Seele
und mit der Seele sich selbst und die Seele nebst allen Heiligen
erschaut. Gott ist auch das Gehör der Seele, durch welches sie
hört seine süßfließende Rede, mit der er weit über jede mütterliche
Liebe die Seele liebkoset und durch welches die Seele den Einklang
Gottes und aller Heiligen vernimmt. Gott ist auch der Otem der
Seele, in welchem er sie lebendigmachende und himmlische Luft
athmen läßt, das ist, sich selber, welcher alles Wohlgeruches Lieb=
lichkeit übertrifft, durch und in welchem allein die Seele ewig
lebendig erhalten wird. Gott ist auch der Geschmack der Seele,
mit dem er die Süßigkeit seiner selbst in der Seele offenbart. Gott
ist Stimme und Zunge der Seele, weil er sich selbst in ihr und
für sie auf das Vollkommenste und Erhabenste lobt. Gott ist auch
Herz der Seele, da er sie erfreut und froh macht und fortan seine

Wonne in derselben und mit derselben in süßestem Ergötzen genießt. Es ist Gott von da an wahrhaft das Leben der Seele, so daß Alles, was die Seele wirkt, Gott in ihr vollbringt, und Gott ihr sein wird „Alles in Allem".*)

Denjenigen Seelen aber, welche noch nicht gereinigt sind, reichen die Engel das Licht der Erkenntniß, und sind ihnen zu Hilfe und Trost in ihren Peinen.

Hingegen erfüllt die Seelen der Verdammten schon bei ihrem Ausgange aus dieser Welt finsterer Schrecken, Bitterkeit, unaus= sprechliche Trauer, Verzweiflung und grenzenlose Armuth, und sie sind so in sich selbst verstört und von allen Guten gänzlich ver= lassen, daß sie, wenn sie auch nicht in die Hölle oder in die Gewalt der Teufel kämen, doch durch so großes Unheil, von dem ihr eigenes Innere voll ist, genugsam gequält würden.

Zweiundzwanzigstes Kapitel.
Von der Wahrheit dieses Buches.

Es offenbarte sich während einer Messe der Herr seiner Dienerin, indem er erschien, thronend auf dem Stuhle seiner Majestät. Da nun zu der Stillmesse geläutet wurde, sprach sie zu dem Herrn: „Nun bist du ganz auf dem Altare in den Händen des Priesters, und nichts desto weniger bist du doch vollkommen hier bei mir!" Darauf antwortete er: „Ist nicht deine Seele in allen deinen Gliedern, und ist selbe doch auch allzeit in meiner Gegenwart bei mir im Himmel. Wenn das deine Seele vermag, die doch eine geringe Kreatur ist, warum vermag ich, der Schöpfer aller Dinge, nicht bei all' meiner Kreatur und zu sein, wo und wie ich will?" Und zur Stunde bedünkte ihr, als ob ihre Seele im Himmel in der Gegenwart der allerheiligsten Dreifaltigkeit sich be= finde, angethan mit einem glänzend weißen Gewande. Der Herr aber hob sie auf seinen Schoß, und sie voll Liebe anblickend sprach er unter Anderm folgende zärtliche Worte zu ihr: „Meine Schönheit wird deine Krone sein; meine Freude deine Halskette; meine Liebe

*) S. I. Cor. 15, 28.

dein Gewand, und meine Wonne deine Ehre." — Darnach lehnte er sie inniglich an sein Herz und sprach: „Nimm ganz hin mein göttliches Herz!" Und die Seele fühlte, wie die Gottheit gleich einem Bach mit starker Gewalt sich in sie ergoß, und sie sprach: „Wiewohl du, mein Herr und Gott! auch mich jetzt erfüllt und in wunderbarer Weise erleuchtet hast, so bin ich doch vor dir eine kleine und armselige Kreatur, und Alles, was ich in dir erkenne, und was ich davon den Menschen erklären kann, ist kaum so viel, als wie viel eine Ameise von einem großen Berge hinwegzutragen vermag."

Und es kam ihr zu Sinne, daß von den Dingen, welche der Herr ihr zu offenbaren sich gewürdigt hatte, ein Buch geschrieben worden, und sie sprach: „Was ist es doch, mein liebster Gott, daß ich dieses so schwer ertrage, da ich doch meine, es sei nicht so ganz ohne deinen Willen geschehen?" Darauf antwortete der Herr: „Solches entsteht dadurch, daß du nicht so große Dankbarkeit für diese meine Gabe hast, wie du billig sie haben solltest." Hierauf entgegnete die Seele: „Aber was hat dich bewogen, daß du gerade mir, der Unwürdigsten und Armseligsten, solche Gabe verliehest?" Jesus antwortete: „Meine unendliche Güte hat mich dazu bewogen. Denn hätte ich dich nicht mit solcher Gnade gelockt und zu mir gezogen, so hättest du viel irdischen Trost gesucht, und ich würde wenig Antheil an dir gehabt haben." Darnach sprach sie abermals: „Woher kann ich aber wissen, ob Alles wahr sei von den Dingen, welche jene Person aufgeschrieben hat, da ich ihr Buch noch nicht gelesen, noch auch bestätigt habe? Wenn aber und weil ich es wohl lesen muß, vertraue ich mir gleichwol nicht gänzlich, selber zu urtheilen." Darauf antwortete der Herr: „Ich bin mit den Herzen derer, welche von dir zu hören begehrten und erweckte in Manchen dazu das Verlangen. Ich bin das Verständniß im Ohre der Hörenden, durch welches sie verstehen, was sie hören. Ich bin auch im Munde derer, die davon sprechen; ich bin in der Hand der Schreibenden; in Allen bin ich ihr Mitwirkender und Helfer, und so ist Alles, was sie in mir und durch mich, die Wahrheit, sprechen und schreiben, wahr. Ein Werkmeister hat gar viele Diener, welche zu seinem Werke helfen. Wiewohl sie das Werk nicht so vollkommen verstehen, wie ihr Meister, wirkt doch jeder nach seinem Maße mit; jedoch nur durch die Meisterschaft des Meisters wird das Werk vollbracht. Also geschah es auch mit denjenigen, welche diese Dinge schrieben. Wiewohl sie dieselben nicht so klar, wie ich sie dir gegeben habe, auszudrücken verstehen, so werden sie doch durch die Mitwirkung meiner Hilfe bewährt nach meiner Wahrheit. Du selber haft gar oft mich gebeten, daß ich dich nicht durch den Geist des Irrthums verführen lasse. Glaube es billig meiner Milde, daß du in diesem Gebete erhört worden." Sie sah auch aus dem Herzen Gottes drei Strahlen ausgehen in die Herzen zweier Personen,*) welche dieses Buch schrieben; daraus erkannte sie, daß dieselben auf Eingebung und unter dem Beistande der göttlichen Gnade dieses Werk vollbrachten, so daß sie alle Mühe und Alles, was sie darum erdulden mußten, willig ertrugen. Die Dienerin Christi aber sprach nochmals: "Eja, süßester Liebhaber! weil ich Undankbarste dir für deine so großen Gaben nie würdig Dank gesagt habe; also begehre ich, daß Alle, welche dieses Buch lesen werden, dir durch selbes für mich Aermste und Unwürdige würdigen Dank sagen. Denn einzig darin werde ich getröstet, wenn dein Lob und Nutzen der Seelen auch den Lesenden daraus zukömmt." Hierauf sprach der Herr: "Alle, welche dieses Buch lesen, oder von dir hören, werden, so oft sie mich für die Gabe, die ich dir verliehen habe, oder auf andere Art lobpreisen, eben so viele süße Lieder in Gegenwart der allzeit glorwürdigen Dreifaltigkeit mir singen."

Dreiundzwanzigstes Kapitel.
Wie diejenigen, welche die Gaben Gottes in Anderen lieben, gleiche Verdienste haben werden.

Ein anderes Mal, da Mechtildis für Alle, welche dieses Buch lesen werden, gebetet hatte, und dann fragte, welches Verdienst diejenigen sich dadurch erworben, die überhaupt die Gaben Gottes in andern Seelen liebten? antwortete Jesus: "Alle diejenigen, die

---

*) Von diesen zwei Personen ist die eine nach unserer Vermuthung die heilige Gertrubis, welche das, was sie von ihrer vertrautesten Freundin Mechtildis vernommen, dictirte. Die andere Person ist unbekannt.

meine Gaben in andern Seelen lieben, werden gleiche Verdienste mit diesen und wohl dieselbe Glorie erwerben, welcher jene selbst gewürdigt werden, denen ich diese Gnade verliehen. Gleichwie eine Braut, die im Besitze eines kostbaren Geschmeides ist, das all' ihren Schmuck verherrlicht, die Veranlassung wird, daß auch andere Bräute sich nach diesem Muster gleiches Geschmeide fertigen lassen, damit sie gleiche Pracht und Zierde haben; so können auch die Seelen derjenigen, die durch Liebe sich die Gaben Anderer zueignen, dieselbe Herrlichkeit gewinnen mit denen, ob deren Gnadengaben sie mich geliebt und mir Dank gesagt haben."

Vierundzwanzigstes Kapitel.
Wie dies Buch verfaßt wurde.

Daß dieses Buch wahrhaftig aus Gott sei und mit Huld der Gnade Gottes geschrieben worden, und mit Recht „Buch besonderer Gnade" genannt werde, wurde in folgender Weise im Voraus angezeigt. Die Person, welche dieses Buch eines Theils aus dem Munde der ehrwürdigen Dienerin, welcher es von Gott eingegeben ward, und anderen Theils aus dem Munde ihrer innigsten Freundin beschrieben hat, sah vor beinahe drei Jahren im Schlafe ein Traumgesicht. Es bedünkte ihr, wie die gottinnige Person, von welcher die Rede ist, gar andächtig kommunizire. Und da sie von der heiligen Kommunion hinwegging, hatte sie einen goldenen, über eine Elle hohen Becher, und fing an, mit hoher Stimme zu singen, sprechend: „Herr! fünf Pfunde hast du mir gegeben, sieh', andere fünf habe ich dazu gewonnen!"[*] und darnach sprach sie zu Allen: „Wer will von dem Honig des himmlischen Jerusalems trinken?" Sie kredenzte nun allen Schwestern, welche in dem Chore waren, einer Jeden Honigseim aus dem Becher. Die Person aber, welche dieses Traumgesicht sah, ging auch hinzu, und die Dienerin Gottes gab ihr einen Bissen Brodes in den Honig eingetunkt. Und während diese es in den Händen hielt, begann das

---

[*] S. Matth. 15, 20.

Stückchen Brod auf wunderbare Weise sammt dem Honig zu wachsen, so daß es anwuchs zu einem ganzen weichen und warmen Brode, der Honigseim aber, das Brod inwendig und auswendig durch= dringend, durch die Hände derer, die das Brod hielt, gleich dem Oele niederträufelte, so überflüssig, daß ihr Kleid und dann der Boden davon besprengt und benetzt ward.

Es ward jedoch dies Buch stets mit großer Vorsicht bewahrt, von den Personen, die es schrieben. Als nun an einem heiligen Tage Eine aus ihnen darin lesen wollte, und sie kaum das Buch geöffnet hatte, sprach eine zweite Person in großem Eifer zu ihr: „Ei, was für Gutes wird dieses Buch enthalten! Denn da ich es vorerst ansah, empfand mein Herz eine so wunderbare Bewegung, daß es alle meine Glieder durchschauerte.“

So hat denn dieses Buch wohl billig den Namen „besonderer Gnade“ empfangen, wie in oben geschautem Sinnbilde ist angezeigt worden. Nichts ist ja lieblicher, denn die Tröstung göttlicher Gnade; nichts weckt heiligeres Verlangen und erleuchtet klarer die Seele so, als das Wort der Gnade. Gnade gibt Muth zu Gutem, und Gnade stärkt zu allen Werken. Darum sagt der Apostel: „Das Beste ist, das Herz stärken mit der Gnade.“*) Daß die Worte Gottes, wovon dieses Buch voll ist, die Seele erleuchten, zeigt deßgleichen der Psalmist, wenn er sagt: „Die Kundgebung deiner Worte erleuchtet und gibt Einsicht den Kleinen.“**)

.

Fünfundzwanzigstes Kapitel.
Wie Werke der Liebe den Menschen von täglichen, unvor= sätzlichen Sünden reinigen.

Da der Herr, wie vorhin geschrieben, einst seiner Dienerin vorgehalten, daß sie nicht dankbar genug gewesen wäre, wünschten zwei Personen, die ihr vor Allen freundlich waren, ihr in so viel Lob Gottes und im Danksagen beizustehen, insonderheit damit, daß

*) Hebr. 13, 9.
**) Ps. 118, 130.

sie so vielmal den Lobspruch: „Aus welchem Alles, in welchem Alles
und durch welchen Alles, Ihm sei Ehre in Ewigkeit!"*) Gott
dem Drei-Einen aufopferten, als viele Tage Mechtildis bis dahin
auf Erden gelebt hätte. Da nun Mechtildis selber dieses Lob
ihrer Freunde Gott mitaufopferte, in Einigung mit der Liebe, in
welcher seine Gaben aus seinem Herzen ihr zugeflossen, und in
Einigung mit der Dankbarkeit, in der durch Jesus Christus, seinen
Sohn, alle Dinge wieder in ihn zurückfließen; sah sie wie ein
großer und klarer Bach mit Ungestüm von dem Herzen Gottes
ausströmte und die Seelen derer, die obiges Lobgebet aus Liebe
für sie gesprochen hatten, von aller Makel reinigte. Und der Herr
sprach: „So reinigen alle Werke der Liebe den Menschen von täg-
lichen Sünden. Die Todsünden hingegen, die der Seele gleich dem
Peche stark ankleben, die müssen durch Reue, Beicht und Buße
getilgt werden. Ich aber behalte alle Werke der Liebe in meinem
Herzen, als einen besondern von mir geliebten Schatz, bis daß der,
welcher sie gewirkt, zu mir kömmt. Dann gebe ich sie ihm wieder
in einem aufgehäuften Maße des Verdienstes und zu seiner Glorie."
Das genügte aber ihrer Freundin, welche sie gar sehr in Christo
liebte, nicht; sondern da sie dieses Versäumniß derselben für jene
in dem Maße zu ersetzen wünschte, als es mehr nicht geschehen
konnte, so ließ sie sovielmal, als dieselbe Jahre zählte, die Messe:
„Benedicta sit"**) zu Ehren der allezeit anbetungswürdigen Dreifaltigkeit von geistlichen Predigerbrüdern und andern frommen Priestern
für dieselbe feiern. Da nun auch sie selbst diese Messen Gott aufopferte, ihm danksagend und seine Liebe bewundernd, womit er das
an den Menschen gewirkt hatte, sprach der Herr zu ihr: „Gib mir
Alles, was dein ist." Sie aber leerte ihre Hand, als ob dieselbe
voll wäre, in die Hand Gottes aus. Zur Stunde erschien ihr,
was sie ausgeleert hatte, gleich einem sehr schönen Schmuck, ähnlich
einem Halsband aus weißen, rothen und purpurfarbenen Perlen;

---

*) Antiphone der heiligen Kirche am Feste der heiligen Dreieinigkeit.
— Vgl. Col. 1, 16—18.

**) „Gepriesen sei die heilige Dreifaltigkeit und ungetheilte Einheit; wir
wollen sie bekennen, denn sie hat an uns ihre Barmherzigkeit erwiesen." —
Eingang der Votivmesse von der allerheiligsten Dreifaltigkeit.

dadurch ward versinnbildet ihre uneigennützige und demüthige Liebe, welche sie den Menschen erwiesen hatte. Der Herr aber legte jenen Schmuck an sein Herz; aus dessen Mitte strömte eine wundersame und unbeschreibliche Süßigkeit. Und der Herr sprach: „Welche immer diese meine besondere Gnadenerweisung lieben, meiner Güte glauben und mit demüthiger Dankbarkeit für die=jenigen, welche ich zu dieser vertraulichen Freundschaft auserwählt habe, mir danken werden, diesen wird mein Herz mit besonderer Zuneigung offen stehen." Jener Schmuck hatte auch ringsum vier Lilien. Als nun jene ihre Schönheit bewunderte, sprach der Herr zu ihr: „Es waren Jungfrauen, welche diese Gabe des Lobes für dich darbrachten."

Sechsundzwanzigstes Kapitel.
Wie die Menschen Gott für diese Person Dank sagen sollen.

Eine andächtige Person pflegte den Herrn fleißig zu bitten, daß er, welcher von dem Geiste des Moses in Andere ausgegossen,[*) und den Geist und die Kraft des Elias dem Elisäus gelassen hat, denn auch von dem Geiste dieser seiner Dienerin, von welcher diese Dinge beschrieben sind, sowie ihre Tugenden, Frömmigkeit und Gnaden den Schwestern mittheile, ja sie ihnen gleichsam zu einem Testamente hinterlasse.

Zu einer Zeit denn, da sie sich in solchem Gebete befand, sprach sie zu dem Herrn: „Mein Herr und Gott, was willst du, daß ich jetzt gleich ihr thue?" Darauf sprach der Herr: „Um was du lange gebetet, und was du so oft begehrt hast, will ich dir jetzt offenbaren. Meine Freundin, für welche du mir oft Dank sagtest, hat unter andern Zierden ihrer Tugend mir ganz besonders wohl=gefallen durch die vollkommene Entsagung ihrer selbst; zum Andern durch die rückhaltlose Einigung ihres Willens mit dem meinigen. Allzeit war sie wohlbedacht, meinen Willen zu vollbringen, und alle meine Werke und meine Gerichte haben ihr gefallen. Zum Dritten

*) 3. Mos. 11.

liebte ich an ihr, weil sie gar mitleidig war, und Hilfe und Trost mit wunderbarer Innigkeit jedem Betrübten erwiesen hat. Es hat mir ferner an meiner Dienerin gefallen, daß sie ihren Nächsten vollkommen wie sich selbst geliebt. Nie in ihrem Leben hat sie dem Nächsten je Böses gethan. Auch war sie friedsamen und stillen Sinnes und ließ nie in ihrem Herzen etwas bleiben, das meine Ruhe in ihr gestört hätte.

„Deßhalb will ich gerne Allen, die sie um meinetwillen lieben, meinen Trost eingießen, und möchte sie mit lieblicher Freundlichkeit zu mir ziehen, so wie ich auch Allen, die mir Lob und Dank dafür sagen, daß ich sie mir auserwählt habe, von all' demjenigen geben werde, was mir an ihr am meisten wohlgefallen hat. Und am letzten Ende, wenn ich kommen werde, eine solche Seele aufzunehmen, so sie dann mit Andacht und Verlangen sich für meine Gnade bereitet und Dank sagt für die jener verliehenen Wohlthaten, will ich Alles, was sie noch begehrt, ihr an heiligender Gabe verleihen. Ich will den Freunden meiner Freundin eingießen geistliche Stärkung, Andern will ich Erleuchtung des Verstandes oder Glut der Liebe, will Weisheit ihnen verleihen und nützliche Lehre, um Andere zu unterweisen; ich gebe ihnen gute Zuflucht zu mir, oder Mehrung geistlicher Gnaden, damit sie ihren Nächsten zu frommem Beispiele werden." Da fragte jene Person den Herrn: „Mein Herr! wofür sollen wir dir besondern Dank und Lob für unsere Schwester sagen?" Er antwortete: „Saget mir Dank für alles Gute, das ich in eurer Schwester vollbracht habe, noch vollbringe und in Ewigkeit vollbringen werde, besonders aber für die fürtreffliche Erlustigung und stille Ruhe, die ich in ihr gehabt, und ob welcher ich mich zu ihr geneigt habe; auch danket für die heilige Wirkung meines Geistes und für den vollkommenen Genuß meiner Wonne in ihr."

Siebenundzwanzigstes Kapitel.
Von der Erlösung der Gefangenen.

Einstmals sprach der Herr zu ihr: „Wer für die sei es dem Leibe nach, sei es in Sünden Gefangenen wirksam beten will, bitte

mich durch die Liebe, welche mich neun Monate lang im Schoße
der Jungfrau gefangen hielt; welche mich, zum Andern, mit
Windeln und Banden fesselte; welche mich, zum Dritten, gebunden
den Händen der Gottlosen überlieferte; zum Vierten durch die Bande,
mit welchen gebunden die Juden mich den Händen des Richters
überlieferten; zum Fünften, da ich bei der Geiselung an die Säule
gebunden war; zum Sechsten, da ich in Schmach mit Nägeln
an's Kreuz geheftet war; zum Siebenten, da ich in Leinwand ge=
hüllt, todt und im Grabe eingeschlossen war — daß ich durch die
Liebe, welche in all dem mich gebunden hielt, jenen Menschen von
all seinen Banden oder Sünden befreie."

Achtundzwanzigstes Kapitel.
Wie der Herr Jesus Christus sie seiner Mutter anempfohlen hat.

Als sie einstmals das Evangelium: „Stabat juxta crucem ꝛc."*)
gelesen hatte, sprach sie im Eifer ihres Gemüthes zum Herrn:
„Empfehle mich, o Herr, deiner Mutter, wie du deinen geliebten
Jünger Johannes empfohlen hast!" Zur Stunde willfahrte der
Herr ihrem Wunsche und übergab sie in die Hände seiner Mutter
mit den Worten: „Ich empfehle dir, o Mutter, diese Seele, wie
meine Wunden; und gleichwie du mich, läge ich verwundet zu
deinen Füßen, mich verbinden und pflegen wolltest, so pflege und
tröste sie sorgsam in allen ihren Plagen. Ich empfehle sie dir als
den Preis meiner selbst, damit du eingedenk seiest, wie theuer ich
sie geschätzt habe, da ich aus Liebe zu ihr mich nicht weigerte zu
sterben. Ich empfehle sie dir auch als den Gegenstand, in welchem
ich alle Ergötzung meines Herzens niedergelegt habe, nach dem Worte:
„Meine Wonne ist es, bei den Menschenkindern zu sein."**) Da
sprach die Seele: „O Herr, willst du dasselbe allen nach dir Ver=
langenden thun?" Er antwortete: „Ja; denn bei mir ist kein
Ansehen der Person."

*) Joh. 19, 25: „Es standen bei dem Kreuze Jesu seine Mutter ꝛc."
Evangelium am Feste der sieben Schmerzen Mariä.
**) Sprüchw. 8, 31.

Neunundzwanzigstes Kapitel.

Von dem löblichen Leben und den Sitten dieser guten Jungfrau.

Es sei nun genug, und wir wollen nicht weiter fortfahren, wiewohl wir noch viel dazuzusetzen vermöchten, damit nicht durch die Länge und Mannigfaltigkeit die Erbauung in Verdruß, was ferne sei, verwandelt werde. Wir haben auch sehr Vieles weggelassen, so daß dasjenige, was geschrieben ist, wenig zu erachten ist, gegen das, was weggelassen wurde. Was aber geschrieben ist davon, solches haben wir einzig zu Gottes Ehre und des Nächsten Heil aufgezeichnet. Wir achteten es nämlich für unbillig, wenn, wie wir glauben, so nützliche Dinge, die Mechtildis nicht so fast für sich, als für uns und alle Späteren, von Gott empfangen, mit Stillschweigen bedeckt würden. Wenn wir aber dieser heiligen Jungfrau Leben und löblichen und wahrhaft würdigen Wandel nicht genügend beschrieben haben, so gefiel es uns, zum wenigsten am Schlusse sie einigermaßen zu loben, damit wir diejenigen, die ihr nachzufolgen begehren, durch ihr heiliges Beispiel dazu ermuntern.

Diese ehrwürdige, gottselige Dienerin hat die Jungfräulichkeit, die sie im siebenten Jahre ihres Alters gelobt, und die Reinheit ihres Herzens mit so großem Fleiße bewahrt und sich vor aller Sünde von Kindheit an so gehütet, daß auch zwei ihrer Beicht= väter nachmals bezeugt haben, sie hätten nie einen Menschen von so großer Unschuld und so reinen Herzens sich denken können, wie diese Jungfrau und deren Schwester, die Frau Aebtissin es gewesen. Als sie darum eine Generalbeicht abgelegt hatte, legte ihr der Beicht= vater für alle ihre Sünden als Buße auf, den Lobgesang zu beten: Veni Creator Spiritus;*) später gebot ihr ein anderer, für ihre Sünden zu beten: Te Deum laudamus.**) Ihre größte Sünde, deren Mechtildis schmerzlich gedachte, und welche sie in ihrer Kindheit gethan, war diese, daß sie einstmals sagte, sie hätte einen

*) Komm Schöpfer Geist, suche die Seelen der Deinigen heim, erfülle mit deiner himmlischen Gnade die Herzen, die du geschaffen hast. — Heilig= geist=Hymnus.
**) Der bekannte Ambrosianische Lobgesang: Großer Gott, wir loben dich!

Dieb in dem Hofe gesehen, da sie ihn doch nicht gesehen hatte. Sie erinnerte sich nicht, je eine andere Lüge wissentlich und mit Willen gesagt zu haben. Darum darf sie wohl nicht mit Unrecht den Jungfrauen verglichen werden, welche dem Lamme nachfolgen, weil auch sie dem Lamme Gottes schon hienieden vollkommen nach=zufolgen treu bestrebt gewesen. Denn es fehlte ihr auch nicht an Demuth, welche zur Höhe der Glorie erhebt, und es schmückte sie, wie gesagt, jungfräuliche Reinheit, welche die Seele dem himmlischen Bräutigam freundlich vermählt.

Auch im Gelübde der Armuth glich Mechtildis den Strengsten der heiligen Altväter, sie, die aus Liebe zu Christus die Welt mit ihrem Schimmer verachtete und sich so sehr die Armuth erwählte, daß sie nur das Nothdürftigste haben wollte. Nur durch den Ge=horsam gezwungen, trug sie einen Schleier; alles andere Gewand war geringes Tuch, oft geflickt und veraltet, da sie doch reichlich mit Jeglichem sich hätte versehen können, was sie gewünscht. Da=gegen besaß diese Jungfrau Alles, was zum geistlichen Leben ge=hörte, in um so reicherer Fülle, als: Ablegung des eigenen Willens, Verdemüthigung ihrer selbst, bereitwilligen Gehorsam, Fleiß in der Andacht und im Gebete, Reichthum der Thränen und starkmüthige Beharrlichkeit. Eingesenkt in Christus, verleugnete und vergaß sie ihrer selbst so ganz, daß sie, wie von dem heiligen Bernhard ge=lesen wird, der äußeren Sinne wenig gebrauchte, und oft, ohne es zu merken, verdorbene Eier aß, bis es von den Zunächstsitzenden beachtet ward. Hie und da, wenn sie mit den Gästen essen und sprechen mußte, legten, wiewohl sie nie Fleisch essen wollte, Einige, die um diese Sitte wußten, Fleisch ihr vor, und so aß sie es un=wissend, bis sie durch das Lachen derselben zu sich selber gebracht erkannte, was sie gethan.

Die Lehre aber und Liebe goß Mechtildis aus in solcher Menge, daß eine ihr Aehnliche in unserm Kloster noch nie erstand, und, wie wir fürchten, nie mehr erstehen wird.*) Von allen

---

*) Das Verdienst der heiligen Gertrudis, welche damals noch lebte, wird durch diese Stelle nicht im mindesten geschmälert; vielmehr wird durch dieselbe die schon mehrfach ausgesprochene Vermuthung bestätigt, daß das „Buch besonderer Gnade" eben von Gertrudis verfaßt worden sei.

Seiten her versammelten sich die Schwestern um sie, wie um einen Prediger, um das Wort Gottes zu hören. Sie wurde die Zuflucht und Trösterin Aller, und hatte als besondere Gabe die Gnade, daß die Menschen die Geheimnisse ihres Herzens ihr kühnlich offenbarten und ihr viel gestanden, damit sie von ihrem Kummer befreit würden. Derer waren nicht allein die im Kloster, sondern auch Auswärtige, und von der Ferne kamen Viele, geistliche und weltliche, und Manche gestanden, daß nie ihnen bei einem Menschen so viel Trost geworden, als sie bei Mechtildis gefunden. So viele Gebete diktirte und lehrte sie, daß, wenn man sie zusammenschreiben würde, sie an Umfang den Psalter überträfen. Von Krankheiten und Schmerzen oft heimgesucht, schien diese Jungfrau gleichsam eingeführt zu sein in der Märtyrer heilige Gesellschaft. Doch nicht begnügt, strafte sie sich selbst mit vieler Kasteiung für die Sünder. So zum Beispiele zu einer Zeit vor der heiligen Fasten, da sie hörte, wie das Volk leichtfertige Gesänge und weltliche Lieder sang, ward sie in der Liebe Gottes entflammt, und in Begierde des Mitleidens und damit sie Gott einen Ersatz darbrächte für das von Andern gegebene Aergerniß, legte sie in ihr Bette Scherben von Glas und scharfem Gezeug, und wälzte sich darin so lange, bis sie mit zerschundener Haut und über und über verwundet vor Schmerzen sich kaum zu bewegen vermochte.

Von der Betrachtung des Leidens unsers Herrn ward sie so ergriffen, daß sie nur selten ohne Thränen davon auch nur zu reden vermochte. Jedesmal aber, wenn sie von dem Leiden des Erlösers oder von seiner Liebe sprach, wurde sie von solchem inneren Feuer entzündet, daß ihr Angesicht und ihre Hände roth wie Glut, erschienen. Daher glauben wir, daß sie oftmals ihr Blut aus Liebe zu Christus geistiger Weise vergossen habe.

Wie vor Zeiten auserwählte Menschen, als da sind die Zwölfboten, welche Tag und Nacht Christo dem Herrn nachfolgten und seine milden, hohen Worte immerdar hörten, froh der heiligen Gegenwart des Meisters; also schaute auch diese andächtige Jüngerin gleichsam mit geistigen Augen Gott von Angesicht zu Angesicht, genoß täglich in Wahrheit seiner süßfließenden Worte und ward von Jesu Christo gelehrt, in Allem, was sie wollte und bedurfte; war ihm so freundlich vereiniget und hatte ihm allen ihren Willen so ganz geopfert, daß, wie sie sagte, seitdem sie Profeß gethan hatte, sie in keinem Dinge je Anderes gewollt hat, denn was Gott zu geschehen verordnete.

Wunderbar ergriffen ihr Herz die Worte des heiligen Evangeliums, und sie ward davon mit so großer Tröstung erfüllt, daß, wie oft sie dasselbe in dem Chore las, sie vor inniger Freude es kaum zu enden vermochte, und zu Zeiten gleichsam ohnmächtig ward. Auch las Mechtildis dasselbe stets mit solchem Feuer, daß sie die Zuhörenden zur Andacht erweckte. Deßgleichen, wenn sie in dem Chore sang, achtete sie mit allen Kräften auf Gott, gleichsam zu ihm entzückt; weßwegen sie auch zu Zeiten, ohne zu wissen, was sie thäte, verwunderliche Geberden zeigte, jetzt mit ausgestreckten und dann mit in die Höhe erhobenen Händen betend. Zu Zeiten empfand sie, in Entzückung hinweggenommen, es gar nicht, wenn Andere sie zogen oder bewegten.

Glänzend nicht minder durch den Geist der Prophetie, sagte sie häufig den Menschen, was ihnen in Zukunft begegnen würde. So war auch eine Edelfrau, welcher die Feinde ihres Mannes auflauerten, um sie auf dem Wege zu ergreifen und gefangen zu legen so lange, bis die Leute, die in des Ritters Gewahrsam sich befanden, entgegen befreit würden. Diese Frau, die Gefahr wohl ahnend, befahl sich deßhalb in das andächtige Gebet der Dienerin Gottes. Nach verrichtetem Gebete sprach Mechtildis zu der Matrone: „Ich habe gesehen den Herrn mit einer Hand wie mit Horn beschuht, um dich zu schützen, und ich hörte ihn sprechen: „Gleichwie die Mücken diese meine Hand nicht zu beschädigen vermögen, so werden auch jener die Feinde nicht schaden können." Da die Edelfrau solches vernommen, faßte sie Vertrauen; denn sie hatte schon öfter in solchen Dingen die Wahrheit der Worte Mechtildens erfahren, und reiste muthig nach Hause. Kaum aber war sie mit Frieden in die Stadt gekommen, so kamen zur Stunde die Feinde, und bestürmten dort erfolglos die Burg.

Deßgleichen, als dieselbe Edelfrau der Dienerin Gottes inständigst anempfohlen hatte, für das Wohlergehen und Heil ihres Mannes zu beten, dieweilen er gar viele Feinde hatte, da sprach jene mit prophetischem Munde: „Mehrere Widrigkeiten und Gefahren wird er bestehen, allein vor Gefangenschaft und tödtlicher Wunde wird ihn der Herr unversehrt bewahren." Wie sie es vorhergesagt, so traf es in Allem ein, und auf wunderbare Weise entging er öfters der Gefangenschaft.

Was werden wir weiter sagen? Wird sie nicht den englischen Geistern gleichgehalten werden können, mit welchen sie schon auf Erden durch das freundschaftlichste Band verbunden war, so daß sie selten ihrer Gegenwart entbehrte, sie, die den jeder einzelnen Ord= nung der Engel zukommenden Dienst zuweilen verrichtet zu haben scheint? So gesellt sie sich wohl zur Ordnung der Engel, welchen besonders obliegt zu dienen, weil sie in thätiger Nächstenliebe und mildem Umgange den Unglücklichen mit herzlichem Mitleide, den Sündern mit der Hilfe des Gebets, den Nachlässigen mit zurecht= weisender Ermahnung, den Unwissenden mit belehrendem Worte diente.

Sie war auch nach Art der Erzengel für Viele die Bot= schafterin bei Gott und ihre fromme Mittlerin bei ihm. Auch mit den Tugenden kann sie in gewissem Sinn verglichen werden, sofern sie ein hervorleuchtendes Muster aller Tugenden war. Deß= gleichen wird sie nicht unverdient den Mächten beigezählt, sie, in deren Macht die allmächtige Majestät sich so oft begab, und die eine solche Gewalt über die Dämonen besaß, daß diese selbst in einem Gesichte bei einer andern Person sich darüber beklagten und bekannten, daß durch Mechtilbis Verdienste und Gebete täglich Seelen der Gläubigen ihrer Macht entrissen würden.

Auch bei den Fürstenthümern hat sie mit Recht ihren Platz, weil sie gleichsam als die Fürstin der geistlichen Miliz mit ihrer Schwester, der ehrwürdigen Frau Aebtissin alle sowohl innerlichen als äußerlichen Angelegenheiten des Klosters auf das weiseste und geordnetste regierte. Den Herrschaften wird sie sodann nicht un= passend beigezählt, da sie sich als Herrin ihrer Gemüthsbewegungen und Handlungen erwies; sie beherrschte nämlich alle ihre Gemüths= bewegungen dadurch, daß sie dieselben auf Gott hinlenkte; sie be= herrschte ihr Herz dadurch, daß sie es mit aller Wachsamkeit be= wahrte; sie beherrschte ihre Werke dadurch, daß sie dieselben um Gottes willen ausübte. Sie kann auch der ruhigste und angenehmste Thron Gottes genannt werden wegen ihrer heitersten und reinsten Seele, sie, die der Gnade Gottes voll Allen, welche sie befragten, wie sie leben und sich regieren sollten, anzeigte, was sie thun sollten, gleich als ob Gott in ihr wohne und aus ihr rede.

Auch den Cherubim halten wir sie nicht für unähnlich, da sie so oft in den Quell der Weisheit selbst sich versenkend und des Lichtes Abgrund durchbringend gleich einer im Tempel Gottes er= glänzenden Sonne Alle, so zu ihr kamen, durch ihre Wissenschaft und Weisheit erleuchtete. Denn wie sie uns selbst berichtete, was sie aus den Psalmen sang oder las, davon gab ihr der Herr gar oft das geistliche Verständniß, und worüber die Seele noch nicht nachgedacht hatte, das verstand sie plötzlich in einem Augenblick. Vor Allen jedoch wird diese engelreine Jungfrau am passendsten und würdigsten mit den Seraphim verglichen werden, sie, die mit der Liebe selbst, welche Gott ist, so oft unmittelbar vereinigt wurde und, so minniglich an sein flammendes Herz geschlossen, gleichsam ein feuriger Geist mit ihm ward. Gar sehr edel erschien sie, wenn sie von Gott redete; besonders über die Liebe sprach sie mit solcher Glut, daß sie die Zuhörenden oftmals entflammte; darum kann passend von ihr gesagt werden, daß ihre Worte gleich den Worten des Elias „wie Fackeln brannten". *)

Dieses Wenige haben wir zum Lobe ihres Wandels nieder= geschrieben, indem wir es für billig erachteten, sie allen Heiligen gleichzuhalten, mit welchen sie schon auf Erden in so vertrautester Gemeinschaft stand, daß sie ihrer Gegenwart gar häufig, insbesondere an ihren Festen genoß. Niemanden aber möge es ungereimt be= dünken, wenn wir in unserer Zeit, auf welche das Ende aller Zeiten, ja die Hefe aller Laster und der Eckel am Guten gekommen ist, einen Menschen allen Heiligen gleichgestellt haben; sagt ja der heilige Gregorius über Ezechiel: daß Gott die Menschen von Tag zu Tag mit größerer Erkenntniß zu erleuchten und seine Geheim= nisse mehr und mehr zu enthüllen sich würdige, und daß in Fort= schreiten der Zeit die Wissenschaft der geistlichen Dinge sich mehre, jenes Wort des Propheten Daniel anführend, der von den letzten Zeiten sagt: „Sehr Viele werden das Buch durchgehen und vielfach wird sein das Verständniß." **) Er sagt auch: „Moses hat mehr

---

*) Sirach 48, 1.
**) Daniel 12, 4.

als Abraham, die Propheten haben mehr als Moses, die Apostel haben mehr als die Propheten erkannt." So bezeugt auch David von sich und sagt: „Ueber Alle, die mich lehrten, ward ich klug und einsichtsvoller ward ich, als Greise."*) Auch liest man in den Lebensbeschreibungen der Väter, daß die heiligen Väter von dem letzten Geschlechte weissagten: die Menschen jener Zeit werden nachlässig sein, diejenigen aber unter ihnen, welche vollkommen sein werden, werden besser sein, als wir und unsere Väter.

Dreißigstes Kapitel.
Danksagung für die Vollendung dieses Buches.

Gepriesen sei der Herr, der Gott jeglicher Gnade, durch dessen Gabe und Willen dieses Buch veröffentlicht worden ist, keineswegs aus eigener Erwägung und Anmaßung der Schreibenden, sondern auf den Rath und Befehl ihrer Frau Aebtissin**) und mit Zustimmung ihres Obern. Auch die Dienerin Christi, welcher dies Alles von Gott eingegeben und geoffenbart worden, las dieses Buch, bestätigte und verbesserte es, was auf folgende Weise geschah.

Als sie einst Nachts sich im Gebet befand, erschien ihr der Herr, dieses Buch offen in seiner Rechten haltend. Als sie das ihren beiden Schreiberinnen mittheilte und bat, sie möchten ihr das Buch zeigen, sagten diese, sie könnten das nicht thun, denn sie fürchteten, sie möchte betrübt werden. Da sprach jene voll Betrübniß, sie wolle niemals getröstet werden, bis sie gesehen hätte, was jene von ihr geschrieben. Als sie in der folgenden Nacht wieder dem Gebet oblag, sah sie die glorreiche Jungfrau mit einem sehr schönen Kinde auf den Armen. Da sie sich nun demüthig niederwarf und ihr die Ursache ihrer Traurigkeit klagte, gab diese ihr das Kind

----

*) Ps. 118, 99. 100.
**) Diese Aebtissin war Sophia von Mansfeld, welche nach Gertrudis von Hackeborn diese Würde bekleidete und dieselbe erst nach dem Jahre 1298, wo die selige Mechtildis starb, wegen schwerer Krankheit niederlegte. Der Obere ist vielleicht der Propst des Klosters, oder der Bischof von Halberstadt.

mit den Worten: „Nimm hin meinen Sohn, den Tröster der Be=
trübten, der deinen Schmerz, vollkommen lindern kann." Jene
empfing ihn dankbar und klagte ihm gleichfalls ihre Betrübniß·
Darauf sprach der Herr zu ihr: „Fürchte dich nicht; ich habe Alles
gethan. Mein ist also jenes ganze Werk. Ich habe es dir gegeben,
und so wahrhaftiglich du es von meinem Geiste empfangen hast,
so wahrhaft hat mein Geist jene angetrieben, daß sie schrieben und
es ausarbeiteten. Fürchte dich also nicht und tilge nichts in dem=
selben. Ich hingegen werde es vor Verstümmelung und Irrthum
bewahren." Und indem er ihr große Zuversicht einflößte, sprach
er über die Wahrheit desselben also: „Alle Worte dieses Buches
haben sie wahrhaftig nach meinem Geiste geschrieben, und in ihren
Kronen werden sie vor meinen Augen ohne Ende leuchten."

So nahm er alle Traurigkeit gänzlich von ihr hinweg, und
von diesem Tage an zeigten sie ihr das Buch, so oft sie wollte,
und lasen ihr Alles vollständig vor mit Ausnahme des Vorwortes
und des Schlusses. Und wenn sie in demselben etwas fanden, dessen
Wahrheit sie bezweifelten, so befragte sie zur Stunde, sobald sie
konnte, Gott, und so nahm der Herr durch ihre Vermittlung an
der Verbesserung dieses Buches Antheil.

Einunddreißigstes Kapitel.
Von den drei Pulsen des Herzens Jesu bei seinem Tode.[*]

Der Herr wurde gefragt, wie er wegen der drei Pulse seines
göttlichen Herzens schneller gestorben sei, wie in diesem Buche früher
angedeutet worden ist.[**] Darauf gab der Herr folgende Antwort:
„Als meine Seele unter dem Jubel der anbetungswürdigen Drei=
faltigkeit erschaffen wurde, hat die seligste Dreifaltigkeit, mit un=
aussprechlicher Liebe sie umfassend, mit ihrem ganzen göttlichen
Wesen sich in sie im Augenblicke ihrer Erschaffung eingegossen und

[*] Dieses Kapitel findet sich in den vornehmsten Handschriften als nach=
trägliches und später aufgezeichnetes an letzter Stelle.
[**] 1. B. 5. K. §. 4.

derselben all' das Ihrige gänzlich geschenkt: Gott der Vater seine
Allmacht; die Person des Sohnes seine unerschaffene Weisheit, und
der heilige Geist alle seine Thätigkeit oder Liebe, so daß meine
Seele Alles durch die Gnade hatte, was die Gottheit von Natur
aus besitzt. Jenes göttliche und ewige Verlangen, welches die hei=
ligste Dreifaltigkeit von Ewigkeit her nach der Vereinigung der
menschlichen Natur mit der Gottheit zur Erlösung des Menschen
hatte, entflammte in eben jener Vereinigung meine Seele mit un=
säglicher Liebe zur Vollendung jenes Werkes. Da ich auch in gött=
licher Weisheit gänzlich und auf's klarste erkannte alle Glorie meiner
Menschheit und Alles, was für sie kommen sollte, und daraus gar
großes Heil des Menschen, so ward ich von göttlicher Freude über
alle Maßen erfüllt. Auch durch die Eingießung der gütigsten Liebe,
durch welche der heilige Geist sich meiner Seele gänzlich mittheilte,
ward dieselbe so willig und bereit zur Erlösung des Menschen=
geschlechts, daß jene Last ihr süß erschien. Aber in dem Augenblick
meiner Empfängniß, da meine Seele mit meinem Leibe verbunden
wurde, hielt die Allmacht jenes göttliche Verlangen in Schranken
zurück, die Weisheit mäßigte jene Freude, und der heilige Geist
milderte durch die Salbung seiner Süßigkeit die Glut der Liebe,
damit meine Menschheit ihr zeitliches Leben bewahrte. In der
Stunde meines Todes aber entfesselte jene allmächtige, weise und
gütige Liebe, welche zuvor mein Herz so mächtig hatte schlagen lassen,
mit der Allgewalt ihrer ganzen Gottheit mein Verlangen und meine
Freude, und mit unsäglicher und unübertrefflicher Liebe mein Herz
zusammenpressend trennte sie die Seele von meinem Leibe, welchem
alles Bittere, so je erdacht werden könnte, den Tod nicht ge=
bracht hätte."

Sechstes Buch.

Erstes Kapitel.

Von dem Leben und Tod der ehrwürdigen Frau Aebtissin Gertrudis.

Frau Gertrudis, unsere Aebtissin, hochseligen Andenkens, ein ruhmreiches und gar strahlendes Licht unserer Kirche, gleich einer Rose blühend durch alle Tugenden, ein Muster jeglicher Heiligkeit und eine sehr starke Säule der wahren Religion, war eine leibliche Schwester dieser seligen Jungfrau, von der wir schrieben. Von ihren kindlichen Tagen an war sie von wunderbarer Weisheit und Einsicht, so daß sie in ihrem neunzehnten Jahre zur Aebtissin gewählt wurde. Diese Würde bekleidete sie in so löblicher, milder und kluger Weise, daß Alle ihr große Ehrfurcht erwiesen und sie wie eine Mutter zärtlich liebten, da sie sich sowohl Gott als den Menschen gegenüber hold und liebenswürdig erwies. Ihre große Demuth in ihrem Wesen und Benehmen leuchtete aus allen ihren Worten und Handlungen hervor. An den niedrigsten Verrichtungen und besonders an den gewöhnlichen Arbeiten der Schwestern betheiligte sie sich häufig; ja zuweilen war sie die erste und einzige bei der Arbeit, bis sie ihre Untergebenen dazu anhielt, oder dieselben vielmehr durch ihr Beispiel und freundliche Worte einlud, ihr zu helfen. Sie war eine Liebhaberin der wahren Armuth, weßhalb sie allen Ueberfluß an zeitlichen Dingen sowohl von sich,

als von ihren Untergegebenen fern zu halten suchte. Für die Kranken
trug sie die größte Sorgfalt, so daß sie, mochte sie auch noch so
sehr mit Geschäften überhäuft sein, doch jede einzelne derselben
täglich besuchte und sich genau erkundigte, ob sie einen Wunsch
hätte; mit eigenen Händen bediente sie dieselben, sowohl um sie zu
erquicken, als auch um sie zu beruhigen. Darum, als sie in ihrem
Alter von häufigen Krankheiten heimgesucht wurde, ließ sie sich noch
zu den Kranken tragen, und wenn sie nicht reden konnte, bezeigte
sie ihnen durch Geberden und Winke so treues und herzliches Mitleid, daß die meisten zu Thränen gerührt wurden. Sie war sehr
herablassend, und liebte alle so mütterlich, daß jede glaubte,
von ihr am meisten geliebt zu werden. Daher bemerkte man auch
kaum, welches ihre leiblichen Verwandten waren. Sie war so milde
und sanft von Sitten, daß, wenn sie eine der Schwestern mit
Recht wegen einer Verschuldung hart getadelt hatte, sie zur selben
Stunde und am selben Orte dieselbe so freundlich und sanft an-
redete, als ob sie sich kein Vergehen hätte zu Schulden kommen
lassen. Ebenso that sie, wenn die Gerechtigkeit erforderte, daß sie
im Kapitel einer Schwester ihren ernsten Tadel aussprach; sobald
das Kapitel geschlossen war, konnte diese Schwester zur Stunde
ruhig zu ihr gehen. Keine Schwester war so jung, daß dieselbe
ihr nicht vertrauensvoll ihr Anliegen zu eröffnen gewagt hätte.
Niemals sah oder hörte man von ihr, daß sie sich ohne vernünf-
tigen Grund streng gegen eine Schwester erwies, oder sie wegen
eines natürlichen Mangels betrübte. In ihrer Krankheit war sie
so sanft und gütig, so fröhlich und geduldig bei Allem, daß sie Alle,
so sie besuchten und ihr dienten, zur Freude und Fröhlichkeit stimmte.

Die heilige Schrift las sie gar eifrig und mit großer Freude,
so oft sie nur konnte, und verlangte von ihren Untergegebenen, daß
sie die heiligen Lesungen lieben und in beständiger Erinnerung behalten sollten. Darum verschaffte sie auch ihrer Kirche alle guten
Bücher, so sie erwerben konnte, oder ließ sie von den Schwestern
abschreiben. Eifrigst war sie auch dafür besorgt, daß die Mägdlein
in den freien Wissenschaften Fortschritte machten, indem sie sagte:
wenn der Eifer für die Wissenschaft verloren gehe, so werde auch
die Pflege der Religion aufhören, da sie dann die heilige Schrift
nicht mehr verstünden. Daher nöthigte sie oft die jüngern, weniger

unterrichteten Schwestern, noch mehr zu lernen, und sorgte ihnen für Lehrerinnen.

Dem Gebete oblag sie in frömmster und andächtigster Weise, so daß sie selten ohne Thränen betete. Sie besaß die größte Gemüthsruhe, und zur Zeit des Gebets war ihr Herz so frei und entlastet von Sorgen, daß sie, obwohl oftmals an das Fenster oder zu andern Geschäften gerufen, doch zur Stunde, da sie zurückkehrte, dieselbe ungestörte Andacht wieder fand, die sie zuvor gehabt. Eifer im Gebete und in Frömmigkeit hatte sie sich so sehr angewöhnt, daß sie, als im hohen Alter ihre Kräfte und auch ein wenig ihre Sinne nachließen, und sie den Gebrauch der Sprache verloren hatte, noch mit größter Ehrfurcht und unter reichlichen Thränen kommunizirte, wie sie alle Tage ihres Lebens gewohnt war. Und wenn die Schwestern mit ihr von Gott redeten, gab sie durch Mienen und Winke auf's freudigste, wie dankend, zu erkennen, wie gern sie das hörte; niemals befand sie sich so übel, daß sie nicht so lebhaft wurde, als ob sie nichts litte, sobald sie eine Rede oder auch nur ein Wort von Gott hörte. Häufig ließ sie sich zur Messe führen, und der Abhaltung der kirchlichen Tagzeiten folgte sie mit so wunderbarem Eifer und solcher Andacht, daß sie, obwohl sie in ihrer Krankheit öfters einschlief, selbst zuweilen mit einem Bissen im Munde oder mit dem Glas an den Lippen im Begriffe zu trinken, doch während der kirchlichen Tagzeiten sich überwindend wunderbarer Weise wach blieb.

Sie war auch von Kindheit an reinsten Herzens, so daß sie nicht einmal ein leichtfertiges Wort hören wollte, durch das ihr Herz hätte befleckt werden können. Was sollen wir weiter sagen? Jedwelche Tugend, jedwelches Wissen und aller wahre Glaube erglänzte in ihr, wie in einem Spiegel. Sie war von glühendster Liebe und Frömmigkeit gegen Gott, von größter Milde und Fürsorglichkeit bezüglich des Nächsten, die erste an Demuth und Abtödtung bezüglich der eigenen Person. Bei den Kindern war sie die sanfteste und liebenswürdigste, bei den Jungfrauen die heiligste und verständigste, bei den ältern Frauen die weiseste und freundlichste. Niemals fand man sie müßig; entweder war sie mit einer nützlichen Handarbeit beschäftigt, oder mit Gebet, oder mit Unterricht, oder mit Lesen. Solcher Art und so groß war sie, und so lobesam leitete sie sich selbst und alle ihre Untergebenen, daß ich zu behaupten wage, sie habe wohl weder vorher noch nachher Ihresgleichen gehabt.

Nachdem sie unserm Kloster durch vierzig Jahre hindurch auf das Beste vorgestanden war, wurde sie allmählig durch häufige Krankheiten geschwächt. Als sie aber ein Jahr und darüber an Krankheit gelitten und darnach die Sprache verloren hatte, glaubte ihre fromme Schwester, sie werde sterben, und bat auf das inständigste für sie den Herrn, daß er nach dem Wohlgefallen seines Willens und nach dem Bedürfnisse ihrer Seele über sie zu beschließen sich würdigen möge. Plötzlich ward ihr Geist in den Himmel entrückt, wo sie im Spiegel der göttlichen Fürsehung erkannte, daß sie noch nicht sterben, sondern noch eine Zeitlang in jener Krankheit bleiben werde. Doch begann schon die ganze Heerschar der Heiligen, auf die Ankunft und den Empfang einer solchen Braut Gottes mit freudiger Eile sich vorzubereiten. Die seligste Jungfrau Maria trug unter anderer Zier, womit sie wundersam geschmückt war, schneeweiße Handschuhe, auf deren einem ein goldener Adler, und auf dem andern ein goldener Löwe gesehen wurde. Dadurch wurde zu verstehen gegeben, daß jene Seele, zu deren Empfang sie sich vorbereiteten, der glorreichen Jungfrau selbst absonderlich in drei Dingen ähnlich war: nämlich an jungfräulicher Unschuld, was durch die Weiße der Handschuhe bedeutet wurde; an hoher und eindringlicher Beschauung, was durch den Adler bezeichnet wurde; und an standhafter Tapferkeit, wodurch sie alle Fehler überwand, was durch den goldenen Löwen versinnbildet wurde. Die Patriarchen und Propheten hatten bei ihrer Vorbereitung goldene Körbe mit mannigfaltigen Kleinodien gefüllt, und zeigten dadurch an, daß sie ihre Untergebenen so weise und treu mit allen, sowohl geistlichen als leiblichen Bedürfnissen versorgt hatte. Die Apostel hatten große und verzierte Bücher vor sich, mit welchen sie dieselbe ehren wollten für die heilsame Belehrung, so sie ihren Untergebenen hatte zu Theil werden lassen, wodurch sie an Verdienst den Aposteln ähnlich ward. Die Martyrer aber hatten goldene überaus glänzende Schilde, mit welchen sie der Kranken ihre Ehrerbietigkeit bezeigen wollten für ihre unermüdliche Geduld, durch welche sie gegen alle Widrigkeiten kräftig gefestigt war, und woduruch sie ihnen an Verdienst gleich kam. Die Beichtiger schmückten sich, um ihr das Geleite zu geben, mit weiten und sehr schönen Chorröcken, wegen ihres gottesfürchtigen Wandels und gar heiligen Beispieles, wodurch dieselbe sie an Verdiensten erreichte. Die Jungfrauen rüsteten sich mit goldenen Strahlenkronen und lichten Spiegeln, womit sie die Kranke erfreuen wollten für ihre Unschuld und Reinheit, und dafür, daß sie ihr Leben gar häufig an dem Beispiele Jesu Christi wie in einem Spiegel zu prüfen pflegte, wie ähnlich oder unähnlich sie Gott an Tugenden sei; und hierin war sie ihnen gleich, ja übertraf sie sogar manche heilige Jungfrauen.

Zweites Kapitel.
Wie zwölf Engel ihr dienten.

Darnach, als ihre Schwester wiederum für sie betete, sah sie die Seele derselben in Aehnlichkeit eines durchsichtigen Hauses, in dessen Mitte Gott saß, durch dasselbe hindurchstrahlend, wie die Sonne durch Krystall. Und der Herr sprach zu ihr: „Wie du mich ohne Schwierigkeit durch dieses Haus hindurch erblickst, so kannst du mich in der Seele jener in allen Werken und Tugenden, worin sie sich jetzt übt, erkennen, fürnehmlich in der Geduld, Güte und Fröhlichkeit, so sie über die menschliche Natur durch Gottes Gnade erlangt hat; dies Alles wirke ich in ihr und durch sie."

Darnach sah sie um das Bett der Kranken zwölf Engel, welche zu ihrem Dienste gesandt waren und dem Herrn Alles berichteten, was um sie geschah, sowohl durch ihre eigenen Tugendübungen, als auch durch diejenigen, so ihr dienten. Zu ihren Füßen waren drei Engel, welche ihr zur Geduld dienten, die in ihr so überfließend war, daß alle zwölf Engel beschäftigt waren, Gott den Herrn für sie zu loben. Zu ihrer Linken waren drei Erzengel, welche ihr behilflich waren zu guten Willenserweckungen, Meinungen und heiligen Begierden. Zu ihrer Rechten waren drei aus der Ordnung der Thronen, welche ihr dienten zur Ruhe, Sanftmuth und Frömmigkeit. Zu ihren Häupten waren drei aus der Ordnung der Herrschaften, welche alle Ehre, Achtung und Liebe, so der Kranken von den Schwestern erwiesen wurde, vor das Angesicht des höchsten Königs mit Freude brachten.

Da aber ihre Schwester es sich zur Sünde rechnete, weil sie so gern bei ihr war, und fürchtete, sie möchte dem natürlichen, menschlichen Gefühle mehr als billig beipflichten, so befragte sie darüber den Herrn. Dieser erwiderte ihr: „Es ist dir keine Sünde; denn alle Empfindung und Neigung, die sie zum Sündigen haben konnte, ist gänzlich von ihr weggenommen, und ich habe sie in einen solchen Stand versetzt, daß ihr Leben mir in keiner Weise mißfällig sein kann. Denn an keinem Orte, außer im Sakramente des Altars, wirst du mich wahrhaftiger und gewisser finden, als in ihr und mit ihr, und meinen Wandel und meine Tugenden wirst du auf's gleichförmigste in ihr dargestellt sehen. Denn so gütig, so sanft und liebevoll, wie ich mich gegen meine Jünger und alle Menschen erwiesen habe, zeigt sie sich jetzt gegen ihre Untergebenen und Alle, die sie besuchen. Und gleichwie ich alle mir zugefügten Beschimpfungen und Peinen sanft, fröhlich und geduldig ertragen habe, so erträgt sie ihre Krankheiten und Schmerzen mit süßem und fröhlichem Herzen. Und gleichwie ich aus gar großer Freigebigkeit all' das Meinige den Kreuzigern vertheilte, so vertheilt auch sie in der Freigebigkeit ihres Herzens, die ihr stets eigen war, all' das Ihrige."

Drittes Kapitel.

Wie Christus sich selbst in ihr aufgenommen hat.

Ein andermal, da sie kommuniziren wollte, bat ihre Schwester den Herrn, daß er sich würdigen möge, sich selbst in ihr aufzunehmen und Gott dem Vater würdige Lob- und Danksagung darzubringen, weil sie selber (die Kranke) nicht reden könnte. Darauf antwortete der Herr folgendermaßen: „Sollte ich dieses nicht thun? So würde es ein Räuber machen, wenn er das Rechte wollte, daß er nämlich entweder den Raub zurückgeben oder ihn durch etwas Anderes ersetzen würde; so werde ich es sicherlich machen, der ich ihr die Sprache genommen habe; was sie nicht selber thun kann, werde ich durch mich selbst hundertfach erfüllen." Und es bedünkte ihr, als stünde der Herr zur Rechten der Kranken mit einem Kleid aus reinstem Golde, voll Blumen von grüner Farbe, und sie minniglich umfangend küßte er sie und sprach: „Tausendmaltausend Küsse gebe ich dir, meine Braut!" Durch das goldene Kleid des Herrn wurde bezeichnet die Liebe seines göttlichen Herzens, und durch die Blumen die Grüne aller Tugenden, worin sie auf Erden geblüht und sich geübt hatte. An der Brust trug er eine sehr schöne Rose, auch von grüner Farbe, mit kostbaren Steinen wundersam geschmückt, mit welcher die Kranke spielte; dadurch wurde bedeutet ihr Ver= trauen, das sie stets in allen Dingen auf Gott hatte. Auch ihr Antlitz strahlte von unaussprechlicher Schönheit, so daß jene glaubte, niemals an einer Seele solche anmuthige Lieblichkeit gesehen zu haben. Absonderlich waren ihre Augenbrauen wohl geformt und leicht geschweift; dadurch schien jener angedeutet zu werden ihre Umsicht, womit sie Alles, was ihr Amt betraf, fürsorglich anordnete. Ihre Augen hatten einen besonderen Glanz und bedeuteten ihre barmherzige Rücksicht, welche sie in Mitleid und Erbarmen auf die Bedürfnisse ihrer Untergebenen genommen hatte. Ihr Mund war rosenfarben und bezeichnete, mit welcher Unermüdlichkeit im Belehren und mit welch' überfließendem Reichthum trefflicher Worte sie ihre Untergebenen und viele Andere, so weit her kamen, zu unterweisen bemüht gewesen war.

Als diese ihre Schwester ein andermal kommunizirt hatte, sprach jene zum Herrn: „Ich bitte dich, mein Herr, gedenke, mit welch treuem Eifer deine Dienerin von den Schwestern bald mit freundlichen, bald mit verweisenden Worten verlangte, daß sie öfters und gern kommuniziren sollten, und wie sie nun durch Krankheit behindert deinen anbetungswürdigen Leib nicht zu empfangen vermag; darum würdige dich, wie es sich für deine königliche Freigebigkeit geziemt, dich selbst ihr mitzutheilen." Der Herr antwortete ihr: „Ich habe mich ihr zum Bräutigam und treuesten Freund und zum einzigen Trost gegeben." Und jene: „Wie ist das wahr, daß du ihr einziger Trost seiest, da sie doch, indem sie die Wohlthaten und Gaben der Menschen mit einer gewissen Fröhlichkeit und Freude annimmt, an irdischen Dingen einigermaßen sich zu ergötzen scheint?" Darauf antwortete der Herr: „Bemerkst du das nicht, daß sie, trotzdem ihr ihre Winke nicht verstehet und so ihrem Willen ent= gegenhandelt, gleichwohl so gütig euch zulächelt, als ob ihr derselben eine große Wohlthat erwiesen hättet? Darum wisse, daß sie so in mir gefestigt ist, daß sie bei Allem, was über sie kommt, sei es Freudiges oder Trauriges, sich auf eine und dieselbe Weise verhält."

Als sie wieder einmal kommuniziren wollte, sah diese ihre Schwester den Herrn Jesum gleich einem gar schönen, zarten Jüngling von zwölf Jahren, wie er sie mit der Rechten umfing und unter vielen andern Worten auch folgende zu ihr sprach: „Für die Rechte, deren Gebrauch ich dir genommen habe, werde ich dein Beistand sein in Allem, was du thust; für deinen Fuß und dein Bein werde ich dein Geleiter sein. Mit ewiger Jungfräulichkeit werde ich dich schmücken, Freude und Wonne werde ich dir für sämmtliche Krankheiten geben, unvergängliche Beweglichkeit wirst du für alle Beschwerniß des Leibes haben, in beständiger Fröhlichkeit wirst du mich genießen."

Viertes Kapitel.
Von ihrem seligen Hinscheiden.

Als nun dieser sonnenhelle Strahl sich gegen die Schatten des Todes hinabsenkte, und diese unsere glänzende Ruhmeskrone sich dem Falle zuneigte, nahm ihr der Herr, um sie auf ihre Vereinigung mit ihm besser vorzubereiten, auf wunderbare Weise zweiundzwanzig Wochen lang den Gebrauch der Sprache, so daß sie nicht einmal durch Winke ihre Bedürfnisse zu bezeichnen vermochte, außer mit zwei Worten, nämlich: mein Geist, durch welche sie Alles, dessen sie bedurfte, erbat. Daher geschah es gar oft, daß die Schwestern, weil sie dieselbe nicht verstanden, das Gegentheil von dem thaten, was sie wollte; dies ertrug sie aber auf die freundlichste und geduldigste Weise. Denn Gott wohnte wahrhaftig in ihr und bei ihr, und leitete Alles, was durch sie geschah, nach seinem vollkommensten Wohlgefallen durch seinen süßesten Geist. Da sie aber das Wort: mein Geist beständig wiederholte, fragte ihre Schwester sie einmal: „Wer ist denn dein Geist, oder aus welcher Ordnung der Engel ist er?" Zur Stunde erwiderte sie ihr mit Leichtigkeit: „Ein Seraph ist mein Geist."

Nachdem sie aber etwa einen Monat die Sprache verloren

hatte, befand sie sich eines Morgens so schlimm, daß man glaubte, sie liege im Todeskampfe. Während sie nun bei versammelter Klostergemeinde schnell die heilige Oelung empfing, erschien mehreren Personen der Herr Jesus, an Gestalt und Zier wie der heilige Bernhard ihn beschreibt, die Arme wie zum Umfangen ausgebreitet und sie zärtlich anblickend; und wohin sich die Kranke wandte, stand er ihr gegenüber, als ob er mit heftigstem Verlangen ihre Auf=lösung erwartete.

Fünftes Kapitel.
Von demselben.

Da nun der Tag herankam, den sie mit so sehnsüchtiger Freude schon längst herbeigewünscht hatte, und sie durch fromme Gebete gestärkt schon in den Zügen lag, sah man den Herrn schnell herbeieilen, zur Rechten und Linken begleitet von seiner seligen Mutter und seinem Lieblingsjünger Johannes dem Evangelisten; nach diesen folgte eine Menge des himmlischen Hofes, insonderheit die Schar der Jungfrauen, welche an jenem Tage das Haus zu erfüllen schienen, indem sie sich unter die Klostergemeinde mischten, welche gleichfalls jenen Tag hindurch versammelt blieb, durch Thränen und Seufzer ihre Verlassenheit beklagend und das Hinscheiden ihrer Mutter mit frommen Fürbitten empfehlend. Der Herr Jesus aber schien der Kranken mit gar minniglicher Geberde freundlich zuzu=winken, so daß dadurch die Bitterkeit des Todes gar sehr gemildert wurde. Da man aber bei der Passion las: „und mit geneigtem Haupte gab er seinen Geist auf," neigte sich der Herr, gleich als könnte er seine glühendste Liebe nicht mehr zurückhalten, über die Sterbende hin und öffnete über ihr sein Herz mit beiden Händen.

Sechstes Kapitel.

Von der Stunde ihres seligsten Hinscheidens.

Als nun jene seligste Stunde da war, wo der himmlische Bräutigam, der königliche Sohn des höchsten Vaters seine Geliebte, die nach langem, sehnsüchtigen Harren das Gefängniß dieser Welt verließ, zur ewigen Ruhe in sein hochzeitliches Gemach aufzunehmen beschlossen hatte, da schwang sich jene glückliche und hundertmal selige Seele mit unaussprechlich süßem Jubel zu dem allervortrefflichsten Heiligthum auf, nämlich zu dem süßesten Herzen Jesu, das sich ihr so treulich und freudig geöffnet hatte. Was sie daselbst gesehen, was gehört, was empfunden, und was an Seligkeit aus dem überfließenden Meere göttlicher Güte in sich aufgenommen haben mag, sie, die zufolge besondern Vorrechtes auf solch ausgezeichnetem Wege dorthin versetzt worden war, wer unter den Menschen vermöchte das zu ahnen? Mit welch honigfließenden Liebkosungen ihr blühender Bräutigam sie in seine traulichsten Wohnungen geleitete, unter welch fröhlichem Jubel ihr Geleite sie mit Freudenkronen empfing, und wie ihre Verherrlichung unter den festlichen Lobgesängen Aller zumal sich auf das schönste vollzog, — da die menschliche Gebrechlichkeit davon nur zu stammeln vermag, so geziemt es sich, daß wir Gott, dem Urheber aller Dinge, insgemein mit den himmlischen Bürgern ein jubelndes Danklied singen.

Als nun diese glänzende Sonne, welche ihre Strahlen so weit umher auf unserer Erde verbreitet hatte, verschwunden war, und dieses im Vergleich mit der Gottheit winzige Tröpflein seinen Abgrund, dem es entströmt war, wieder gewonnen hatte, erhoben die in der Finsterniß zurückgelassenen Töchter die Augen des Glaubens auf dem Wege der Hoffnung zur Glorie ihrer seligen Mutter, und obwohl sie von Herzen aufrichtige Thränen vergoßen, so mischte sich doch in ihre Trauer über ihre eigene Verlassenheit himmlische Freude über die Glorie ihrer Mutter, und mit lauter Stimme sandten sie Lobgesänge zum Himmel empor, ihre Verlassenheit der mütterlichen Zuneigung empfehlend mit dem Responsorium: „Surge virgo." Als darauf gesungen wurde: „quae pausas sub umbra dilecta,"*) hörte man eine Stimme antworten: „Nimmer würde es mir genügen im Schatten, sondern im Herzen des Geliebten ruhe ich auf das süßeste, sicherste und ungestörteste."

Als darnach diese Jungfrau Christi eines Tages dem Gebete oblag, sah sie die Seele ihrer obgenannten verstorbenen Schwester in strahlender Glorie, und den Ordensvater Benediktus vor ihr einhergehen. Er hielt in seiner Hand einen Stab, umfing mit dem Arm freundlich und ehrerbietig die Seele seiner Tochter, nämlich eben der Aebtissin, geleitete sie vor den Thron der anbetungswürdigen Dreifaltigkeit und sang mit lauter Stimme und mit schönstem Wohlklang zum Lob und zur Ehre dieser Seele das Responsorium: Wer ist diese, so hervortritt wie die Sonne?**) Als er zum Throne gekommen war, neigte sich der Herr freundlich zu ihr und sprach: „Sei willkommen, meine gar liebliche Tochter." Sie aber bat den Herrn traulich für die ihr einst anvertraut gewesene Congregation. Da sprach die, so dieses sah, zu ihr: „Was willst du, theuerste Schwester, deinen Töchtern entbieten?" Und jene: „Sag ihnen, daß sie den liebevollsten Liebhaber meines Herzens und meiner Seele aus allen Kräften unablässig lieben, und seiner Liebe und seinem Gedächtnisse ganz und gar nichts vorziehen." Da sprach diese: „Empfiehl uns alle Gott, da ich sehe, daß es dir gut ergeht." Hierauf antwortete jene: „Ich empfehle meine Töchter in jenen süßesten Ruheplatz, in welchem ich gar sicher lebe, nämlich in das süßeste Herz des liebevollsten Herrn Jesu Christi."

.

Siebentes Kapitel.
Wie jene selige Seele gegrüßt wurde.

Es bedünkte auch der Dienerin Christi im Schlafe, als grüße sie die Seele ihrer verstorbenen Schwester mit folgenden Worten:

---

*) Erhebe dich, Jungfrau, die du im Schatten des Geliebten ruhest." Responsorium aus den Tagzeiten der heiligen Katharina. — Vergleiche über das hier Gesagte: „Gertrudis, Gesandt. d. göttlichen Liebe, 5. B. 1. K.

**) Responsorium in der Mette des Festes Mariä Himmelfahrt.

„Ich grüße dich, Braut Christi, in der Liebe, von welcher du ent=
branntest, als du zum erstenmale das Angesicht und die Schönheit
Gottes, deines Schöpfers, nach enthüllter Glorie erblicktest. Ich
grüße dich, Jungfrau Christi, in der Süßigkeit, die du empfandest,
als du von der unsäglichen Liebe, welche Gott von Ewigkeit her
zu dir hatte, die vollständigste Einsicht und Erkenntniß gewannest.
Ich grüße dich in dem vollkommenen Glanz, in welchem du er=
strahltest, als du die vollste Vergeltung für alle deine Werke aus
der Hand des Herrn, deines Königs und Bräutigams, empfingst."
Als sie das gethan, fing sie an, darüber nachzudenken, wie sie wagen
mochte, eine noch nicht heilig gesprochene Seele in dieser Weise zu
grüßen. Da sie nun so bei sich zweifelnd den Herrn darüber be=
fragte, antwortete dieser gütig: „Das hast du gut und passend
gethan; denn sie ist die Ehre meiner Allmacht, die Zierde meiner
Weisheit und der Liebreiz meiner göttlichen Güte."

Ein andermal sah sie ihre Seele in einem wunderbar herr=
lichen Reigen; sie hatte sehr schöne Haare, die sie gar prächtig
schmückten. Ihr zarter und blühender Bräutigam aber, der Herr
Jesus, nahm sie bei der Hand und sprach: „Sie hatte nicht so
viele Haare, als sie Tugenden besaß."

Als Mechtildis sie wieder einmal in der Glorie erblickte,
fragte sie dieselbe, welchen Lohn sie dafür empfangen hätte, daß
sie den Psalm: „Lobet den Herrn alle Völker, lobet ihn alle Na=
tionen,"*) so andächtig zu beten pflegte, besonders am Auferste=
ungsfeste. Die Selige zeigte ihr grüne Kleider von wunderbarem
Glanze, womit sie bekleidet war; dieselben waren mit zahllosen
goldenen Sternen geschmückt, und die Nath erglänzte in wundbarer
Abwechslung von weißen Perlen und Rubinen. Da sprach Mech=
tildis zu ihr: „Da du im Ueberflusse aller Güter bist, was willst
du nun der Schwester geben, welche dir in deiner Krankheit so
treu gedient hat?" Jene berührte einen Rubin und sprach: „Bringe
ihr diesen von mir." Hierauf sprach Mechtildis: „Da ich dieses
im Geiste sehe, so weißt du wohl, daß ich ihn ihr nicht in Wirk=
lichkeit überreichen kann." Jene antwortete: „Die weiße Farbe, so
an der Nath meines Kleides erscheint, bedeutet die Menschheit Jesu

*) Pf. 116.

Christi, welche über alle natürliche Sanftmüthigkeit milde war; und die rothe Farbe der Steine bedeutet das Leiden des unbefleckten Lammes. Sage ihr also, daß sie auf die Barmherzigkeit Gottes vertraue; denn ich will ihr durch meine Fürbitte beim Herrn erlangen, daß er ihr Sanftmuth verleihe und daß sie gern Widriges für ihn leide."

Achtes Kapitel.
Wie sie am Dreißigsten erschien.

Am Dreißigsten erschien ihre Seele wiederum derselben Jungfrau in neuer und noch herrlicherer Glorie, umgeben von den glorreichen Scharen der himmlischen Fürsten; diese alle hatten Cymbeln in den Händen und sangen von deren lieblichem Klang begleitet mit süßestem Wohllaut der Stimmen wiederholt den Vers: „Lobet Gott mit wohlklingenden Cymbeln." *) Während dieses Gesanges ward jene selige Seele vor den Thron des Königs der Glorie geführt, und als sie dastand, redete ihr süßester Liebhaber Jesus sie also an: „Sei willkommen, meine Theuerste." Bei diesen Worten empfand ihr ganzes Wesen die süßeste Wirkung der Gottheit; denn die wesenseinfache Allmacht blickt jeden Menschen mit jener Liebe an, mit der sie ihn liebt, als ob sie keinen außer ihm liebte. Darum, aus der Fülle der überströmenden Süßigkeit brach sie in das Lob ihres Liebhabers und Bräutigams aus und sang: „Meine Seele ist zerschmolzen." **) Darnach gab der Sänger aller Sänger seiner Geliebten das vortrefflichste Lob zurück und ließ aus sich, dem Abgrund aller Seligkeit, welcher der Anfang und das Ende aller Vollendung ist, mit süßester Stimme singend die Antiphon ertönen: „O Gertrudis, o milde," und der ganze himmlische Hof fuhr mit süßem Wohllaut fort: „Wie fromm ist es, sich über dich zu freuen, o Gertrudis, den Propheten ähnlich." Bei diesem Worte erkannte Mechtildis, daß jene besonders darum gelobt werde, weil sie auf Erden so gläubig gewesen und so großes Ergötzen an allen Gaben

---

*) Psf. 150.
**) Hohes Lied 5, 6.

Gottes gehabt hatte. Für die geistliche Belehrung, welche sie ihren Untergebenen ertheilt hatte, wurde sie mit dem Worte erhoben: „Den Aposteln beigezählt, eine Perle der Obern, ausgezeichnet durch Glauben und Verdienste, von unbeschreiblicher Milde, Barmherzigkeit und Liebe; frohlocke stets hier und vor Gott.“ *)

Da sprach ihre Schwester, welche dieses sah, zu ihr: „Sage mir doch, theuerste Schwester, was ist denn jenes Zerschmelzen, von welchem du gesungen hast: „Meine Seele ist zerschmolzen?“ Jene antwortete: „Wenn die unaufhaltsamste Liebe der Gottheit sich in die Seele ergießt und selbe durchdringt, so geschieht das mit solch übermächtiger Süßigkeit, daß eine Kreatur unmöglich es ganz fassen kann; daher löst sie sich gleichsam in sich selbst auf und zerschmilzt und fließt in denjenigen zurück, von welchem sie es empfangen hat, in den Spender so großer Seligkeit.“ Da sprach ihre Schwester: „Bitte für deine Töchter, welche dich auf Erden mit so treuer Liebe umfingen.“ Darauf antwortete jene: „Das habe ich gethan und thue ich ohne Unterlaß.“ Und diese: „Was willst du ihnen entbieten?“ Jene sprach: „Daß die Süßigkeit der Liebe, welche im Innersten meines Herzens bleibt, auch in ihren Herzen und Sinnen bleibe.“ Da fragte diese noch: „Was wurde dir gleich beim Eintritt in den Himmel geschenkt?“ Sie antwortete: „Gott der Herr, mein Schöpfer, Erlöser und Liebhaber, hat, in sich selbst mich aufnehmend, mit unsäglicher Freude mich erfüllt, mich mit sich selbst bekleidet, mit sich selbst gespeist, und sich selbst mir zum Bräutigam gebend mit unbeschreiblicher Ehre mich verherrlicht.“

Neuntes Kapitel.

Vom Jahrestage derselben Aebtissin.

Am Jahrestage derselben Frau Aebtissin süßesten Andenkens, da bei der Vigil das Responsorium: Redemptor vivit, **) gesungen

---

*) Antiphon zu Ehren des heiligen Martinus, hier auf die selige Aebtissin angewendet.

**) Ich weiß, daß mein Erlöser lebt, und am jüngsten Tage werde ich aus dem Staube erstehen und werde wieder umgeben sein von meiner Haut

ward, sah diese ihre Schwester die Seele derselben in unaussprechlicher Freude und Wonne den Herrn Jesum umfangen und dieselben Worte mit süßestem Wohllaute singen. Und sie erkannte
durch göttliche Eingebung, daß die Seelen im Himmel in unbeschreiblicher Freude über die Menschheit Christi frohlocken, und so
oft auf Erden die Menschen andächtig diese Worte oder Anderes
von ihrer künftigen Auferstehung singen, so jubeln sie zur Stunde
in unaussprechlicher Freude, indem sie die Wahrheit in der verklärten Menschheit Christi sehen und versichert sind, daß auch sie
auferstehen werden; und sie beten für diejenigen, welche auf Erden
diese Worte psalliren, daß auch sie gewürdigt werden, jenes Glück
zu erlangen. Sie erkannte auch, daß, wenn der Mensch diese Worte
andächtig ausspricht, sein Leib durch den Glauben geheiligt wird,
auf daß er würdiger diese Glorie genieße.

Darnach sah sie wiederum, wie Gott der Vater mit jener
Seele an einem königlichen Tische saß, mit den süßesten und liebevollsten Worten und Geberden sie ergötzend, als ob dies seine einzige
Freude und Wonne wäre, so mit der Seele zu Tische zu sein.
Der Herr Jesus aber reichte in der Gestalt eines königlichen Jünglings, mit einem Gürtel umgeben, an jenem Tische verschiedene
mit der Süßigkeit des heiligen Geistes gewürzte Speisen. Auch alle
einzelnen Personen der Klostergemeinde kamen in Prozession herbei
und überreichten in großer Ehrfurcht mit gebogenen Knieen elfenbeinerne, silberne und goldene Büchsen voll wunderbaren Wohl-
geruchs. Diejenigen, welche durch die Reinheit des Herzens sich
auszeichneten, trugen elfenbeinerne Büchsen; welche mehr als die
andern im Dienste Gottes gearbeitet hatten, besaßen silberne Büchsen;
welche aber an Gluth der Liebe die andern übertrafen, brachten
goldene Büchsen herbei. Auch eine Menge Seelen kamen voll
Freude dazu und dankten auf das herzlichste für ihre Befreiung
Gott und der Seele, welcher der Herr sie geschenkt hatte zur Glorie
ihres Festes. Darnach scharten sich alle Seelen ihrer Klostergemeinde, sowohl der Brüder, als der Schwestern, nach Art eines

---

und in meinem Fleische sehen meinen Gott. Ihn werde ich schauen, ich selbst,
und nicht ein Anderer, und meine Augen werden ihn erblicken." Hiob 19,
25—27.

Reigens um sie; darunter erblickte sie auch die Seele eines Bruders, der in demselben Jahre gestorben war, in einem glänzend weißen Gewande, mit mannigfachem, wunderbarem Schmuck geziert; dadurch, erkannte sie, werde bezeichnet sein Wohlwollen, denn er war gar wohlwollenden Herzens und zeigte bei Allem einen guten Willen. Im Reigen gehend psallirten sie auf das fröhlichste und sprachen: „O unsere Mutter, u. s. w." Aus dem Herzen des Herrn Jesu ging eine große Drommete aus, in welche sich der Schall aller Stimmen mit süßesten Wohllaut sammelte.

Am folgenden Tage aber, als für die Seele derselben die Messe gefeiert wurde, kam ihr folgender Wunsch in den Sinn: wenn sie eine mächtige Königin wäre, so möchte sie Gott ein reich gekleidetes und geschmücktes goldenes Bildniß für die Seele ihrer geliebten Schwester auf den Altar opfern. Auf diesen Gedanken gab der Herr sogleich die Antwort: „Und wenn ich jetzt dieses dein Verlangen selbst erfülle?" Und zur Stunde erschien ihr der Herr, vor ihr stehend in Gestalt eines Jünglings, von königlichem, ja göttlichem Glanze strahlend und sprach: „Nimm mich hin und bringe mich dar nach all deinem Verlangen." Jene aber umfing ihn mit unaussprechlicher Freude und Dankbarkeit und führte ihn mit sich an den Altar. Der Herr Jesus nun opferte sich selbst Gott dem Vater auf mit allen seinen Tugenden zur Mehrung der vollkommenen Schönheit jener Seele, und mit der Freude, Süßig= keit und Liebe seines göttlichen Herzen zu ihrer immerwährenden Freude und Seligkeit.

Darauf stürzte sich jene überaus selige Seele, einer Königin gleichend und über ihren Bräutigam Macht habend, voll Liebe in die Arme Gottes, führte ihn in der Reihe herum zu jeder einzelnen Schwester, zu einer jeden sprechend: „Empfanget den Herrn der Tugenden und erbittet von ihm Tugenden." Da sprach die, welche dieses sah, zu ihr: „Meine theuerste Schwester, was wünschest du, daß am meisten von uns beobachtet werde?" Sie antwortete: „Demüthige Unterwürfigkeit, herzliche Liebe gegen einander, und treue Absicht auf Gott in allen Dingen." Und sie fügte bei: „Eja, gib dein Herz ganz der Liebe und liebe alle Menschen, dann wird die Liebe Gottes und Aller, die je Gott geliebt haben, ganz dein sein. Deßgleichen, wenn du demüthig bist, so wird die

Demuth Christi und aller Derjenigen, so sich für seinen Namen gedemüthigt haben in Wahrheit dein sein. Und so du dem Nächsten
Barmherzigkeit erweisest, wird die Barmherzigkeit Gottes und der
Heiligen auch die deinige sein; und wisse, daß es so sich auch mit
den andern Tugenden verhält."

Darum sei Gott gebenedeit in allen seinen Gaben,
Er, der heilig ist in allen seinen Werken. Amen.

Siebentes Buch.

Erstes Kapitel.

Von dem Lebensende der gottseligen Schwester Mechtildis, der ruhmreichen Ordensjungfrau von Helfeda.

Diese demüthige und gottinnige Dienerin unseres Herrn Jesu Christi, über welche wir dieses Buch verfaßten, war eine zärtliche Mutter und gar liebe Trösterin unser Aller. Nachdem sie bis zu siebenundfünfzig Jahren im Ordensstand und in vollkommener Uebung aller Tugenden lobesam zugebracht hatte, und in den letzten drei Jahren von beständigen Schmerzen gequält worden war, fingen ihre Lebenstage an, sich dem Ende zuzuneigen.

Am vorletzten Sonntag nach Pfingsten, nämlich am Sonntag „Si iniquitates,"*) als die Erwählte Gottes vor ihrem Hingang zum letztenmal das lebendigmachende Sakrament des Leibes und Blutes Jesu Christi empfing, erblickte eine voll Andacht in Gott versenkte Person den Herrn Jesum, wie er in unbeschreiblicher Glorie vor der Kranken stand und mit zärtlicher Miene und Geberde

---

*) Pf. 129: „Wenn du auf die Missethaten Acht gibst, o Herr! Herr, wer wird bestehen? Doch bei dir ist die Sühne, Gott Israels." Eingang der heiligen Messe des 22. Sonntags nach Pfingsten, der in jenem Jahre, 1298, wo Mechtildis starb, der vorletzte nach Pfingsten war.

zu ihr sprach: „Du Ehre und Freude meiner Gottheit, du Krone und Lohn meiner Menschheit, du Wonne und Ruhe meines Geistes, willst du jetzt kommen und fortan bei mir bleiben, damit dein und mein Verlangen erfüllt werde?" Darauf antwortete sie: „Mein Herr und Gott, über all mein Heil begehre ich dein Lob. Darum bitte ich dich, du mögest mir gestatten, noch in Peinen zu ergänzen, was jemals dein armes Geschöpf in deinem Lobe versäumt hat." Diese Antwort nahm der Herr voll Güte an und sprach: „Weil du dieses erwählt hast, siehe! so wirst du auch hierin mir verähn- licht werden, der ich freiwillig die Peinen des Kreuzes und den Tod für die Ehre Gottes des Vaters und für das Heil der Welt auf mich genommen habe. Und gleichwie Alles, was ich erduldete, das göttliche Herz meines Vaters durchdrungen hat, so werden auch deine Peinen und dein Tod mein Herz ganz und gar durchbringen und werden der ganzen Welt zum Heile gereichen."

Zweites Kapitel.
Wie sie vom Herrn Jesus Christus berufen wurde.

Eine andere Person hörte, wie der Herr sie mit folgenden Worten zu sich rief: „Komm, meine Erwählte, meine Taube, mein blumenreicher Acker, in dem ich Alles fand, was ich wünschte; mein lieblicher Garten, an welchem ich alles Ergötzen meines göttlichen Herzens hatte; in welchem Blüthen aller Arten von Tugenden waren, Bäume guter Werke und Wasser frommer und heißer Thränen; der mir stets zu jedem Wunsche offen stand. In diesen Garten neigte ich mich hinab, so oft die Sünder mich reizten, und von seinem Wasser trinkend berauschte ich mich, so daß ich aller mir zugefügten Beleidigungen ferner nicht mehr gedachte."

Drittes Kapitel.

Wie sie von Gott gemahnt wird, die heilige Oelung zu empfangen.

Ebenso wurde eine Person, welche gar andächtig betete, im Geiste vom Herrn gemahnt, sie solle die Kranke von ihm aus mahnen, daß sie sich auf den Empfang des heiligen Sakramentes der Oelung bereit halte; dabei versicherte er, sie solle ihr von ihm aus sagen, daß er, der sorgsamste Wächter seiner Freunde, beschlossen habe, sie nach Empfang jenes heilbringenden Sakramentes in seinem Schoße auf das sicherste von jeder Makel unbefleckt zu bewahren, gleichwie ein Maler ein neugemaltes Bild mit höchster Sorgfalt aufbewahrt, damit es nicht durch Staub beschmutzt werde.

Auch einer andern Person*) wurde geoffenbart, daß der Herr wolle, sie solle an demselben Tag noch mit dem heiligen Sakrament der Oelung versehen werden. Als nun jene erstere es der Kranken von Seite Gottes berichtete, stellte es diese, wie sie in allen Dingen gegen ihre Obern stets in Demuth sich unterwürfig erwies, deren Belieben anheim, und wollte darin nichts anordnen, sondern überließ sich ganz der göttlichen Fürsehung, welche niemals die auf sie Hoffenden verläßt. Ihre Obern aber waren so von Ehrfurcht gegen sie erfüllt, daß sie nicht zweifelten, sie wisse genau die Zeit vorher, wo es dem Herrn gefalle, daß sie dieses Sakrament empfange, und da sie sahen, daß sie selbst nicht darauf bringe, noch daß es dringend sei, verschoben sie an diesem Tage die Oelung. Der Herr aber, das Wort des Evangeliums bewahrheitend: „Himmel und Erde werden vergehen, meine Worte aber werden nicht vergehen,"**) bekräftigte das Zeugniß, das er in den Mund zweier glaubwürdiger Zeugen niedergelegt hatte, auf folgende Weise. Am Montag vor der Mette ward dieselbe Schwester (Mechtildis) seligen Andenkens von so plötzlichen Schmerzen befallen, daß fast alle

---

*) Nämlich der heiligen Gertrudis. Vergl. Gesandt. d. göttl. Liebe, 5. B. 4. K.
**) Matth. 24, 35.

glaubten, es gehe ihrem Ende zu; eiligst wurden nun die Priester gerufen, und sie empfing das heilige Sakrament der Oelung. So geschah es, daß sie, wenn auch nicht an eben jenem Tage, so doch vor Anbruch des folgenden Tages nach dem Willen Gottes die heilige Oelung empfing.

Viertes Kapitel.
Wie die einzelnen Heiligen alle Frucht ihrer Verdienste ihr schenkten, als sie die heilige Oelung empfing.

Drei Personen wurde geoffenbart, daß der Herr in Gestalt eines anmuthigen Bräutigams voll Huld da sei und selber dieses belebende Sakrament seiner Erwählten spende. Während nun die Augen der Kranken vom Priester gesalbt wurden, bedünkte es einer dieser Personen, daß der Herr den vollen Blick seiner göttlichen Milde, wovon jemals sein honigfließendes Herz in seiner Güte bewegt wurde, mit einem Strahle göttlichen Glanzes voll Huld auf die Kranke richte und ihr damit allen Glanz und alles Verdienst seiner heiligsten Augen schenke. Darum schien auch ihren Augen aus der Fülle göttlicher Milde ein allersüßestes Oel zu entströmen. Daraus erkannte sie, daß der Herr um ihrer Verdienste willen sich würdige, Allen, welche sie mit Vertrauen anrufen, die Hilfe des Trostes in reichlichem Maße zu gewähren. Dieses Verdienst hatte sie sich dadurch erworben, daß sie sich gegen alle Menschen stets milde und wohlwollend und voll zärtlichster Nächstenliebe erwiesen hatte.

Deßgleichen, bei der Salbung der übrigen Glieder schenkte er ihr bei jedem einzelnen das Verdienst seiner heiligsten Glieder; bei der Salbung des Mundes aber reichte der feurigste Liebhaber der Seele voll Huld seiner Braut den Kuß, der an Süßigkeit den Honigseim übertrifft; damit verlieh er ihr alle Frucht seines heiligsten Mundes.

Als man nun bei der Litanei betete: „Alle heiligen Cherubim und Seraphim, bittet für sie!" sah sie (Gertrudis), daß eben die seligen Cherubim und Seraphim, mit höchster Ehrfurcht und größtem

Jubel sich trennend, den Ehrenplatz unter ihnen der Erwählten Gottes einräumten, es im höchsten Grade für recht und billig haltend, daß diejenige, welche auf Erden nicht nur ein engelgleiches Leben geführt hatte durch die Heiligkeit ihres jungfräulichen Wandels, sondern auch die Engel übertreffend mit den Cherubim aus der Quelle aller Weisheit selbst die Ströme geistiger Erkenntniß in Fülle getrunken, ja auch mit den flammenden Seraphim ihn, der ein verzehrendes Feuer ist,*) mit den Armen der Liebe umfangen hatte, — daß sie einen erhabenen Platz unter denjenigen einnehme, welche vor Allen verdient hatten, der göttlichen Majestät nahe zu sein. Auch die einzelnen Heiligen, die in der Litanei genannt wurden, erhoben sich mit überaus großer Freude und höchster Ehrfurcht, und legten ihre Verdienste in Gestalt kostbarer Kleinobien mit gebogenen Knieen dem Herrn in den Schoß; dieser schenkte sie seiner Geliebten zur Mehrung und Vollendung ihrer Freude und Glorie.

Nach geschehener Oelung schloß sie der Herr voll Liebe in seine Arme und hielt sie zwei Tage lang in der Weise, daß die Wunde seines geliebtesten Herzens nach dem Munde der Kranken hin geöffnet war; daraus schien sie jeden Athemzug zu schöpfen und wiederum in sein Herz zurück auszuhauchen.

Fünftes Kapitel.
Von ihrer frommen Meinung und ihrem außergewöhnlichen und glühenden Verlangen für alle Menschen.

Als nun die gar fröhliche Zeit ihres seligsten Abscheidens herannahte, wo der Herr beschlossen hatte, seiner Erwählten nach mehreren aufreibenden Krankheiten den ungestörten Schlaf ewiger Ruhe zu verleihen, begann Dienstags, an der Vigil des Festes der heiligen Elisabeth, vor der Non augenscheinlich ihr Todeskampf. Da nun die Klostergemeinde voll Andacht zusammenkam, in größter Traurigkeit das Hinscheiden ihrer geliebten Mitschwester erwartete,

*) 2. Buch Mosis 4, 24.

ihr auch mit den gewohnten Gebeten beistand, so bemerkte eine von ihnen,*) welche eine besondere Zuneigung zu ihr trug, wie ihre Seele in Gestalt eines gar zarten Mägbleins vor Gott stand und jeden Athemzug, den sie schöpfte, durch die Wunde seiner heiligsten Seite in sein honigfließendes Herz aushauchte. Da konnte das göttliche Herz die Bewegung seiner eigenen Güte und Süßigkeit nicht mehr zurückhalten, sondern so oft es den Aushauch ihres Athems in sich aufnahm, eben so oft überströmte es vom Ueberfluß seiner Liebe und besprengte die Kirche in ihrer ganzen Ausdehnung und insbesondere die anwesenden Personen mit dem Thaue seiner Gnaden. Sie erkannte, daß dies darum geschehe, weil die selige Kranke mit Gottes Hilfe in jenem Augenblicke eine ganz besonders fromme Meinung und ein außergewöhnliches und glühendes Verlangen für alle insgemein, sowohl Lebende als Abgestorbene, erweckte; und über sie alle goß um ihrer Verdienste willen der gütige Herr die Wohlthaten seiner Gnade in reichlicher Fülle aus.

Sechstes Kapitel.

Wie die seligste Jungfrau Maria die Sorge für die Klostergemeinde, die ihr von der Sterbenden übertragen wurde, gleichsam in die Hände übernahm.

Als aber die Antiphon: „Salve Regina" gebetet wurde, redete bei den Worten: „Eja advocata nostra" die kranke Braut Gottes die Jungfrau Maria treulich bittend an, und empfahl ihr ihre Mitschwestern, die sie mit nächstem zurücklassen sollte, mit der Bitte, sie möchte denselben um ihretwillen ihre besondere Zuneigung schenken.

Und wie sie selbst bei ihren Lebzeiten sich Allen als eine wohlwollende und stets bereitwillige Fürsprecherin erzeigt hatte, so möge nun jetzt, nach ihrem Hinscheiden, die Mutter der Barmherzigkeit sich würdigen, mit ihr bei ihrem Sohne die beständige Mittlerin und Fürsprecherin der Klostergemeinde zu sein. Dazu

---

*) Nämlich die heilige Gertrudis. Vgl. Gesandt. d. g. L. 5. B. 4. K.

zeigte sich die unversehrte Jungfrau in wunderbarer Herablassung ganz bereit, und indem sie ihre zartesten Hände gegen die Hände der Kranken ausstreckte, übernahm sie gleichsam aus deren Hand die ihr übertragene Sorge für die Congregation.

Siebentes Kapitel.

Von den Gebeten der Schwestern am Bette der Kranken. *)

Als hierauf das Gebet gelesen wurde: „Ave Jesu Christe — Sei gegrüßt Christe Jesu," sah man bei den Worten: „Via dulcis — süßer Weg," wie der Herr Jesus, der Bräutigam zärtlicher Seelen, gleichsam mit dem Oele seiner Gottheit seiner Braut den Weg glättete, damit er sie um so sanfter und zarter an sich ziehen möchte. Nachdem aber die Klostergemeinde bis nach der neunten Stunde bei der Kranken beständig gebetet hatte, und dieselbe sich allmählig etwas besser zu befinden schien, fragte man sie, ob die Kongregation zu Tische gehen dürfte. Die Kranke antwortete: „Sie können wohl gehen." Während sie nun jenen ganzen Tag im Todeskampfe lag, sprach sie nichts anderes als die Worte: „O guter Jesu! o guter Jesu!" und zeigte dadurch auf's deutlichste, daß derjenige unentwegt mitten in ihrem Herzen war, dessen Namen sie unter so bittern Todesschmerzen, die sie durch ihre Geberden genugsam zu erkennen gab, unabläßig so inniglich mit dem Munde aussprach. Und als jede einzelne Schwester sich ihrem Gebete empfahl und ihre und ihrer Freunde Nöthen und Anliegen ihr anempfohlen, so lispelte sie, weil sie nicht mehr laut sprechen konnte: „Gern," oder: „Eja." Dadurch gab sie deutlich zu verstehen, wie innig sie Alles, was man von ihr verlangte, Gott ihrem Liebhaber anempfehlen wolle. Als sie endlich gar nichts mehr zu sagen vermochte, konnte sie doch ihre überaus milde und liebevolle Zuneigung, die sie stets zu ihren Mitschwestern und

---

*) Dieses Kapitel fehlt in den lateinischen Handschriften und findet sich nur in der deutschen Leipziger Ausgabe vom Jahre 1505, und beinahe wörtlich im „Gesandt. d. g. L." 5. B. 4 K.

geistlichen Freunden getragen, nicht zurückhalten; denn des öftern hob sie ihre Augen und ausgebreiteten Hände voll Liebe gen Himmel empor und zeigte dadurch deutlich, wie inniglich sie sich für diejenigen, so ihr anvertraut gewesen, an Gott wandte.

Die schon angedeutete Person*) erkannte auch, wie von allen Gliedern dieser seligen Kranken, an welchen dieselbe von Schmerzen gepeinigt wurde, ein ganz besonderer Dunst ausging, der ihre Seele durchdringend sie auf wunderbare Weise reinigte, heiligte und der ewigen Seligkeit fähig machte. Als oben bezeichnete Person dies alles im Geiste gesehen, beschloß sie bei sich, dies Gesicht geheim zu halten, um sich nicht dadurch bemerklich zu machen. Wie zuwider das der Güte Gottes gewesen, dessen „Ruhm es ist, seine Rede kund zu geben,"**) und der auch im Evangelium sagt: „Was ihr gehört habt in's Ohr geredet, das prediget auf den Dächern"***) wird aus Folgendem erhellen.

Als nämlich während der Vesper das Befinden dieser Erwählten Gottes seligen Andenkens, Frauen Mechtildis, sich gar sehr verschlimmerte und ihr Ende wiederum augenscheinlich ganz nahe war, weßhalb die Klostergemeinde so plötzlich vom Chore gerufen wurde, daß sie sogar die Anrufung der Heiligen weglassen mußte, und um die Kranke versammelt die gewöhnlichen Gebete verrichtete, so konnte oben bezeichnete Person trotz aller Anstrengung ihrer innern Kräfte und Sinne auch nicht das Mindeste von dem vernehmen oder bemerken, was Gott damals mit seiner Erwählten that, bis sie in sich ging, ihre Schuld erkannte, sie durch Reueschmerz und Buße tilgte und Gott gelobte, Alles, was er ihr offenbaren würde, zu seiner alleinigen Ehre und zum Troste des Nächsten williglich offenbaren zu wollen.

Nach der Complet sodann, als man schon zum drittenmal allgemein glaubte, die Kranke werde sterben, ward vorgenannte Person im Geiste entrückt und sah die Seele der Kranken, wie

---

*) Nämlich die heilige Gertrudis, welche das ihr Geoffenbarte Andern demüthig mittheilte, nachdem sie für ihr anfänglich beobachtetes Stillschweigen von Gott getadelt worden.

**) Tob. 12, 7. Genau: „Eines Königs Geheimniß zu bewahren, ist gut; die Thaten Gottes aber kund zu machen und zu preisen, ist ehrenvoll."

***) Matth. 10, 27.

oben, in Gestalt eines gar zarten und liebenswürdigen Mägdleins, aber in Folge der Leiden dieses Tages wie mit neuem Schmucke geziert. Mit Ungestüm fiel sie ihrem anmuthigen Bräutigam, dem Herrn Jesu um den Hals, umfing ihn mit ihren minniglichsten Umarmungen, und gleich einer Biene, die aus verschiedenen Blumen saugt, zog sie aus jeder seiner Wunden eine besondere Wonne in sich.

Als sodann das Responsorium gelesen wurde: „Ave sponsa — Sei gegrüßt, o Braut u. s. w.", so trat hervor die Königin der Jungfrauen, die Rose sonder Dornen, Maria, die verehrungs-würdige Gottesgebärerin, und bereitete die Seele der Kranken mehr und mehr vor und machte sie fähig zum Genuß der Wonnen der Gottheit. Dann nahm der Herr Jesus aus dem Verdienste seiner unversehrten Gebärerin und aus jener Würde, durch welche sie einzig und allein die Gnade verdiente, Mutter und Jungfrau zu sein, gleichsam ein wundersam aus strahlenden Edelsteinen zusammen-gesetztes Geschmeide, und legte es der Kranken auf die Brust. Da-durch beschenkte er sie mit dem besondern Vorrechte, daß auch sie in Aehnlichkeit mit seiner jungfräulichen Mutter gleichfalls Jungfrau und Mutter genannt werden sollte, indem er erwog, wie sie in keuscher Liebe sein Andenken in Vieler Herzen geboren hätte.

Achtes Kapitel.

Wie Christus jene selige Seele auf das ehrenvollste begrüßte.

In der Nacht also vor dem Feste der heiligen Elisabeth, als die Metten schon begonnen hatten, verschlimmerte sich der Zustand der Erwählten Gottes wiederholt in solcher Weise, daß man glaubte sie liege bereits in den letzten Zügen. Die Metten wurden daher abgebrochen, und die Klostergemeinde versammelte sich in gewohnter Weise eilig um sie. Da, schimmernd im Glanze seiner göttlichen Kraft, in Gestalt eines Bräutigams, mit Ehre und Herrlichkeit gekrönt und mit der Zier seiner unbeschreiblich strahlenden Gottheit wunderbar über und über geschmückt, erschien der Herr, und die Seele der Kranken mit liebreichster Freundlichkeit anredend sprach er: „Jetzt, meine Geliebte, werde ich dich erhöhen bei deinen Ge fährtinnen, das ist, in Gegenwart der mir gar lieben Congregation." Auch auf folgende unbegreifliche und unschätzbare, weit über allen menschlichen Verstand gehende und noch niemals erhörte neue Weise begrüßte er jene wahrhaft selige Seele durch die einzelnen Wunden seines heiligsten Leibes, deren es fünftausend vierhundert und neunzig sein sollen. *) Jede einzelne Wunde äußerte nämlich eine vierfache Wirkung: den süßesten Ton, den würzigsten Geruch, den reichlichsten Thau und den lieblichsten Glanz; auf diese vierfache Weise seine Geliebte ganz und gar durchdringend und begrüßend rief sie der Herr zu sich. Durch den süßklingenden Ton nun, der allen Orgel= klang übertraf, wurden alle Worte insgemein und die einzelnen insbesondere bezeichnet, so die Erwählte Gottes jemals in ihrem Leben minniglich zu Gott, oder ersprießlich wegen Gott zum Heile des Nächsten gesprochen hatte; alle diese Worte wurden ihr, im göttlichen Herzen mit hundertfältiger Frucht gezeitigt, durch die Töne der einzelnen Wunden Christi vergolten. Durch den wundersam würzigen Geruch wurden versinnbildet alle innigen Wünsche, so sie für das Lob Gottes, nach Gott oder wegen Gott, für das Heil der ganzen Welt gehabt; diese wurden ihr gleichfalls mit unbe= schreiblich vielfacher Wirkung durch die einzelnen Wunden des Herrn zurückgegeben. Durch den reichlich fließenden Thau wurde ausgedrückt jede Neigung, so sie je zu Gott und um Gottes willen zu einem Geschöpfe getragen; auch er erquickte ihre Seele in unbe= schreiblicher Weise mit süßesten Ergötzen durch die Wunden des Herrn. Durch den überaus hellen Glanz endlich wurden bedeutet die verschiedenen Leiden, welche sie von Kindheit an bis zu diesem Augenblicke an Leib und Seele ertragen hatte; diese, in Vereinigung mit den Leiden Christi über alles menschliche Erfassen geadelt, heiligten ihre Seele und machten sie der göttlichen Klarheit gleichartig.

In solchem Ergötzen an himmlischen Wonnen ruhend schied jene Seele damals noch keinesweg aus diesem Leben, sondern er= sehnte noch höhere Güter, die ihr von ihrem Liebhaber bereitet werden sollten. Der Herr aber besprengte mit dem reichlichfließenden Thaue seines göttlichen Segens alle Anwesenden und sprach: „Aus Antrieb meiner Güte empfand ich eine gar süße Freude in meinem

---

*) Vgl. 1. B. 18. K. Gertrudis, 4. B. 35. K.

Herzen darüber, daß alle Personen dieser mir theuern Congregation meiner bewunderungswürdigen Verklärung anwohnten; dadurch werden sie im Himmel vor allen meinen Heiligen so viel Ehre haben, als jene drei auserwählten Jünger Petrus, Jakobus und Johannes vor den übrigen Aposteln darum haben, weil sie verdienten, meiner Verklärung auf dem Berge anzuwohnen." Da sprach jene: „Herr, was kann dein überströmender Segen und die reichliche Ergießung von Gnaden jenen nützen, welche dies durch ihren innern Geschmack nicht wahrnehmen?" Er antwortete: „Wenn jemand von seinem Herrn einen fruchttragenden Obstgarten bekommt, so kann er doch noch nicht zur Stunde den Geschmack der einzelnen Früchte wissen, sondern muß abwarten, bis dieselben reif sind. Deßgleichen, wenn ich jemanden Gnadengaben eingieße, so empfindet er auch noch nicht zur Stunde den innerlichen Wohlgeschmack davon, sondern erst wenn durch die Uebung äußerer Tugenden die Schale irdischer Ergötzung gänzlich zerbrochen ist, verdient er, den Kern der innerlichen Süßigkeit zu kosten." Hierauf ging die Klostergemeinde, nachdem sie den heilsamsten Segen des Herrn empfangen, wieder in den Chor und vollendete die Metten.

Neuntes Kapitel.
Wie die heiligste Dreifaltigkeit und die Heiligen die Seele begrüßten.

Als aber das zwölfte Responsorium gesungen wurde: „O Lampe ꝛc." sah man die Seele der Kranken, wie sie vor dem Angesichte der allerhöchsten Dreifaltigkeit stehend andächtig für die Kirche bat. Gott der Vater begrüßte sie in süßem Gesang mit den Worten: „Sei gegrüßt, meine Erwählte, die du wegen des Beispiels deines heiligen Wandels in Wahrheit lampas ecclesiae — eine Lampe der Kirche genannt werden kannst, die du Bäche von Oel, das ist die Fluthen deiner Gebete über die ganze Welt hin ergießest." Dann stimmte der Sohn Gottes mit süßem Laute an und sprach: „Freue dich, meine Braut, die du in Wahrheit medicina gratiae — Arznei der Gnade genannt wirst, weil um deiner heiligen

Gebete willen allen der Gnade Beraubten dieselbe reichlicher wieder gegeben wird." Darnach sang auch der heilige Geist: „Sei gegrüßt, meine Unbefleckte, die du mit Recht nutrimentum fidei — Nahrung des Glaubens genannt wirst; denn in allen Herzen, welche fromm an meine göttliche Wirksamkeit glauben, so ich in dir geistlicher, und nicht leiblicher Weise übe, wird die Tugend des Glaubens genährt und gefestigt." Darnach schenkte der Vater ihr von seiner Allmacht, daß sie Allen, so wegen ihrer menschlichen Gebrechlichkeit fürchteten und auf seine Güte noch nicht gänzlich vertrauten, sichern Schutz gewähre. Auch der Tröster — Geist, welcher ein verzehrendes Feuer genannt wird, verlieh ihr, daß sie aus der Glut seiner göttlichen Liebe den Lauen Wärme einhauchte. Endlich gab ihr der Sohn Gottes die Macht, daß sie in Einheit seines heiligsten Leidens und Sterbens allen im Elend der Sünde Schmachtenden Heilung verlieh.

Nun verherrlichte die Menge der heiligen Engel sie vor Gott, indem sie mit heller Stimme zumal sangen: „Du Sättigung Gottes, fruchttragender Oelbaum, deren Reinheit leuchtet und deren Werke erglänzen." *) Bei den Worten: „Deren Reinheit leuchtet," erhoben sie in ihr besonders die süßeste Ruhe, welche der Herr in ihr zu nehmen sich würdigte. Bei den Worten: „Deren Werke erglänzen," erhoben sie die lobwürdigste und reinste Absicht aller ihrer Werke. Darnach sangen alle Heiligen: „Gott hat Allen seine Gerechtigkeit offen enthüllt u. s. w." **)

———

Zehntes Kapitel.

Wie der Herr, ihren Athem in sich ziehend, jene Seele auf wunderbare Weise für die künftige Glorie vorbereitete.

Während der Präfation des Hochamtes erschien wiederum, wie im Glanze neuer Glorie, der blühende Bräutigam Jesus, und

———

*) „Tu Dei saturitas, oliva fructifera, cujus lucet puritas, et resplendent opera."

**) „Deus palam omnibus revelavit justitiam etc."

in minniglichster Herablassung erfaßte er mit seinen zarten Händen
gar sanft das Kinn seiner Braut und wandte ihr Gesicht so unmittelbar seinem göttlichen Antlitz zu, daß er den Hauch der Kranken
unmittelbar mit dem Athem seiner Gottheit in sich zu ziehen schien;
seine göttlichen Augen richtete er auf ihre Augen und erleuchtete
so dieselben mit einem wundersamen Strahl seiner Gottheit. Und
indem er so jene gar glückliche Seele wunderbar erleuchtete und
treulich heiligte, beseligte er sie gewissermaßen und bereitete sie für
die künftige Glorie der Seligkeit vor.

Unterdessen erkannte jene, welche dies im Geiste sah,*) daß
die Kranke nicht hinweggenommen würde, bis durch göttliche Kraft
alle ihre Kräfte gänzlich aufgezehrt und vernichtet wären, gleich einem
mit einer Tonne Wein vermischten Wassertropfen, und bis sie nach
Ablegung aller Fadheit der menschlichen Natur in den Abgrund
aller Seligkeit versenkt Ein Geist mit ihm zu werden würdig wäre
Und obwohl die Klostergemeinde nun schon zum fünftenmale um sie
die gewöhnlichen Gebete verrichtet hatte, so entschwebte ihr Geist
doch noch keineswegs.

Nach der Terz aber dehnte die Kranke ihre Beine von selbst
aus und legte ihre Füße nach Art ihres gekreuzigten Herrn zusammen, indem sie nämlich den rechten Fuß über den linken legte.
Als nun die Umstehenden den übergelegten Fuß neben den andern
hinlegten, zog sie ihn kräftig zurück, legte ihn wieder auf den linken
Fuß, und zeigte dadurch deutlich, daß sie dies nicht zufällig, sondern
in frommer Begierde gethan habe, damit sie, in ihrer leiblichen
Haltung ihrem einzigen Lieberhaber gleichförmig, ihm zugleich auch
in seiner Glorie ähnlich zu werden verdiente. So vergalt sie ihrem
Herrn, der aus Liebe zu ihr um die sechste Stunde mit Händen
und Füßen an's Kreuz geheftet war, in ihrer schwachen Weise, indem sie um die Mitte der sechsten Stunde ihre Beine freiwillig
ausstreckend das Opfer ewigen Lobes darbrachte. Hierauf sah man
den Herrn gleich einem gar besorgten Freunde die fast erstorbenen
Glieder der Kranken, sie auf's zärtlichste reibend, wieder beleben.

---

*) Nämlich die heilige Gertrudis, von welcher alle nunmehr folgenden
Gesichte über die heilige Mechtildis in diesem letzten Buche herrühren.

Eilftes Kapitel.

Wie ihre Seele sich aufschwang und in das göttliche Herz aufgenommen wurde.

Nun nahte aber jene ersehnteste Stunde, da die zarte Braut Christi alles Irdischen entkleidet und nach dem höchsten Wohlgefallen ihres Geliebten vollkommen vorbereitet das Gefängniß des Leibes verlassen und in das Brautgemach ihres königlichen Verlobten eingehen sollte. Während nun die Klostergemeinde sich vom Tische erhob und die Mutter Oberin nebst einigen Schwestern sie umgaben, nimm wahr! da veränderte sich plötzlich das Angesicht der Kranken in den süßesten Ausdruck und gab so die Wirkung der innerlichen Süßigkeit auf das deutlichste zu erkennen; es schien, als wollte sie die herbeieilenden in Christo geliebten Mitschwestern, weil sie es nicht mit Worten konnte, doch mit liebevollster Miene begrüßen und auffordern, sie zu beglückwünschen zu den unbeschreiblichen Wohlthaten, die der Herr ihr verliehen. Nun erschien, überströmend von Wonne, der Herr der Majestät, der allein das Verlangen der ihn liebenden Seele gänzlich zu stillen vermag, umstrahlte seine Braut mit dem Lichte seiner Gottheit und durchleuchtete sie ganz und gar; und er, der Sänger über alle Sänger, belohnte nun seine Philomele, die so oftmals auf Erden durch ihren süßen Gesang und noch viel mehr durch ihre fromme Andacht, als durch den Wohllaut ihrer Stimme, sein göttliches Herz entzückt hatte, indem er mit süßester Stimme und allen menschlichen Begriff übersteigendem Wohlklang anstimmte: „Kommet, ihr Gesegnete meines Vaters, und besitzet das Reich u. s. w."[*]) Zugleich erinnerte er sie an jenes allerwürdigste Geschenk, da er vor acht Jahren mit denselben Worten ihr sein göttliches Herz als Unterpfand seiner Liebe und ihrer Sicherheit gegeben. Er begrüßte sie darum huldvollst und sprach: „Wo ist meine Gabe?"[**]) Darauf öffnete sie mit beiden Händen ihr Herz gegenüber dem Herzen ihres Geliebten, das sich ihr gegen-

---

[*]) Matth. 25, 34.

[**]) S. 1. B. 20. K., 2. B. 19. K., 3. B. 37. K.

über gleichfalls öffnete, und indem der Herr sein heiligstes Herz
zu ihrem Herzen fügte, nahm er sie, die durch die Kraft seiner
Gottheit ganz und gar verzehrt war, in seine Glorie auf. Dort,
eingedenk derer, so ihrer eingedenk sind, möge sie durch ihre heilige
Fürbitte uns wenigstens immerfort einige Tropfen von dem Ueberfluß ihrer Wonnen bei demjenigen erflehen, bei welchem sie, Ein
Geist mit ihm geworden, ewiglich frohlocket. Amen.

Zwölftes Kapitel.
Von der Freude und der Mehrung des Verdienstes der Heiligen.

Als darnach die Fürbitte für die Verstorbene in gewöhnlicher
Weise verrichtet wurde, erschien der Herr in der Majestät seiner
Glorie sitzend, wie er die in seinem Schoß gar sanft ruhende Seele
der Verstorbenen mit Zärtlichkeit überhäufte. Da man nun betete:
„Subvenite Sancti Dei — Kommet zu Hilfe ihr Heiligen
Gottes u. s. w.“,*) so erhoben sich die Engel mit großer Ehrfurcht, weil sie nicht nöthig hatten, diejenige aufzunehmen, welche
sie von ihrem Herrn mit so großer Ehre aufgenommen und mit
solcher Herrlichkeit ausgezeichnet sahen; und indem sie ihre Kniee
vor dem Herrn beugten gleich Fürsten, die vom Kaiser ihre Lehens-
güter empfangen, erhielten sie ihre Verdienste, die sie Tags zuvor
zur Mehrung des Verdienstes der geliebten Braut Christi dargebracht
hatten,**) durch deren Verdienste gleichsam verdoppelt und wundersam
an Werth erhöht zurück. Deßgleichen thaten die einzelnen Heiligen
bei Anrufung ihres Namens in der Litanei.

Da bat die, welche dieses sah, die Seele, daß sie für die
Mängel ihrer besondern nähern Freundinnen mit der Liebe und
Zuneigung Fürbitte einlegen möchte, welche sie in diesem Leben zu

---

*) „Subvenite Sancti Dei, occurrite Angeli Domini, suscipientes
animam ejus, offerentes eam in conspectu altissimi — Kommt zu Hilfe
ihr Heiligen Gottes, kommet entgegen ihr Engel des Herrn, nehmet auf seine
(ihre) Seele und bringet sie vor das Angesicht des Allerhöchsten.“ — (Gebet
unmittelbar nach dem Verscheiden.)

**) S. oben, 4. Kap.

denselben getragen. Die Seele erwiederte ihr: „Nimm wahr! im
Lichte der Wahrheit erkenne ich jetzt auf das deutlichste, daß alle
meine Liebe und Zuneigung, so ich zu jemanden auf Erden haben
konnte, kaum wie ein Tropfen Wassers gegen die ungeheure Menge
des ganzen Meeres ist, im Vergleich mit der süßesten Liebe und
Zuneigung, von welcher das göttliche Herz in unbeschreiblicher
Weise gegen jene erfüllt ist; und daß Gott in unbegreiflich heilsamer
Anordnung zuläßt, daß der Mensch einige Mängel habe, damit er
durch dieselben gedemüthigt und geübt werde, und so von Tag zu
Tag Forschritte mache auf dem Wege des Heils. Darum kann ich
auch nicht mit dem leisesten Gedanken etwas anderes wollen, als
was die allmächtige Weisheit und die allweiseste Güte meines
süßesten und liebevollsten Herrn nach seinem vollkommenen Wohlgefallen bezüglich der einzelnen Menschen angeordnet hat. Darum
ergehe ich mich ganz und gar wegen der wohlgetroffensten Anordnung seiner göttlichen Milde in Lob und Danksagung."

Dreizehntes Kapitel.
Von der Art und Weise, Gott durch die Verdienste dieser Jung-frau zu bitten.

Am folgenden Tage während der Messe: „Requiem aeter-
nam"*) wurde ihre Seele gesehen, wie sie aus dem Herzen Gottes
goldene Röhrchen zu Allen hinleitete, welche eine besondere Andacht
oder Zuneigung zu ihr hatten; durch diese Röhrchen sollten sie aus
dem göttlichen Herzen an sich ziehen, was sie wünschten. Jedes
Röhrchen hatte ein goldenes Mundstück, durch welches sie ziehen
sollten mit nachfolgenden Worten, um Alles zu erlangen, was sie
wünschten, in der Ueberzeugung, daß sie durch diese Worte das
göttliche Wohlwollen allen ihren Wünschen am leichtesten geneigt
machen können.

*) „Herr gib ihnen die ewige Ruhe und das ewige Licht leuchte ihnen."
(Eingang der heiligen Messe für die Verstorbenen.)

Oefters zu verrichtendes Dankgebet für die Gaben Gottes in dieser Jungfrau.

Durch die Liebe, womit du deiner geliebten Braut Mechtildis oder einem andern deiner Auserwählten Gutes erwiesen hast, oder, wenn du Empfänglichkeit dafür in den Menschen gefunden hättest, ihnen erwiesen haben würdest, und immer noch im Himmel und auf Erden erweisen wirst, erhöre mich, o gütigster Herr Jesus Christus, um ihrer und aller deiner Auserwählten Verdienste willen.

Bei der Erhebung der heiligen Hostie sah man, wie jene selige Seele zugleich mit der Hostie Gott dem Vater aufgeopfert zu werden wünschte zum ewigen Lob für das Heil der Welt. Der Eingeborne Gottes, welcher gewohnt ist, dem Wunsche seiner Lieblinge nichts abzuschlagen, zog sie daher ganz an sich, und indem er sie zugleich mit sich Gott dem Vater aufopferte, verlieh er voll Gnade aus jener Vereinigung doppelten Segen allen seinen Auserwählten im Himmel, auf Erden und im Fegfeuer.

Vierzehntes Kapitel.
Wie nützlich es sei, bei der Opferung Christi auch der Heiligen Verdienste für die Seelen aufzuopfern.

Während der folgenden Messe erschien sie wiederum, wie sie gleichsam im Herzen Gottes wohnend durch eben dieses honigfließende, einer lieblich tönenden Leier ähnliche Herz, in dem sie vier überaus süß klingende Saiten anschlug, das reizendste Lied des Lobes, des Dankes, der Klage und Anbetung ertönen ließ. Das that sie zum genügenden Ersatz für das Versäumniß Aller derer, so ihrer Leichenfeier anwohnten und sangen, sowie auch für alle Menschen in der ganzen Welt, welche gern mitfeiern wollten, wenn sie alle Gnadengaben wüßten, welche Gott ihr verliehen hatte.

Als sie bei der Opferung gefragt wurde, was sie dadurch erlangt habe, daß sie bei der Opferung die Verdienste Jesu Christi und der Heiligen für die abgeschiedenen Seelen aufopferte, da neigte sie sich herab und schien Körbe voll hölzerner Büchsen zu

vertheilen, die sie den an verschiedenen Orten der Peinen befind=
lichen Seelen darreichte. Von diesen empfing eine jede mit großer
Fröhlichkeit eine Büchse, und sobald sie dieselbe öffnete, ward sie
von allen Peinen erlöst und in die Wohnung der lieblichsten Ruhe
versetzt. Durch die Körbe, welche sie den Seelen darreichte, wurden
ihre Tugenden versinnbildet; durch die Büchsen aber die Uebung
der Tugenden, in welchen sie sich durch Werke geübt hatte, wie z. B.
die Demuth, Güte, Mitleid und Aehnliches. Als sie darum die
einzelnen Körbe an die einzelnen Orte der Peinen brachte, wurden
die daselbst verweilenden Seelen, welche auf Erden je einmal etwas
von der betreffenden Tugend besaßen, um ihrer (Mechtildens) Ver=
dienste willen aus den Peinen in die Freuden versetzt. So führte
der Herr, um die Freude und Glorie seiner Geliebten vollkommen
zu machen, eine zahllose Menge der Seelen an die Pforten des
Himmels. Denjenigen aber, betreffs derer die Gerechtigkeit erheischte,
daß sie noch nicht den Bewohnern des Himmels beigesellt würden,
verlieh er voll Huld aus Liebe zu seiner ihn liebenden Braut,
wonnige Orte seliger Ruhe.

Fünfzehntes Kapitel.

Daß am Tage ihres Hinscheidens keine christliche Seele in die Hölle kam.

Ganz dasselbe wurde über die Befreiung der Seelen zweien
andern Personen mitgetheilt. Eine aber erkannte in Gott auch
Folgendes als gewiß: daß nämlich an jenem Tag, wo ihre selige
Seele hinüberschied, in Folge der überfließenden Güte des süßesten
Herzens Jesu in der ganzen Welt keine einzige Seele aus der
Christenheit zur Hölle hinabfuhr. Denn alle Bösen, die an jenem
Tage sterben sollten, erlangten entweder durch die Verdienste der
so glücklichen und von Gott so geliebten Seele die Gnade der Buße;
oder aber, wenn sie ganz und gar verkehrt und verhärtet waren,
weil sie sich aller Gnade unwürdig gemacht hatten, so ließ der Herr
sie an jenem Tage nicht von ihrem Leibe scheiden, um nicht am

Tage einer so großen Festesfreude seines Herzens ein so furcht bares Urtheil über irgend eine Seele verhängen zu müssen.

Sechzehntes Kapitel.
Daß das Lob Gottes vor Allem zu suchen und in reiner Absicht zu verkünden sei.

Ferner erschien sie in einer Messe, wie sie in den Armen des Herrn sanft ruhte. Als nun jene, welche dies sah,*) Miene machte, sie anzureden, that der Herr seine Arme auseinander und ließ die Seele ein wenig von sich. Da sah sie nun die Seele von unbeschreiblicher Glorie umgeben, mit einem überaus herrlichen, wie aus Krystallen gemachten Gewande bekleidet; einige der Krystalle strahlten wie Sterne, andere waren gleich glänzenden Spiegeln. Jeder einzelne Krystall war in einen goldenen Kreis eingeschlossen, und durch jeden hindurch leuchtete ein Edelstein. Einige Edelsteine waren rubinfarbig, einige purpurfarbig, einige waren von grüner Farbe; andere zeigten sich verschieden an Farbe und Gestalt. Dieses Kleid war mit Seide ausgefüttert und ganz und gar aus den guten Werken und Tugenden jener seligen Seele gemacht. Durch die Krystalle wurden bezeichnet ihre Werke; durch die goldenen Kreise wurde versinnbildet, daß sie alle ihre Werke in Liebe that; durch die Edelsteine wurden bedeutet die Tugenden Christi, mit welchen sie die ihrigen verbunden hatte, weil sie alle ihre Werke in Ver einigung und in der Meinung der Tugenden Christi verrichtete. Sie erhob sich nun und breitete ihr Gewand vollständig aus, wie wenn sie dasselbe genau betrachten und sich in ihm sehen wollte. Es war von großer Weite und von solchem Glanze, daß der ganze Himmel von neuer Herrlichkeit strahlte. Zugleich gab es einen so süßen Klang von sich, daß durch denselben der Himmel und Alles in ihm bewegt wurde.

---

*) Ohne Zweifel die heilige Gertrudis, deren bisher berichtete Gesichte durch die im 15. Kapitel enthaltene Erzählung der Gesichte zweier anderer Personen unterbrochen wurden, und nun mit dem obigen Ausdruck wieder auf genommen werden und bis zu Ende des Buches gehen.

Da fragte die, welche dieses sah, was sie am meisten von ihrer Kongregation wünsche. Sie antwortete ihr: „Vor Allem wünsche ich das Lob meines Herrn, der mich über all' mein Verdienst so sehr verherrlicht und so hoch erhoben hat, daß Alles, was er mir verliehen, ganz allein als das Geschenk seiner Huld und Gnade erscheint. Darum könnt ihr nichts mir angenehmeres thun, als daß ihr ihn für mich ohne Unterlaß lobet. Er hat mich unter jene Heiligen versetzt, an welchen er sein größtes Wohlgefallen hat, in welchen er sein Ergötzen und sein vollkommenstes Lob findet." Jene fragte: „Und wie sollen wir Gott in Euch loben?" Sie erwiederte: „Alles, was ihr thut, that ich, als ich noch auf Erden war. Also kurz, was ihr immer thut, das thut in Vereinigung mit jener reinen Absicht und vollkommenen Liebe, womit ich Alles zum Lobe Gottes und zum Nutzen der Gesammtheit gethan. Wenn ihr z. B. den Chor betretet zur Anbetung oder zum Gesang, so bedenket, wie rein und glühend ich meine Absicht auf Gott richtete, und suchet mich, so viel ihr könnet, nachzuahmen; deßgleichen, wenn ihr zum Schlafen oder zum Essen gehet, so bedenket, mit welch' reiner Absicht und glühender Liebe ich die Erquickung des Leibes und den Dienst der Geschöpfe angenommen habe. Und so ist es mit dem Uebrigen. So sollen alle eure Werke für mich zum Lobe meines göttlichen Liebhabers geschehen, und es wird euch selbst zum Heile gereichen." Da fragte jene wiederum: „Und was habet Ihr davon, daß wir Gott für Euch loben?" Sie antwortete: „Eine besondere Umarmung und einen Kuß, wodurch alle meine Freude erneuert wird." Da sah jene drei Strahlen aus dem Herzen Gottes durch die Seele hindurch auf alle Heiligen übergehen, welche dadurch wunderbar erleuchtet und erfreut wurden, und den Herrn für jene Seele zu loben begannen mit den Worten: „Wir loben dich für die anmuthige Schönheit deiner Braut, für dein liebevolles Wohlgefallen an ihr, für die vollkommene Vereinigung, durch welche sie Eins mit dir geworden." Als nun jene sah, daß der Herr sich an diesem Lobe gar sehr ergötze, sprach sie zu ihm: „Mein Herr, warum macht es dir so viel Freude, daß du in dieser Seele gelobt wirst?" Er antwortete: „Weil sie in ihrem Leben stets mein Lob über Alles wünschte, darum behielt sie dieses ihr Verlangen bei, und durch mein unaufhörliches Lob will ich sie sättigen."

Siebenzehntes Kapitel.

Von dem Namen und Nutzen dieses Buches von der besondern Gnade.

Hierauf fragte jene Person die Seele wiederum, welche Glorie sie für ihre besondere Gnadengabe empfangen habe. Sie antwortete: „Das übertrifft alle meine Glorie. Denn die alle Schranken übersteigende Liebe, welche Gott bewog, Mensch zu werden, hat diese Gabe mit seiner allmächtigen Weisheit, göttlichen Süßigkeit und freigebigsten Güte und Huld mir aus Gnaden eingegossen." Als nun jene fragte, ob es ihr lieb oder leid sei, daß ein Buch darüber geschrieben worden, erwiederte die Seele: „Es ist meine größte Freude, weil ich erkenne, daß dem Lobe und dem Willen Gottes, sowie dem Heile der Nebenmenschen damit gedient sein wird. Denn dieses Buch wird Licht der Kirche*) genannt werden, weil diejenigen, welche es lesen, vom Lichte der Erkenntniß erleuchtet sein und erkennen werden, welchen Geistes sie sind, und die Traurigen werden in ihm Trost finden." Wer immer also diese Gabe liebt, der wird ihrer ebenso gewiß theilhaftig, wie jene, welche sie von Gott empfangen hat, gleichwie derjenige, welcher ein Geschenk des Königs durch einen Abgesandten desselben erhält, es ebenso zu Eigen besitzt und denselben Nutzen davon hat, wie jener, der es aus der Hand des Königs selbst empfängt. Denn von dieser Gabe will Gott allein Lob, Ehre und Dank haben.

---

*) Diese Bezeichnung ist als Ehrentitel des Buches zu verstehen, nicht als eigentlicher Benennungstitel.

Achtzehntes Kapitel.

Wie diejenigen, welche ihre Leichenfeier begingen, ihres eigenen Heiles versichert wurden.

Als bei ihrem Begräbniß das Responsorium: „Libera me, Domine — Befreie mich, o Herr," *) gesungen wurde, sah man, wie sie mit inständiger Bitte den Herrn anflehte für Alle, welche dabei anwesend waren und ihre Leichenfeier begingen, daß dieselben doch den ewigen Tod nicht erleiden möchten. Und auch darüber ward sie von der Freigebigkeit der göttlichen Güte gewürdigt, die Verheißung einer untrüglichen Sicherheit des Heils zu er= langen. Als sodann das Responsorium: „Regnum mundi — das Reich der Welt," **) gesungen wurde, sang sie bei den Worten: „Quem vidi — den ich sah," selbst und sprach: „Wahr= haftig habe ich ihn in seiner Gottheit gesehen, den ich auf Erden so oft mit den Augen der Erkenntniß geschaut, den ich geliebt aus allen Kräften, an den ich geglaubt mit ganzem Herzen, den ich geliebt aus ganzem Gemüthe."

Und zur Klostergemeinde gewendet sprach sie: „Ich bitte und ermahne euch alle, daß ihr dieses Responsorium gerne singet und betet, weil Gott der Vater dadurch erfreut, der Sohn Gottes ge= grüßt und der heilige Geist ergötzt wird. Aus welchem andern Grunde glaubt ihr, daß der Herr es euch durch die Schwester Mechtildis ***) zu lesen gegeben habe, als darum, weil es ihn mit

---

*) „Libera me, Domine, de morte aeterna, in die illa tremenda: Quando coeli movendi sunt et terra: Dum veneris judicare saeculum per ignem. — Befreie mich, o Herr, von dem ewigen Tode an jenem schreck= lichen Tage, da die Himmel erschüttert werden und die Erde, wenn du kommen wirst, die Welt durch das Feuer zu richten." — Responsorium bei der Ein= segnung der Verstorbenen vor der Beerdigung.

**) „Das Reich der Welt und alle irdische Zier habe ich verachtet aus Liebe zu meinem Herrn Jesum Christum, den ich gesehen, den ich geliebt, an den ich geglaubt, den ich über Alles geschätzt habe." Responsorium an den Festen der heiligen Frauen. (Es war gerade, wie oben gesagt, das Fest der heiligen Elisabeth von Thüringen.)

***) Die heilige Mechtildis scheint hier von sich selbst zu sprechen, wie wenn sie bei dieser Gelegenheit den Gesang des obigen Responsoriums eingeführt

unbeschreiblicher Freude erfüllt, es von euch zu hören?" Als man hierauf ihr auch das Responsorium sang: „Surge, virgo — erhebe dich, Jungfrau," sah man, wie sie vor dem Herrn stand gleich einer auf das Zierlichste geschmückten Königin; und in die Arme des Herrn stürzend lehnte sie ihr Haupt an sein Herz. Und der Herr sprach zu ihr: „Du Freude und Wonne meines Herzens, all' das Meinige ist dein; nach deinem Wunsche will ich alle Anwesenden, welche deine Leichenfeier begangen haben, in ihren Nöthen erhören und ihnen beistehen."

Neunzehntes Kapitel.

Wie unser Herr Jesus Christus die Seinigen liebt und zurechtweist.

Darnach, am Feste der heiligen Katharina, sah man, wie sie mit Gott durch den Chor ging und nach gewohnter Weise die Singenden leitete. Als nun jene, welche dies sah, sich darüber wunderte, sprach die Seele: „Wenn ich mit euch im Chor mit ganzer Sehnsucht und aus allen Kräften sang, so zog ich mit steigendem Gesang zugleich eure Wünsche aufwärts zu Gott und in Gott, mit fallendem Gesang aber brachte ich euch wiederum voll Liebe Gnade von Gott herab; und das thue ich noch unablässig." Da fragte jene: „Was willst du den Schwestern entbieten?" Sie antwortete: „Freuet euch von Herzen in eurem Geliebten, dessen Liebe so überaus zart und besorgt um euch ist, wie die einer Mutter zu ihrem einzigen Kinde, das sie aus ganz besonderer Zärtlichkeit stets auf ihrem Schoße sitzen haben will, um es vor allen schädlichen Wegen zu bewahren. So wünscht Gott, euer Liebhaber, daß ihr ihm stets anhanget und niemals von ihm abweichet; wenn ihr das nicht thut, so läßt er zu, daß ihr bedrängt werdet, um euch

---

hätte; oder sollte eine andere, gleichnamige Schwester gemeint sein, etwa Mechtilbis von Wipra, welche damals die Klosterschulen leitete? — Diese Art, von sich selbst zu reden, findet sich sonst im ganzen Buche nicht mehr, ist aber einigermaßen begreiflich.

dadurch zurückzurufen, gleich einer treubesorgten Mutter, welche ihr
Kind, wenn es von ihr weggeht und fällt, mit Schlägen züchtigt,
damit es lerne, sich nicht mehr von ihr zu entfernen. Und gleichwie
eine Mutter erfreut wird, wenn ihr Kind zärtlich mit ihr plaudert,
so wünscht euer liebevoller Bräutigam von euch solche Worte zu
hören, welche das Innerste seines göttlichen Herzens bewegen.
Eja, gebet ihm euer ganzes Herz, weil er selbst euch Vater, Herr,
Bräutigam, Freund und Alles in Allem sein wird." Das verstand
jene durch göttliche Eingebung so: weil er Vater ist, müssen wir
ihm alles Gute zuschreiben; weil er unser Herr ist, müssen wir
alle unsere Hoffnung auf ihn setzen; weil er unser Freund ist,
müssen wir alle unsere Trübsal und Noth ihm vertrauensvoll klagen
und bei ihm allein Trost suchen.

Zwanzigstes Kapitel.
Von der seligen Seele des Grafen B.*), des Stifters des Klosters.

Während der Zeit bis zu ihrem Dreißigsten, nämlich am
Jahrestage des Herrn Grafen B., des Stifters des Klosters, sah
jene Person die Seele desselben in wunderbarem Glanze, mit einem
purpurfarbigen, mit allen Tugenden geschmückten Leibrock, und dar=
über mit einem Gewand von rother und grüner Farbe. Auf dem
rothen Theil waren Löwen dargestellt, von goldenen Kreisen um=
geben, aus deren Herzen wunderschöne Rosen hervorgingen; auf dem
grünen Theil leuchteten alle Tugenden in unbeschreiblichem Glanze.
Er trug auch einen Halsschmuck in Gestalt eines glänzenden Sternes,
und einen Mantel von reinstem rothen Golde mit glänzendem
Silber darunter, sowie auf seinem Haupte eine gar zierliche Krone.
Da sprach jene, welche dies sah, zu ihm: "Woher habt Ihr diesen
Reichthum mannigfaltiger Tugenden?" Die Seele erwiederte ihr:
"Nicht durch meine Verdienste habe ich eine so herrliche Gnade

*) Burchard I. von Mansfeld. S. 5. B. 10. K. Er starb am Feste
der heiligen Lucia, den 13. Dezember, nach der Aufzeichnung der Aebtissin
Sophia von Stolberg.

verbient, sondern durch die Güte meines Gottes und durch die Tu=
genden meiner geliebten Kongregation genieße ich sie. Diese aus
allen Tugenden zusammengesetzte Tunica empfing ich bei der Auf=
fahrt der herrlichen Königin, nämlich der Frau Aebtissin Gertrudis.
Sie selbst betrat gleich einer gar mächtigen Königin mit zahllosen
Tugenden und Reichthümern den himmlischen Palast in herrlicher
Glorie, so daß von ihr das Wort im Buche der Könige gilt: „Und
die Königin zog ein in Jerusalem mit großem Gefolge und Reich=
thum u. s. w."

„Seit langer Zeit nämlich ist keine so erhabene Seele mit
so herrlichen Tugenden und so mannigfachem Schmuck in die himm=
lischen Wohnungen eingegangen. Dieses rubinfarbige und grüne
Gewand habe ich gleichfalls aus den Verdiensten der genannten
Aebtissin, denn es ist ganz aus den Tugenden ihrer Untergebenen
gemacht. Die rubinrothe Farbe bezeichnet die Glorie des Mar=
tyriums, welche die Ordensleute durch wahren Gehorsam erlangen.
Wer nämlich seinen eigenen Willen Gott gern zum Opfer bringt,
opfert eine würdigere und kostbarere Gabe, als wenn er sich das
Haupt abschlagen ließe. Durch die Löwen werden die heldenmüthigen
Werke des Gehorsams versinnbildet; durch die Kreise die Bande des
Gehorsams; durch die Rosen die Geduld, welche die Ordensleute
bei allen ihren Werken haben sollen. Durch die grüne Farbe wird
die Frische aller Tugenden ausgedrückt, und dieser wunderbare
Schmuck darüber stellt insbesondere das Verdienst jedwelcher Tugend
dar; diese Zier aber besitze ich aus den Verdiensten der einzelnen
Personen, welche in meinem Kloster Gott dienen. Dieser Hals=
schmuck bezeichnet das vortreffliche Verlangen der genannten Aebtissin,
darum ist er einem Sterne ähnlich; denn gleichwie ein Stern be=
ständig in Bewegung ist, so war auch ihr Verlangen ein beständiges,
und wie ein Stern überaus rein ist, so auch die Absicht ihres
Verlangens; denn immer und über Alles trug sie Verlangen nach
dem Lobe Gottes und dem Heile der Nebenmenschen. Durch das
Gold und die Edelsteine, welche diesen Halsschmuck zieren, wird
ihr Eifer und die Mühe ihres Herzens, so sie in Folge ihres Ver=
langens hatte, ausgedrückt. Diesen goldenen Mantel aber, der die
Liebe und Erkenntniß versinnbildet, und diese Krone der Liebe habe
ich neulich, als jener wunderbarer Adler bis zu den höchsten Höhen

des Himmels sich emporschwang, vom Herrn um ihrer Verdienste
willen erhalten."

Da sprach jene: „Eja, sage nun, welche Freude damals die
Heiligen hatten." Die Seele antwortete: „Als sie zum letztenmale
in ihrer Krankheit kommunizirte, ward sie so sehr mit Gott ver=
eint, daß wir sie in Gott im Himmel sahen, und ein neuer Strahl,
von der Gottheit ausgehend, erleuchtete alle Heiligen; in ihm sahen
und erkannten wir alles Verdienst und alle Würde, so jene glück=
lichste Seele empfangen sollte; darum bereiteten wir uns in großer
Festesfreude vor. Bei ihrem Scheiden aber zog der Herr mit
seinem göttlichen Athem ihre Seele so süß und sanft in sich, daß
man es unmöglich sagen kann. Auch wir Heilige alle, vom größten
bis zum kleinsten, waren dabei. Als nun der Herr sie mit sich
nahm, sangen alle Heiligen zumal voll süßesten Jubels: „„Du
kluge und wachsame Jungfrau, wie bist du nun bei dem Bräutigam,
der dich erwählt hat!"" Bei den Worten aber: „„Wie schön bist
du, wie wunderbar, in welchem Lichte erglänzend!"" überströmte
jene Seele von Wonne, und gleich einer Braut aus dem Braut=
gemach, trat sie aus dem göttlichen Herzen hervor und stand vor
dem Throne mit der Gottheit bekleidet und ganz erfüllt von Gott.
Als aber die Heiligen sangen: „„Des königlichen Brautgemaches
erfreuest du dich, die du mit dem Sohne Gottes vermählt bist,""
nahm sie der Herr wiederum auf das Zärtlichste in seine Arme und
sang in süßester Weise zu ihrem Lobe: „„Jene ist die Herrliche
unter den Töchtern Jerusalems, wie ihr sie gesehen habt, voll
Liebe"" — nämlich zu Gott und dem Nächsten — „„auf ihrem
Lager"" — das ist in der Beschaulichkeit — „„und in den Gärten
der Wohlgerüche"" — das ist in fruchtbarer Lehre, die sie den
Herzen der Mitmenschen einzupflanzen sich bemühte."

„Alle Heiligen aber brachten Gott zu Ehren seiner Braut
ihre Verdienste dar. Da nun auch ich mit ihnen hinzutrat, um=
armte mich der Herr gar süß und gab mir um der Verdienste
seiner Geliebten willen diesen goldenen Mantel, das Sinnbild der
Liebe und Erkenntniß, und setzte auf mein Haupt die Krone der
Liebe. Seitdem habe ich eine größere Erkenntniß und Liebe der
allzeit anbetungswürdigen Dreifaltigkeit, und werde sie in Ewigkeit
haben." Da sprach jene: „Was bedeutet dieser Glanz, der Euch

umgibt?" Die Seele antwortete: „In diesem Lichte erkenne ich die Güte und Barmherzigkeit meines Gottes gegen mich, und ich verkoste seine unaussprechlich süße Liebe, womit er mich von Ewigkeit geliebt." Als jene noch fragte, was es ihm nütze, daß auf Erden sein Jahrestag mit feierlichem Gesang von der Klostergemeinde begangen werde, antwortete er: „Mein Herr sendet Alles, was für mich geschieht, den armen Seelen in das Fegfeuer, von welchen sehr viele befreit werden; und diese Seelen schenkte er mir zu eigen, gleich einem Kaiser, der seinen Fürsten Soldaten zuweist, und das wird mir eine ewige Ehre im Himmel sein."

Einundzwanzigstes Kapitel.
Von der wunderbaren Zärtlichkeit Gottes gegen die Seele der seligen Schwester Mechtildis.

Als sie beim Dreißigsten wiederum die Seele der Schwester M. seligen Andenkens sah und dieselbe über ihre Glorie befragte, antwortete diese: „Mein Verdienst und meine Glorie hat kein Auge gesehen, kein Ohr gehört und ist in keines Menschen Herz gekommen." Als jene dies hörte, ward sie betrübt; die Seele tröstete sie aber und sprach: „Theuerste Schwester, betrübe dich nicht; denn wenn ein Kind seinen Vater zu umarmen verlangt, aber weil es zu klein ist, ihn nicht zu erreichen vermag, so neigt sich der Vater aus gar großer Zärtlichkeit und Mitleid zum Kinde hinab, damit es ihn umarmen und küssen möge.*) So neigt sich der gütige Herr huldvoll zu der ihn liebenden Seele hinab und zeigt ihr das Unsichtbare und Unaussprechliche der himmlischen Geheimnisse durch Gleichnisse und Bilder. Ich aber bin in solcher Weise in die Gottheit aufgenommen und auf das Glücklichste mit ihr vereinigt, daß ich gewissermaßen allmächtig bin durch ihre Allmacht, weise durch ihre Weisheit, gütig durch ihre Güte; und so bin ich mit allen Gütern, die in Gott sind, bereichert. Darum hat der Herr

---

*) Dieses Beispiel vom Kinde und Vater erinnert an die in der Offenbarung der heiligen Gertrudis gewöhnliche Art der Veranschaulichung.

Alles, was ihr mir in diesen dreißig Tagen an Gebeten, Danksagung und sonstigen guten Werken dargebracht habt, ganz und gar so angenommen, als ob ihr es ihm selbst unmittelbar gethan hättet; und er hat eure Gebete nach dem Wohlgefallen seines gnädigsten Willens erhört. Ueberdies, um was immer ihr in frommer Andacht und kindlichem Vertrauen am Grabe meiner geliebten Schwester bittet, wisset, daß ihr hierin erhört werdet, und zwar in der Weise, daß, wenn das, um was ihr bittet, euch nicht dienlich ist, die gnädigste Freigebigkeit Gottes es in etwas Besseres und euch Nützlicheres verwandeln wird." Da sprach jene: „Haben alle Seelen der Auserwählten jene seligste Vereinigung mit Gott, von welcher du gesprochen?" Die Seele antwortete: „Alle, aber verschiedentlich je nach ihrem Verdienst; einige können mehr gewähren, andere haben höhere Erkenntniß, und so verhält es sich mit Allen."

Zweiundzwanzigstes Kapitel.
Wie diese Seele der seligsten Jungfrau Maria an Tugenden einigermaßen ähnlich ist.

Als während der Messe die glorreiche Jungfrau Maria ihr erschien, fragte sie dieselbe, ob diese selige Seele ihr in etwas ähnlich sei. Die gütige Jungfrau Maria antwortete ihr: „Ja, in allen Tugenden zeigt sie große Aehnlichkeit mit mir; insbesondere aber in sieben. Zum Ersten in ihrer hervorragenden Demuth; sie hielt sich nämlich für nichts und stellte sich über Niemanden. Dafür hat sie der Herr unter die größten Heiligen versetzt. Zum Andern in der Reinheit und Lauterkeit des Herzens, und in Unschuld des Lebens; dafür ist sie denjenigen beigesellt, welche Gott am nächsten sind und am tiefsten in seine Erkenntniß eindringen. Zum Dritten in treuer Liebe, wofür sich alles Gute, das die Seele fassen kann, in vorzüglicherer Weise in sie ergießt, nämlich Freude, Fröhlichkeit, Ehre und Seligkeit. Zum Vierten, im Verlangen nach dem Lobe Gottes, wodurch sie nach Kräften das Lob Gottes auf Erden suchte und beförderte. Darum wurde sie unter diejenigen versetzt, welche Gott in höchstem Entzücken loben, und alles

Lob und alle Danksagung, die für sie (die selige Seele) geschehen,
wird der Herr so annehmen, als ob es ihm selbst dargebracht sei.
Ueberdies will er alle ihre Wünsche, so sie nicht mehr aus
führen konnte, selbst erfüllen. Zum Fünften in Barmherzigkeit und
Mitleid, wofür sie die Ehre erlangte, daß sie Allen, welche sie in
ihren Nöthen anrufen, helfen kann. Zum Sechsten in Gütigkeit
und Mildthätigkeit; darum ergießt sich jetzt Gott in sie, wie in
einen Brunnen, von dessen Ueberströmen alle Heiligen mit besonderer Fröhlichkeit erfüllt Gott für sie preisen. Zum Siebenten in
vertrauter Einigung; wofür sie jetzt besonders vertraulicher Vereinigung mit Gott genießt. Ueberdies erlangte sie auch noch das
besondere Vorrecht, daß Gott Alle, die ihn durch die gegenseitige
Liebe, womit Gott von ihr und sie von Gott geliebt wird, gnädig
erhören will."

Sie fügte noch bei: „Von jenem Tage an, da Gott eure
Mutter, die ihr wie eure Seele liebtet, von euch nahm, hat sie
euch mir in dem Glauben und in der Liebe, womit sie mich als
ihre Mutter erwählte, anempfohlen; daher ist mein ganzes Streben
darauf gerichtet, wie ich euch als Bräute meines Sohnes geziemend
schmücke. Nun aber hat er dafür, daß er euch diese Trösterin
genommen, sich selbst mit Allem, was er ist, euch zum Tröster
gegeben."

Er sei gebenedeit in alle Ewigkeit. Amen.

Gebet,
womit dieses Buch in der Wolfenbüttler Handschrift schließt.

Herr Jesu Christe, Sohn Gottes, durch die Fürsprache und Verdienste, sowie die einzige Liebe deiner auserwählten Mutter, der seligsten Jungfrau Maria, und der heiligen Jungfrauen Mechtildis und Gertrudis und aller deiner Heiligen und Auserwählten, erbarme dich über mich Sünderin, sowie über den Priester Albertus und über alle lebende und abgestorbene Christgläubige. Amen.

Im Jahre des Herrn Eintausend dreihundert siebenzig, am Tage nach dem Feste des heiligen Lucas hat der Priester Albertus, Vikar an St. Paul zu Erfurt, die Abfassung dieser Bücher vollendet. Gott sei Dank.

Jede Jungfrau, die darin liest, bete ein Vaterunser und Ave Maria für ihn, weil der Arbeiter seines Lohnes würdig ist, sagt der Herr Jesus Christus im heiligen Evangelium.

Anmerkungen.

Erstes Buch.

Anmerk. 1. (Kap. V. S. 42.) „Kapitel" heißt in klösterlicher Redeweise die Zusammenkunft der gesammten Gemeinde eines Ordenshauses unter Vorsitz ihres Obern. Der Name „Kapitel" leitet sich von der Sitte her, einen Abschnitt (capitulum) aus der Regel des Ordens dem versammelten Convente vorzulesen. Es ist zunächst ein bestimmter Raum, die „Kapitel-Stube", dazu eigens eingerichtet; in großen Ordenshäusern gab es oft prachtvolle Kapitel-Säle. Der Zweck eines solchen Ordens-Kapitels kann verschieden sein, je nachdem es die von der Regel vorgezeichnete gewöhnliche Versammlung ist, oder außerordentliche Anlässe Berathung oder Schlußnahme begehren. Jedes Kapitel wird mit Gebet (Psalmen) und Betrachtung eröffnet, und in gleicher Andacht beschlossen.

Anmerk. 2. (Ebendas. S. 47.) Der hier gegebenen Andeutung entspricht ein alter Lobgesang der lateinischen Kirche auf das Fest des heiligen Evangelisten, in welchem Hymnus es u. A. heißt:

„Joannes, Jesu Christo multum dilecte virgo,
Tu ejus amore carnalem in nave parentem liquisti,
Tu love conjugis pectus respuisti Messiam secutus etc."

So hatte sich der allgemeinen Ueberzeugung der Kirche, daß Johannes jungfräulich geblieben an „Leib und Gemüth", die Legende angeschmiegt: als Bräutigam der Maria von Magdalum sei vom Braut-Mahle hinweg der Jüngling Johannes von dem göttlichen Meister berufen worden, und augenblicklich, mit voller Entsagung der Welt, diesem Rufe gefolgt. S. Fabric. cod. apocryph. II. 587.

Anmerk. 3. (Kap. VI. S. 49.) Responsorium der zweiten Vesper des Festes des heiligen Johannes; es lautete nach dem Halberstädter Brevier aus jener Zeit folgendermaßen: „Vox tonitrui tui, Deus in rota; Joannes

est Evangelista, mundi per ambitum praedicans lumen coelicum; qui
triumphans Romae avit in vino stolam suam, et in sanguine olivae pal-
lium suum. Alleluja Victo senatu cum Caesare virgineo corpore tri-
pudiat in igne.

Anmerk. 4. (Ebendaf. S. 50.) — Die Legende (Abdiac actor.
apostol. apud Fabric. Cod. apocryph. N. T. II. 587.) erzählt, der Apostel
Johannes habe einst einen Giftbecher, welcher ihm von verrätherischer Hand
dargereicht worden, mit dem Kreuzeszeichen gesegnet, und dadurch das Gift in
Heiltrank umgewandelt; vgl. Mark. 16, 18. — Daher erscheint St. Johannes
der Apostel in der christlichen Symbolik abgebildet den Becher haltend, aus
welchem die Schlange sich emporringelt, das Sinnbild des Todes (Schlange
des Abgrundes), aber auch im Hinblicke auf das rettende, eherne Schlangenbild
in der Wüste ein Pfand des Heiles; vgl. Joh. 3, 14. — Der Segen über
den Wein am St. Johannisfeste steht mit dieser Ueberlieferung im Zusammen-
hange; s. Schmitz, die Kirche in ihren gottesdienstlichen Handlungen ꝛc. S. 448.

Anmerk. 5. (Kap. X. S. 57.) Rom besitzt seit dem Anfange des
VIII. Jahrhunderts das heilige Schweißtuch der Veronica mit dem Bilde des
dorngekrönten Hauptes Jesu Christi. Dieses Bild wird unter den Reliquien
der St. Peterskirche in Rom bewahrt, und ist seit 1011 ein eigener Altar für
dieses heilige Schweißtuch dort consecrirt.

Anmerk. 5 b. (Kap. XI. S. 61.) St. Agnes, Martyrjungfrau aus
der Zeit des Maximinus, schon von Prudentius besungen (de coron. hymn. 14.),
in ihrem Feste von dem heiligen Ambrosius gefeiert (de virgin. 1, 2.), war
auch in Deutschland frühzeitig verehrt. Eines der ältesten Klöster Köln's ward
ihr geweiht; zumal wählten die erlauchtesten Häuser des deutschen Adels
St. Agnes gerne zur Taufpathin ihrer Töchter.

Anmerk. 6 (Kap. XIV. S. 72.) Das Zeichen oder die Chiffre des
„Fisches" (ΙΧΘΥΣ, d. i. Ἰησοῦς Χριστός Θεοῦ Υἱός Σωτήρ) für den Gottes-
sohn und Weltheiland Jesus Christus ist aus der altchristlichen Symbolik be-
nannt. Neben der Bezeichnung des Namens und der Würde des Erlösers,
die sich aus der Zusammenreihung der Anfangsbuchstaben des obigen griechischen
Wortes ergibt, und während der Verfolgungszeit als den Heiden verborgenes
Erkennungszeichen unter den Christen gebraucht ward, z. B. auf Ringen,
Siegeln, Gefäßen ꝛc.; lag in dem Sinnbilde des Fisches für den kundigen
Christen eine zweifache dogmatisch-mystische Beziehung. Er erkannte darin
erstens ein Bild der die Augen des Geistes von der Blindheit der Sünde be-
freienden Kraft des Namens Christi, nach dem Typus des Fisches bei Tobias
(Buch Tobias 11, 13 ff.); dann aber auch mahnte es ihn, daß jeder Christ
selbst ein Fischlein (pisculus) gewesen, welcher in dem Netze der Kirche
(Matth. 4, 19.) für Gott eingefangen worden. Vgl. unten Buch besonderer
Gnade II. 16.

Unserer Stelle aber entspricht eine allegorisch-mystische Deutung zu
Joh. 21, 9. bei Rupert von Deutz († 1135): „Dort an jenem Ufer, das ist,

an dem Ende der Weltzeit, werden die Auserwählten Kohlen finden und einen Fisch darüber gelegt, gerösteten Fisch = Christum den Gottmenschen, welcher gelitten hat in der Glut des Leidens, aber dort nicht mehr leidet, sondern nur, von dem Feuer der Liebe umfangen, Nahrung des ewigen Lebens ist" u. s. w. (Rup. Tuit. de divin. offic. VIII. 9.)

Anmerk. 7. (Kap. XVIII. S. 79, und 2. Buch. Kap. XIX. S 171.) Das Kreuz begraben (sepelire crucem) hieß der feierliche Ritus, nach welchem unter Klagegesang des Volkes am Morgen des heiligen Charfreitages, wie jetzt das allerheiligste Sakrament in der Monstranz, so vordem, ehe die öffentliche Aussetzung des hochwürdigsten Gutes häufiger geworden, nur das Kreuzbild des Herrn in den zum heiligen Grabe umgewandelten, mit Blumen und Lampen geschmückten Altar übertragen und darin zur Verehrung nieder-gelegt wurde; vgl. Martène, de antiq. eccl. discipl. IV. 23. Halden, Ephemerolog. eccles. p. 107 (Amberger, Pastoraltheologie II. 681.).

Anmerk. 8. (Kap. XX. S. 96.) Bekanntlich vertheidigte Abälard (Introd theol. III. 5.) den Satz, Gott müsse Alles thun, was er Gutes zu thun vermöge, und umgekehrt, Gott vermöge nur das zu thun, was er zu irgend einer Zeit wirklich thue (quod quandoque facit). Dieser (optimistischen) Lehrmeinung trat die kirchliche Schule entgegen, als einer Ansicht, die, während sie den Begriff „Möglichkeit" (possibilitas) mit „Vermögen" (posse) verwechsle, die Freiheit Gottes aufhebe, und das Gute, es gleichsam außer Gott subsistent denkend, nicht mehr durch Gott bestimmt werden lasse, sondern vielmehr Gott (passiv) durch das Gute. — Was somit an unserer Stelle gesagt wird, steht harmonisch zu der kirchlichen Lehre: Gott kann, was Er will; aber er wird und muß noch Unnennbares vermögen, was er niemals thun will oder wird; vgl. Matth. 3, 9. Joh. 14, 12. (S. Thom. Aqu. Summa adv. gent. IV. 14—26.)

Anmerk. 8 b. (Ebendas.) Zufolge uralter Anschauung werden die Heiligen, welche in dem Momente des Todes Jesu aus ihren Gräbern er-standen (Matth. 27, 52.) und die Seelen, die der siegreiche Erlöser aus der Vorhölle befreite, von da ab bis zur Stunde der Himmelfahrt des Herrn in seinem Gefolge gesehen.

Bei der Himmelfahrt selbst schwebte Michael, der Führer der Seelen, der Schutzengel der katholischen Kirche, mit dem Kreuzesbaum voran. Dann folgten die Chöre der Engel, und unter ihnen auserlesene Diener, welche Bil-der der Leidenswerkzeuge trugen; dann der Heiland auf sonnenheller Wolke (Apostelg. 1, 9.). Ihm nach kamen dann die Seelen der Vorväter und aller Heiligen des alten Bundes in Glorie, mit Palmen und Kronen geziert.

Anmerk. 9. (Kap. XXIII. S. 107.) Im Lateinischen eigentlich: „Vas electuarium", was zunächst ein Gefäß mit Würze und Arznei bedeutet. Dem Sinne entspricht mehr das gewählte Bild eines kostbaren und durch-leuchteten Gefäßes.

Anmerk 9 b. (Kap. XXVIII. S. 120.) Der heilige Bernard wurde

schon von P. Alexander III. mit dem Titel eines „Kirchenvaters" geehrt, wozu
Innocenz III. die Bezeichnung: „Doctor egregius" gefügt hat. Von ihm ist
gesagt: Er sei unter den heiligen Vätern der letzte, stehe jedoch keinem der
Ersten nach (ultimus inter patres, sed primis certe non impar).

Anmerk. 11.*) (Kap. XLVII. S. 142.) — Den Lehrsatz der alten
Physik über die vier Elemente, Wasser, Feuer, Erde, Luft, welche in dem
Bau des menschlichen Leibes vereinigt und der Seele dienstbar sind, trug die
mittelalterliche Speculation auch auf das geistige Leben des Menschen über; so
sagt u. A. Hugo von St. Victor (de anima et spirit. II. 5.): „Auch die
Seele des Menschen ist, sofern sie Geist ist, aller Dinge Aehnlichkeit; denn sie
erspürt und umfaßt die Wesenheit alles Seienden. Der festen Erde gleicht sie
durch das Wahrnehmungvermögen (sensum); dem flüssigen Wasser durch die
Einbildungskraft; der unsichtbaren, allburchdringenden Luft durch die Vernunft;
dem Licht= und dem Feuer=Aether durch den Geist (mentem)."

Zweites Buch.

Anmerk. 1. (Kap. I. S. 154.) Schon im classischen Alterthume
wurden die wirksamsten Arzneien aus zerstoßenen oder chemisch zersetzten
Edelsteinen bereitet. Auch das Tragen der Edelsteine galt (vermöge ihres
electro=magnetischen Verhaltens) als Abwehr oder Heilmittel gegen bestimmte
Krankheiten. Den Saphir betrachteten die alten Aerzte als ein herzstärkendes,
die Sinnesnerven erheiterndes Juwel.

Anmerk. 2. (Kap. X. S. 161.) Dalmatik heißt das Kirchenkleid des
Diakons. Es soll von einem in Dalmatien getragenen Oberkleide, wegen der
Aehnlichkeit mit diesem, seinen Namen erhalten haben. Der Ueberlieferung
zufolge hat es, nachdem es zuvor kaiserliches Prachtkleid gewesen war,
P. Sylvester I. allgemein in den kirchlichen Gebrauch eingeführt. Im Sinne
der Kirche bedeutet die Dalmatika ein Gewand des Heiles, der Freude und
der Gerechtigkeit. Vgl. Krüll, christliche Alterthumskunde II. 131.

Anmerk. 3. (Kap. XVII. S. 167.) Die Offenbarung knüpft an die
Sage an, daß die Härte des Diamantes nur im Blute, zumal jenem des
Bockes weiche; s. Plin. h. nat. XXXVII. 15.

Anmerk. 4. (Kap. XIX. S. 172.) Die Verheißung des Herrn an
seine Dienerin bezieht sich auf die Gnade der Beharrlichkeit bis an das
Ende (donum perseverantiae). Sie ist die Gnade, welche am Schlusse eines
Gott getreuen Lebens demselben für ewig das Siegel der Barmherzigkeit um
Jesu Christi willen aufdrückt; die Gnade denn auch, um die der Katholik, ge=
stützt auf alle andern Wohlthaten und Mittel des Heiles, in Demuth, aber in
Zuversicht zu des Herrn Milde und Treue fortwährend betet; es ist die größte
der Gnaden, weil alle vorausgehenden in ihr sich vollenden, ja sie zum Ziele
haben. Vgl. Conc. Trid. sess. VI. cap. IX. XIII.

Ziffer 10 ist durch ein Versehen ausgefallen.

Anmerk. 5. (Kap. XXII. S. 176.) — So sehr die Clausur den Klöstern, vorab den Frauenklöstern, von jeher durch Concilienschlüsse und Ordensstatute empfohlen war, auch von den frommen Ordenshäusern sorglich beobachtet wurde; hatte dennoch dieselbe vor der Zeit Bonifazius VIII. (1298) nicht die Eigenschaft eines Gesetzes der allgemeinen Kirche. Wir sehen daher im vorliegenden Kapitel die Ordensgemeinde dem Leichenzuge ihres Lebensherrn feierlich eine Strecke außerhalb der Klostermauern entgegengehen. Auf S. 179 erhält die Beschauende die Weisung, wie sie und ihre Schwester bei ähnlicher Veranlassung sich verhalten sollen.

Fünftes Buch.

Anmerk. 1. (Kap. IV. S. 318.) „Eingeschlossene" (reclusa) heißt eine Person, welche, nicht begnügt mit der Zurückgezogenheit im Schoße einer klösterlichen Gemeinde, die vollkommene Einsamkeit in einer von Allen abgeschiedenen und für immer verschlossenen Zelle erwählt hat. Dergleichen „Eingeschlossene" — Männer sowohl als Frauen — kommen schon, außer verwandten Thatsachen in der Geschichte der Altväter der syrischen und ägyptischen Wüste, auch im Abendlande bereits in den Jahrbüchern des VI. und VII. Jahrhunderts vor, so z. B. bei Gregor von Tour (H. Fr. VI. 29.). Einige begehrten es aus Bußeifer; Andere begaben sich in der Nähe des Todes in solche Abgeschlossenheit, um sich gänzlich der Betrachtung der Ewigkeit zu widmen; aber es finden sich auch einzelne Beispiele von Reclusen, welche lange Jahrzehnte in ihrer vermauerten Zelle gottselig zugebracht. Zumeist ward die Zelle so eingerichtet, daß ihr Bewohner durch deren Fensteröffnung mit der Kirche in Verbindung stand, zur Anbetung und zum Empfange des allerheiligsten Sakramentes. Dieselbe oder eine andere Gitteröffnung diente dem nothwendigen Verkehre mit der Außenwelt; die Thüre aber, welche nach dem Eintritte des Reclusen in die Zelle unter Gebet und Segen geschlossen, hie und da selbst versiegelt worden war, öffnete sich in der Regel nicht mehr, als um den Leichnam des frommen Sieblers seinem Grabe zu überantworten.

Inhaltsverzeichniß.

Erstes Buch.

Geschichtliche Vorbemerkung.

Zweites Buch.

Drittes Buch.

Erstes Kapitel. Von dem Ringe, welcher mit sieben Edelsteinen geziert war 206

Zweites Kapitel. Von der Rose, welche von dem Herzen Gottes ausging und das Lob Gottes bedeutete 208

Drittes Kapitel. Von fünf Worten göttlichen Lobes . . 210

Viertes Kapitel. Wie der Herr gelobt werden soll in dreifacher Weise —

Fünftes Kapitel. Von drei Dingen, die der Mensch im Gemüthe wohl erwägen soll 212

Sechstes Kapitel. Wie Christus in seinen einzelnen Gliedern gelobt werden soll 213

Das Bekenntniß der Sünden ist an Gott allein zu richten nach dem Bekenntniß vor dem Priester 214

Siebentes Kapitel. Wie der Mensch alle Geschöpfe rufen soll zum Lobe Gottes 216

Achtes Kapitel. Wie der Mensch grüße das göttliche Herz . 217

Neuntes Kapitel. Von dem Gruße des Herrn und seinem Troste . 218

Wie die guten Werke Gott gefallen, wenn auch der Mensch keinen Geschmack daran findet . . . . —

Zehntes Kapitel Wie der Mensch sein Herz zu Gott erhebe . 219

Eilftes Kapitel. Daß es das Beste ist, die eingegossene Gnade zu gebrauchen 220

Zwölftes Kapitel. Von drei Thätigkeiten des menschlichen Herzens —

Dreizehntes Kapitel. Dreierlei gute und nützliche Unterweisungen 221

Vierzehntes Kapitel. Wie der Mensch den Wandel Christi sich zueigne . . . . —

Fünfzehntes Kapitel. Wie uns die Glieder Christi als ein Spiegel leuchten 223

Sechzehntes Kapitel. Wie der Mensch nach dem Wohlgefallen Gottes lebe 224

Siebenzehntes Kapitel. Wie der Mensch das Herz Gottes grüße, sein Herz Gott aufopfere und seine Sinne ihm anbefehle . . 226

Achtzehntes Kapitel. Wie der Mensch für seine Versäumnisse genugthue, und wie der Herr in sieben Weisen in der heiligen Messe kömmt 228

Neunzehntes Kapitel. Daß es gut sei, der heiligen Messe anzuwohnen 229

Zwanzigstes Kapitel. Wie der Mensch der Trägheit wehre . 231

Einundzwanzigstes Kapitel. Wie der Mensch das Angesicht seiner Seele beschaue, besonders wenn er kommuniziren will . . . 232

Viertes Buch.

Fünftes Buch.

Sechstes Buch.

Siebentes Buch.

Im Verlage von G. J. Manz in Regensburg ist erschienen und durch alle Buchhandlungen zu beziehen:

Der heiligen Gertrudis
Leben und Offenbarungen.

Aus dem Lateinischen d. s P. J. Landsperg überfetzt von M. Sintzel.
2 Bd. 2te Auflage. Mit 1 Stahlstich. gr. 8. 6 M.

Leben, Offenbarungen und Weissagungen
gotterleuchteter
Seher und Seherinnen:

Der heil. Hildegard, heil. Brigitta, heil. Katharina von Siena,
heil. Gertrud, heil. Theresia, des ehrw. Ludwig Grignon de Montfort, der gottseligen Maria von Agreda, des ehrw. Bartholomäus
Holzhauser, der Schwester von der Geburt, der gottseligen A. Katharina Emmerich, der frommen Laienschwester Maria Lataste, der ehrw.
Anna Maria Taigi, der Dienerin Gottes Elisabeth Canori-Mora
und der elsatischen Jungfrau Elisabeth Eppinger von Niederbronn,
nebst Leben und vom prophetischen Geiste durchwehten Aeußerungen Pius IX.
Von einem Curatpriester.
Zweite Auflage. gr. 8. 3 M. 50 Pf.

Leben
der ehrwürdigen Dienerin Gottes
Schwester Maria von Jesu

aus dem Orden des heiligen Franziskus, Aebtissin der unbeschuhten
Klarissen von der unbefleckten Empfängniß in **Agreda**. Nach dem
Italienischen des P. Anton Maria von Vicenza, mit neuen Zusätzen des Verfassers deutsch herausgegeben von P. B. M. Dr.
Lierheimer. Mit dem Bildnisse der Schwester Maria v. J.
gr. 8. 2 M. 20 Pf.

Betrachtungen
für Geistlich und Weltlich
auf alle Tage des Jahres.

Autorisirte Uebersetzung aus dem Französ. im Vereine mit Mitarbeitern besorgt durch **L. Wahl.** 1r Band. Vom 1. Sonntag
des Advents bis zum Passionssonntag. 8. 4 M. 50 Pf.

P. J. B. Saint Jure b. G. J.,

das Leben im Ordensstande.

Regeln und Gelübde des geistlichen Lebens und Erklärung der nothwendigen Tugenden, um in geistlichen Genossenschaften fromm und glücklich zu leben. Nach der neuen, durchgesehenen u. verb. französ. Ausg. des Abbé Terpin neuerdings bearb. und herausgeg. von J. Leitner. 2 Bde. 2. Aufl. 8. 5 M. 70 Pf.

J. Leitner,

Deutschland in seinen Heiligen.

Geschichten und Bilder zur Erhebung und Aufklärung.

1s Bändchen: **Das Blut der heiligen Martyrer.** Achtzehn Bilder in 70 Legenden aus der Zeit der Römerherrschaft in Deutschland, Gallien und Britannien. Mit 1 Stahlstiche. 8. 1 M. 20 Pf.

2s Bändchen: **Die Männer der göttlichen Vorsehung.** Elf Bilder in 65 Legenden aus der Geschichte der deutschen Volksstämme zur Zeit der fränkischen Monarchie. Mit 1 Stahlstiche. 8. 1 M. 75 Pf.

3s Bändchen: **Karl der Große und die Zeit der Ottone.** Neun Bilder in 57 Legenden aus der Zeit der Karolinger und der ersten sächsischen Kaiser. Mit 1 Stalstiche. 8. 1 M. 20 Pf.

4s Bändchen: **Die stillen Welt-Erhalter.** Elf Bilder in 68 Legenden aus der Kirchen- und Heiligengeschichte Deutschlands. 8. 1 M. 75 Pf.

5s Bändchen: **Die Jungfräulichkeit auf dem Kaiserthrone.** Elf Bilder in 40 Legenden aus den Tagen des heiligen Kaisers Heinrich's II. Mit 1 Stahlstiche. 8. 1 M. 35 Pf.

6s Bändchen: **Christi Kreuzträger und Martyrer.** Elf Lebensbilder in 41 Legenden aus der Kirchen- und Heiligengeschichte Deutschlands. Mit einem Stahlstiche. 1 M. 50 Pf.

Chavin von Malan,

Geschichte der heiligen Katharina von Siena.

(1347—1380.)

Aus dem Französischen. 2 Theile. 2te, verbesserte Auflage. Mit dem Bildnisse der Heiligen. gr. 8. 6 M. 75 Pf.

G. Fleurian d. G. J.,

Lebensgeschichte des sel. Peter Claver d. G. J.,

Apostels von Cartagena in Westindien. Ueberf. von Dr. Scheffle. Neue, verm. und verb. Aufl. gr. 8. 3 M.

P. Pouplard d. G. J.,

der ehrwürdige Diener Gottes

P. Claudius de la Colombière d. G. J.,

Apostel der Andacht zum heiligsten Herzen Jesu.

Mit besonderer Gutheißung des Verfassers nach der dritten bedeutend vermehrten Auflage übersetzt von P. St. Dosenbach S. J. 8. 2 M.

Ausgewählte Weissagungen,

entnommen kirchlich approbirten Schriften

nebst Lebensumriß der betreffenden begnabigten Personen. Ein Trostbüchlein für das katholische Volk **in den Wirren der Gegenwart.** 8. 75 Pf. Franco gegen Einsendung von 85 Pf. in Briefmarken.

Sammlung der vorzüglichsten mystischen Schriften aller katholischen Völker.
1r—5r Band:

Der heiligen Theresia von Jesu Werke.

Zum ersten Male vollständig aus dem Span. übersetzt von L. Clarus. Auf's Neue durchgesehen und verbessert von einem kathol. Geistlichen. 5 Bde. gr. 8. 18 M. 20 Pf.

Das Leben der heil. Mutter Theresia von Jesu,

und die Gnaden, welche Gott ihr erwiesen, geschrieben auf Geheiß ihres Beichtvaters. (Werke 1r Band.) 2te Aufl. gr. 8. 3 M.

Kleine Schriften:

Die Seelenrufe. — Sieben Betrachtungen über das Vater unser. — Geistliche Ermahnungen für die Klosterfrauen. — Gedanken von der Liebe Gottes. — Weg zur Vollkommenheit. — Wie die Klöster der unbeschuhten Nonnen U. L. Frau vom Carmel zu visitiren. — Geistliche Gedichte. (Werke. 2r Bd.) 2te Aufl. gr. 8. 3 M.

Das Buch von den Stiftungen der Klöster

der unbeschuhten Karmeliter-Nonnen und die Seelenburg in sieben Wohnungen (Werke. 3r Bd.) 2te Aufl. gr. 8. 3 M.

Briefe.

1r Theil. (Werke. 4r Bd.) 3 M. 75 Pf.

Briefe.

2r Thl. Enth.: Die später aufgefundenen bisher nie übersetzten Briefe. Werke. 5r Bd.). 5 M. 40 Pf.

6r und 7r Band:

Die geheimnißreiche Stadt Gottes,

oder göttliche Geschichte des Lebens der heil. Jungfrau Maria, wie sie der
seligen Klosterjungfrau

Maria von Agreda

offenbart, und von derselben in spanischer Sprache niedergeschrieben wurde.
Bearbeitet von L. Clarus. 2 Bde. gr. 8. 6 M. 75 Pf.

8r und 9r Band:

Der heil. Hildegard Leben und Schriften.

Zum ersten Male verdeutscht und herausgegeben von L. Clarus. 2 Bde. gr. 8.
6 M. 75 Pf.

10—13r Band:

Der heil. Brigitta Leben und Offenbarungen.

Neu bearbeitet, übersetzt und herausgegeben von L. Clarus. 4 Bde. gr. 8. 13 M. 80 Pf.

14r Band:

Des heiligen Franziskus von Assis

Leben, Regel und die kleinen Werke.

Aus dem Lateinischen übersetzt von H. Haid. 2te, verbesserte Auflage. gr. 8. 3 M. 30 Pf.

15r Band:

Die Schwester Maria von Agreda und Philipp IV., König von Spanien.

Ein bisher ungedruckter Briefwechsel. Nach dem Französ. des A. Germond de Lavigne bearbeitet und herausgeg. von L. Clarus. gr. 8. 2 M. 25 Pf.

16—18r Band:

Des heil. Johannes von Kreuz Leben und Werke.

Bearbeitet und zum ersten Male vollständig aus dem Spanischen übers. von P. P. Lechner.
3 Bde. Mit 1 Stahlstiche und einer Abbildung: Berg der Vollkommenheit. gr. 8.
11 M. 10 Pf.

Leben des heil. Johannes von Kreuz,

bearbeitet von P. P. Lechner. Mit 1 Stahlstiche. (1r Bd.) gr. 8. 3 M.

Schriften des heiligen Johannes von Kreuz.

Zum ersten Male vollständig aus dem Spanischen Originale übersetzt. 2 Bde. Mit einer
Abbildung: Berg der Vollkommenheit. gr. 8. 8 M. 10 Pf.

19r und 20r Band:

Sämmtliche Schriften des heil. Bonifacius,

des Apostels der Deutschen.

Uebersetzt und erläutert von Dr. Ph. H. Külb. 2 Bde. gr. 8. 8 M. 40 Pf.

21r Band:

Ausgewählte Briefe des heil. Kirchenlehrers Hieronymus.

Deutsch herausgegeben von P. P. Lechner. gr. 8. 3 M. 30 Pf.

22r Band:

Leben und Schriften der heil. Katharina von Genua.

Deutsch bearbeitet von P. P. Lechner. Mit dem Bildnisse der heiligen Katharina von
Genua. gr. 8. 3 M. 30 Pf.

23—26r Band:

Das wundersame Leben der ehrwürdigen Jungfrau

Marina von Escobar aus Valisolet.

Nach ihren eigenen Aufzeichnungen dargestellt von P. Ludwig de Ponte und P. A. B.
Ramirez. In deutscher Bearbeitung nach dem Originale. 4 Bde. gr. 8. 15 M.